C0-AVV-898

¡E. U. R. E. K. A. !

Pep Vila de Llach

¡E.U.R.E.K.A.!

Coloquio sobre el futuro imperfecto

Homenaje a George Orwell

Barcelona, 1975

© Josep Vidal-Llecha
Apartado 21
SALOU (Tarragona)

Primera edición: julio 1975

Impreso por Gráficas Tricolor
Eduardo Tubau, 20. Barcelona.

Depósito Legal: B. 32.369 - 1975
ISBN 84-400-8892-2

Printed in Spain

PREFACIO

¡Todavía quedan hombres de buena voluntad, a pesar de tantos como han fallecido: de Jules Romains a Romain Rolland, de Ghandi a Anna C. Brinton, de Albert Schweitzer a Albert Camus, de Aldous Huxley a A. J. Muste, de George Orwell a Pau Casals, etc., etc.!

Han dejado buena semilla. Fructificará. El año que viene, si Dios quiere, habrá más y más personas de buena voluntad. Tres de ellas celebrarán un banquete de homenaje a la memoria de George Orwell en un convento abandonado del frente por él visitado. La sobremesa durará toda la tarde y toda la noche pues, a las tres, les gusta mucho conversar. Las tres estarán muy interesadas en la paz, el desarme universal y el porvenir de la humanidad. Q. y N. harán preguntas a B., quien les explicará algo de lo que los hombres de buena voluntad estarán haciendo para evitar que se cumpla la profecía que hizo George Orwell para 1984.

Lo que sigue es la transcripción, en cinta magnetofónica, de las conversaciones, sin añadir, quitar ni modificar nada de lo que se refiere a los temas tratados. Se ha preferido dejarlo todo tal y como quedó grabado, esperando que el lector perdonará los muchos defectos y excesos así cometidos.

¡Ojalá que estas páginas sirvan de abono fertilizante para el talento de algún joven lector de buena voluntad!

Con tal de que la lectura sea útil y beneficiosa para alguien, ya se considerará el amanuense pagado con creces. Invierte aquí lo poco que le queda del muy limitado talento que recibió. Tiene en cuenta, claro está, la parábola de los talentos para justificar sus atrevimientos y les ruega con encarecimiento que escuchen el portento de que hablan los coloquios del terceto del convento.

Por la transcripción,

PEP VILA DE LLACH

1
DDUDD

B — El Día del Desarme Universal Definitivo se va acercando paulatinamente.

Q — ¿Cuándo llegará?

B — Pronto.

Q — ¿Llegará antes o después del Día del Juicio Final?

B — Llegará antes de 1984.

Q — ¿Sueñas con aquél que rindió homenaje a un pueblo sin ventura?

N — El Caballero Audaz escribió «La Sin Ventura».

Q — Un audaz caballero errante, yendo y viniendo de París y Londres a las brigadas del Poum, homenajeó al pueblo sin ventura que le hirió en su carne y en su convicción, haciéndole comprender que la fuerza tiende a oprimir y corromper, como ya sabía Lord Acton.

N — Y la anarquía produce un tirano en cada esquina y el odio, la locura y la venganza patrullando incontrolados por las calles de la ciudad y asesinando por las cunetas... ¿Qué desventura mayor para un pueblo que la de caer en el despotismo de la anarquía y la venganza de los desgraciados?

B — Donde quiera y cuando quiera que haya discordia y que se odien unos a otros, no hay más remedio que el imperio de la ley impuesto por una autoridad fuerte. La paz se basa en el orden y en el cumplimiento de la ley, o sea, de la norma coactiva dirigida al bien común.

Q — Pero, ¿quién va a poner el cascabel al gato? ¿Quién va a coaccionar, a obligar a las potencias y a las superpotencias como USA, la URSS u otras a cumplir la ley? Las mismas superpotencias encargadas de aplicarla y comprometidas a hacerlo por tantos pactos y acuerdos internacionales, la han violado de forma flagrante e inhumana en Hungría, en Vietnam, en Checoslovaquia, en Laos, en Camboya, en Santo Domingo, en Chile y dondequiera que han podido. Los gobiernos de los estados nacionales y supranacionales violan la ley internacional (o sea, hacen la guerra) en cuando creen que es lo mejor para sus intereses nacionales y personales.

N— *El neo-semi-imperialismo* económico cubierto con el *cripto-paternalismo* político de USA ha beneficiado a países como Alemania, el Japón, España y muchos otros.

B — En efecto, la política de protección a los vencidos ha sido una innovación monumental en las relaciones internacionales. Y ha sido hecho de acuerdo con las condiciones objetivas de manera que los gobiernos de los países protegidos, por lo general, se han mostrado leales a su protector. Ha sido un idealismo práctico magnificente y magnánimo que marca una nueva dirección en las relaciones internacionales: ¡piedad para los vencidos!

Q — Piedad con pan y coca-cola para todos. ¡Lástima que ni la URSS, la China, ni siquiera Indochina se hayan dejado vencer ni convencer!

B — El ideal del materialismo marxista era todavía más espiritual. El nombre mismo de la superpotencia URSS, Unión de Repúblicas Socialistas Soviéticas, lo indica. A medida que las naciones llegaban a ser socialistas tenían que unirse a las demás, ya que el nombre URSS no habla de Rusia ni de ninguna otra nación en particular. Pero desgraciadamente el idealismo materialista ha resultado un fracaso, no tuvo más remedio que fomentar el patriotismo nacionalista y chauvinista desarrollando antagonismos nacionalistas tan virulentos que ni siquiera Albania, ni Croacia, ni Servia, ni Montenegro, ni Eslovenia, ni Bohemia, ni Hungría, ni Polonia, ni Rumanía, se han unido a la URSS. Y la China se ha convertido en enemiga de la URSS creándose ya la situación mundial de las tres superpotencias, profetizada por el caballero andante que homenajeó a un pequeño pueblo tan desventurado que no es ni lo bastante fuerte para nacionalizarse ni lo bastante débil para ser asimilado por el conquistador.

N— El nacionalismo chauvinista, que tantas veces ha derrotado a la paz, ha derrotado también a las internacionales obreras. Si los satélites y la China comunista se hubiesen integrado a la URSS, se hubiera constituido un poderoso bloque que habría atraído a la India, Indochina, Indonesia e Iberoamérica, con los pobres de todo el mundo. Su fuerza de atracción hubiera acabado por minar desde el interior la estructura de las potencias capitalistas. La hostilidad entre la URSS y la China comunista incrementa el poder de los USA que va a valerse de la una para contrarrestar el poder de la otra.

Q — Con esto el desarme universal avanza como un caracol esquizoide en la arena soleada de la ONU, Ginebra y demás conferencias internacionales. USA perdió la oportunidad de imponerse cuando tenía la exclusividad de las armas termo-nucleares y la URSS estaba agotada por la Segunda Guerra Mundial.

B — El pueblo pacifista universal ha impedido la tercera guerra mundial manteniendo, manifestando y fomentando un estado de opinión a la guerra: EL DERECHO NATURAL DE NO MATAR A NADIE, NI MANDAR, NI ACONSEJAR A NADIE QUE MATE. TODO HOMBRE TIENE DERECHO A VIVIR. TODO HOMBRE TIENE DERECHO A RESPETAR EL DERECHO DE OTRO A VIVIR.

Q — ¿Quieres decir que hay que rebelarse contra la orden de matar sea el que sea el que nos dé esta orden y cualquiera que sea el motivo que alegue, como recomienda Albert Camus?

N — ¡Quiá, hombre! Si los ciudadanos honrados se niegan a matar a los asesinos, éstos se van a apoderar de la ciudad.

B — La Policía se encarga de reducir a la impotencia a los criminales locos furiosos o a los que se hallen en estado peligroso para la seguridad y salud de los demás. Es lo que ocurre en los estados civilizados. El Estado es la plasmación jurídica de la voluntad general. Y el gobierno debe hacer cumplir la ley o norma coactiva dirigida al bien común. En caso necesario, el gobierno utiliza la fuerza coactiva, o sea, la Policía para hacer cumplir la ley.

N — Nadie puede imponer la ley a un gobierno poderoso de un estado nacional soberano e independiente. No pudieron impedirse ni los crímenes del gobierno de la Alemania de Hitler, ni los de la URSS en Hungría, ni los de USA en Vietnam, Laos y Camboya, ni siquiera los de Israel y de Palestina.

B — Es que la Policía tiene que desarmar a los locos furiosos, fanáticos homicidas y demás que se hallen en estado de peligrosidad, poniéndolos a buen recaudo para que no hagan más daño. Algo parecido habrá que hacer a los gobiernos de los estados nacionales armados unos contra otros. Habrá que desarmar las primeras potencias mundiales simultáneamente...

Q — ¿Quién lo hará?

B — EUREKA.

Q — ¡Eureka! ¡Ya lo sé! Ya lo he encontrado, pedante señor pseudo-Arquímedes. Pero, ¿qué quiere decir esta sigla?

B — E = ESTADO; U = UNIVERSAL; R = RECONCILIACIÓN. Estado Universal de Reconciliación. Las otras tres letras de la sigla tienen diversos significados para adaptarse a diversos puntos de vista o perspectivas de los hombres. EUREKA será el Estado Universal de la sociedad humana; de la humanidad de todos los hombres en conjunto y de cada hombre en particular. Es en nombre de todos los hombres, en nombre del derecho de gentes, que Eureka desarmará los gobiernos nacionalistas y partidistas, y establecerá el orden y la paz internacional.

Q — Pero, ¿con qué fuerza va a desarmar Eureka a las fuerzas armadas de aire, mar y tierra de las grandes potencias?

B — Con la fuerza del derecho.

N — Y, ¿con qué derecho?

B — Con el derecho de la fuerza.

N — Eso es un juego de palabras.

B — Todos los hombres, vivan o no en estados beligerantes, pueden ser destruidos hoy en día por las armas termonucleares y bioquímicas que las grandes potencias cultivan y desarrollan. Las armas de USA, URSS, U. K., China, Francia, y probablemente de Alemania y el Japón amenazan a todos los hombres amigos y enemigos. Por lo tanto, en las circunstancias de 1975, sólo el Estado Universal tiene derecho al mínimo de armas necesarias para ejercer la mínima coacción necesaria para establecer la paz universal, tal como se hará el DDUDD, Día del Desarme Universal Definitivo de Derecho. Y la fuerza para hacerlo le viene del derecho y del deber natural que todo ser humano tiene de NO MATAR y de impedir que sus prójimos se maten, pues la opinión universal considera un crimen de omisión el presenciar como nuestros vecinos se matan sin hacer nada para impedirlo. Y es precisamente esta convivencia, estado de conciencia y experiencia existencial, la que atrae tanta gente noble y de buena voluntad a profesar humildad y servicio en las OMA, Órdenes Militares Akrónicas o de ahora, de cuyos conventos van saliendo preparados los humildes siervos que sacrifican su egocentrismo (egoísmo, egotismo, egolatría) para servir a la humanidad, lo cual les califica como funcionarios de EUREKA, apoyados en autoridad de los esclavos voluntarios. Es esa fuerza del derecho que tenemos de hacernos esclavos de los demás, voluntariamente, para servirlos y ayudarlos, lo que crea, justifica y mantiene a EUREKA. Es la esclavitud y servidumbre voluntaria de las autoridades y funcionarios de Eureka, lo que origina su fuerza.

N — En tiempo de paz, es más probable que la fuerza del derecho tal como la describes acabe prevaleciendo sobre el derecho de la fuerza. Por ejemplo, en el caso de Vietnam, el derecho de los ciudadanos pacíficos de USA, apoyados por una vasta opinión mundial, ha acabado por prevalecer sobre la fuerza enorme del gobierno de USA que podría destruir todo el Vietnam en 24 horas. Pero en tiempo de guerra, la fuerza se impone sobre el derecho (como en Santo Domingo, Chile y la mayoría de los estados hispanos, árabes, africanos y demás). Las naciones pragmáticas y utilitarias como las anglosajonas son las que mejor y por más tiempo han sabido mantener este equilibrio dinámico entre la fuerza del derecho y el derecho de la fuerza.

B — Pero para la creación de este nuevo Estado Universal que desarmará las superpotencias será preciso recurrir a la fuerza. Es una fuerza que se basará en el derecho del hombre a no matar; a vivir en paz.

Q — No hay duda de que la fuerza de un estado es su ejército (armado y disciplinado y leal), pero a su vez esta disciplina y lealtad de los jóvenes armados es posible porque los soldados creen que el estado, representado por sus jefes militares, tiene derecho a mandarles, disciplinarles y hasta obligarles a matar en defensa de la patria en peligro. ¡Hasta Péguy cree que es dulce morir en una guerra justa! ¡Oh la defensa de la patria! Fundamentalmente el sentimiento del deber —la grandeza militar— es el mismo entre los funcionarios de Eureka, pero su patria grande comprende la humanidad entera y sus intereses deben prevalecer sobre los de su patria chica o nación de su origen o elección, del mismo modo que la lealtad de un soldado de Suiza o de USA es primero y principalmente hacia la nación en su conjunto, antes de la del cantón o estado particular a que pertenezca. Es esta convicción, conciencia del deber o experiencia existencial del derecho, la base principal de la fuerza de los ejércitos. El poder de un general es proporcional a la obediencia y devoción que inspira a sus soldados. Si sus soldados le odian, en cuanto se ponga delante de ellos para ir al ataque contra el enemigo, le van a matar por la espalda. La amenaza impone la disciplina momentáneamente, pero no dura si no hay devoción personal y convicción de que el jefe tiene derecho a mandarnos y nuestro deber es obedecerle. La obediencia voluntaria de los soldados del pelotón de fusilamiento es necesaria, pues, de otro modo, fusilarían al oficial que da la orden de «¡fuego!».

B — Los siervos y esclavos akrónicos que serán los únicos funcionarios de Eureka, se han formado en las excelsas virtudes militares de disciplina, lealtad, cumplimiento del deber, devoción a la patria y al superior, abnegación, sacrificio y tantas otras virtudes excelentes. La diferencia es que la patria grande es para ellos la humanidad entera: el prójimo concretamente y todos los hombres conjuntamente, de manera que para los soldados o funcionarios de Eureka no hay hombres enemigos personales, sino que el bien y el mal luchan en cada persona y la función del soldado de Eureka es parecida a la de un médico, o sea, ayudar al bien o a la salud a triunfar del mal en cada hombre, lo cual se facilita y fomenta en las OMA, *Órdenes Militares Akrónicas.*

. . . .

Q — A ver si te entiendo. Dices que el instrumento, origen y fundamento del Desarme Universal Definitivo es Eureka o Estado Universal de Reconciliación y, a su vez, la base de éste, son las autoridades esclavas voluntarias y los funcionarios siervos humildes degradados voluntariamente, formados, educados y entrenados en las Órdenes Militares Akrónicas, OMA. Dinos lo que se debe hacer para ingresar en esta complicada organización para la paz universal.

N — Parece que estás imitando los estados totalitarios fascistas y marxistas al basar el estado en un movimiento totalitario o partido único. Por mucho que tales regímenes sean capaces de conquistar y retener el poder como lo han demostrado en algunos países, me parecen atentatorios a la libertad y a la dignidad humana.

B — Por el contrario, Eureka libera y dignifica a todos los hombres excepto a sus funcionarios y autoridades que se humillan y degradan voluntariamente hasta bajar a la condición de siervos y esclavos para liberar a los demás hombres, honrarlos y hacerlos dueños o amos de su destino. Sí, para el bienestar de un país se necesitan esclavos como ya dijo Aristóteles y demostró la historia hasta el fin del siglo XIX en que fue abolida la esclavitud para volver a reinstalarse con otro nombre en los barrios pobres de los negros americanos y en los campos de concentración y trabajos forzosos de Siberia y Portugal, o en la libertad para morir que han gozado los del Congo, de Biafra, Bangladesh y Vietnam, Laos y Camboya...

Q — No te esfuerces más. Estamos convencidos de que Aristóteles tenía razón. En un mundo lleno de rivalidad, iniquidad y engaño, la libertad y bienestar de los unos se basa en la esclavitud y sacrificio de los otros.

N — Sin embargo, antes de la guerra, vivían amos y criados más alegres y confiados que hoy, por mucho que se haya elevado el llamado nivel de vida. Y los pobres indios viven hoy tan mal o peor que cuando estaban sujetos al Imperio Británico...

B — Admitiendo pues que para que los amos vivan bien, necesitan criados que les sirvan, y que la esclavitud y servidumbre de los unos es la base de la superioridad y libertad de los otros, las Órdenes Militares Akrónicas se organizan a base de la humildad.

3

ESTADOS DE INFERIORIDAD, HUMILDAD
Y DEGRADACIÓN VOLUNTARIA

Sólo los que se hallen en estado o condición de humillación voluntaria serán funcionarios de Eureka. Sólo los que son esclavos del deber y han renunciado al egoísmo, egotismo y egolatría ejercen la autoridad de Eureka.

El edificio del poder en Eureka es parecido a una pirámide triangular vuelta al revés. El punto más bajo lo ocupa EL MÁS HUMILDE, EL ÚLTIMO DE LOS ESCLAVOS en quien reside, en última instancia, las decisiones de Eureka...

Q — ¿Quieres decir que el Jefe del Estado y Gobierno Universal es el último de los esclavos, en lugar de ser el primero de los señores, como en los estados nacionales e imperios?

B — Eso es. La base y fundamento de Eureka es una persona que vive a la vista del público, desnuda y afeitada la cabeza, la cara y el cuerpo. Que trabaja constantemente. Reflexiona, ora, ruega, contempla, medita solo o acompañado, reunido en uno de los organismos directivos básicos o conversando individualmente con otros esclavos, siervos, ciudadanos libres de Humania, visitantes y hasta con peligrosos. Está delgadísimo y come poquísimo. Duerme en total cuatro o cinco horas diarias.

Sobre el Último se apoyan directamente el Penúltimo y el Antepenúltimo Esclavos de Eureka. Y los tres reunidos o la reunión de los tres últimos esclavos forma el Triángulo llamado NADIR, base de Eureka.

N— El hombre que tiene poder sobre otro está propenso a abusar de ello y a tratar de dominarlo. El poder corrompe y el poder absoluto corrompe absolutamente, como ya dijo Lord Acton. El poder corrompe a todo el que lo ejerce, incluso al padre que domina al hijo y a la madre que domina a la hija y tratan de anular su voluntad y decidir su vida por ellos con el pretexto de que es por su bien. Si hasta el padre tiende a abusar del poder que tiene sobre el hijo, cuanto más el gobernante tenderá a abusar del poder que tiene sobre el gobernado. La tiranía del hombre fuerte sobre el hombre débil y el de la clase y nación fuertes sobre las clases y naciones débiles son inherentes a la condición humana. Ya lo dijo Hobbes y lo demuestra la historia.

El que domina a otro, el amo, el que manda, tiende a hacerle servir como medio para conseguir sus fines como el Harpagón de Molière o el gobernante que confunde e identifica su poder personal con el bien del estado que gobierna.

B— Es cierto que hay padres como Harpagón pero también hay los goriot y lear. Hay saturnos y medeas, pero también hay padres que se hacen esclavos de sus débiles hijos.

N— Pero en política, el fuerte, el poderoso, se sirve del débil, le utiliza como medio para sus fines, como Napoleón utilizó a sus soldados para llenar con sus cadáveres las trincheras, a fin de que los cañones pudieran pasar por encima y alcanzar su objetivo militar. O como aquel jefe americano que salvó un pueblo de Camboya destruyendo a todos sus habitantes, o como Hitler utilizó a sus soldados y a los judíos, o Stalin a su policía.

B— Siguiendo su naturaleza animal, hay hombres que tratan de someter a su prójimo para hacerle servir de medio para sus fines. Hay hombres fuertes que someten a los más débiles, los explotan, oprimen, engañan y los castigan si se les resisten. Es la conducta del hombre animalizado. Y cuando el hombre animalizado o dominado por su apetencia de poder se agrupa con otros para formar una persona colectiva o ficticia, se diluye su responsabilidad personal y con el pretexto de salvar a la patria, a la religión, al partido, a la clase, se desatan sus instintos salvajes bombardeando, matando, destruyéndolo todo sin escrúpulos.

N — Los gobiernos de las naciones se alían para hacer la guerra o por miedo al enemigo común, tal como ya lo observaba el Código del Manú. La nación amiga es la que es enemiga de nuestra enemiga. O sea, los enemigos de nuestros enemigos son nuestros amigos. Esa capacidad de aliarse para perjudicar a un tercero, hace a los hombres más peligrosos que a los animales.

B — Nuestra condición de animales enfermos y pervertidos, puesto que somos racionales y autoconscientes, nos impulsa a luchar para sobrevivir siguiendo la ley descubierta por Darwin que nos obliga a dominar para no ser dominados, a oprimir para no ser oprimidos, a explotar, para no ser explotados, a matar para no ser matados. Sin embargo, a veces, el hombre trasciende su condición animal y se sacrifica por el más débil y desvalido: se humaniza. Como el buen padre y la buena madre que se hacen esclavos de su débil y tierno hijo, hay hombres que se hacen esclavos por amor.

Q — ¿Y sin esa esclavitud voluntaria de los padres por amor a sus hijos, el hombre se deshumaniza?

B — No todos, pero sí la mayoría de los que se han criado con padres o tutores egoístas, egotistas oególatras, pues tienden a fijarse en el estado del hombre animalizado o egocéntrico y no se humanizan. La esencia de la condición humana es la sumisión y sacrificio voluntarios del fuerte y poderoso para ayudar al débil y desvalido. Y eso es precisamente lo que hacen las autoridades y funcionarios de EUREKA: se humillan, se degradan, se esclavizan voluntariamente para servir, proteger y ayudar a los desvalidos, a los afligidos, a los oprimidos, a los explotados, a los engañados, a los burlados, a los despreciados, a los perseguidos, a los mansos, a los tristes, a los extraños y a los solitarios: a los súbditos sujetos a la guerra y a la violencia por los gobiernos de las potencias armadas. Para liberar a los hombres de la obligación de matar a sus semejantes y para que gocen de la facultad de perdonar y ayudar a los motejados de enemigos: para eso se esclavizan, se degradan y se humillan voluntariamente los que gobiernan EUREKA, para eso realizarán el

Desarme Universal Definitivo y, por medio de la ley y el orden, establecerán la paz internacional.

N — Pero repito que el hombre no hace la cosa ni el hábito hace al monje. Llámense esclavos últimos o como se llamen, los jefes de un estado universal acabarían dominados por la vanidad, el orgullo («ubris»), la soberbia, la arrogancia y, despreciando, burlando y engañando a sus súbditos como en los demás países.

B — Hay mucha diferencia entre Azoka y Hitler o entre el primero y el segundo Juan XXIII o entre Mesalina y Blanca de Castilla. Hay mucha diferencia entre unos gobernantes y otros. Y el mismo gobernante obra a veces inhumanamente (como Nixon bombardeando la población indefensa de Vietnam, Laos y Camboya), y otras veces obra humanamente (como el mismo Nixon cuando no bombardea a los pobres indochinos y deja entrar a China en la ONU).

Los funcionarios de Eureka se conducen humildemente y manifiestan un carácter humilde. Si pierden la humildad en su conducta y carácter, cesan en el cargo que desempeñan.

Las autoridades más importantes de Eureka se conducen como esclavos: trabajan constantemente, comen y duermen lo estrictamente necesario para subsistir; no tienen ni poseen nada absolutamente; no tienen ni propiedad ni vida privada; no tienen distracciones, diversiones ni más placeres que el cumplimiento de los deberes de su cargo; manifiestan en todo momento toda consideración, apreciación y respeto por el prójimo. Si dejan de observar esta conducta de esclavos voluntarios, cesan «ipso facto» en el cargo que desempeñan.

Todos los cargos en Eureka comportan un servicio real y verdadero, tanto mayor cuanto más importante es el cargo. Sacrifican su egoísmo, su egotismo y su egolatría. Es decir, renuncian al prestigio, a la fama y a la gloria que sus sacrificios para el bien común les acarrearían en una sociedad libre. Ellos, los que mandan en Eureka, son esclavos. El gobierno de Eureka es el gobierno de la abnegación y la humildad. El más poderoso es el Último Esclavo.

4

EL NADIR

El triángulo más poderoso es el Nadir, formado por
el Último, el Penúltimo y el Antepenúltimo Esclavos.
O sea, el Último, el Más Humilde, que tiene a su cargo
el Estado; el Penúltimo o Sereno, que tiene a su
cargo las funciones coactivas o coercitivas (la PPUPP,
Policía Psico-electro-química Universal Para la Paz), y
el Antepenúltimo, que tiene a su cargo las funciones persuasivas o morales (las OMA, Órdenes Militares Akrónicas).

La amistad total, mutua y solidaria de estos tres Últimos Esclavos forma el Nadir o BASE DEL EDIFICIO
del poder de EUREKA.

Las tres voluntades de los tres ÚLTIMOS ESCLAVOS,
comulgando en la amistad tripartita, forman una sola
voluntad dirigida al bien común de todos los hombres.
La persona más poderosa del mundo será la ÚLTIMA
de las esclavas. Será amada, venerada, adorada con la
más intensa devoción por la Penúltima, la Antepenúltima y los demás esclavos, siervos y hombres libres, y
hasta por los peligrosos que la conozcan. Así se crea
la unanimidad de las voluntades y coordinación de
servicios que efectuarán el desarme universal y mantendrán la paz internacional.

Este triángulo amistoso del Nadir se repite entre esclavos, funcionarios y clientes de EUREKA. Cada funcionario siervo se apoya en la amistad de su esclavo
inferior para servir, con la misma amistad, a su amo
superior, cliente o peligroso.

5

LOS ESTADOS, SITUACIONES O
MORADAS DE LOS HOMBRES

Eureka reconoce la libertad de todos los hombres en
todas partes y la garantiza en Humania. Pero hay hom-

bres que voluntariamente se hacen sirvientes, siervos y esclavos para el bien de los demás.

Hay otros que se hallan en estado peligroso y su libertad es incompatible con la de los demás, ya sea por delincuencia o por enfermedad.

Eureka los recluta para el servicio militar obligatorio en tanto dure su estado de peligrosidad.

Los grados positivos de superioridad se corresponden con los grados negativos de inferioridad o humildad. Aquéllos son estados de exaltación del ego o yo personal, que resultan peligrosos para los vecinos, como un enfermo infeccioso que hay que poner en cuarentena mientras tratan de curarle la enfermedad o peligrosidad. Eureka los interna en la MUTT, Milicia Universal de Trabajo Terapéutico.

Por el contrario, los grados negativos o de humildad son estados de degradación del ego manifestados y verificados en las OMA, Órdenes Militares Akrónicas.

N — Por degradación se entiende la pérdida de la dignidad personal...

B — El mundo llama indignos e infames a algunos de los que mejor le sirven...

N — Hablar de degradación es como una especie de *inri*...

Q — Explica lo que has dicho de la correspondencia entre estados positivos y negativos del egocentrismo.

6
LOS GRADOS DE PELIGROSIDAD
Y LA MUTT

Hay treinta y dos grados de peligrosidad social según el diagnóstico de la MUTT.

Los números impares suelen indicar un peligro debido a circunstancias dependientes de la salud mental del individuo, incluyendo en ellos desde los deficientes mentales hasta los psicóticos violentos, pasando por los dipsómanos, toxicómanos, maníacos de la velocidad, deprimidos, exaltados y demás enfermos cuya libertad de acción constituye un peligro serio tanto para ellos mismos como para los que les rodean.

Los números pares indican los estados de peligrosidad característicos de los llamados delincuentes de los estados nacionales. En la MUTT, la terapéutica de rehabilitación, alivio y regeneración combina el tratamiento de los unos con la de los otros: la de los peligrosos responsables o delincuentes, con la de los peligrosos irresponsables o alienados; la cárcel o penitenciario y el manicomio de los estados nacionales se integran en la MUTT con los cuarteles militares y las brigadas de trabajo. Un miliciano akrónico equivale a un soldado - obrero - paciente - presidiario. Parte importante de la terapéutica consiste en que los unos se encarguen de los otros trabajando juntos y ayudándose mutuamente.

En Humania, la MUTT está en relación simbiótica con la Universidad Akrónica, de manera que el estudiante, aunque no sea peligroso, es también obrero y soldado trabajador (desarmado).

Q — ¿Cuáles son los grados más elevados de la MUTT?

B — Del grado 25° al 32° se hallan exaltados los homicidas, ya sea que el peligro de matar a otra persona se deba a enfermedades mentales como la de los locos y conductores furiosos (que no se dan cuenta que la velocidad de su automóvil es un arma mortífera) o bien los que tienen el hábito o la costumbre de matar. El grado 32° es el de los que se hallan en peligro de cometer homicidio con traición y abuso de confianza.

Q — Quieres decir que los que han cometido un asesinato están en peligro de volver a cometerlo?

B — Es el diagnóstico científico de los doctores akrónicos lo que determina el estado de peligrosidad que supone la exaltación al grado 32° y el tratamiento correspondiente. A veces también se exaltan al 32° los milicianos recalcitrantes y reincidentes en malevolencia mostrada por su conducta en otros grados. Pero ya explicaré esto más adelante cuando hablemos especialmente de los grados de la MUTT.

Q — ¿Es el 32° el grado supremo?

B — En la práctica sí. La exaltación al grado 33° representa la soberbia del «yo» personal que decide por sí y ante sí cuando va a morir, sin consideración alguna a sus prójimos.

N — ¿Consideras locura el suicidio?

Q — Es el caso de Nietzche...

B — El grado supremo 33° corresponde a la última degradación: la de los Tres Últimos Esclavos Akrónicos que no viven más que por amor al prójimo y a la humanidad.

Q — ¿Cuál es la diferencia entre el criminal y el peligroso?

B — La diferencia es que en Humania no son juzgados ni condenados ni menos penalizados. No hay juicios, condenas, ni penas impuestas por Eureka (ni las hay en Humania, la sede particular de Eureka), sino diagnósticos, medidas de seguridad y terapéuticas. Como consecuencia, en 1984 quedarán sueltos menos del diez por ciento de los pistoleros, petardos y terroristas que corren por el mundo en 1975. La criminalidad quedará enormemente reducida en casi todos los países de la Tierra.

Y los grados 26, 28, 30 y 32 representan respectivamente el homicidio atenuado, el homicidio negligente, el asesinato y el asesinato agravado. Por ejemplo: el automóvil lanzado a velocidades temerarias se considera un arma mortal y el que mata a otro conduciendo en Humania, en las Ciudades Universitarias y Militares Akrónicas y en los otros lugares y territorios donde Eureka proclama su jurisdicción, ingresará ipso facto en un regimiento del grado 26 de la MUTT trabajando 96 horas semanales. Además, en Humania, sede de Eureka, los motores de gasolina, gasoil y similares de explosión que contaminan la atmósfera y demás vehículos privados o particulares que alcancen velocidades mortíferas, están terminantemente prohibidos.

Q — Así, los turistas que visiten Humania, la Meca de Eureka, ¿tendrán que dejar sus automóviles en sus respectivos estados contaminados, aglomerados y pestíferos?

B — Sí, señor. Los dejarán con sus otras armas, enfermedades contagiosas y modales soeces pues Humania es albergue de la cortesía...

Q — Volvamos a la correspondencia y correlación de estos

estados superiores de la peligrosidad con los grados inferiores de la humildad y el servicio.

N— Eso de los grados de humildad parece mal copiado de Bernardo de Clairvaux o Vallclara...

B — Y de Bernardo de Más Calvó, sí señor.

N— Y del «Pare Bernat Xinxola» cuya delgadez comparable a la de Mahatmas Gandhi y Jorge Río de la Loza parece haberte inspirado tu desnudo Último Esclavo de Eureka con su cabeza, cara y vergüenzas rasuradas.

Q — Ya nos has explicado la correlación entre los últimos esclavos de la degradación.

N— A propósito, ¿te parece que la gente se suicida contra su voluntad?

B — Claro que sí. Nadie muere por su voluntad. El que se suicida es que está desesperado. Y está desesperado precisamente por el fracaso y pérdida de su salud, amor, ideal o razón vital, cuyas pérdidas y fracasos han sido evidentemente contra su voluntad...

N— Sin embargo, Freud menciona el deseo de morir inherente a la naturaleza humana, en que todo parece ambivalente y compensado: el deseo de vivir y el temor de morir por el temor de vivir y el deseo de morir.

Q — ¿Crees que Allende se suicidó porque estaba desesperado?

B — ¡Quién sabe! No se sabe cierto si alguien dio la orden de matarle, o de matar a Lincoln, o a los Kennedy o a Luther King o a Felipe el Hermoso o a Carrero Blanco. ¿Quién sabe?

Q — Volvamos a las correspondencias y correlaciones. Los grados superiores de exaltación representan un regreso a la animalización culminando en la irracionalidad del suicidio...

N— ¿O la locura del superhombre de Nietzche?

7

HUMANIZACIÓN Y AUTORIDAD

B — Decía que el proceso de animalización representado por los grados de peligrosidad se corresponde con el proceso de humanización de los siervos y esclavos que se sacrifican personalmente para el bien de los hombres. La ley animal de supervivencia del más fuerte se corresponde con la ley humana de supervivencia del más protegido y cuidado. Saturno se come a sus hijos para subsistir. El buen pastor se entrega voluntariamente a sus ovejas para que se lo coman y vivan.

N — Eso es copiado de Lecomte de Noëuy y de Gerald Heard.

B — Y de la escuela de Zen basada en las dos columnas principales de la concentración y la compasión que son las dos piernas o sostenes del Último Esclavo, que a su vez sostiene sobre sus espaldas y las de sus dos amigos más íntimos, el Penúltimo y el Antepenúltimo Esclavos, todo el edificio de Eureka.

Q — ¿Y quiénes son esos amigos tan íntimos y completos?, ¿los Tres Últimos Esclavos?

B — Su nombre, antes de ser esclavos voluntarios, no es secreto; como no lo es el nombre del presidente de Suiza, pero pocos se preocupan de conocerlo o se interesan en su biografía como ocurre con los personajes más importantes del mundo nacionalista y partidista. Lo que importa es lo que están haciendo actualmente: dedicarse enteramente al servicio de la humanidad a la visita y verificación del público en general. Su identidad está clara tanto por sus huellas digitales, demás señas de identidad y su desnudez rasurada expuestas a la vista del público.

N — Es ridículo que enseñen públicamente sus vergüenzas. ¡Es degradante!

B — Han bajado a su última degradación, en verdad. Y eso significa su desnudez. Sin embargo, el Penúltimo Esclavo lleva un zurrón-cartera de color negro que simboliza sus funciones coercitivas y el Antepenúltimo lleva un zurrón cartera de color blanco que simboliza las funciones persuasivas.

Q — ¿Dónde residen, así, expuestos al público?

B — El Último esclavo reside en el lugar más hondo o profundo de las Katakumbas de la Ciotat Capicasal de Humania. Duerme y se sienta en el suelo de madera, sobre una estera. Escribe a máquina y en taquigrafía o sobre una mesa tosca de madera, pues el Último Esclavo es su propio secretario y amanuense, y transmite todas sus órdenes directamente a los interesados o por mediación del Cuarto último esclavo, secretario-notario-registrador-juez del Logos, base y fundamento de Eureka, que descansa sobre el Triángulo Nadir, que junto con el Esclavo Secretario y el Esclavo Portavoz forman el Pentágono básico que toma las últimas decisiones del Logos de Eureka, las inscribe en el Registro (el esclavo secretario) y las proclama con fuerza de ley Universal (el esclavo portavoz o pregonero).

Los últimos esclavos comen muy poco y solos; en el suelo. Beben agua abundante y un poquito de vino. Tienen su gabinete de aseo y retrete, y un pequeño gimnasio donde practican diariamente las ceremonias de su ritual científico psico-físico. Todo ello con paredes de cristal, a la vista del público.

Diariamente se reúne el Triángulo Nadir.

Trisemanalmente se reúne el Pentágono básico o el Triángulo, más el esclavo secretario y el esclavo portavoz. Se les reúne también el esclavo prospecto o proyecto (también de la degradación 33) que sustituirá al Antepenúltimo cuando éste sustituya al penúltimo que será cuando el Ultimo esclavo coagule, se canse o esté impedido y sea sustituido por el Penúltimo. De manera que el Pentágono básico es de hecho un exágono.

Con otros cuatro esclavos infinitesimales de la degradación 32 forman el Eneágono judicial del Logos o fundamento de Eureka. Los nueve últimos deciden:

— Las cuestiones de administración de justicia y adyacentes, oída la ponencia del esclavo infinitesimal secretario.

— Las cuestiones de representación, comunicación e información, oída la ponencia del esclavo portavoz.

— Las cuestiones de la MUTT (Milicia Universal del Trabajo Terapéutico), oída la ponencia de la esclava miliciana.

— Las cuestiones de Hacienda y Economía, oída la ponencia del esclavo infinitesimal tesorero.

— Las cuestiones de educación, instrucción e investigación científica, oído el informe-ponencia del esclavo infinitesimal Bedel.

— Las cuestiones de salud pública universal y demás

de orden gubernativo, oída la ponencia del esclavo infinitesimal Sanitario.

A su vez cada uno de estos seis esclavos infinitesimales, o de la degradación 32, es la base y última instancia de su logos especial que es reproducción del Logos General, base fundamental de Eureka. El esclavo infinitesimal, en su doble función de diferenciación e integración, transmite a su logos especial los acuerdos del Logos General y a éste le transmite las conclusiones de su logos especial. El Logos es como el corazón de Eureka con su sístole y su diástole, o sea, sus funciones de diferenciación y de integración.

8
ESCLAVOS MÍNIMOS

Estos nueve, con ocho esclavos más de la degradación 31, llamados mínimos, forman el círculo ejecutivo del Logos General de Eureka.

Q — ¿Por qué se llaman mínimos?

B — Porque representan el ejercicio de la mínima coacción para conseguir el máximo resultado. Me refiero a la mínima coacción posible o política y a la máxima eficiencia posible en las circunstancias actuales de la situación internacional y de las técnicas akrónicas.

Q — Concretamente, ¿qué quieres decir por mínima coacción y máxima eficacia?

B — Por máxima eficacia quiero decir el Desarme Universal Definitivo. Por mínima coacción me refiero al respecto absoluto de las vidas humanas y la limitación de la coacción a las técnicas psicológicas de sugestión e hipnotismo y las electro-químicas menos dañinas para la salud. Los ocho esclavos mínimos se apoyan en el Penúltimo Esclavo o Sereno.

Son designados por el Último Esclavo a propuesta del Antepenúltimo de entre los esclavos de la degradación 31.

Q — ¿Qué soporta cada uno de los ocho esclavos mínimos o coactivos?

B — Hay cuatro coactivos mínimos horizontales y cuatro

verticales. Los horizontales son la base de la coacción de las poderosas potencias militares armadas:

a) en los USA

b) en la URSS
c) en la China

y sus respectivos satélites y protegidos

d) en las demás potencias poderosas como el Imperio Británico, Francia y sus simpatizantes, Alemania, Japón y demás que no dependan ni de USA ni de la URSS.

Los mínimos coactivos verticales dirigen la coacción de los poderosos:

a) El capital internacional.

b) De los sindicatos y organizaciones obreristas e izquierdistas.

c) De los partidos políticos, la prensa y radio - TV y otros grupos de presión y formación de la opinión pública.

d) De los gobiernos nacionales y la ONU.

Cada uno de los ocho esclavos mínimos transmite directamente las órdenes del Triángulo Nadir esclavo archiinferiores de la degradación 29, cada uno de los cuales las transmiten a su vez a seis esclavos minúsculos de la degradación 27 que las transmiten a seis esclavos menores de la degradación 18, y así sucesivamente de manera que la voluntad del Logos se infiltra en los poderosos del mundo nacionalista y partidario, y en la opinión internacional produciendo el Desarme Universal Definitivo y el establecimiento de la Paz Internacional por medio de la implantación del Derecho de Gentes.

Q — ¿Cuándo se reúne este Círculo ejecutivo o coactivo de los últimos diecisiete esclavos?

B — Se reúne dos veces a la semana, por lo menos.

Q — ¿Y el Polígono Legislativo?

9
POLÍGONO LEGISLATIVO

B — El pleno del Logos General o Polígono Legislativo se reúne cada semana. Está formado por los últimos dieciséis esclavos ultimados de la degradación 30 que ultiman o resumen las propuestas del pueblo en el Agora de Humania.

Cualquiera en Humania, hoy (en 1984, en todo el mundo), puede mandar su voto u opinión por escrito o expresarla de palabra en el Agora. Los votos u opiniones se computan electrónicamente. Por lo tanto, hay una democracia permanente y directa mediante la cual la opinión del público es trasmitida semanalmente al Logos Legislativo conjuntamente con el dictamen de los organismos adecuados de la Akademia Akrónica.

La AKADEMIA AKRÓNICA está formada por 360 miembros de los cuales sólo los 16 Ultimados, miembros del Polígono Legislativo, tienen que ser esclavos. Los demás pueden ser libres con tal que sean sabios, eruditos, científicos excelentes. Constituyen la alta cámara legislativa o senado de Eureka. Coordinan, fomentan, diferencian e integran el saber universal y dictaminan sobre las proposiciones legislativas. Estos dictámenes y propuestas son ultimados por los Esclavos Ultimados que los transmiten al Logos Legislativo que toma la decisión final y definitiva.

Horizontalmente, hay cuatro ultimados ideológicos, cuatro morales, cuatro económicos, cuatro administrativos. Verticalmente, hay cuatro de tendencia o perspectiva conservadora, cuatro liberal, cuatro reaccionaria y cuatro radical.

Q — ¿Cómo pueden ponerse de acuerdo si son opuestos?

B — Porque son esclavos voluntarios que han vencido su egocentrismo: se han vencido a sí mismos y no sienten hostilidad hacia los que mantienen criterios opuestos a los suyos. Al fin y al cabo los conservadores de buena fe sólo quieren conservar lo bueno. Los liberales de buena fe sólo quieren introducir lo bueno para todos. Los reaccionarios de buena fe sólo quieren impedir que se introduzca lo malo para la mayoría. Los radicales de buena fe sólo quieren extirpar lo malo. No hay, por lo tanto, incompatibilidad entre los criterios conservador, liberal, reaccionario y radical. Son criterios complementarios cuando son de buena fe. Lo que los hace incompatibles es la mala fe.

Así, con estos treinta y tres esclavos voluntarios queda completo el Logos de Eureka, fundamento y base del Estado y de sus funciones coactivas, persuasivas, judiciales, ejecutivas y legislativas.

El Logos, junto con el círculo administrativo formado por 144 esclavos ínfimos de la degradación 29 o más bajo, adjuntos y sustitutos del círculo ejecutivo de los últimos 17, forman la organización administrativa básica de Eureka. En total, cierto setenta y siete esclavos que se reúnen mensualmente.

10
EL ÚLTIMO ESCLAVO: *RESIDENCIA*

Q — ¿Asiste a todas las reuniones el Último Esclavo?

B — Claro que sí. Los esclavos del Logos y de la Administración básica se reúnen en las mismas katakumbas cuyo punto más bajo ocupa el Último Esclavo. Es el mismo nivel en que vive. Su sitio en el suelo está en el último nivel y los demás se sientan en los escalones superiores correspondientes. En el más bajo, los de la degradación 33 o Triángulo Nadir; los del Pentágono; después los del Eneàgono, degradación 32; a continuación se sientan los ocho mínimos de la degradación 31 y arriba del recinto logístico se sientan los dieciséis ultimados esclavos de la degradación 30. Los esclavos ínfimos administrativos básicos se sientan en los escalones superiores de este recinto katakumba. El lugar geométrico donde se reúne el Logos de Eureka es un cono de cristal como el vértice vuelto hacia abajo tocando el suelo donde se sienta el Último Esclavo.

Q — ¿Dónde está este Kono?, ¿al aire libre o suspendido del cielo?

B — Todavía no. El Kono del Logos está dentro de la kueva Yoni de las Kavernas Konarak que se hallan dentro del Peñón Lingham que se yergue en la Plaza Central de la Ciotat de Humania frente al Espléndido Kanal de lujo. De manera que la gente que se pasea en las góndolas, golondrinas, moscas, vedetes y demás barquichuelos tranquilos, alegres y confiados que surcan el magnífico kanal, contemplan la perspectiva del impasible peñón entre el dinamismo de sol y sombra y las esculturas móviles cinematográficas iluminadas por las fuentes y surtidores de colores y sonidos armoniosos, melodiosos y rítmicos.

Q — ¿Dónde va a parar el kanal?

B — Al océano Pacífico, a través de un túnel subterráneo que atraviesa el monte Zeus que se halla entre el puerto y la playa de Capicasal de Humania...

Q — Ya me hablarás de Humania más adelante. Volvamos ahora al fantástico y hercúleo trabajo del Último Esclavo...

N — Sí, pero antes permítame observar que el Peñón está mal llamado, puesto que no está en el mar. Se debería llamar peñón al monte Zeus y monte al Peñón Lingham.

B — Pero es que el Peñón Lingham, tiene una fachada escarpada como en Insbruck y una forma alargada como el Peñón de Azúcar de Río de Janeiro o el de Ifac. En cambio, el Monte Júpiter sólo tiene un lado escarpado que es el que se adelanta hacia el mar y forma un puerto natural completamente protegido. Los otros lados son pendientes suaves cubiertos de bosques, vergeles y jardines para pasear como en el Generalife de Granada y los jardines japoneses y rocosos como en Mónaco, con terrazas desde donde la gente contempla la Ciotat, con los altísimos rascacielos del Trabajo y la Riqueza a ambos extremos de la Vía diametral Trabajo-Riqueza que atraviesa la Ciotat. Y detrás del Peñón hay el Monte Regalado con los edificios matemáticos de la Ciudad Universitaria. De manera que la Ciutat está rodeada de un exágono cuyos seis lados son: monte Júpiter (1); el puerto y la ciudad Militar (2); monte Regalado y la ciudad Universitaria (3); la ciudad Internacional (4); la ciudad Residencial (5); y la playa (6). Dentro del perímetro de la Ciotat los transportes y el tránsito rápido son subterráneos. El de urgencia (ambulancia, policía, bomberos, etc.), es aéreo. De manera que la gente se pasea por las calles, avenidas, rondas, canales y plazas de la Ciotat sin peligros, ruidos, hedores, aglomeraciones, taponamientos y demás molestias que han deshumanizado y arruinado las grandes metrópolis modernas invadidas por los automóviles, camiones y autobuses, inundadas por el petróleo, la gasolina y asfiixiadas por los gases hediondos que desprenden.

N — En lugar de Humania debería llamarse Jauja: ¡Es increíble que un hombre tan poderoso como el mandamás de Eureka se avenga a pasarse la vida encerrado en un cono de cristal dentro de una cueva, cuando tanto podría disfrutar paseando por esa maravillosa ciudad que, según dices, reúne todas las ventajas de las metrópolis modernas sin ninguno de sus inconvenientes!

11
EL ÚLTIMO ESCLAVO: *TRABAJO*

Q — Eso. Volvamos al Último Esclavo y su trabajo. ¿No sale nunca de su Katakumba?

B — El Último Esclavo sale cuando le parece conveniente y va donde conviene que vaya para cumplir con los deberes de su cargo. Pero casi siempre sale de incógnito...

N — Como Harún el Rotschild... o Raschild...

B — Digo que yendo de incógnito mezclándose con la gente de todas clases, puede examinar la situación desde muy distintos puntos de vista y ver volver como esclavo voluntario algo de lo que había visto en su larga vida de hombre libre. Se mezcla con los delincuentes, con los policías y guardias, con los soldados, con los generales, con los mendigos, con los plutócratas, con los creyentes, con los escépticos...

N — ¡Ah! Ya sé lo que quiere decir la segunda «E» de Eureka: Estado Universal de Reconciliación Ecuménica.

Q — También, a juzgar por el nombre del Espléndido Kanal del Lujo, podría significar Estado Universal de Reconciliación Espléndida.

N — Esplendorosa.

Parece que Eureka tiene más significados que el Miau de Pérez Galdós... ¡miau! ¡miau!, pero vuelve a tus corderos como Panurgo.

B — Precisamente la ronda externa que circunda la Ciotat, marcando sus límites, se llama Ronda de Thelème en honor al hermano Juan, de Rabelais...

Q — Pero vuelve a los trabajos de tu Pantagruel...

B — No sale con más frecuencia de Konarak porque no le queda más tiempo.

1.º A punta de día...

N — La del alba sería...

O — ¡Hombre! No interrumpas más. Continúa B.

B — Digo que el horario más corriente es el siguiente:

1.º En cuanto amanece se levanta y se lava, ejerce sus músculos en el pequeño gimnasio, sincronizando musicalmente sus ejercicios físicos con sus ejercicios psíquicos (rogar, meditar, contemplar), de acuerdo con el ritual de la Orden del Sentir. Ese gimnasio se halla entre las estalactitas y estalagmitas de la Kueva Yoni donde se halla también el charco en el cual nada seguidamente.

2.º Sentado en el suelo, en el punto más bajo del Logos, recibe al Penúltimo y al Antepenúltimo Esclavos. Y algunos días, también el Esclavo Ínfimo que sustituirá al Antepenúltimo, asiste a ese Triángulo Nadir...

N — Es como el caso de los Tres Mosqueteros, que eran cuatro...

B — Bueno. Digo que, reunidos los Tres Últimos Esclavos comulgan sus voluntades y mentes respectivas poniéndolas a tono...

N — «At one ment» ¿Qué es lo que tienen que expiar?

B — La guerra y las amenazas de guerra... Repito que comulgan los Tres Últimos Esclavos solidariamente en palabras, obras y pensamientos. Beben agua de la fuente de Yoni, se desayunan con una manzana, jugo de fruta y el pan integral que se reparten.

3.º Luego los Tres juntos reciben a los esclavos secretario y portavoz diciéndoles lo que tienen que redactar, hacer constar, inscribir, proclamar, anunciar y pregonar respectivamente.

El Último Esclavo no tiene ningún otro secretario, ni mensajero, ni ayudante, ni asistente, ni criado de ninguna clase. Todas sus resoluciones las hace constar y las inscribe el esclavo Secretario, y lo que tiene que comunicar a otros lo hace directamente de palabra o por mediación del esclavo Portavoz.

4.° Tres días a la semana, por lo menos, la reunión de los cinco últimos esclavos se continúa y amplía con los otros cuatro infinitesimales formando el Círculo Judicial del Logos de Eureka.

5.° Dos días a la semana se continúa y amplía la reunión con los ocho esclavos mínimos formando el Círculo Ejecutivo del Logos.

6.° Cada semana se continúa y amplía dicha reunión con los dieciséis esclavos Ultimados, reuniendo así el Pleno del Logos o Círculo Legislativo.

7.° Cada mes, por lo menos, y con la asistencia de los esclavos ínfimos, adjuntos o substitutos que se hallen presentes en Humania, se amplía la reunión consiguientemente formando el Círculo Administrativo.

Además, una vez al mes por lo menos, asiste a los Logos parciales o especiales siguientes:

8.° Logos Coactivo o de la PPUPP.

9.° Logos Persuasivo o de las OMA.

10. Logos Forense o de la administración de justicia.

11. Logos Diplomático.

12. Logos de la MUTT.

13. Logos Económico.

14. Logos Universitario, pedagógico o de la enseñanza.

15. Logos Sanitario y del orden público.

16. Sesión de la Akademia, donde se sienta en uno de los escaños doctorales que le corresponden.

17. Sesión debate del Agora, entre el público.

18. Opera Omnia o Teatro Completo. Corte Imperial, entre el público.

19. Un concierto.

20. Una obra teatral, siempre entre el público y de incógnito.

Además, cada día recibe una serie de visitantes, la mayoría uno por uno y otros en grupo.

N — «Tête à tête.»

Q — Mano a mano.

B — Cara a cara. Se ven las caras y, sobre todo los ojos; conversan, observan, meditan, contemplan, ruegan juntos y se ruegan uno a otro.

21° a 52°. Cada semana ve a un siervo o esclavo de cada degradación akrónica.

53° a 56°. También entrevista cada semana a cuatro

peligrosos, ya sea en un regimiento de la MUTT o en otra parte.

57° a 60°. Entrevista, también cada semana, a cuatro desgraciados: pordioseros, enfermos, extraños, perseguidos, neurasténicos, histéricos, psicasténicos, seniles, infantiles, solitarios, etc.

61° a 64° entrevistas, también con cuatro notables: artistas, científicos, escritores moralistas, filósofos, poetas, políticos, financieros...; dos solicitantes y dos solicitados por El Último Esclavo directamente.

65° a 68° cuatro personas libres más: dos que lo soliciten y dos solicitados.

Añádase a lo dicho.

69° a 74°, seis horas por lo menos de lectura cada semana;

75° a 80°, seis horas semanales dedicadas a escribir;

81° a 86°, seis horas semanales de meditación trascendente;

87° a 92°, seis horas de contemplación inmanente;

93° a 100°, ocho horas por lo menos de plegaria existencial cada semana.

Q — Si los esclavos y siervos akrónicos observan el descanso dominical necesario para la RE-CREACIÓN y la labor programada, les ocupa entre 100 y 120 horas semanales, muy pocas horas les quedan para dormir y comer.

B — Los últimos esclavos, liberados del egocentrismo y de las preocupaciones consigo mismo, deseos y temores personales, duermen profunda y muy tranquilamente, de manera que con pocas horas les basta para preservar la buena salud y vigor físico y mental, a pesar de la edad avanzada de la mayoría de los últimos esclavos akrónicos. Comen muy poco, muy nutritivo e higiénico, como naturalistas que son, ya que comer, forma parte de las ceremonias del ritual de contemplación inmanente. Se contemplan comer a sí mismos y contemplan las sensaciones de su paladar, estómago y demás órganos de su aparato digestivo.

TAO ROGER Y JO-SE-PET

Q — ¿Quién es actualmente el Último Esclavo de la Humanidad, el fundamente de Eureka?

B — Se llamaba, cuando era libre, Tao Roger y Jo-Se-Pet.

Q — ¿Es chino?

B — Tres de los abuelos de una de sus abuelas eran chinos de Pekín, de Cantón y de Tchong-king, respectivamente. El cuarto abuelo de esta abuela era japonés de Tokio. De manera que es un cuarto chino-japonés, más chino que japonés: tres dieciseisavos chino. Y una proporción semejante es chino-japonés en su educación y cultura.

Q — ¿Y los abuelos de la otra abuela?

B — Eran de Rosas, Játiva-Alcoy, Mallorca-Vallespir y Andorra-San Martín de Provensals.
La línea que se remonta hasta el Emporión griego es la de Rosas-Ampurias. Las líneas de ambas abuelas se mantienen bastante estables desde la antigüedad china (la abuela paterna) y las colonias mediterráneas de la Magna Grecia (la abuela materna). En cambio, los abuelos varones son de lo más mestizo o mezclado que imaginarse pueda: entre sus ascendientes se hallan muchísimas naciones, razas, culturas, lenguas, religiones, creencias, costumbres y variedades humanas de todas clases, aunque ambos nacieron en España: uno en León (el abuelo materno) y otro en Reus (el abuelo paterno). Por el abuelo de León corría sangre celta, sueva, goda, hebrea, mora, azteca, inca, maya, araucana, normanda, sueca, inglesa, danesa y muchas más europeas e indias sobre todo. Por el abuelo de Reus corría sangre armenia, judía, egipcia, tuareg, rusa, irlandesa, micronesia, polinesia, africana y americana negra; lusitana, brasileña, finlandesa, danesa, genovesa, griega, turca, napolitana, siciliana, veneciana, romana, milanesa, borgoñesa, etc., etc.
Cuando Tao Roger era libre, trazó su genealogía con la ayuda de muchos amigos, pues Roger era el hombre

que más había viajado, más países y ciudades conocía, y más amigos tenía por todas partes.

Q — ¿Habla muchas lenguas?

B — Habla veinticuatro lenguas bien. De entre ellas hay doce que habla muy bien; y seis de entre ellas son nativas: pekinés, catalán, castellano, cantonés, francés e inglés.

Q — Y las otras seis que habla muy bien ¿cuáles son?

B — Japonés, italiano, gallego-portugués, alemán, ruso y árabe. Además lee y escribe chino, latín, griego, árabe, sánscrito y hebreo con facilidad.

Q — ¿Y mujeres? ¿Tiene muchas?

B — Ya he explicado que los esclavos han recibido el carisma de la castidad. Ésa es una de las razones por las cuales hay tan pocos...

Q — ¿Qué quieres decir con el «carisma de la castidad»? ¿Es que la «K» de Eureka significa «karismático»?

N — ¿O Konarákiko?

B — Entiendo por carisma un don misterioso que no se sabe por qué se recibe. El carisma de la castidad produce como efecto una conducta y carácter castos, espontáneos, alegres, tranquilos, satisfechos. No es una ascesis, ni una lucha como la de San Antonio. Tampoco es impotencia ni frigidez, sino amor, paz y alegría. Es parecida a la castidad espontánea de los niños sanos en la edad o período latente, después del período de la líbido genital y antes de la pubertad. En los niños, la líbido (o savia vital) está latente; y en los adultos de castidad carismática, la líbido, está completamente sublimada.

No es el tipo de castidad ascética que suele desviar la líbido hacia la hostilidad, la pelea, la guerra santa o cruzada y el crimen. Ni tampoco la criptorquidia ni la inferioridad o deficiencia sexual que suelen producir las neurosis y psicosis.

N — De manera que los esclavos voluntarios akrónicos, como han recibido y aceptado el carisma de la castidad, pasan los días alegres.

B — Antes de hacerse esclavo (por haber recibido y aceptado el carisma de la castidad al cumplir setenta años), Roger era el hombre que más mujeres había conquistado y el que más hijos había engendrado.

También era el que más estudios había hecho y más

había aprendido de las diversas materias del saber humano y, el que más dinero había ganado. También era el que más oficios y profesiones había ejercido con excelencia y el que más salud y vigor tenía. Había sido grumete, escribano y dibujante chino; malabarista, equilibrista, pastor, carbonero, leñador, albañil, carpintero, cerrajero, agricultor, horticultor, jardinero, empeltador, espurgador, labrador, arriero, mecánico, piloto, chófer, saltimbanqui, gitano, trapecista, domador, ilusionista, acróbata, payaso, bailarín, médico, ingeniero politécnico, matemático, filósofo, historiador, geólogo, astrónomo, químico, biólogo botánico, zoólogo y otros oficios y profesiones que ahora no recuerdo. Estudió con Plank, De Broglie, Böhr, Einstein, Freud, Jung y muchos sabios occidentales y orientales.

Q — Con tanto talento, cultura y habilidad; mujeres, hijos, amigos, riqueza, salud y vigor, parece que tenía todo cuanto un hombre puede desear, excepto la fama, el prestigio, la gloria.

B — Para Roger, las mujeres, los hijos y los amigos con su afecto fervoroso y confianza ilimitada, eran más que compensación por su falta de notoriedad. Ya desde los 16 años prefirió pasar desapercibido. Y continúa pasando desapercibido a pesar de tomar las resoluciones finales y definitivas de Eureka.

Q — Será famoso el Día del Desarme Universal Definitivo...

B — No lo creo. No creo que Tao Roger Jo-Se-Pet sea todavía el Último Esclavo el Día del Desarme Universal Definitivo. En 1977 ya tendrá 126 años. Llevará ya 21 años de actuación como autoridad final de Eureka, trabajando desnudo más de 18 horas diarias y casi constantemente expuesto a la vista del público de Humania.

Se jubilará o coagulará su sangre en 1976 porque probablemente el DDUDD tendrá lugar en 1977 después de las elecciones presidenciales USA. Entonces, la Penúltima Esclava, Yen Roger Konarak, bajará a la última esclavitud mientras el Antepenúltimo, Yang Roger Mazda, bajará al Penúltimo puesto y la esclava que hoy actúa como adjunta al Triángulo Nadir, Aura Roger Amón, bajará a la Antepenúltima Esclavitud.

N — Supongo que después le sigue un Ra Roger ya que tiene Aura Mazda; luego vendrá Amón-Ra.

B — No. EL Ra, que en efecto es ahora Esclavo Infinitesimal Secretario del Logos, se llama Ramón Arjuna Ra y el Portavoz es ahora Inga Ton. No todos los esclavos voluntarios son hijos de Roger ni todos los hijos de Roger son esclavos voluntarios. ¡Ni mucho menos! El paralelo que sí es correcto, es el de la amistad ferviente entre los Tres Últimos Esclavos comparada con la de Osiris-Isis-Horus o la del Padre, la Madre y el Hijo akrónicos perfectos; y cuando el Triángulo sucesor, una vez desaparecido Osiris, es de dos mujeres y un varón, en medio ofrecen un paralelo con los incas y los faraones cuando la hija y el hijo del Sol se casan para preservar la pureza de la sangre y dan a luz a una hija... O, si queréis otra comparación, la unión del Nadir es como la del padre que, por amor a su hijo, se reconcilia con su yerno y viceversa. O bien, la madre que quiere tanto a su hijo, que se reconcilia con su nuera y viceversa. En lugar de ser el tercero en discordia, en el Nadir tenemos el tercero en concordia. Cada uno ama entrañablemente a los otros dos.

N — Un «ménage à trois» de los Roger o un lío de familia que parece monopolizan a Eureka con sus parientes chinos, egipcios y persas.

Q — Es natural que una familia perfecta o casi perfecta cree un ambiente donde mejor se desarrollen las inclinaciones de hacer el bien al prójimo, no hacer mal a nadie y tener confianza, y que se dediquen sus miembros al servicio de la humanidad, sacrificándose si es necesario.

B — En efecto, en una ambiente de altruismo, abnegación, amor, paz y alegría, crecen mejor los futuros siervos y esclavos voluntarios.

Sea el que sea el nombre que tenían cuando eran libres, al bajar a esclavos (la degradación 22) lo ofrecen en oblación en bien de la humanidad —del prójimo— a fin de evitar envidias y rivalidades, vanidades y orgullos: la «ubris» que pierde los imperios.

N — Los dioses enorgullecen a los que quieren perder, como dice Arnold Toynbee.

Q — Si los esclavos han renunciado a su nombre, ¿cómo se les llama?

B — A los últimos, o sea, a los del Logos, por el nombre humilde del cargo que desempeñan.

Degradación	Título	Funciones
33	Último	(El Estado)
	Penúltimo	Coercitivas: (PPUPP)
	Antepenúltimo	Persuasivas. (OMA)
32	Infinitesimales	Exágono: (Decisivas y judiciales)
31	Mínimos	Logos: (Ejecutivo y administrativo)
30	Ultimados	Logos Legislativo:
29	Ínfimos	(Akademia Akróni-
28	Inferiores	ca y Agora)
27	Minúsculos	
26	Diminutos	
25	Subordinados	
24	Menores	
23	Pequeños	
22	Madres y Padres	

Los esclavos pierden el nombre y llevan un número como en los presidios de los estados e imperios nacionalistas y partidistas. En Eureka, por el contrario, a los reclutas peligrosos en tratamiento, en la MUTT, se les personaliza y responsabiliza llamándoles por su nombre completo, pero las autoridades esclavas y los siervos de la humillación 16 abajo son anónimos.

N — Podría llamárseles a todos Roger o los cien mil hijos de Tao Roger Jo-Se-Pet...

B — Hay muchísimos más que cuando eran libres se llamaban Berenguer, Olaguer, Balaguer, Ermengol, Cinq-Tinc-Son...

N — Claro, debe haber los Ramón Berenguer y Berenguer Ramón, sin olvidar los Berenguer de Ionesco I, II, III, IV...

B — Pronto habrá más esclavos y siervos expósitos, que procedentes de una familia identificable, pues las Universidades Akrónicas en Humania y esparcidas por el mundo, tienen Escuelas Maternales donde las madres prospectivas que lo deseen son atendidas total y gratuitamente antes, durante y después del parto. Y si lo prefieren pueden dejar el infante al cuidado de la Universidad Akrónica en las condiciones que deseen, pero siempre respetando los derechos de la infancia, establecidos por el derecho natural y definidos por la Ley de la Infancia Universal proclamada por Eureka, según la cual, las adopciones, para ser válidas, requieren el consentimiento personal del adoptado que, por tanto, debe haber alcanzado la edad jurídica, o sea, tener la capacidad legal para otorgar el consentimiento. Además, las Universidades y mansos akrónicos recogen y admiten los niños abandonados, maltratados (también los ancianos) o que su familia no desea. La Escuela maternal akrónica ya se encarga de que la madre disponga del régimen más adecuado para la maternidad según la ciencia universal akrónica.

Q — Parece que el dogma de Eureka, es la ciencia..., la liturgia es el servicio de los hombres...

N — Y el ritual es el arte, como ya dice Lanza del Vasto...

B — También la ciencia y la técnica universal presiden el parto en las Universidades Akrónicas. Claro que la ciencia es impotente todavía para evitar el trauma del nacer...

Q — Que es el mayor delito del hombre según Calderón de la Barca, alias Segismundo de Polonia...

N — O el pecado original, según el evangelio de Buda...

B — Sea como sea, si la ciencia es el dogma de Akronia, será una hipótesis dinámica y cambiante con el tiempo, puesto que la ciencia trabaja con hipótesis...

N — Newton dijo «hipótesis non fingo».

13
AKADEMIA AKRÓNICA

B — Digo que la ciencia, si es dogma, es hipotético, pues la ciencia trabaja con hipótesis que, según lo que se sabe al momento de formularlas, mejor explican los hechos observados. Pero enseguida las hipótesis formuladas se experimentan y verifican, sirviendo para descubrir nuevos factores considerando los cuales, se revisan las hipótesis ratificándolas o rectificándolas según el resultado de la verificación. Eso es lo que hace el Instituto Científico de la Akademia Akrónica, que coordina, diferenciándolas e integrándolas, todas las ciencias. Nos da el punto de vista científico de todos los eventos observables, o sea, el método que acabo de describir...

Q — ¿Clasifica las ciencias como Augusto Comte?

B — Hay diferencias. Por ejemplo: *a*) con la ciencia intraatómica, la química, hoy en día, es parte de la FÍSICA, que es la ciencia de lo concreto y va precedida por la MATEMÁTICA, que es la ciencia exacta de lo abstracto. Y va seguida de la BIOLOGÍA. De manera que queda, de Comte, la escala de la MATEMÁTICA soportando a la FÍSICA. Y ésta, soportando a la BIOLOGÍA cuyas ecuaciones contienen más variables que las de la FÍSICA, y resulta todavía dificilísimo de formularlas matemáticamente. *b*) Otra diferencia con Comte es que las técnicas y estadísticas modernas hacen mucho más fácil predecir científicamente (según la matemática de las probabilidades) lo que van a hacer las masas, las aglomeraciones, los grupos numerosos que lo que va a hacer un simple individuo. Es fácil de predecir correctamente cuántos se van a morir al año de un grupo de cien mil personas de la misma edad y circunstancias de salud, profesión y residencia. Pero en cambio, no se sabe QUIÉN se va a morir del grupo. Se sabe CUANTOS, pero no se sabe QUIÉN. Es mucho más fácil predecir la conducta de una multitud que la de un individuo. Por lo tanto, las ciencias psicológicas y parapsicológicas son, hoy en día, mucho más inexactas que las ciencias sociológicas y parasociológicas.

Las Ciencias matemáticas son más exactas que

las físicas, que son más exactas que

las biológicas, que son más exactas o menos inexactas que

las sociológicas, que son menos inexactas o más probables

que las psicológicas, que...

Q — De manera que la clasificación akrónica de las ciencias es:

MATEMÁTICAS, primero, base de

FÍSICAS, segundo, base de

BIOLÓGICAS, tercero, base de
SOCIOLÓGICAS, cuarto, base de
PSICOLÓGICAS, quinto, que son las más inexactas o
que con menos probabilidades de acertar pueden predecir el futuro, ¿no es así?

B — Hay todavía otras ciencias más difíciles de experimen-
tar y verificar hoy en día. Con tantas incógnitas y variables, sus ecuaciones no se pueden resolver ni siquiera con la ayuda de la cibernética. Son, por lo
tanto, las ciencias más inexactas. Pero se les puede
aplicar el método científico de observación, hipótesis,
experimentación, verificación y revisión a pesar de
que, científicamente, su exactitud es mínima y su probabilidad infinitesimal.

Q — ¿Cómo se llaman estas ciencias experimentales aunque
inexactas?

B — En términos orientales se llaman ciencias del cambio
espontáneo o taoísticas. En términos occidentales se
llaman ciencias teológicas.
Así, las ciencias akrónicas forman una espiral viva,
dinámica que está cambiando constantemente...

N — Vivito y coleando.

B — El sector o segmento más exacto es el de:
las MATEMÁTICAS, que son la base de
las FÍSICAS, que son la base de
las BIOLÓGICAS, que son la base de
las SOCIOLÓGICAS, que son la base de
las PSICOLÓGICAS, que son la base de
las TEOLÓGICAS, que son las más inexactas y más
abstractas, y de ellas nacen las Matemáticas. Las Matemáticas, ciencias de lo abstracto, son hijas de la
Teología, que concibe las abstracciones, los números:
EL UNO como relación del CERO con EL INFINITO.

N — Quieres decir la concepción del Existente como la relación de la Nada con el Todo. El connubio del Todo
con la Nada produce todo cuanto existe, el devenir de
la nada al ser... Pero, si fuera del Ser no hay nada,
hay la negación de la nada, que es algo...

Q — ¡Qué galimatías!

B — Pertenecen a los conocimientos filosóficos, para los
cuales hay en la Akademia Akrónica otro instituto. La
Ciencia es hija de los números o cantidades. La Filosofía es hija de las palabras o cualidades.

Q — Así en la Akademia Akrónica hay el Instituto Científico y el Instituto Filosófico, y según lo que dices, la primera filosofía akrónica debe ser la Fiolosofía del Lenguaje. ¿Qué otros institutos hay a fin de coordinar, diferenciar e integrar todos los conocimientos universales?

B — Hay seis institutos en la Akademia. Los otros cuatro son: El Instituto Artístico, el Político, el Económico y el Religioso.

Los seis institutos de la Akademia se influyen mutua y solidariamente.

1. El Arte, o expresión que inspira;
2. la Ciencia, o percepción que inspira;
3. la Filosofía, o ideas que inspiran;
4. la Religión, o creencias que inspiran;
5. la Política, o voluntad que inspira;
6. la Economía, o acción que inspira;
7. el Arte, ya que el artista es el artesano inspirado: el operario u obrero que al hacer su trabajo útil para satisfacer las necesidades, se esfuerza más allá de su deber y se esfuerza para producir algo que no es necesario, sino superfluo, que no es útil, sino bello y al hacerlo expresa su propia personalidad, ideas, creencias y propósitos que al percibirlos otra persona, le incitan a experimentarlos a su vez y comprobar, verificar si sus ideas son verdaderas o si sus propósitos son buenos o sus creencias son válidas.

N — En cambio, según Karl Marx, es la Economía la que determina la Política y ésta determina la Religión, que es el instrumento político para persuadir a los oprimidos y explotados de que se resignen y conformen con su situación, que es la voluntad de Dios.

B — Es cierto que en una sociedad que se halla en proceso de desintegración ocurre que la Economía domina la Política; la Política domina la Religión;

la Religión domina la Filosofía;

la Filosofía domina la Ciencia;

la Ciencia domina el Arte;

y el Arte, degenerado en una técnica (como el arte de la propaganda comercial y el de la manipulación de la opinión pública), domina la Economía... Ejemplo: el arte de anunciar domina la economía de los países capitalistas y también de los socialistas.

Pero en una sociedad hay también corrientes de integración que evolucionan en sentido inverso a las corrientes desintegradoras o decadentes. En la URSS, por ejemplo, y en China, es la Política, el gobierno quien domina la Economía. La aplicación de la tesis de Marx ha producido (o reproducido) la antítesis de Hegel...

Son los medios que se usan y no los propósitos los que más determinan el resultado. La guerra, por muy santa que se pretenda, produce la muerte y la abominación de la desolación. Aunque, moralmente, los fines justifiquen los medios en la conciencia de los que así lo creen de buena fe, la política sólo se justifica por los medios que emplean y que demuestran la sinceridad de las intenciones proclamadas.

Q — ¿Cuáles son estos medios akrónicos?

B — La abnegación (negarse a sí mismo), cargar con las penas y tribulaciones del prójimo y trabajar amorosa, pacífica y alegremente como hacen los esclavos voluntarios.

Éstos son los medios o instrumentos aplicados por los esclavos akrónicos que tienen autoridad en Eureka, empezando por los de la degradación 22.ª, primera de la esclavitud: la de las madrecitas y de los padrecitos akrónicos.

14

MADRECITAS Y PADRECITOS
AKRÓNICOS

La Madrecita Esclava voluntaria se encarga del infante en cuanto nace y ya no le abandona mientras vive. En el Colegio Oral de la Escuela de la Infancia, la Madrecita Esclava no le deja, mientras está despierto, más que unos minutos para atender a sus otros hijos que una visita semanal esporádica de la madre). Los (dieciséis como máximo en su Pelotón Oral, otros dieciséis en la pubertad cuando no les es preciso más demás pelotones de hijos —si los tiene— ya están en plena edad adulta y son ellos los que de vez en cuando vienen a visitar a su Madrecita Akrónica y a sus Hermanos Bebés.

En suma, la Madrecita Akrónica está constantemente

al cuidado de sus hijos: los lava, los amamanta, los besa, los acaricia, los abraza, les canta, les habla con ternura y prudencia, paz y sapiencia, alegría y diligencia. Para ocuparse de los pañales, cunas, higiene de las salas, alimentos y demás objetos del ambiente de los Infantes Akrónicos bebés y párvulos (en las edades oral, anal y genital) hay un siervo humillado a la cuarta profundidad, es decir, la de los que no piensan lo que no quieren (que no se distraen en el trabajo), que también colabora con la Madrecita esclava en los demás menesteres. Además, los visita diariamente, los examina, los besa y les habla su Padrecito Esclavo que es médico perito en pediatría y puericultura. Madrecita Esclava, Padrecito Esclavo, Siervo Colaborador, hermanos coetáneos y otros hermanos que vienen a visitar a la madrecita constituyen la compañía de los bebés en la edad oral (de nueve a doce meses, generalmente). De vez en cuando visitan otros pelotones modelos de infantes y niños. Ésta es la edad más importante para la persona y aquélla en que es más vulnerable y está más influida por el ambiente. Pero se sabe todavía muy poco de la psicología del bebé. Los que están a su alrededor y forman su ambiente deben ser humildes, tranquilos y seguros, decididos, enérgicos, diligentes. Y la madre y el padre deben ser además abnegados devotos y tiernos. De otra forma, la psiquis del niño queda mutilada ya de por vida desde la edad oral por la contaminación o infección de los vicios y neurosis que le circundan. Es la edad en que el lenguaje hablado todavía no se interpone con sus generalizaciones y abstracciones: el bebé percibe diáfanamente los sentimientos de los que le rodean.

N — Como un perro que huele la descarga de la adrenalina en la sangre que producen el miedo y la cólera.

B — Orfeo lo sabía. Ya hablaremos a su debido tiempo de las degradaciones órficas.

Q — Pasemos ahora a la edad anal, cuando el infante se maravilla de lo que es capaz de hacer; caca, especialmente.

B — En el Colegio Anal (de los doce a los treinta meses de edad más o menos), el padrecito visita al nene cuatro veces al día por lo menos: dos solo, cara a cara con el nene o nena; y otras dos acompañado por la madrecita, los hermanos y otros. Una mente sin disciplina es como un cuerpo sin ejercicio: se atrofia. La cólera de la persona que le manda le puede dejar roto, inutilizado. La diarrea y el restreñimiento contraídos a esta edad suelen hacerse crónicos en lo material tanto como en lo moral. Indulgencia, instransigencia. He aquí los dos extremos peligrosos para la salud física y mental del nene.

N — Hay muy pocos padres que sean así. No tienen tiempo para estar tanto con los hijos porque tienen que trabajar o se ocupan de otras cosas. Generalmente, proyectan su mal humor, problemas y conflictos en sus hijos que no les pueden contestar a esta edad tan tierna. Muchos se suelen enfadar con los niños cuando no les hacen quedar bien ante la sociedad. En nuestra sociedad hay muy pocos que quieren tener muchos hijos y prefieren tener perros que dependan de ellos en forma permanente. En cambio, los niños crecen, se independizan y, con frecuencia, se rebelan contra sus padres.

B — Por eso habrá cada día más madres que confíen sus hijos a las Universidades Akrónicas. Su limitación es que no hay más esclavos para hacerse cargo de ellos. En 1984 confío que ya habrá más de un millón de Infantes criados por Padres Esclavos Voluntarios. Ahora no hay ni la mitad. En 1904, cuando se inauguró la Primera Escuela Infantil en la Universidad Akrónica Central en Humania, se disponía de trescientas Madrecitas Esclavas y cien Padrecitos Esclavos que criaron a unos cuatro mil Infantes Akrónicos.

N — Apuesto a que la mayoría habían sido engendrados por los Roger...

Q — ¿En un año?

B — Es cierto, pero esto no viene a cuento. Desde entonces, cada diez años se ha doblado el número de Esclavos Voluntarios de la degradación 22 y el número de personas criadas por ellos o de hijos Akrónicos. En 1948...,

N — cuando fue escrita la novela «1984»...,

B — ... había unos 128.000 hijos Akrónicos de los cuales 16.000 son hoy día Esclavos y 64.000, Siervos Voluntarios; unos 32.000 Servidores o Humildes que no han bajado más allá de la humillación tercera; unos 16.000

que han permanecido enteramente libres y un centenar que han pasado por estados de peligrosidad (menos del uno por mil). Hay la mitad de los Últimos Esclavos: los del Logos, que son sus hijos Akrónicos, entre ellos la Penúltima, que en 1975 probablemente pasará a ser la Última Esclava, autoridad final y definitiva de Eureka, YIN ROGER KONARAK.

Q — No has dicho nada del Colegio Genital o de los Párvulos de Akronia.

B — Si ingresan en Akronia a esta edad por hallarse desamparados, abandonados o maltratados de los que tenían patria potestad sobre ellos, se les llama NIETOS AKRÓNICOS porque su crianza y educación corre principalmente a cargo del abuelo de sexo contrario. Continúan pasando unas dos horas diarias con su madrecita y media hora con el padrecito, pero la mayor parte del tiempo la pasan con sus hermanos y primos y su abuelo del sexo contrario que es un maestro perito Montesori-Piaget, graduado en Akronia y siervo órfico mayor de 70 años pero en buena salud y capacidad física y mental. La abuela-maestra para los niños y el abuelo-maestro para las niñas, de acuerdo con el padrecito y madrecita o, en su defecto, los tutores que les sustituyan que serán licenciados en Educación y siervos de la degradación cuarta, dirigirán su educación e instrucción general y la especial de los demás instructores y pedagogos que el niño necesite, pues en esa edad genital, jugar y aprender es un proceso simbiótico: se aprende jugando y se juega aprendiendo; se trabaja jugando y se juega a trabajar; se goza estudiando y se estudia gozando. Esta integridad y entereza del párvulo se rompe a pedazos por los tabús. La abuela (o abuelo) sierva órfica, por el contrario, facilita y fomenta el desarrollo del niño satisfaciendo sus curiosidades sexuales tan naturales a esta edad; juega con el niño en libertad y desnudez completas: se abrazan, se besan, se acarician y se hacen los demás juegos sexuales propios de sus edades respectivas con la sola restricción de no hacerse daño, según el dictamen de la medicina Akrónica. El niño que en esta edad tiene confianza absoluta en su abuela (padre y madre) y que goza haciéndola gozar, tiene muchas más probabilidades de llegar a servir eficazmente a sus prójimos y de no hacerles daño. En esta edad se moldea su vida sexual y toda su vida sexual posterior quedará influenciada por lo que ocurre en este momento de polarización sexual. A veces, ya en este período genital, la líbido se queda inmovilizada en el onanismo o solitarianismo, narcisismo, fetichismo, homosexualidad o se pervierte en el sado-masoquismo. La líbido que no se inmoviliza y coagula o hiela en la frigidez, ni se invierte, ni se pervierte en este período, tiene muchas más probabilidades de llegar sana y vigorosa a la pubertad, cuando la DIDA (o el DIDOT), sierva órfica de 40 a 70 años, sabrá cooperar con el púber para elevar su líbido hasta la cumbre y alcanzar el éxtasis del orgasmo compartido, con lo cual la adolescencia, la juventud, la madurez y la vejez tienen muchas más probabilidades de ser felices y cooperar a la felicidad de sus prójimos. Resumiendo: La Escuela de la Infancia tiene tres Colegios: el Colegio Oral o Pueril, el Anal o Pipicaca y el Genital o de Párvulos.

Sigue la Escuela de la Niñez con sus niños en edad de la líbido latente, con maestros responsables abuelas (o abuelos) del mismo sexo del alumno. Siervos de la degradación 7.ª o naturistas.

Luego viene el Colegio de la Pubertad con la corte que hace el púber a la Dida o al Didot de su elección que se deja conquistar y hace sus delicias.

Sigue luego la Escuela Secundaria de la adolescencia con la educación del alumno Akrónico dirigida por un maestro siervo de la humillación 10, padrino del mismo sexo que el alumno. Luego ya se ingresa en las escuelas de operarios, artesanos, peritos y bachilleres cuyo título da, al que lo consigue, derecho a entrar en una escuela de licenciados. De las escuelas de licenciados, los que consiguen la licencia antes de los 24 años de edad, pueden ingresar en las escuelas de agregación; y si consiguen la agregación a los 24 años o antes pueden entrar en las de doctorado y, finalmente, los pocos que consiguen el doctorado en la Universidad Akrónica de Humania, pueden ingresar en un instituto académico de donde pueden llegar a ser académicos, catedráticos, decanos o rectores Akrónicos, que son las 24 personas que más dinero ganan en Humania, donde los humanos están libres de impuestos y contribuciones directos.

15
UNIVERSIDADES AKRÓNICAS

Q — Mientras se estudia, ¿se gana dinero en las universidades akrónicas?

B — Todos los alumnos akrónicos, cualquiera que sea su edad y su capacidad, ganan lo suficiente para pagar por su matrícula, manutención, y demás gastos. Trabajan tantas más horas de clase cuantas menos horas de estudio son capaces de asimilar. Pero todos trabajan por lo menos seis horas a la semana y tienen por lo menos seis horas de clase semanales. Los que asimilan cuarenta horas de clase semanales, no trabajan más que seis. Los que no pueden asimilar o aprender más de seis horas de clase, trabajan cuarenta.

Además de tener todos los gastos pagados, a partir de los quince años de edad;

los que estudian en las escuelas de operario ganan 400 Umus al año;

los que estudian en las escuelas de artesano ganan 800 Umus al año;

los que estudian en las escuelas de perito y bachiller ganan 1.600 Umus al año;

los que estudian en las escuelas de licenciado ganan 3.200 Umus al año;

los que estudian en las escuelas de agregado ganan 6.400 Umus al año;

los doctores akrónicos ganan 12.000 Umus al año;

los que han ingresado en un instituto akadémico ganan 24.000 Umus al año;

los akadémicos ganan 48.000 Umus al año;

los katedráticos akrónicos ganan 50.000 Umus al año;

los decanos (36) ganan 100.000 Umus al año y

los 24 rectores ganan 200.000 Umus al año.

Como al cambio actual un UMU (unidad monetaria universal) son unos 20 dólares, quiere decir que un rector akrónico, en Humania, gana unos cuatro millones de dólares, o sea, más de doscientos millones de pesetas.

Q — Ahora comprendo porque hay tanto lujo en Humania. ¿Nadie puede ganar más de estos 200.000 Umus al año?

B — Sí. Los artistas, los atletas, las gracias, las musas, las hadas y los magos, las sílfides, los inventores, las ninfas, los faunos, los arieles, las vestales, los genios, los descubridores, las oneidas, los tritones, las odaliscas, las geishas, las huríes, las bayaderas, las bacantes, las cortesanas. Lo que pasa es que casi todas son siervas órficas que entregan a EUREKA todo cuanto ganan.

El lujo, en Humania, es un elemento esencial de su vida; es un compendio del pasado y del presente oriental y occidental y anuncia un futuro esplendoroso; se concentra en el Gran Kanal del Lujo de La Ciotat.

Sus magníficos palacios albergan las Tres Gracias, los Cinco Héroes, las 9 Musas, los 16 Campeones, las 24 Hadas, los 36 Magos, los akadémicos, los artistas y escritores famosos y ricos, los inventores, descubridores, comerciantes de éxito y los demás notables de Humania con dinero suficiente para permitírselo.

Otros elementos de Humania son la calma y la voluptuosidad.

N — Para completar o parangonar el Viaje a Cithère de Baudelaire.

Q — También has hablado del trabajo y del progreso y sus rascacielos de 144 pisos marcando los límites de La Ciotat. Es difícil imaginarse la arquitectura de esa ciudad.

B — Lo más notable es la combinación armónica de lo oriental y lo occidental...

N — Sobre todo si se tiene en cuenta que Bertrand Russell encuentra 17 significados al monosílabo «is» o «es» o «está»; y hay otros significados en español mientras que el chino carece del verbo ser.

Q — ¿Qué tiene que ver la lengua con la arquitectura?

N — La arquitectura es un lenguaje espacial y la lengua es una arquitectura verbal.

N — ¿Tratan de reconstruir la Torre de Babel?

B — Por el contrario. Tratan de darse cuenta y tener en cuenta que el espacio siempre lo trasciende todo. Por mucho espacio que quede encerrado dentro de la casa, queda mucho más fuera. Siempre queda espacio fuera de la casa, del templo, de la ciudad, de la nación, del imperio, de la Tierra, del Sistema Solar, de la Vía Láctea, etc., etc...

Q — Entonces, ¿hay que vivir al aire libre... y desnudos como en Micronesia, como en el Pacífico?

N — Como en el Paraíso Terrenal...

B — Para vivir desnudo y al aire libre hay que ser muy PACÍFICO: hay que estar en paz con la naturaleza...

N — Como Adán y Eva antes de que se dejaran engañar y pretendieran ser tanto como Dios...

Q — Como Francisco de Asís y los descalzos Teresa de Cepeda y Juan de Yepes, desnudos de pretensiones, aficiones y posesiones...

N — Y de miedos y pánicos, de la pena y dolor, de perder y de carecer, de reproches y de vergüenza...

B — El pacífico activo que vive al aire libre es muy fuerte tanto física como moralmente; tanto para resistir las inclemencias del tiempo como las inclemencias de la gente. La crueldad de la gente que se escandaliza de vernos tal como somos... Cuando se ha perdido la inocencia, corre a taparse: se pone un taparrabos y una careta moral. No puede resistir la crueldad, la inclemencia, la crítica despiadada de los hombres que le rodean y se tapa con una careta porque ha perdido la fuerza moral que le daba la alegría de vivir tal como Dios le había creado, sin pretender igualarse a Dios ni superar a su hermano. En el momento en que un hombre se ha dejado seducir por Lucifer y pretende ser igual a Dios o superior a su hermano, ya no se entienden. Se ha roto el lenguaje. Están en Babel.

N — Y cuando los hombres se sienten mutua y profundamente iguales, crean el lenguaje de la amistad: se entienden. En cuanto nos consideramos superiores a otro ya no nos entendemos con él. El que voluntariamente se humilla se coloca en una posición inferior al otro, le puede comprender fácilmente..., y claro está, perdonarle y continuar sirviéndole... por caridad que es el amor a los repugnantes, a los falsos, a los engañadores, a los enemigos...

B — El hombre débil, porque está triste, necesita cubrirse con un vestido que le dé prestigio, buena reputación, buena fama para protegerse de las inclemencias o crueldad de los otros. Paralelamente, para resistir las inclemencias del tiempo, trata de abrigarse, de encerrarse en una casa, en un templo, en un dogma, en un rito, en una nacionalidad que le proteja contra el espacio exterior y el tiempo interior. Después de la Caída, el hombre es un animal pervertido, enfermo. Pretende encerrar el espacio dentro y echar el tiempo fuera; por eso construye relojes para autohipnotizarse colectivamente; sugiriéndose que el tiempo está fuera inventa distracciones y diversiones PARA PASAR EL TIEMPO, para echarlo fuera; inventa calendarios, horarios, programas para estar siempre ocupado y no tener tiempo para nada.

Pero, haga lo que haga, por mucho tiempo que uno pierda, por mucho que le eche fuera con las cartas, el fútbol, la T.V., siempre queda el tiempo dentro de un existente. Uno SIEMPRE TIENE TIEMPO PARA NADA.

17
AKRONIA

En resumen, la arquitectura akrónica es un intento o ensayo de realización en el que queda el espacio ilimitado fuera y el tiempo dentro, ahora: AHORA QUEDA TIEMPO.

N — AHORA QUEDA TIEMPO PARA... NADA. ¿No le llaman a esto «meditación trascendental»?

Q — AHORA QUEDA TIEMPO PARA... EXISTIR. ¿No le llaman a eso «contemplación inmanente o esencial»?

B — Por eso le llaman Akronia, en Humania. «A» es la

partícula negativa; y, «kronos» es el tiempo pasado y futuro.

Q — Así como U-topía significa un lugar que no existe, ¿A-kronia significa un tiempo que no existe?

B — Al contrario: AKRONIA significa el tiempo que realmente existe; el tiempo que no es pasado (ya que el pasado para nosotros sólo existe en nuestra memoria), ni es futuro (el futuro sólo existe en nuestra imaginación). Ahora el pasado ya no existe y el futuro no existe todavía. Ni el pasado ni el futuro existen en realidad sino tan solo en nuestra imaginación y en nuestra memoria. Lo que realmente existe ahora es AHORA = EL PRESENTE...

Q — ¿Dónde está Akronia?, ¿en qué lugar?

B — Akronia está en el lugar geométrico donde se reúnen los que viven el PRESENTE...

Q — Lugar geométrico es el conjunto de puntos que reúnen las mismas condiciones: VIVIR CONSCIENTES DE LA REALIDAD DEL PRESENTE.

B — Y, el presente es de importancia suprema puesto que es AHORA, en ESTE INSTANTE, que somos libres. No podemos cambiar el pasado, ni determinar el futuro que fatalmente es nuestra muerte. En cambio, ahora somos completamente libres para recibir o rechazar el Presente o regalo gratuito del INSTANTE PRESENTE y dedicarlo a lo que queramos: a meditar la nada; a contemplar el ser; a reflexionar deliberadamente (ciencia); a amar espontáneamente (Tao).

Q — Ya comprendo que esto es lo que significa «La Montaña de Las Gracias». El agua brota por la FUENTE REGALADA del PRESENTE y cae de los templos de las Musas, en el Gran Kanal del Lujo que irriga las Bellas Artes, que despiertan el alma dormida y avivan el seso amante de la sabiduría que construye la filosofía y elabora las sutiles flores que producirán el fruto de la ciencia, que reconcilia y renueva la religión que dirigirá la política, que determinará la economía que a su vez dará la oportunidad, el oficio que necesita el artista... Y esos espirales y esas curvas de tipo algo Gaudí reconcilian en la Ciotat la arquitectura occidental y la oriental en la deseada armonía, ¿verdad?

B — Eso y el respeto a la naturaleza. La arquitectura akrónica no destruye ni mixtifica, ni ensucia la naturaleza: La belleza natural de la Montaña Regalada y su Peñón Lingham, con las cavernas y cuevas de su interior y sus estalactitas y estalagmitas. Los árboles milenarios del Monte Zeus; las flores creciendo, incluso en el agua de los canales, como en Xoximilco... En una palabra: la naturaleza es el mayor lujo de la Ciotat.

La arquitectura akrónica es el respeto de la naturaleza, convivencia del hombre y la naturaleza con dignidad, es decir: respetando a la naturaleza y haciéndose respetar por ella canalizándola, no permitiendo que se desmande, urbanizándola, ordenándola.

La urbanidad, la cortesía, es la base del orden en la Ciotat y el orden es la base de la seguridad y libertad de los ciudadanos. Cuanta más urbanidad, más libertad puede haber. Por eso hay tanta libertad en Humania, culmina en La Ciotat en cuya Agora se pueden manifestar, expresar y predicar todas las ideas y creencias, y, en cuyo Monte Zeus y sus Templos de Baco, de Mercurio, de Marte y de Venus se pueden ver los espectáculos más libres del mundo y jugar y participar en ellos. En Monte Zeus, el monte de los paganos, todo está permitido si es pagando y con urbanidad.

Ya vais comprendiendo lo que ocurre en Humania y que irá ocurriendo por todo el ámbito de la Tierra después del Desarme Universal Definitivo y la proclamación de Eureka: los ciudadanos de Humania son los más libres del mundo; los que disfrutan de un nivel de vida más alto, de más seguridad, de más orden, de más instrucción, de mejor higiene, de más años de vida, de mejor salud, de mejor amparo a los desvalidos, de mejor tratamiendo para la delincuencia y enfermedades, y donde menos dipsómanos, toxicómanos, defectuosos, delincuentes, accidentes, desórdenes, tumultos y parados hay.

N — Eso es Jauja.

B — Gracias principalmente a tres factores, uno consecuencia del otro: Primero, la urbanidad y la humanidad de los ciudadanos de Humania. Segundo, la abnegación, ciencia y eficiencia de las autoridades y funcionarios del Estado que son todos esclavos y siervos voluntarios para el beneficio de la Humanidad. Ter-

cero, el reclutamiento, internamiento y tratamiento
en la MUTT de los que se hallan en estado de peligrosidad o constituyen un peligro para la vida, dignidad,
libertad o propiedad de los demás.

18
ECONOMÍA

Q — Así, hay propiedad privada en Humania.
B — Ya te he dicho que sí y está mucho más respetada y
garantizada que en los países llamados capitalistas
puesto que en Humania no hay contribuciones ni impuestos personales directos y tampoco hay inflación:
la moneda UMU (Unidad Monetaria Universal) es estable.
Q — ¿Qué ingresos hay en el presupuesto?
B — Muy sencillo. Suponte que las mil empresas económicas más ricas de un país como USA, se consolidan
formando una sola Sociedad Anónima cuyos accio-
nistas, directores, presidentes, gerentes y altos empleados son esclavos y siervos muy frugales y ascé-
ticos que no gastan nada para ellos y lo entregan todo
a la comunidad, a Eureka. Los esclavos voluntarios
son los dueños de Eureka. El Último Esclavo es el
propietario y con sus ingresos mantienen a Eureka.
Su potencia económica es tan enorme que en el mercado libre elimina, cuando quiere, la competencia.
Todo el mundo puede poner un banco, pero nadie
puede competir ni con la seguridad ni con el interés
que ofrece el Banco de Eureka. Y ya os he dicho que
las deudas hay que pagarlas trabajando en la MUTT.
Todo el mundo puede fabricar en serie pero nadie
puede competir con las fábricas automáticas-electró-
nicas. Utilizan la energía intraatómica tanto por fusión
como por fisión. En cambio, el artesano hábil y, sobre
todo el artista, el descubridor, el inventor que tiene
éxito gana mucho más que en los países capitalistas
pues no tiene que dar comisiones a agentes, publicistas y otros intermediarios parásitos. Y, a diferencia
de los países socialistas, en Humania disfruta de libertad completa para publicar o exhibir lo que quiera.

Q — Pero supongo que el pintor o el escultor, por ejemplo, pagarán su comisión al dueño de la Sala donde expongan.

B — Si quieren, claro que sí. Pero tienen mucho más público y compradores en una Sala del Museo General de Eureka, situado en la Plaza Central de la Ciotat donde pueden exponer sin pagar nada, sólo por demanda del público o recomendación de los Críticos Sacerdotes de las Musas, quienes cada año consagran a dieciséis artistas laureados del año, que ocupan los asientos detrás de las nueve musas en el Anfiteatro Universal de la Ciotat o Corte Imperial.

19
LA CORTE IMPERIAL

Q — ¿Qué es la Corte Imperial?

B — La Corte de Humania cambia anualmente sus majestades y altezas por sufragio del público del Teatro Imperial.

La Corte Imperial de Humania tiene tres Majestades: Emperatriz, Sultana y Zarina servirán de términos adecuados para los occidentales. Las Tres Gracias son las tres bellezas del año: la de la jovencita de menos de diecinueve años; la de la madre de más de tres hijos vivos y sanos; y la bella más en sazón y más de moda sin restricción de edad, ni condición. Detrás de las Tres Gracias se sientan o vienen los Cinco HÉROES: Hércules, que simboliza la fuerza; el que levanta, soporta, coge a los demás; Aquiles, el niño volador, el acróbata que salta y baila y canta como David; Ulises, el hábil, el equilibrado, el prudente, el más astuto, el ilusionista; Orfeo Saint-Exupéry, Francisco, el que amansa, doma las fieras; y Gog, el gracioso, el que hace reír, el más payaso.

Q — La Corte Imperial parece un circo: el payaso, el domador, el equilibrista, el acróbata, el sansón.

B — En efecto, «panem et circensis» es lo que se requiere para gobernar bien. La Corte Imperial Pagana de Humania es un circo, un teatro completo, una «ópera omnia», una Función que sirve para alegrar las pajaritas, consolar al afligido, hacer llorar con el «ersatz» de la catástrofe, la abominación y la desolación a fin de facilitar la catarsis o purgación, y para hacer reír y recrear en la alegría del público comulgando con la de los actores, metamorfoseándose de actores en espectadores, transformándose éstos en actores y motivando sus reacciones en forma líquida.

El caso es que la Corte Real Imperial Pagana es circo, ópera, teatro completo, «ballet», pantomima, concierto..., en una palabra: FUNCIÓN.

N — El Gran Teatro del Mundo, como dijo Calderón de la...

Q — Barca. El mundo es una barca, dijo Calderón de la...

N — Ópera Omnia. *El ruedo ibérico,* de don Ramón del Valle Inclán...

Q — Plam, plam, rataplam: suenan los tambores de Ana María Diosdado y viene Jean-Luis Barrault representando a Rabelais...

N — Y un animal con Arrabal...

B — ¿Véis como de espectadores habéis pasado ya a ser actores, o tramoyistas como en la Gran Función de la Corte Imperial Pagana?

Q — ¿Qué representan?

B — Representan los misterios...

Q — ¿Qué misterios?

B — Misterios de Gozo, o comedias; misterios de Dolor, o tragedias; misterios de Gloria, o dramas...

N — ¡Ave María! Entonces la Corte Imperial Pagana además de circo-ópera-teatro-ballet, es también un templo. ¿Por qué entonces le llaman pagano? ¿Porque usa la mitología griega, o porque pagan?

B — Por ambas razones. Cada año se presentan tres misterios milagrosos en la Corte Imperial de Humania: el drama humano, en otoño; la tragedia nacional, en invierno; la comedia divina, en primavera.

N — O sea, una especie de Toynbee-Spengler en otoño; una especie de Unamuno-Malraux en invierno; y una especie de Dante-Ionesco en primavera con «écuyères» y elefantes, payasos y *coloraturas, paulovas* y *nijinskis... xirgus, borrás, sarabernats* y otros dulces sabrosos para el respetable público y distinguida concurrencia.

Q — Sin olvidar el cinematográfico ortológico y ornitorongológico... a lo Huxley con sensaciones en la garganta, nariz y oído o auditivas, olfativas y gustativas...

N — Item..., con las sensitivas erógenas como en el Teatro Líquido de los ángeles de Los Ángeles...

B — Sí. Todo lo que sea representación humana y divina tiene cabida en las funciones de la Corte Imperial Pagana para representar cada año el misterio dramático y gozoso del Nacimiento; el misterio trágico de la Muerte; y el misterio glorioso de la Resurrección...

Q — Supongo que una de las obras será la ampliación del Barlaam y Josafat de Lope de Vega...

B — Ramachrisma, Vivekenanda, Suzuki, Thomás Merton, Alfred Graham, George Rouault y tantos otros...

N — No os olvidaréis de los misterios de Eleusis, del Bardo Tödol, del Ching, del Bagavaat Gitá..., de las Antiguas Ciencias de la Flor de Oro y la de Eckankar.

Q — Bueno. Ha quedado claro que en la Corte Imperial Pagana de la Ciotat de Humania representan los misterios del nacimiento, la muerte y la resurrección en funciones que integran lo singular en lo universal con la fluidez de actores que pasan a ser espectadores, y, espectadores que pasan a ser actores para fundirse en un paroxismo lúcido, sereno, irónico... Las estrellas y vedettes de la Función son las Tres Gracias, seguidas de los Cinco Seductores, de las 9 Musas y los 16 Laureados del año. Son sus Majestades y Altezas Imperiales. ¿Quiénes son los equivalentes de los duques, marqueses, rajás, condes, barones y demás señores de las cortes reales de Europa?

B — Son casi todos siervos órficos: Hadas y Magos; Sílfides y Aries; Oneidas y Tritones; Ninfas y Faunos; Bayaderas, Bacantes, Odaliscas, Huríes, Geishas, Cortesanas, Cortesanos, Caballeros, Hidalgos y demás Señores. La mayoría son Siervos Voluntarios Ordenados en la Orden Militar Akrónica del Gozar. Con ellos hay los Genios y las Vestales que surgen espontáneamente de la multitud. Toda esta Función, Procesión y Desfile goza haciendo gozar al público que se identifica con los héroes representados en su catarsis o purgación y en su RE-CREACIÓN. Actores y espectadores se RE-CREAN, se crean otra vez en la Función de la Corte Imperial Pagana de Humania, cuyo edificio se halla en el Monte Zeus, encima del Gran Kanal del Lujo que se mete debajo del Monte para ir a desembocar en el mar Pacífico sin interferir ni con el puerto de la Ciudad Militar ni con la playa de la Ciotat.

La fachada artística de la Corte Imperial en el Monte Zeus da la cara —o mira cara a cara— a la fachada natural de la roca escarpada del Peñón de Lingham a través de 1 kilómetro 666 metros del Kanal del Lujo, y sus fachadas se reflejan, como el Taj-Majal, a la luz del sol y de la luna, en las aguas regaladas, cascadas, alegres y confiadas del Nilo azul y el Yang-Se amarillo; del Amazonas y el Mississipi, del Ganges y del Indra; del Danubio y el Volga; del Eufrates y el Tigris; del Ródano y de la Saona; del Llobregat y el Besós; del Montsant y la Ciurana...

La imagen del Peñón de Lingham se refleja en las aguas del Kanal del Lujo a la salida del sol. Y al ponerse el sol es el Palacio Majestuoso de la Corte Imperial que se reflejа en las aguas del Lujo a punto ya de sumergirse bajo el túnel del Monte Zeus. La Representación de la Corte Imperial empieza ¡al anochecer. La acción en las katakumbas empieza al amanecer. Las Tres Gracias son el Zénit, los Tres Últimos Esclavos son el Nadir.

Las Gracias Akrónicas son las que sonríen a los Esclavos. Los Esclavos Voluntarios son los que reciben a las Gracias y reconocen que todo se lo deben a ellas. Esta armonía entre acción y representación es lo que va edificando Eureka.

N— ¿Vuelves al Gran Teatro del Mundo de Calderón o al mundo como voluntad y representación de Shopenhauer?

20
HADAS Y MAGOS

Q — ¿Cuántos habitantes hay en La Ciotat?
B — Menos de un millón. La mitad vecinos y la mitad transeúntes que vienen a recrearse en la Akademia, el Museo, la Venta Internacional, el Agora, los templos, los teatros, los conciertos, etc., o en sus negocios en el Emporium, el Banco, el Foro...
Q — Sí. Ya has dicho que mirando al Peñón, a la derecha

hay la Akademia, luego el Museo, luego la Venta, luego el Agora y luego el Palacio de las Hadas o Palacio Encantado; luego viene el Gran Kanal del Lujo. A la izquierda del Peñón hay el Pretorio, luego el Foro, luego el Banco, luego el Emporion y luego el Palacio de los Magos.

¿Quiénes son las Hadas y los Magos?

B — Son gente encantadora: Siervos Órficos de la Humillación 21. Los más bajos antes de los esclavos voluntarios, pero aunque en realidad son pobres de solemnidad visten esplendorosamente, como vuestras estrellas favoritas del cine y son como vuestros líderes y caudillos preferidos como Marx, Ghandi, Freud, Einstein, Aurobindo, Krisnamurti, con la habilidad y arte de los neuropsiquíatras más capaces. Las Hadas y los Magos Akrónicos son un compendio de lo que en el pasado han sido los famosos médicos psiquíatras, maestros o gurús, abogados defensores, «vedettes», estrellas de cine, líderes morales, mandarines y demás seductores que han inspirado confianza, consolado, dado esperanza a todo el mundo y nos han hecho gozar: Charlot y Greta Garbo; Marilyn Monroe y Douglas Fairbanks; Brigitte Bardot y Clark Gable...

N — Jane Fonda y Benjamín Spock; A. J. Muste y Pearl Christ; Teresina y Joe Rowell; Ana y Howard Brinton; Boris Vian y Edith Piaf; Marlene Dietrich y Maurice Chevalier; las Callas y George Brassens.

Q — Chaliapine y Tito Rufo...

B — Esos Grandes Simpáticos que seducen a la gente pero instruidos hasta el grado doctoral y capaces de aplicar los conocimientos neuropsiquátricos, antropológicos, bio-eléctrico-químicos con el arte de la más hábil medicina y la más refinada cortesía de los magnánimos y magníficos señores, de Pericles y su amada al Duque de Osuna y al de Windsor. Son seductores magníficos y magnánimos, grandes señores y señores con el encanto de Thais, de Cleopatra, de Pompadour. Los Magos y las Hadas Akrónicos reúnen todas estas cualidades y además son siervos de los más bajos (Órficos de la Humillación 21) que ya no tienen nada suyo: todo lo entregan para el bien de la Humanidad con alegría y satisfacción. Ellos no disponen de nada, ni de su tiempo, ni de su cuerpo que exhibe los vestidos y joyas más maravillosos y espléndidos en los palacios más lujosos y refinados del Gran Kanal del Lujo, donde dan las fiestas orientales y versallescas, pantagruélicas y pérsicas de gran variedad y aspecto que corresponden a los talentos y genialidades de cada una de las veinticuatro Hadas del Kanal del Lujo y cada uno de los 36 Magos. Éstos conviven en el mismo palacio con cada uno de los 36 Decanos de la Akademia Akrónica y aquéllas, con los 24 Rectores. De todo el mundo vendrán turistas para verlos, admirarlos, homenajearlos y aprender a gozar de la vida haciendo gozar al prójimo.

Q — Y mientras tanto. ¿los que no vivimos en Humania, no los podemos ver?

B — Los veis en la T. V., en la Ópera, en el teatro, en el cine pero no los reconocéis.

Q — Y en Humania, todos los danzantes, cantantes y actores ¿son Siervos Órficos Akrónicos?

B — En nuestros teatros, cines y demás espectáculos no todos los artistas son Siervos Órficos ni todos los Siervos Órficos son artistas. Ya te he dicho que ni las Tres Gracias, ni las 9 Musas, ni los 5 Seductores, ni los 16 Campeones tienen que ser Siervos sino elegidos por el mismo público de la Corte Imperial y de las demás Salas de Espectáculos.

Q — Además de la Corte Imperial Pagana que dices, que es un espectáculo de teatro, cine, desfile, procesión, concierto, bailes, ópera, circo con la participación activa de los espectadores, ¿qué otras funciones hay en la Ciotat?

21
OTROS ESPECTÁCULOS

B — 36 docenas; o sea, 144 orientales, 144 occidentales y 144 comunes. En la ciudad hay muchos que van a los espectáculos —pues la televisión en Humania es informativa e instructiva— además del medio millón de turistas, la mayoría de los cuales asisten a los espectáculos.

Entre los espectáculos occidentales de la Ciotat hay

salas de ópera, opereta, ópera bufa, orfeones, ballet, concierto, cámara, revistas, variedades, zarzuelas, sainetes y comedias musicales antiguas y modernas.

En la Ópera se representan casi cada año la mayor parte de las del repertorio: empieza con las óperas rusas y continúa varios meses con las italianas y fracesas que terminan con el Carnaval y empiezan las óperas de Wagner que duran toda la Cuaresma. Después se combina el programa salteando con las modernas, las más deseadas por el público y las más estimadas por la crítica.

Q — ¿Hay más cines o teatros en los espectáculos occidentales?

B — Hay cuarenta y ocho salas de cada uno pero las de cine tienen cabida para más de mil espectadores, mientras que las de teatro son para menos de mil. Varía la cabida desde el Teatro de Bertolt Brecht, que tiene capacidad para mil espectadores, al de Albert Camus en el que sólo caben ciento cincuenta. Todos los teatros tienen el nombre de un dramaturgo ya difunto: Shakespeare, Oscar Wilde, Bernard Shaw, Eugenio O'Neil, Molière, Corneille, Racine, Tchekof, Ibsen, Strindberg, Goethe, Schiller, Goldoni, Pirandello, Gil Vicente, Serafí Pitarra, Ángel Guimerá, Santiago Rusiñol, Lope de Vega, Tirso de Molina, Calderón de la Barca, Juan Ruiz de Alarcón, Rojas, Moreto, Vélez de Guevara, García Lorca...

Q — Supongo que cada uno de estos teatros representa obras del autor que lo patrocina en su lengua natal, ¿verdad?

B — Sí. En el teatro de Shakespeare casi siempre representan obras de él (el repertorio completo cada año). En los demás teatros alternan las representaciones de los clásicos con las de los modernos y los estrenos tanto los de Nueva York, Londres, París y demás capitales culturales del Occidente como las que se estrenan en Humania.

Q — ¿En qué idiomas estrenan los autores de Humania?

B — Los teatros de la Ciotat reflejan la situación lingüística de Humania, aproximadamente. Hay que exceptuar el caso del Katalán Akrónico que a veces se representa, también, en los teatros de Esquilo, Sófocles, Eurípides, Plauto, Terencio.

Otras veces, en estos teatros representan traducciones de los clásicos en katalán akrónico, español, francés e inglés principalmente, pues estas cuatro lenguas son habladas por el 86 % de las comarcas lingüísticas occidentales.

Q — Esas cuatro lenguas también se traducen mutuamente y se representan en los respectivos teatros.
Hay dos teatros permanentes en italiano: el de Goldoni y el de Pirandello.
El de Chejov representa siempre en ruso incluyendo traducciones en otras lenguas.

N — Y el de Gil Vicente, ¿qué representa?

B — Generalmente en portugués, pero también en español sus propias obras.
Los teatros que más traducciones representan y más cambian de idioma son los de Melchor, Gaspar y Baltasar.

Q — Los grandes actores del mundo occidental ¿representan en Humania?

B — Sí, ya van algunos, invitados a los teatros de la Ciotat; y, una vez proclamado Eureka irán llegando nuevos visitantes del mundo entero que acepten las leyes y costumbres de Humania. (Repito que estas leyes y costumbres de Humania destierran las armas mortíferas, las enfermedades infecciosas, los motores de explosión con sus gases ponzoñosos, ruidos, molestias, groserías y demás barbaridades hediondas y salvajismos horrendos.)

Q — Sin embargo, en el Templo de Marte del Monte Zeus se representa toda clase de horrores y pavores y terrores, ¿verdad?

B — En efecto, los modos de vida salvajes del neobárbaro Occidente, han quedado relegados en Humania a un simple espectáculo de gran guiñol donde la sangre es de mentirijillas. No como en Europa y América, donde, para celebrar las fiestas, los automovilistas suelen matar a miles de inocentes...

Q — ¿Hablan muchos idiomas los habitantes de Humania?
B — Aproximadamente un 5 % de los habitantes habla cuatro lenguas o más. Una tercera parte de los habitantes no habla más que un idioma.
N — ¿Dónde está Humania?
B — En el Archipiélago Inédito y Recóndito del Pacífico...
N — ¿Dónde dice «Mapamundi»?
B — Eso es, Humania es la mayor de las treinta y tres islas del archipiélago. Las otras treinta y dos islas conservan sus culturas autóctonas y sus regímenes autónomos sin más intervención de Eureka que la precisa para evitar la extinción de los pueblos por guerra, hambre o peste; y, para garantizar los derechos humanos de los que prefieren integrarse plenamente en Humania o la Isla del Hombre.

Humania tiene 360 comarcas, distritos, veguerías o emiratos. Cada comarca tiene una capital o Villaurbana de unos 20.000 residentes permanentes, más unos 10.000 estudiantes —estudiantes-obreros— de secundaria y otros 2.000 de artes y oficios típicos de la comarca.

Cada villa urbana es la capital de unas treinta y dos aledas rurales. Cada aldea cuenta con unas 32 haciendas, con un promedio de 32 a 64 habitantes por hacienda. De modo que 32 aldeas rurales con un promedio de 32 haciendas de unos 64 habitantes cada una, hacen aproximadamente unos 2.000 campesinos en cada aldea que sumados a los 200 ó 300 habitantes aldeanos, concentran 2.500 habitantes en cada aldea.

Así, cada comarca reúne más de 100.000 habitantes de la misma lengua y cultura.

Hay 180 comarcas de lenguas y culturas orientales. Más de 150 de lenguas chinas y las otras de lenguas japonesas, indochinas, indonesias, coreanas y demás. Hay un par de comarcas de múltiples lenguas africanas y una comarca de lenguas de la India.

En cuanto a las 180 comarcas de lenguas europeas, se reparten así:

36 de habla castellana o española integrando Salamanca con Sevilla, Segovia con Albacete, Méjico con Buenos Aires, Bogotá con Caracas, los Santiagos de Cuba, Chile y demás. Hay 36 de habla inglesa en sus múltiples y variadas versiones.

Hay 36 comarcas de habla francesa, incluyendo una comarca del quebecois y otra del auvergnat.

Hay 36 comarcas repartidas entre los de habla italiana, gallego-portuguesa, alemana, rusa, danesa, sueca, noruega y varias otras. Cuatro de estas comarcas tienen aldeas de lenguas distintas. De manera que casi todas las lenguas europeas están representadas en Humania, aunque no en la proporción que tienen en Europa.

Q — Cuatro veces 36 son 144. ¿Qué pasa con las otras 36 comarcas de lenguas occidentales?

B — Hablan Katalán Akrónico.

23
EL KATALÁN AKRÓNICO

N — ¿Qué es el katalán akrónico?

B — Es el Katalán de Pompeu Fabra enriquecido, ampliado y profundizado con el léxico y la fonética de las distintas modalidades del catalán, del provenzal, del languedoc y de las demás lenguas occitanas y, otras: el de Cerdenya y Cerdanya, Vallespir y Castellón, Ampurdán, Mahón y Nonaspe...

N — ¿Mahonesa o Mayonesa?

B — Mahonesa y Rumescu, que por algo Salvador Dalí, el catalán que reniega (aunque no del todo renegado). valoriza lo romano y lo rumanu y acabará dedicándose al «rumescu» como indica su tendencia ya desde los primeros cuadros suyos que conocemos...

N — Entonces, quiere decirse que a pesar de estar «lligat» o ligado al puerto, cerca de Cadaqués y ser un hombre ampurdanés o «no res» abandona «l'all i salobre» cantado por José María de Segarra y se dedica a la pintura del «rumescu» de Cambrils...

Q — De Cambrils y de Riudoms de Gaudí, arrabal de Reus...

N— ¡Dejémonos de los teatros de Reus, pues ya la Sala Reus (que pertenecía a los herederos de Borrás de Marc y de Francisco Vallverdú) ha desaparecido! ¡También desapareció el Teatro del Circo! ¡Y el Kursaal! ¡Apenas si quedan el vetusto teatro Fortuny y el migrado Teatro Bartrina!

B— Asociación de ideas: la loca de la casa, que decía Don Benito Pérez Galdós...

Q— ¿De qué hablábamos?

N— De que Salvador Dalí tiene un «delit»... ...

Q— ¿Delito?

N— Quiero decir una tendencia prevalente a asociar lo romano con lo rumano que, lógicamente, tiene que conducirle a pintar el «rumescu» siguiendo la línea de la Lupescu, la Vladescu y el Ionesco quien, si en lugar de París hubiese representado en Reus, se le llamaría Ionescu en vez de Ionescó..., que no suena bien.

Q— Claro. «Ionescu». rima con «romescu». Mientras que «Ionescó» rima con «carbó» o carbón y melocotón y melón...

N— Carbón es lo que los Reyes Magos traen a los niños malos como Arrabal...

24
HISTORIA Y TEATRO

Q— En Reus no hay ningún arrabal de Arrabal. Hay el arrabal de Martí Folguera y el de Robuster...

B— En el barrio de Reus que hay en la Ciudad Internacional de Humania hay el bar de Harold Pinter, el de Samuel Becket y el de Eduardo Albí...

N— Fue precisamente la cruzada contra los albigenses lo que destruyó la magnífica civilización occitana que aplegaba a una comunión de pueblos y naciones que se extendía del Loire al Ebro...

Q— Fue precisamente Jaime el Conquistador, al renunciar a su casa de Provenza y meterse en honduras hasta Murcia, el que destruyó la unidad cultural de Occitania que había de ser presa y botín a repartir entre los reyes de Francia y de España...

N— Y más con la eliminación de los Templarios, incluso con el herético Raymond-Roger, conde de Foix, que probablemente es uno de los antepasados del Último Esclavo, Tao Roger Jo-Se-Pet.

Q — ¿Y también el Roger de Lluria, el Roger de Flor y el Roger de Pallars?

B — Precisamente habéis tocado algunos de los temas de las obras teatrales que se representan en Katalán Akrónico en los teatros de los reyes magos, Melchor, Gaspar y Baltasar. Hay obras teatrales en katalán akrónico, sobre todo, que representan las tragicomedias históricas vistas desde diferentes puntos de vista por diferentes autores; desde las cuestiones perennes como «Adán y Eva», Caín y Abel, Gautama, Sócrates, Atila, San Luis y Blanca, San Fernando, Jaime el Conquistador..., y María de Montpeller.

Q — ¿Quién es María de Montpeller?

B — María es la hermana de Carlos V, heroína del joven historiador Sacher Masoc; hija de Juana, llamada loca por los que no quisieron saber quién mató a su esposo Felipe el Hermoso.

N— ¿Quién mató a Felipe el Hermoso?, ¿un vaso de agua?

Q — El agua de Barcelona ya es mala pero no tanto.

B — Esa es la cuestión de la obra: «¿quién lo mató?».

Q — ¿Por qué no hicieron santo a Jaime el Conquistador, pues también conquistó mucho territorio y mató a muchos moros...?

N— Sería por la tragicomedia transfreudiana de Serafí Pitarra: Don Jaime era muy caliente. Como Cortés. Ya dicen en Cuernavaca que lo cortés no quita lo caliente... Y Cuernavaca es tierra caliente, donde, antes de 1940 empezaron los gringos el intercambio conyugal que tanto había de extenderse en los años sesenta...

B — Sí, todas estas actualidades son temas de la Nueva Tragicomedia occidental inspirada en La Celestina, «El Espill» y la mitología griega. Uno de los temas más constantes es el del asesinato de los Kennedy. A últimos de 1973 se ha estrenado la del Portal del Agua (Water Gate); la de «Ag New Spiro»; la de Ismael, hermano mayor de Isaac, contra su sobrino Jacob que usurpó la progenitura de su hermano Esaú.

Q — ¿Quieres decir que mientras se desarrolla la Cuarta Guerra Árabe-Israelí se está representando en un teatro de Humania?

N — ¿En un teatro de los Reyes Magos? ¿Y con predicción del futuro? ¿En el sombrero de Gaspar?

B — Cada día se añaden las escenas que representan las noticias del día tal como lo veis vosotros en la T. V. y lo leéis en los periódicos y revistas pero con perspectiva histórica.

N — ¿Representan simultáneamente la vocación de Abraham, el reino mítico de los Hía en China, los Hititas en Asia Menor; Hammurabi en Babilonia, Sesostri en Egipto, Knossos en Creta?...

B — Esa especie de simultaneidad histórica se representa sobre todo en el cinema exagonal: hay uno público en la Ciotat, pero la mayoría pertenecen a la Facultad de Historia de la Universidad Akrónica.

N — ¡Hombre! Lo que nos has dicho de que a Don Jaime el Conquistador no le hicieron santo porque Serafín Pitarra descubrió que había sido muy cachondo, me parece anacrónico más que akrónico...

B — Hay una relación entre lo actual o akrónico y lo equivocado en el tiempo histórico o anacrónico. Los pobres árabes de Egipto, Siria, Jordania, Irak, Líbano con sus ricos parientes petrolíferos asedian a la riquísima pero desventurada Israel, nación modelo, santa, virgen y mártir que subsistió dos mil años sin estado ni territorio, perseguida por todos y maestra de casi todos, que parecía encarnar, por su sufrimiento y fidelidad, el Pueblo Elegido... por Dios para redimirnos a los humanos y el pueblo elegido por el Rey del Mundo, encarnado en Hitler y sus secuaces, para ser quemado, exterminado, crucificado. Esa Virginidad Nacional, purificada en los hornos quematorios nazis, fue *VIOLADA* en forma tragi-cómica por un ESTADO que la armó hasta los dientes y la obligó a perseguir a los mahometanos como antes ella, Israel, había sido perseguida por los «cristianos»...

N — ¿Por qué no se meten con los alemanes que tanto les persiguieron o por qué no se van a poblar el Canadá o Australia en lugar de hacer pagar a los pobres palestinos el mal que los alemanes les hicieron...?

B — Los justos, a veces, pagan por los pecadores en el

Gran Teatro del Mundo. En la tragi-comedia Vietnam, el pobre pueblo vietnamita paga por la querella y hostilidad entre USA y la URSS.

Q — ¿Por qué tanta estupidez?

B — Por error. Los hombres tendemos a olvidarnos que la línea que separa el bien del mal, los buenos de los malos, en realidad pasa por la mitad de cada uno de nosotros. Los cristianos creían que los judíos eran malos, y ya de pequeños, en la iglesia, nos enseñaban a matar judios. Hitler siguió las enseñanzas que la Iglesia nos daba cuando éramos niños. Ahora los judíos, impotentes para vengarse de sus verdugos, «sacan de sus casillas» y de sus casas a los mahometanos. Y, éstos, naturalmente, piden auxilio a la URSS, o sea a los enemigos de los amigos de Israel.

Q — ¿No hay solución?

B — Hay la solución provisional de un acuerdo entre USA y la URSS ejecutado drásticamente por un ejército policial de la ONU. Al proclamarse Eureka, la PPUPP impondrá el Alto el Fuego por medios electro-químicos: aislando las fuerzas armadas eléctricamente y adormeciendo a los guerreros químicamente para internarlos en la MUTT y tratar de curarlos de su peligrosidad y reintegrarlos a la Sociedad Humana. Pero, aunque dure más tiempo, la paz impuesta por Eureka también es provisional, temporal. La Paz Definitiva no vendrá hasta el Reino de Dios, o sea, cuando todos los hombres se amen mutua y solidariamente. Mientras haya un hombre que no acepte el reino del amor, los que aman a Dios verdaderamente, tendrán que ser esclavos, o sea, tendrán que sacrificarse para el bien de los demás...

Q — Esa es la Tragedia de la Condición Humana o del Pecado Original. No sé donde ves la comedia, ya que lo llamas «tragi-comedia como la de Calixto y Melibea»...

B — Porque Calixto se fio de La Celestina, cuyo arte es sólo un medio para conseguir su propio provecho y vuelve las espaldas al provecho del prójimo que es lo mismo que volverlas a Dios.
Es comedia porque las maquinaciones y astucias de la Celestina y de Sempronio son innecesarias y perjudiciales puesto que Calixto y Melibea se aman mu-

tuamente y habrían sido felices juntos si no se hubiesen fiado de la astucia y del engaño. Como judíos, mahometanos y cristianos podrían vivir felices en Jerusalén si tanto los unos como los otros adoran de verdad a Dios, tal como a cada uno se ha manifestado. Además de ser una perversión de la Religión, *la guerra es una ESTUPIDEZ.* Por mucho que los santos como Luis, de Francia, y Fernando, de Castilla, mandaran matar a los moros, para un cristiano la guerra es la *RELIGIÓN INVERTIDA.* Las Santas Cruzadas fueron una INVERSIÓN PERVERTIDA de la doctrina que predicó Jesucristo.

Ahí está lo ridículo: los medios empleados, la guerra, han producido sus propios fines —más guerras y amenazas de guerras— contrarios a los que se proponían.

Q — ¡Es verdaderamente ridículo que la gente riña cuando podría amarse!

B — Y lo más ridículo es que las motivaciones para hacer las guerras —la Patria, el Honor, la Libertad, etc.—, son abstracciones que no existen en realidad, objetivamente. No existen más que en la mente de los que creen en ellas. El patriotismo es la heroína del pueblo. Los que hacen la guerra están drogados, quieren ser héroes. Ya no son cristianos, ni judíos, ni mahometanos: son patrióticos, tal como Calixto no era cristiano sino melibeo. La pasión patriótica nos ciega y nos hace juzgar a TODOS los de la nación o del partido o de la religión enemiga como malos, en bloque, lo cual es, evidentemente, una idiotez.

Tanto los israelíes como los árabes de Palestina se hallan ahora en estado de peligrosidad, enfermos, locos furiosos y lo primero que hay que hacer es tener compasión de ellos. Ambos tienen razón y ambos tienen culpa... La frontera entre los buenos y los malos pasa por el corazón de cada hombre y separa las aurículas y los ventrículos, la sangre venosa y la aterial que circulan y cambian constantemente.

N — Sin embargo, en esta disputa entre los descendientes de Ismael, el hijo de la esclava Agar y los de su hermano Isaac, el hijo de la princesa Sara, yo creo que están más justificados los árabes ya que fueron los otros los que les sacaron de sus casas. Si la lucha fuera entre israelíes y alemanes, daría la razón a los primeros.

B — Los dos bandos perderán hasta que se proclame Eureka y se realice el Desarme Universal. Luego, ambos bandos ganarán.

Q — Así, ese teatro de la tragicomedia akrónica representa lo que pasa, ¿verdad?

B — Claro que sí. Representar es hacer presente. La representación hace presente el pasado ya sea de Edipo y sus hijos, ya sea de Agamenón y su familia, ya sea de Buda, ya de Sócrates, de Arjuna, de Lao-Tsé, de Confucio, de Zoroastro, de Mahoma, de los Patriarcas bíblicos, del Nacimiento, de la Pasión, de la Resurección y de los demás milagros y misterios así como de las tragedias más recientes como la de los Kennedy, la de Vietnam, la de Watergate, la de Woodstock, la de Chipre y ahora la de Ismael-Israel que nos hace presentes el presente, el pasado y el futuro, o sea, el teatro completo que es el que representa o hace presentes el pasado, el presente y el futuro...

25
«1973»

Q — En este año que se está acabando, 1973, debe de haber sido muy interesante este teatro del Acontecer...

N — que pasará a la historia como el año del Watergate con los sucesivos golpes de teatro y las evoluciones histriónicas casi inconcebibles de su protagonista que se encontró atrapado en la misma trampa magnetofónica que había preparado para sus adversarios. Eso ha sido realmente una tragicomedia descomunal. ¿Cómo es posible que un hombre tan estúpido como para espiarse a sí mismo hablando con sus confidentes más íntimos, haya llegado a ocupar la jefatura del estado y del gobierno de la Primera Potencia Mundial?

Q — Evidentemente , el sistema que lo ha elegido está en bancarrota... Es irracional y perdidamente romántico como el pobre Juan-Jacobo Rousseau cuyas obras, tan brillantes como sentimentales, han sido la cocaína del terrorismo de la llamada acción directa que consigue exactamente lo contrario de lo que propone...

N— En efecto, el terrorismo ejercido en Munich y en Roma destruye, junto a la vida de tantas víctimas inocentes, las probabilidades de reconocimiento de un Estado Palestino y redunda en perjuicio de los palestinos irredentos...

Q— Tanto es así que parece hecho adrede para desacreditar a los palestinos precisamente cuando se va a reunir en Ginebra la conferencia que deberá decidir su destino...

N— Y otros dicen que es la oposición marroquí la heroína causante de las matanzas de Roma y de Atenas...

Q— Sea como sea, el asesinato es injustificable...

N— Tanto como el de los amigos de Allende en Chile y el de Jonhson & Nixon en Indochina. Pero el terror practicado con disciplina, en nombre del orden y de la patria, parece más respetable...

B— Es que el terror practicado con la heroína nacionalista, chauvinista o patriotera, no causa pavor a los sedentarios que lo miran sin horror, o simulan que lo ignoran como hacían los respetables alemanes durante la época de Hitler. Pero también produce lo contrario de lo que se propone, pues estimula y fomenta la violencia que luego dispara la cocaína de la acción revolucionaria terrorista que tanto horror nos causa hoy en Roma, en Atenas, en Madrid...

N— Y nos causó ayer en Chile.

Q— Moralmente creo que es más execrable la violencia de derechas que la de izquierda, pues aquélla suele ser disciplinada y deliberada, mientras que ésta es incontrolada y a menudo ejercida por irresponsables...

B— Precisamente por eso, la gente se alarma y horroriza mucho más por terrorismos como los de Madrid, Roma, Atenas. Sabemos quienes son y lo que quieren los militares que derribaron Allende y la Constitución de Chile, sabemos lo que quieren y confiamos que no nos molestarán si obedecemos sus órdenes. En cambio, no sabemos lo que quieren los de Roma-Atenas, ni los de Madrid.

N— Podemos sospechar lo que queramos, desde una represalia de la oposición al gobierno de Marruecos hasta una conjura para desacreditar a los palestinos y demás árabes.

Q — Sea lo que sea, es «malum signum».

N — La crisis del petróleo con el frío amenazando hasta en hoteles y espectáculos, la crisis económica en la ya no tan Gran Bretaña, el desabarajuste de los Estados Europeos llamados los Nueve, el desprestigio y descrédito del Presidente de los USA, la baja de las Bolsas, el paro obrero amenazando...

Q — ¡«Malum signum»! ¡«Malum signum!» Fue, también, el 1973 el año de la muerte de los Pablos o «PAU» que quiere decir paz en catalán.

Fallecieron en 1973:

La paz catártica de Pau o Pablo Picasso.

La paz poética de Pau o Pablo Neruda.

La paz ingenua o báquica de Pau o Pablo Casals.

B — Pero, gracias a Dios, no ha fallecido la paz eclesiástica de Pau o Pablo VI, aunque sí falleció Mossén Ramón Muntanyola, autor de «El Cardenal de la Paz».

Q — ¿Fallecerá, también, la paz en España?

N — ¡Paz turística, hecha de temores y claudicaciones!

Q — Pero que ha durado muchos años...

N — Primero parecía la paz de los cementerios... Y algunos muertos parecían sin enterrar... Luego fue la paz de las claudicaciones... Finalmente ha sido la paz de las vacaciones. Los extranjeros estaban de vacaciones de sus empleos, profesiones, oficios... Los nacionales permanentemente en vacaciones de civismo...

Q — ¿Qué ocurrirá ahora?

N — Si ha sido un atentado la explosión que ha matado al Presidente del Gobierno, es de suponer que la oposición quedará desarmada por las amenazas y las sospechas de concomitancias con elementos terroristas. España se reintegrará a la comunidad euro-americana y se someterá como el resto del Occidente al MIEDO que domina casi todos los jefes, naciones e instituciones...

B — Porque dependen del egoísmo, egotismo y egolatría de las autoridades y funcionarios de las Potencias complicado con la «ubris», orgullo nacional, chauvinismo, supersticiones y fanatismos que subordinan la persona individual y concreta a las ideas abstractas y la

Humanidad en su conjunto, a sus naciones e instituciones respectivas.

Eureka mantendrá la supremacía de la Humanidad en su conjunto y de la vida, dignidad y libertad de todos los hombres GRACIAS a la esclavitud voluntaria de sus autoridades y a la servidumbre eficaz y científica de sus funcionarios.

N — Pero eso no quiere decir que salve a los asesinados Roma-Atenas y Madrid, ni resuelva los graves conflictos y problemas que amenazan al Occidente y que pueden precipitarse a la desbandada causando la III Guerra Mundial al complicarse con la hostilidad reinante entre China y la URSS.

Q — ¿Cómo?

N — De muchas maneras. El caso es que el Occidente está en crisis desde la primera a la última de los potencias.

La USA está con una llaga abierta y supurando en la presidencia. El pobre señor Nixon hiede, y su hedor impide que la gran habilidad de Kissinger dé el fruto de una dirección razonable de Occidente que tendría que ejercer USA...

Q — El Vietnam hiede todavía muchísimo más que el señor Nixon. Sus cintas magnetofónicas y brigada de lampistas hiede a basura mientras que lo que hicieron en el Vietnam, en Laos y en Camboya hiede a cadáveres putrefactos de la población civil incluyendo los niños. USA perdió su alma en el Vietnam...

B — El alma de USA se salva gracias a las plegarias y manifestaciones de los Norman Morrison, Dave Dellinger, Berrigans, Jane Fonda, Joan Baez, Spock y tantos otros pacifistas de verdad que supieron resistir las provocaciones de los «lampistas» y agentes provocadores e instigadores de violencia que infiltraron las filas de los pacifistas. (Leed el artículo de Dave Dellinger, «Pre - WATERGATE WATERGATE», publicado en LIBERATION en noviembre de 1973.) Se cumple en los pacifistas de los USA lo que se dijo de que por causa del amor al prójimo se les injuriaría, se les calumniaría, se les perseguiría. Ellos salvan el alma de USA.

Q — Y la prensa ha despertado al fin del profundo letargo,

casi catatónico en que la sumió el asesinato de Kennedy.

La conciencia de la prensa y de la T. V. ha despertado al fin, gracias al Watergate, del profundo letargo casi catatónico en que la sumió el asesinato de Kennedy hace diez años...

¡N— Es que el asesinato del presidente Kennedy fue encubierto oficialmente por razones de estado con el beneplácito del Establecimiento y la Organización en pleno, mientras que la agresión nixoniana, al violar las reglas del juego político de los dos grandes partidos, desgarraba el Establecimiento mismo.

Sea como sea, ni USA ni Europa Occidental pueden resolver el problema socio-político-económico. La libertad de que gozan para declararse en huelga y criticar al gobierno, lleva a las huelgas con la consiguiente disminución de la producción y la desorganización de los servicios. El aumento de salarios lleva a la inflación que, a su vez, produce nuevas huelgas para conseguir el incremento de salarios, que producen nueva inflación o bordean la depresión y la bancarrota a menos que venga una guera o un golpe de estado como en Chile. El proceso, por erosión. destruye los hábitos de trabajo y de ahorro, base de la sociedad burguesa, y fomenta la especulación y las deudas que acaban por la «debacle» en las bolsas de valores, el cierre de créditos y de industrias, el paro y la catástrofe...

Q — Mientras a la vuelta de la esquina está el ejemplo de los que han resuelto el problema definiendo la crítica del gobierno y la declaración de huelgas o promoción de ellas como traidores a la REVOLUCIÓN (URSS y China) o a la PATRIA... (como España). Cuando uno ve a Gran Bretaña y a Francia arruinándose por las huelgas, desmoralizadas por la inflación, desgarradas por la politiquería de los partidos... no puede menos que revisar sus opiniones, por muy liberal que sea y reconocer que, después de todo, bajo el régimen de las últimas Potencias Occidentales, no se vive mal, sobre todo al considerar que las Grandes Potencias Marxistas (URSS y China) también ponen sus intereses nacionalistas, imperialistas y partidistas por encima de los de la Humanidad en su conjunto...

B — Eso es inevitable mientras no se proclame Eureka,

cuyas autoridades son esclavas voluntarias y cuyos funcionarios son siervos científicos y técnicos...

Q — Yo siento una gran simpatía por la víctima ya sea en My Lai ya en Madrid. Ahora destaca la humildad, la devoción y la lealtad del señor Carrero Blanco (que e.p.d.) y me temo mucho que al asesinarle a él también hayan asesinado la paz de España. Ahora me parece el puntal que apuntalaba al puntal del Régimen.

B — Ante el Derecho de Gentes de Akronia, el asesinato del Jefe del Gobierno Español reivindica y legaliza el Régimen aunque naciera de la fuerza de las armas y al mismo tiempo estigmatiza toda oposición violenta y hace sospechosa toda oposición secreta. La explosión de la calle Claudio Coello convierte en sinrazón la razón de la oposición...

Q — *¿Quieres decir que la oposición tenía razón pero que ahora ya no la tiene* pues el atentado demuestra que la libertad en España fomenta el desorden, la discordia, el odio y el crimen?

B — En todas partes, a menos que haya solidaridad o patriotismo como en USA, en Gran Bretaña y demás grandes países capaces de perdurar con libertad de prensa, de asociación y de oposición al gobierno. España no está integrada espiritualmente y por eso no ha podido permitirse el supremo lujo de la libertad política. Incluso durante la Segunda República, casi siempre estuvieron suspendidas las garantías constitucionales.

Q — Luego, el asesinato del presidente del Gobierno consolida al Régimen.

N — De momento, sí. Hoy en día, casi todos apoyamos al Gobierno con fervor pues ha aparecido en el horizonte el monstruo apocalíptico de la Guerra Civil. Pero a la larga se queda sin el Puntal principal. ....
....
....

Y el futuro claramente será el Desarme Universal y el reino de EUREKA, ¿no es verdad?

B — EUREKA será el futuro provisional de la Comunidad Humana: El Estado Universal nos librará de la confusión y del caos, del desorden y del peligro de caer en la ciénaga leprosa de las armas bioquímicas y termonucleares, puesto que los ESTADOS NACIONALISTAS han perdido el control y están abocados a una carrera furiosa de armamentos que terminaría en suicidio colectivo si no fuera porque EUREKA, con su fuerza y sabiduría superior, impondrá el desarme universal y el Imperio del Derecho de Gentes en la Comunidad Humana de la Tierra, y establecerá relaciones amistosas con los animales y las plantas con quienes convive. Pero el hombre todavía tendrá que ganarse el pan con el sudor de su frente y habrá conflictos y luchas y riñas como las hay ahora entre los particulares y los grupos de un ESTADO NACIONALISTA por justo y bien organizado que esté. Pero así como en un ESTADO NACIONALISTA, los conflictos interiores se resuelven por la ley y la razón y no por la guerra, asimismo EUREKA resolverá los conflictos entre naciones, partidos e imperios. Pero EUREKA no es más que una etapa del camino del hombre hacia la unión de todos en el amor que el Teatro Akrónico trata de RE-PRESENTAR o HACER PRESENTE AHORA Y AQUÍ.

N — Es como la representación que Madame de Sevigné se hacía del dolor de su hija al sentirlo en su propio pecho. En cambio, la buena señora no tenía imaginación para representarse el dolor de los pobres o campesinos atropellados por la carroza del arzobispo.

B — En cambio, Norman Morrison, Jane Fonda, los Berrigan, Spock y algunos otros tienen imaginación para representarse el sufrimiento de los vietnamitas, indochinos y demás desgraciados de este mundo.

N — Es la katarsis. El dolor de los otros se puede soportar

con facilidad. Y la satisfacción de que a mí no me ha tocado... ¡Recuerdo que me dolió mucho más el mal de piedra en mis riñones que las matanzas en Biafra, Bangladesh, Indochina, Indonesia, Siberia y Buchenwald juntas!

B — Es cierto que las penas de los demás son fáciles de soportar. Las hermanas de caridad, o siervas akrónicas de la humillación 20,ª, no parecen tristes ni preocupadas sino contentas y satisfechas de vivir entre los seres más desgraciados, monstruosos, feos y repugnantes: parecen como dotadas de una gracia especial...

Q — Volviendo al teatro de la Ciotat, veo por lo que dices que en el teatro oriental también ofrecen representaciones de temas orientales como el Gran Aprendizaje de Confucio, el Ritual de Jo-Fi, Los Cambios...

B — La última representación que he visto de Los Cambios estaba combinada con los de Heráclito y las Metamorfosis de Ovidio en un Auto Profano en el teatro katalán akrónico de Los Jaume Roig...

N — ¿Qué Jaime Roig, el medieval de Valencia o el contemporáneo de Reus-México?

B — Los dos. También vi estos mismos temas combinados con el «zen» y otros movimientos espirituales modernos orientales, en el teatro oriental de la Ciotat...

Q — ¿En cuál?

B — Es difícil traducirlo... Diremos el teatro japonés. SINO. Hay cinco teatros en japonés. Dos del NO, dos del SÍ y uno del SINO. Hay muchos más en pekinés y en cantonés y otras lenguas chinas.

Q — ¿No representan temas de la India?

B — Muchos. Tanto en la sección oriental como en la occidental del teatro de Humania: Hace poco vi una Función representando «Kene» y la Madre de las Cosas, con Indra, el Maestro de las Plenitudes y su hija la Mujer innumerable, UMA, la Hija de las costumbres que el año que viene se representará en nueva versión completa en el Teatro Completo o Corte Imperial Pagana, situado en el Monte Zeus, encima del Gran Kanal del Lujo, frente a frente del Gran Peñón de Lingham a través de la milla de las aguas del Kanal donde se reflejan el Lingham, a la salida del sol, y la Corte a la puesta del sol.

GRAN KANAL Y CORTE IMPERIAL

Q — Es difícil imaginarse ese Gran Kanal que dices tiene una milla de largo desde la plaza Central hasta que se hace subterráneo bajo el Monte Zeus. ¿Es que penetra en el monte precisamente debajo de donde se halla la entrada del Palacio de la Corte Imperial Pagana o Gran Teatro del Mundo?

B — Eso es. Las góndolas que se pasean por el Kanal entran en una presa que al subir el agua las deja al nivel donde se halla la esplanada frente a las grandes escaleras entrecruzadas que conducen a la marmórea entrada de la Corte Imperial o Gran Teatro del Mundo...

N — ¿Cómo la escalera de Fontaineblau?

B — Fontanablau y Fontanagroc son las fuentes o surtidores que están a ambos lados del Palacio Imperial, una de mármol amarillo y otra de mármol azul como sus nombres indican. Las escaleras entrecruzadas son de cristal, uno amarillo y otro azul. Al subir y bajar, los cortesanos se contemplan unos a otros en movimiento mientras cambian también las transparencias, figuras y colores de las fuentes luminosas produciendo reflejos en los vestidos de los cortesanos que se combinan con las iluminaciones del Gran Kanal del Lujo y del Peñón del Lingham.

Fontanablau y Fontanagroc corresponden a los dos canales que bajan por ambos lados del Monte de las Gracias, cuya fachada avanzada, como os he dicho, es el Peñón del Lingham. El Kanal Azul deslinda la Ciudad Militar o Industrial rectangular de la Ciudad Universitaria y la Ciudad Internacional donde está reproducida la arquitectura de varios pueblos y ciudades del mundo, a la manera de una exposición universal viva y permanente.

Q — Disciplina tu explicación si quieres que te entendamos. Hablabas de la presa que sube el agua del Gran Kanal del Lujo hasta el nivel de la esplanada de la Corte. ¿Qué pasa cuando el agua baja?

B — El agua y las góndolas que quedan, entran en el Kanal subterráneo que es una especie de fantástico y magnífico parque de atracciones a la manera de las Hojas de Walt Whitman, combinado con las ciudades de su tocayo Walt Disney y el Gozo Cósmico de Watts. Del canal subterráneo pueden entrar en los Templos de Venus, de Marte (con los más horrendos espectáculos de violencia, terror y pavor) al de Mercurio, con los juegos y apuestas y loterías de todas clases, y al de Baco con toda clase de comidas, bebidas, sedantes, excitantes, etc.

Q — Entonces, ¿en el Monte Zeus hay libertad absoluta para todo?

B — Dentro de la ley que prohíbe perjudicar a nadie, y por lo tanto, para entrar en estos templos debe tenerse el certificado de higiene acreditando estar libre de enfermedades físicas y mentales contagiosas y de llevar fetiches o armas perjudiciales a los demás.
Libertad también dentro de la urbanidad y etiqueta requeridas para entrar en estos templos de los cuales se excluye la mala educación. Una molestia o grosería como las que se observan en los garitos, tabernas, burdeles y demás antros que vemos en tantas películas, lleva «ipso facto» a la detención electroquímica inmediata y el internamiento en la MUTT en el grado de peligrosidad o exaltación del ego que corresponda al violador. Cuanto más libre es el espectáculo o juego, más se requiere la cortesía y el respeto a los demás.

Q — ¿Se cometen muchos desmanes con la excitación de la bebida, las drogas, el juego, la lubricidad, los horrores, terrores y pavores de los espectáculos?

B — Poquísimos. El número de infracciones de la ley, comparada con la que nos muestran las estadísticas de USA y otros países, no llega, en Humania, ni al dos por mil de la proporción del de aquéllas.
La gente, en Humania, suele estar muy bien educada y es muy cortés. Están prohibidos los automóviles con gasolina y explosiones hediondas tratando de pasar delante de los demás. La Cortesía es el rito de los Templos del Monte Zeus y los viajeros que van llegando a la Ciotat, procedentes de muchas ciudades del mundo, son también gente bien educada por hu-

milde y pobre que sea. También hay ricos que son ciudadanos honrados y gente cortés que visitarán la Ciotat. Cada día habrá más, pues los placeres del Monte Zeus son los más intensos y refinados.

Q — ¿Cuesta muy cara la entrada en estos templos?

B — Hay que tener una carta de crédito relativamente importante, sobre todo para entrar en lo más interior de cada templo, pues hay varios círculos dentro del círculo de cada templo: uno en el centro, el de Baco; y tres cotangentes, de manera que cada uno tiene un segmento común con los otros tres, vg.: el Templo de Mercurio tiene un segmento de apuestas en las carreras, luchas y demás horrores del Templo de Marte. Tiene tómbolas, loterías y otros juegos de azar en común con el Templo de Venus; también hay combinación del juego con la comida, bebida y demás...

N — No veo la correspondencia con lo oriental en estos templos del Monte Zeus. Dices que los Conciertos, Óperas y demás teatros y cines occidentales —además de la fachada del gran Kanal del Lujo (que hace juego con las demás del kanal)— tiene otra fachada en el Paseo de la Voluptuosidad que va de la Plaza Central al Monte Júpiter en la pendiente donde se hallan los templos circulares de Baco, Venus, Marte y Mercurio. Me has dicho también que la otra fachada de los teatros y salas de fiestas orientales da al Paseo de la Calma, con lo cual la Ciotat recuerda a Baudelaire y a su viaje a Cithère. Pero, ¿dónde está la correspondencia oriental con estos templos occidentales que podrían llamarse templos del vicio o de los vicios: jugar, fornicar, intoxicarse, violentarse?

B — En efecto, el lujo occidental culmina en los vicios de la ira, la codicia, la avaricia, la gula, la borrachera y la lujuria. De los siete vicios capitales, esos cuatro parecen ser los que prevalecen en el Occidente y por eso la Ciotat les ha dedicado los Cuatro Templos Circulares Cotagentes de Baco, Venus. Marte y Mercurio: Gula, Lujuria, Ira, Avaricia.

En cambio, en los últimos mil años, el lujo oriental culmina en la calma. El lujo es calma y es voluptuosidad. En el lujo occidental parece que predomina la voluptuosidad que, lleva a la lujuria que, por reacción pendular, reacciona en la ira y en la gula que, por reacción pendular, lleva a la avaricia. En el lujo oriental predomina la calma que lleva a la Pereza como se ve en la India, que por reacción lleva a la envidia como la hay entre musulmanes y las numerosas sectas hindúes, jainís, budistas, etc., y en los reinos musulmanes y las luchas intestinas ya entre omeyas y abasidas y la de los reinos de Taifas en España, reproducidos en los ESTADOS SEPARADOS DE AMÉRICA. Pereza y envidia que han creado la miseria espantosa de pueblos como el de la India, de los árabes y de los de El Andalus, sumamente ingeniosos y dotados pero colectivamente miserables y políticamente impotentes. O lleva a la soberbia que prevaleció en el pueblo chino y en el hebreo que se creyeron mejores que todos los demás para terminar en la diáspora o en la explotación y sumisión a las potencias occidentales que tanto habían desdeñado, pues la soberbia lleva a la ruina de los hombres y de los pueblos que la practican.

N— Y de los ángeles como Lucifer.

B— No hay templos infernales al lado oriental del Monte Zeus, aunque sí hay la Boca del Infierno en la cúspide de una roca, en lo más alto del Monte Zeus. El que escala el Pico del Poder del Hombre sobre el Hombre...

N— ¿El pico de Nietzche?

B— Digo: el que ha subido hasta lo más alto del Monte Zeus y pasa por la abertura de la roca ígnea o roca de Ag-ni (llamada Boca del Infierno), cae por el precipio sobre las agujas del averno submarino..., cementerio.

N— «Facil est descensus averno.» O, cuanto más alto se sube, de más alto se cae.

B— El Paseo de la Calma sube por una ladera suave del Monte Zeus lentamente contemplando...

N— ... «como se pasa la vida, como se viene la muerte, tan callando».

B— Sí. La contrapartida oriental de los Templos Grecorromanos occidentales es el Cementerio. El otro lado del Monte Zeus es el Cementerio.

Q— Me imagino el Paseo de los Cipreses del Cementerio que...

N— ¿creen en Dios como los de Gironella? ¿Por qué no las «cerezas del cementerio» como las de Gabriel

Miró, en Sigüenza, subiendo por el Calvario lleno a ambos lados de las «Figuras de la Pasión del Señor»?

Q — Estamos hablando ahora de la ladera oriental, ¿es que no hay templos orientales?

B — Sí señor. Los de Vischnú, el conservador como Agnew, reclinados perezosamente en la ladera...

N — El dios del fuego es Ag-ni, no «Agnew» y el fuego no es conservador sino destructor...

B — Ahora no me refería a Ag-ni, el de la Roca Ignea o del fuego donde se halla la Boca del Infierno, sino a Agnew, el político conservador de los USA... que solía motejar a los liberales del lado opuesto de destructores como Shiva que con sus ocho extremidades est6 bailando la rumba, la congafi el cha-cha-chá y el roquenroll al otro lado del Paseo del Cementerio, continuación del Paseo de la Calma...

N — No me parece justo colocar los templos de Shiva y de Vischnú en el Paseo del Cementerio, ni en la Cuesta que sube a la Boca del Infierno...

Q — Muchos gurús indios critican la humildad y resignación cristiana. A mí, su crítica me parece estéril. Lo malo es creer que uno es mejor que su prójimo y que puede llegar a ser Dios con tan sólo desearlo. Amar a Dios y amar al prójimo es el verso y el reverso de lo mismo.

N — ¿Qué quieres decir con el verso y el reverso de lo mismo?

Q — Amar a Dios, que está dentro de uno (inmanente) es lo mismo que amar al prójimo que está fuera de uno (trascendente). Son como la cara y la cruz de la misma moneda; el dentro y el fuera, el verso y el reverso de cualquier cosa.

N — Así, lo que ocurrió en el Paraíso Terrenal o en el Jardín del Edén es una querella entre Eva y Adán a ver quién era superior al otro. Dejaron de amarse y empezaron a disputar, a hacerse la guerra y por eso luego sus hijos se mataron el uno al otro...

Q — Para un español es muy difícil aceptar el hinduismo
a pesar de que el cante jondo y el baile andaluz están
tan cerca de algunos de los de la India. A un español,
afirmar: «Yo soy Dios», le parece monstruoso o una
locura y la consecuencia de ello le parece que es la
miseria espantosa que todavía reina en la India con
esos «dioses» que nacen, viven de limosma y mueren
en las calles de Calcuta, de Bombay a menos que algunos cristianos como madre Teresa los recoja o les
enseñe la medicina como los cristianos de la Escuela
de Medicina del Punjab. Las escuelas de Krisnamurti
son excelentes... para los ricos que pueden pagar la
matrícula...

N — LA DEGENERACIÓN DE LAS RELIGIONES las lleva
a un estado de corrupción tal que practican lo contrario de lo que predican. De las Cruzadas, de la Reconquista, de las Guerras de religión, de la de los
Treinta Años a Irlanda del Norte pasando por Dachau,
Buchenvald, Hiroshima, Indochina y compañía, la
Cristiandad se ha distinguido especialmente por ser o
actuar de forma anticristiana.
En cuanto a los indios, si en lugar de traducir: «Yo
soy Dios» hubiesen traducido «YO ESTOY» *en*
Dios, otro gallo nos cantara a los de habla española.
Le falta el «EN» a las traducciones. Incluso el «Yo
soy *EN Dios*», puede aceptarlo un cristiano de habla
española que dice «Dios *está en* mí».

B — Pero que no se olvide de mencionarte a ti.
Pensar «Dios ESTÁ en mí mismo», es correcto, pero
incompleto para un cristiano. Hay que pensar y decir
también «Dios ESTÁ en TI mismo), amigo lector.
Y también «Dios ES en SÍ MISMO».

N — Es EL MISMO mismo, en mí mismo, en ti mismo y en
sí mismo. El uno y el otro es el mismo, como dijo el
Sócrates de Platón; o «yo *es* el otro», como dijo Rim-
baud...

Q — No empieces ahora con la logomaquia...

B — También vi una obra llamada Logomaquia en el teatro de Gaspar, uno de los Tres Magos. Salía «el ser que no es nada más que la nada»; la «nada cuya esencia es el ser»; la «conciencia cuya esencia es de no ser lo que es»; el «ser en sí»; el «ser para sí»; el «ser por sí»...

Q — acaso no te he dicho y repetido que no me gustan las bromas con estas cosas. Volvamos al Paeso del Cementerio y háblanos de los mausoleos de las ilustres familias enterradas en ellos.

B — A ambos lados del Paseo del Cementerio hay monumentos funerarios conmemorativos de las difuntas civilizaciones, que son aproximadamente las identificadas por Arnold Toynbee. Cada mausoleo tiene varios pisos desde la generación de la civilización, el parto con sus dificultades y soluciones, el crecimiento, la crisis y los disturbios, la tentativa de Imperio Universal, la caída desde la soberbia y la arrogancia de la soberanía, decadencia, invasiones y muerte: sumeria, babilonia, minos, maya, hitita, persa, siria, egipcia...

Q — ¿Con la reproducción de las Pirámides y la Esfinge?

B — Claro que sí. Hay copias en miniatura y la representación de sus dioses Amón-Ra; Osiris-Isis-Horus (que por cierto es una de las Fiestas u Obras representadas en el Gran Teatro del Mundo o Corte Imperial Pagana) y hay allí el desarrollo simbólico de una idea notada por Segismundo Freud: la posibilidad de que Moisés hubiese sido un discípulo de Inknaton o sacerdote de la religión espiritual del Inknaton, y cuando este faraón fue derribado y sus partidarios perseguidos, éstos, guiados por Moisés, huyeron, pasaron al Mar Rojo y se mantuvieron en el desierto gracias a la fe que tenían en Dios Único y Verdadero, o sea, Espíritu y no imagen...

N — Es que para la mayoría de la gente es muy difícil adorar lo que no se ve. Comienzan por hacerse representaciones, imágenes y acaban por adorar a la imagen o cosa-símbolo, olvidándose de la persona simbolizada...

Q — Y si es una idea o principio impersonal todavía es más difícil que la mayoría siga a los experimentadores. En Konarak, el león hindú cabalga, dominador, al elefante budista. Y esto ocurre en el mismo centro del Imperio de Azoka, el Pacifista, y a pesar de que el budismo colectivamente no haga la guerra como tantas otras religiones que han pretendido imponerse por la fuerza y han acabado combatiendo de hecho la misma religión que pretendían defender de palabra.

B — Volviendo a lo que os decía, en el mausoleo de la Civilización Egipcia, hay obras de arte que estimulan la reflexión sobre la posibilidad de que los israelitas sean originalmente los egipcios exiliados por cuestiones religiosas y no de raza. Los Patriarcas anteriores a Moisés no serían históricos sino alegóricos y simbólicos. Israel sería una nación virgen, sin estado, formada por todos aquellos que adoran exclusivamente a su Dios Único y Verdadero. En cuanto adoran a otros dioses caen en el cautiverio. Israel es la nación Virgen, glorificada por los santos que han sufrido persecución y martirio por su fe en Dios Único y Verdadero. Ante la Inquisición, en los Ghettos, en los Campos Nazis, Israel era libre. En octubre de 1973 vuelve a ser cautiva de la guerra a que la ha conducido el Estado Soberano que la ha violado. Israel, la perseguida cuando adoraba a Dios, se ha convertido en perseguidora al adorar al Estado Soberano.

Ocurre con ciertas colectividades tales como naciones, religiones, partidos, algo semejante a lo que ocurre a los paranoicos: de perseguidos se vuelven perseguidores.

29
LOS JOSÉS PACIFISTAS

Q — ¿Se representa en el Gran Teatro del Mundo la Obra «Israel»?

B — Se representará en 1984. Hasta ahora se han celebrado varias FIESTAS con funciones representando a hebreos como los José, pacifistas. He visto tres de ellas: La de José, hijo de Jacob, que es pacifista porque perdona y se reconcilia con sus hermanos que habían querido asesinarle. Es una obra o representación magnífica, esplendorosa, con la tramoya akrónica y entrando por los ocho sentidos o la octava de los sentidos descrita por Lanza del Vasto, que a los cinco sentidos corrientemente aceptados añade el del trazar, el del sexo y el íntimo.

La función de José Davidson, esposo de la Virgen María (que se reconcilia con ella a pesar de que va a tener un hijo que no es suyo y por eso es la FIESTA representativa de un pacifismo esencial), es demasiado íntima para su representación en el Gran Teatro del Mundo. Su valor trascendental se disipa en las múltiples imágenes de la Leyenda Dorada que trata de compendiar la obra anakrónica del Gran Teatro del Mundo de la Corte Imperial Pagana.

Otro judío pacifista que también ha servido de base a una FIESTA akrónica, es José de Arimatea, amigo de las autoridades romanas y también de Jesús de Nazareth, que reclamó su cadáver y lo enterró. La obra trata de reconciliar las múltiples y diversas opiniones de lo que ocurrió después de enterrado Jesús, o sea, lo que podría haber ocurrido según el punto de vista de cada cual. La obra se relaciona con la Orden del Pensar y contiene escenificación de textos del Bardo Todöl, del Tibet; y el Libro de los Muertos de los egipcios. Hay el descenso a los infiernos con apariciones, almas en pena, fantasmas, furias, espectros, espantajos, quimeras, larvas, vampiros, cacos, tarascas, camuñas, estantiguas, lemures, gomias, gorgoñas y muchos otros personajes que encuentran los dos «Bu» o personalidades principales de José de Arimatea que le acompañan en su viaje en busca de su amigo Jesús.

Q — ¿Quienes son esos «Bu» o personalidades?

B — El Bu de las cañas que hacen daño a las manos del niño que juega con ellas y el Bu del plumero que acaricia con sus plumas suaves al niño que juega con él.

N — ¿Las flores y las fieras que dice Juan de Yepes:
... «iré por estos montes y riberas
no cogeré las flores, ni temeré las fieras»?

B — Representa a José de Arimatea buscando su amor muerto y sepultado porque
«pena de amor no se cura sino con la presencia y la figura» que dice el mismo Juan de Yepes.

Q — Por eso los que aman tienen que hacerse imágenes

del que aman... Y, luego, otras generaciones degene-
radas confunden las imágenes con la Persona que
representa y las generaciones subsiguientes o críticas
al negar aquéllas, niegan también a ésta.

N— Jean-Louis Barrault, Béjart y algunos otros han intentado representar obras de un modo más completo,
pero nada que se acerque a lo que nos describes. Se
parece más al cine de Buñuel, de Bergman y de Fe-
llini, combinado con el de Rosellini...

B — en las Representaciones o Fiestas de la Corte Imperial
ya te he dicho que el cine se combina también con el
teatro, el circo, la pantomima, el baile y todos los
espectáculos.

Q — ¿Hay también muchos cines en la Ciotat?

B — Tantos como teatros pero tienen una cabida mucho
mayor. Hay cines de estreno y otros de reposiciones.
Un aficionado, en una día, puede ver seis películas
diferentes del mismo director, actor o tema.

En la Ciotat se concentran espectáculos de Humania
que son los del mundo nacionalista con excepción de
los que atentan a la salud, dignidad y seguridad de
los hombres y animales.

La mayor parte de las compañías de teatro y las
películas se representan también en los pueblos dotados de lengua y cultura propios para entenderlas.

30
PUEBLOS DE HUMANIA

Un pueblo de Humania tiene aproximadamente unos
treinta mil habitantes. Es la capital del distrito que
contiene unos setenta mil habitantes más, repartidos
en unas 32 aldeas de unos dos mil habitantes cada
una, compuestas de unos 32 mansos o familias agrí-
cola-industriales de unos sesenta miembros cada una.
Dentro de cada familia la propiedad es común, lo
mismo que ocurre en la mayoría de familias en los
países nacionalistas. La diferencia es que la familia
akrónica es mucho más numerosa. Algunas familias
son consanguíneas y tienen antepasados comunes,
como algunos clanes primitivos. Otras familias son

amistosas. Los miembros están asocialos por la amistad y no por la sangre, y su régimen varía desde una comunidad económica a una comunidad religiosa; desde las «thelémicas» que como en la de Rabelais cada uno hace lo que quiere, hasta diversas disciplinas estrictas más o menos. Varían desde las congregaciones de célibes, como en los conventos de frailes y de monjas con miembros exclusivamente de un sexo, a las pansexuales, pasando por las parejas permanentes. La variedad de estas comunidades es muy grande pero los compromisos legales para permanecer en la comunidad más de un año no son válidos... A los efectos legales, el contrato de trabajo en la comunidad o familia no es válido más que por un año renovable. Generalmente, cuando uno no quiere permanecer en una comunidad se marcha y sanseacabó. Los que prefieren vivir individualmente o sólo con un cónyuge y sus hijos menores, trabajan en la aldea, en el pueblo, en la Ciotat, en la Ciudad Internacional, en la Ciudad Residencial o en alguna de las empresas de Eureka conservando su propia propiedad individual y vida privada mucho mejor que en las POTENCIAS y ESTADOS CAPITALISTAS donde, hoy en día, están sometidos a contribuciones, fiscalizaciones e impuestos directos.

31
COMUNIDADES AKRÓNICAS

Esos modos de vida de Humania se van extendiendo por todo el mundo en comunidades sometidas a las leyes vigentes en el país donde están establecidas, coexistiendo con los modos de vida del país.
Generalmente, las autoridades del país donde están, las protegen y fomentan porque son muy beneficiosas para el bien común.
Las Comunidades Akrónicas son las siguientes:
a) Las universidades, que agrupan a miles de personas, de diez a treinta mil generalmente. Constituyen una ciudad aislada.
b) Los mansos, en casas de campo o poblados aisla-

dos. Agrupan de unas trescientas a mil quinientas personas.

c) Las compañías órficas, situadas generalmente cerca de los centros docentes. Reúnen la cifra ideal de ciento cuarenta y cuatro socios postulantes y catecúmenos de la Orden del Gozar o siervos órficos.

d) Las hermandades o clubs donde se celebran las reuniones de las tres primeras humillaciones o degradaciones del egocentrismo. Es la Orden Simbólica o del Querer cuya bajada o degradación es precisa para descender al estado de servidumbre, propio de los funcionarios de Eureka.

e) Las anfitectonias, cuadras o manzanas, que agrupan una o varias docenas de profesionales y tenderos y comerciantes en la manzana de una gran ciudad como New York, Chicago, Londres, París, Hamburgo, Munich, Roma, Milán, México, Buenos Aires, Madrid, Barcelona, Marsella, Viena, Berlín y también en las grandes ciudades de los países socialistas adaptándose a las formas más en consonancia con los regímenes imperantes.

Tanto ahora como después del Desarme Universal y la proclamación de Eureka, las agrupaciones o sociedades akrónicas se ajustan a las leyes vigentes y benefician considerablemente al país. En las Universidades Akrónicas hay centros de enseñanza, talleres, fábricas, granjas, minas, hospitales, asilos, refugios y demás instituciones muy beneficiosas para los países donde se establecen. Las instituciones akrónicas combaten la delincuencia, la enfermedad y la ignorancia respetando siempre al hombre y su bienestar aunque sea ignorante, vicioso o delincuente.

32
UNA UNIVERSIDAD AKRÓNICA

Universidades Akrónicas se establecen en los USA y el Canadá, en las grandes regiones despobladas de Montana, Idaho y Wyoming.

Una Sociedad Anónima por acciones adquiere todos los terrenos, construye los edificios del pueblo universitario y explota las tierras, las granjas, los bosques, las fábricas y los talleres situados todos dentro del término municipal que posee la S. A. en cuestión o «Verbigracia, Inc.».

La carretera que conduce al pueblo también es propiedad de «Verbigracia, Inc.», desde su enlace con la carretera del estado de Montana, situada a unas veinte millas del pueblo Verbigracia, cuyo municipio ha decretado una velocidad máxima de treinta millas por hora. Los viajantes de comercio y turistas desocupados y curiosos que van al pueblo a velocidades superiores son multados por los guardias municipales (ancianos retirados, generalmente) que se divierten controlando las velocidades y aumentando los ingresos del municipio cuyo edificio se halla a la entrada del pueblo enfrente de la carretera. Al lado del edificio municipal o Ayuntamiento, se halla el de Correos que alberga también las demás oficinas federales, estatales y del condado. Delante de estos edificios oficiales se halla el único hotel del pueblo que es más caro que los de Boston; es decir, muy caro, y que también es propiedad de «Verbigracia, Inc.» que, en una palabra, es el único propietario del pueblo. El pueblo está rodeado por una ancha carretera que utilizan sólo los vehículos de «Verbigracia, Inc.» pues los demás tienen que estacionarse en el garaje que hay fuera del pueblo, al lado del hotel. Así, los viajantes de comercio y sus coches peligrosos y hediondos quedan fuera del pueblo universitario, mientras que los funcionarios del gobierno son bienvenidos y en caso de que no formen parte de alguna comunidad akrónica, su estancia en el hotel es pagada en parte por «Verbigracia» que también paga por los invitados. Al otro lado del Correo se halla el edificio con las oficinas de «Verbigracia». A su lado hay los únicos almacenes generales y supermercados del pueblo. Luego sigue la curva con el estadio y al otro lado del estadio, frente a la carretera, hay las fábricas, los talleres, las granjas, los almacenes y demás dependencias que molestarían a los vecinos con sus ruidos y malos olores. De manera que dentro del círculo residencial hay tranquilidad y amplio espacio para andar entre árboles y flores, pero todo dentro de un radio de un kilómetro y seiscientos sesenta y seis metros.

En el círculo más externo hay la administración, al otro lado del Ayuntamiento. Luego hay el Auditorio para teatro, cine y conferencias. Siguen las residencias de ancianos, jubilados, expresidiarios, el hospital, el manicomio y demás refugios y posadas. Luego hay las residencias de los estudiantes-obreros y profesores que no se han rebajado a ninguna humillación o degradación. Después, viene un círculo en que se hallan la biblioteca, los laboratorios y las residencias de los estudiantes-obreros y profesores rebajados tan solo a alguna de las tres primeras humillaciones simbólicas o del querer.

En otro círculo más interior se hallan los edificios de las escuelas desde la maternal y la de párvulos, la primaria, la secundaria y la de artes y oficios, la de los bachilleratos o «General College» y las Escuelas de Ingeniería, Bellas Artes, Arquitectura, Medicina, Derecho, Economía, Periodismo, Pedagogía con sus anexos de asistentes, enfermeros y secciones especiales de Ciencias y Letras.

Y, en el círculo más interno hay los seis edificios de las Órdenes de servidumbre con la residencia de los esclavos en los sótanos.

Jurídicamente, la Universidad, el Hospital, el Manicomio poseen muchas acciones de la Sociedad Anónima «Verbigracia, Inc.». De manera que sus beneficios se dedican en gran parte a fines benéficos exentos de pago de impuestos para pagar los salarios nominales que se mantienen bajos para no pagar mucho de impuestos sobre la renta.

Como en la Ciudad Universitaria de Humania, los estudiantes son también obreros que con su trabajo pagan sus matrículas y gastos de manutención. Dentro del recinto del pueblo universitario no circula el dinero. Cada uno come lo que tiene gana y utiliza gratis los servicios médicos, farmacéuticos, de recreación y además de intendencia como en el ejército de los USA.

Cuantas más horas de clase asimila como estudiante, menos horas tiene que trabajar como obrero y en caso de que tenga consortes, hijos pequeños, padres ancianos, parientes impedidos, también los atiende gratuitamente la Universidad.

No se hace publicidad, pero como es muy beneficioso poder ganar un título universitario sin tener que desembolsar nada, hay muchas solicitudes que se transmiten dando la referencia a los que parecen más aptos para el estudio y más dispuestos a humillarse para hacer el bien al prójimo (humillación primera), a no querer hacer mal a nadie (humillación segunda) y a confiar en el prójimo socialmente inferior (humillación tercera). Sin embargo, la inmensa mayoría de los estudiantes-obreros de «Verbigracia» han sido invitados por esclavos y siervos akrónicos de las manzanas akrónicas de las metrópolis, de las hermandades akrónicas o de las compañías órficas, o bien vienen transferidos de los mansos y de otras universidades akrónicas.

33
MANSOS AKRÓNICOS

Como ejemplo de los Mansos akrónicos voy a hablarte del que fundó Roger Roger Roger, hijo de Tao Roger Jo-Se-Pet, nuestro Último Esclavo, actualmente. Está situado en un valle rodeado de altas montañas rocosas, inhóspitas en una costa acantilada de cuyo nombre no quiero acordarme, en el término municipal de una aldea hoy casi abandonada por su aridez y que en la Edad Media había estado bastante poblado de gente y de árboles pero que las condiciones modernas han despoblado de éstos y de aquélla. Ahora es tierra alta y pobre, sin carreteras ni tránsito rodado. Incluso el ferrocarril que pasa más cerca lo hace por un largo túnel (como el de la Argentera) y la estación más próxima de valle del Manso Roger y del municipio a que corresponde Arnau está a más de veinte kilómetros. Los mulos de la aldea tardan cuatro o cinco horas para ir a la estación de ferrocarril y más de tres para llegar a la carretera más próxima. De la aldea al Manso hay dos horas a pie; los mulos no pueden pasar por el camino escarpado y escabroso. En resumen, Manso Roger está aislado de la civilización, muy lejos de la ruta de los turistas y poco conocido de los excursionistas. Los hijos naturales y políticos de Roger Roger utilizan helicópteros particulares para ir al Manso.

Q — ¿Qué quieres decir con hijos naturales y políticos?

B — El Manso Roger es patriarcal; lo forma la gran familia de sus hijos, nietos, biznietos, tataranietos y los que se han unido a ellos o sus cónyuges, yernos, nueras de los descendientes de Roger Roger Roger.

Hay Mansos Akrónicos que son como monasterios o conventos de cada una de las Órdenes Akrónicas, observando cada uno el modo de vida más conducente al aprendizaje, renovación y perfeccionamiento de las artes akrónicas propias de cada Orden, pero también hay algunos patriarcales con hijos pertenecientes a varias órdenes. En estos Mansos patriarcales o generales, confluyen las Órdenes Akrónicas lo mismo que en las Universidades Akrónicas, en cuyo centro o Abadía de Telémaco hay un edificio exagonal, cuyos lados son los conventos de cada una de las seis Órdenes Akrónicas de siervos voluntarios o «humiliores».

Pero en los Mansos especiales, el vínculo que une a sus miembros o humildes es más semejante al que une al maestro con el discípulo y entre sí a todos los discípulos del mismo maestro. En el Manso patriarcal o general, el vínculo es el que une al padre con sus hijos y a éstos entre sí.

Q — ¿Entonces, el Manso Patriarcal es como una Universidad Akrónica?

B — Hay varias diferencias importantes entre ambos. En la Universidad Akrónica hay estudiantes-obreros, refugiados, colaboradores, enfermos, alienados y otros que no son akrónicos, ni tan sólo de la Orden del Querer o servidores. En las Universidades hay hombres libres externamente, que ni siquiera se han humillado a la primera degradación del ego: la de querer hacer el bien al prójimo. En cambio, en el Manso Akrónico (establecido fuera de Humania) todos los miembros en uso de razón se hallan en estado de humildad o servidumbre voluntaria ya sea como postulantes, catecúmenos, socios o profesos.

Otra diferencia es el número de los congregados. Mientras que en una universidad akrónica se congregan de unas diez a treinta mil personas, en un manso akrónico sólo se congregan de trescientas a mil quinientas. La cifra óptima oscila de trescientas sesenta a mil cuatrocientas cuarenta que son los que se congregan en Manso Roger, respectivamente en el momento de recogimiento y en el de plenitud, o sea, contracción y expansión.

Q — ¿Qué quieres decir con eso de recogimiento y plenitud?

B — Simplemente que este año ha habido momentos en que Manso Roger ha congregado sólo 360 físicamente presentes y otros momentos en que los 1.440 hijos y familias han estado presentes.

N — Supongo que estos números de congregados son óptimos por lo divisibles puesto que 1.440 es cuatro veces 360, que son los grados de la esfera y también del círculo y Akademia Akrónica; o seis veces 60 que es el número óptimo de los mansos de Humania o de una comunidad donde todos se conozcan y relacionen. También 1.440 es diez veces 144 que es una gruesa o doce docenas, el mínimo común múltiplo de dos, tres, cuatro y seis, ocho y nueve.

B — Eso es. El Manso Akrónico Patriarcal es el mínimo común múltiplo de oficios, profesiones, aficiones, vocaciones, aptitudes, talentos, gustos, intereses, edades y demás diversidades humanas conviviendo armónicamente conducidos por el director de la orquesta familiar akrónica que es el Padre o Patriarca.

De los 1.440 hijos de Roger Roger Roger hay 720 mujeres y 720 varones.

Hay 360 menores de diez años de edad; 360 de diez a 21 años; 360 de 22 a 45 años y 360 mayores de 45 años. Todos practican, enseñan o aprenden dos artes u oficios: uno común a todos, la agricultura, y otro ya sea una especialidad agrícola o pecuaria como hortelano, jardinero, forestal, pastor, leñador, empeltador, espurgador, labrador, conreador, albañil, carpintero, herrero, mecánico, lampista, electricista, ajustador, tornero, conductor, etc., etc.

Hay 360 profesionales: 60 médicos y asimilados; 60 ingenieros y arquitectos; 60 profesores; 60 letrados, economistas, financieros y similares; 60 periodistas, publicistas, escritores y demás; 60 que profesan bellas artes. Casi todos saben cantar, bailar y tocar algún instrumento musical pues las FIESTAS son el centro de la convivencia en el manso akrónico.

Q — ¿Hay muchas fiestas?

B — Hay la Fiesta Semanal, las fiestas de las Cuatro Estaciones, las de las Cosechas, las de los Patrones que varían según el manso. En el Manso de Roger Roger Roger hay las usuales en el mundo occidental y otras particulares de los Patrones que son de distintos países donde también residen hijos de Roger; 480 rogers están congregados en el Manso menos de cuatro meses al año; 480 rogers pasan en el Manso Roger entre cuatro y ocho meses al año; 480 pasan congregados en el Manso Roger más de ocho meses al año. Hoy asisten todos los 1.440 porque es el centenario de Roger Roger Roger I y el bautizo de Roger Roger Roger III y la celebración de la graduación doctoral de Roger Roger Roger II.

N — ¿Es que practican el matrimonio cerrado como los incas y los faraones?

B — Amalia de Serrallonga, condesa viuda de Arnau, cabalgando por sus tierras escarpadas se fue a beber agua a la Fuente que hay en la Ermita del Río, confluente de cuatro grandes propietarios: los Condes de Arnau, los de Tamarit, los de Tallaferro y los de Roger de Foix y de Pallars cuya heredera había sido la madre de Roger Roger Roger...

N — Abrevia.

B — Al ir a beber agua a la fuente de la Ermita, la Condesa viuda de Arnau, jamona otoñal y suculenta, vio a un mancebo durmiendo desnudo al lado del río, entre los juncos. La belleza del mancebo y su maravillosa virilidad erguida, de tal modo impresionaron a la Condesa que, desnudándose a su vez, se zambulló en el río y pasó a la otra orilla quedándose un momento estática ante la belleza del bello durmiente del bosque. Adoró a Pan absorbiendo en sus entrañas su maravillosa flauta entonando la melodía que con el ritmo de su conjunción engendró los primogénitos de Roger Roger Roger. En 1889, la viuda de Arnau daba a luz a dos gemelos: una niña y un niño que fueron bautizados en la Ermita e inscritos en la parroquia de Arnau con los nombres que en derecho natural les correspondían: Amalia Roger Serrallonga y Roger Roger Serrallonga.

Q — Luego los otros Roger Roger Roger son descendientes de estos hermanos, ¿verdad?

B — Roger Roger Roger III es descendiente directo de Roger Roger Serrallonga pero no de Amalia Roger Serrallonga cuyo descendiente directo es Roger Roger Roger II...

N — ¡Qué lío de familia! Vamos a ver. Si Roger Roger Roger II nació Sagitario en 1952, ¿quiénes eran sus padres?

B — Su madre era Amalia Roger Cohen (1936-1966) y su padre Roger Roger Brinton (1926-1966). Ambos murieron en Vietnam cuando trataban de reconciliar los del Norte con los del Sur y los del Este con los del Oeste.

La madre de Roger Roger Brinton era multimillonaria anglo-sajona y le desheredó por sus ideas y prácticas pacifistas. Como Roger era hijo único, dejó como heredero de todos sus bienes a su nieto Roger Roger Roger II. El padre de Roger Roger Brinton era Eudaldo Roger Gebellí (1900-1936), era profesor de matemáticas en N.Y.U., pero se fue a España cuando la guerra civil y murió tratando de salvar a los sacerdotes que asesinaban por las cunetas de las carreteras. Era hijo de Roger Roger Roger I y Natalia Gebellí, una de las 144 que RRR I hizo madres.

N — ¡Caramba! ¡Ese es un padre y muy señor mío! ¡Un Don Juan!

B — Un anti-donjuan. Nunca abandonó a ninguna mujer que amó durante los cincuenta años que engendró. Se cuida de todos y de cada uno de sus 360 hijos naturales, sus nietos, tataranietos y cónyuges adoptivos esparcidos por 32 naciones pero reunidos casi todos cada año en el Manso.

Q — Volvamos a la genealogía de Roger Roger Roger II que por otra parte resulta biznieto de Roger Roger Roger I.

B — Por parte de madre viene de la hija primogénita de

RRR I, Amalia Roger Serrallonga (1889-1936) casada
con John Cabot que murió en la guerra en 1918, de-
jándole tres hijos, Amelia Cabot Roger (1905-1943) y
dos varones que murieron con su madre en la plaza
de toros de Badajoz en los asesinatos en masa de
maestros laicos, socialistas y sindicalistas tratando
de evitar los asesinatos.

Amelia Cabot Roger (1905-1943) casó con Josep Cohen,
banquero de Hamburgo; ambos murieron tratando
de proteger a las víctimas de los nazis dejando como
única hija a Smilia Cohen Cabot (1921-1969), casada
con Francisco Roger Bofill, descendiente de Tao Roger Jo-Se-Pet y de otro americano propietario y ha-
cendado de San Francisco. Ambos murieron en 1969,
en Sumatra, tratando de proteger a los comunistas
que morían como moscas en la represión. Dejaron
como única hija a Amelia Roger Cohen (1936-1971?),
casada con Baldirio Roger y Bonet, descendiente
también de otro hermano de padre de Roger Roger III. Amalia murió en Biafra y Baldirio en Bangladesh tratando de proteger a las víctimas.

Q — Resulta pues que Roger Roger Roger I engendró a
Amalia Roger Serrallonga (1889-1936), que murió en
Badajoz, concibió a Amelia Cabot Roger (1905-1943)
quien murió en Alemania, concibió a Amelia Cohen Cabot (1921-1968), murió en Sumatra, engendró a Amalia
Roger Cohen (1936-1970) quien murió en Biafra, engendró a Roger Roger Roger II, nacido en 1952 y se acaba de graduar doctor akrónico...

N — Y es heredero de varios multimillonarios, según dices.

B — Sí. Tiene a su nombre una gran fortuna, de más de
mil millones de dólares, que aumentará prodigiosa-
mente y pondrá a disposición de Eureka pues está
ya humillado al grado de inferioridad 21.º o de siervo
órfico que son pobres de solemnidad.
Por tanto, Roger Roger Roger II, por parte de madre,
es descendiente de RRR I de la séptima generación.

Q — ¿Y Roger Roger III cuyo bautizo se celebra hoy?

B — Es de la octava generación por parte de madre, descendiente de Aurora Roger Arnau, nieta de la Condesa viuda de Arnau, primera mujer de Roger Roger I
como ya os he dicho.
Mientras que por parte de padre es nieto de RRR I,

hijo de Josep Roger Amorós (1927-1973) que acaba de morir en Palestina tratando de reconciliar árabes y judíos.

N — Parece que son muchos los descendientes de RRR I que han muerto.

B — Al contrario, son muy pocos. Los mencionados hasta ahora son una excepción tanto por los fallecimientos prematuros, como por la precocidad de concepciones, como por la escasez de nacimientos. La inmensa mayoría de los descendientes de Roger Roger I están vivos y tienen bastantes hijos. Concepción Roger Cadell por ejemplo, ha instaurado un matriarcado. Cumple hoy los ochenta años y sus seis hijas y treinta y seis nietas, como sus hijos y varios nietos llevan el nombre de Roger como único apellido. Ni ella, ni sus hijas ni muchas de sus nietas se casan legalmente. Sus hijos son hijos naturales, de padre anónimo. Son «eunices» casi todas cuando llegan a la edad de 19 años, requerida para profesar en la humillación órfica. Hacen a muchos hombres felices y a ninguno desgraciado. También hay hijos y nietos de RRR I dotados del carisma de la castidad que se han rebajado hasta la esclavitud voluntaria ya de jóvenes.

N — Es muy abigarrado todo esto. No entiendo como pueden solucionar los conflictos ni superar las discordias que deben surgir entre gente de modos de vida y moral tan distintos. Dicen que hay unos como los esclavos voluntarios o akrónicos que viven una vida carismática de castidad o sublimación de la líbido ofrecida en sacrificio para el bien de sus semejantes y otros que viven en total promiscuidad. Y entre ellos, muchas clases de parejas desde los casados que viven sus votos de fidelidad y cariño vitalicio hasta el de los connubios efímeros. Parece que hay de todo en el Manso Roger.

B — Hasta ahora ningún Roger, casado según la moral oficial prevalente en Occidente, o sea, legalmente, se ha divorciado. No ha habido ningún divorcio. Sí; ha habido conflictos y querellas pero se han solucionado gracias al cariño y al respeto mutuo y al amor-temor de ofender o reverencia que cada uno y todos sienten por Roger Roger Roger I.

Lo primero que aprenden es a respetar, reverenciar,

venerar a su Patriarca y en este ambiente de amor-temor al Patriarca, espíritu de familia, de clan, de tribu, aprenden a hacer uso de su libertad respetando a los demás.

Q — ¿Nacen en Manso Roger todos?

B — Muchos, pero no todos. Pero los que no nacen allí, pasan allí largas temporadas sobre todo durante la niñez y la pubertad. Para casi todos los Roger que viven fuera, Manso Roger es como la Meca para los musulmanes, incluso para los que tienen la suerte de vivir en Humania pues mansos, universidades, cuadras, hermandades, compañías, clubs, refugios akrónicos son como reflexiones de la luz de Humania en los espejos nacionales, regionales, provinciales y municipales. Reflejan la justicia y el orden, la paz y el progreso, la libertad tan amplia de costumbres, creencias, opiniones, manifestaciones, etc., etc. y la más estricta igualdad de derechos ante la ley.

34
ORDEN Y JUSTICIA

N — Eso es utópico: si hay orden como quieren los partidos de derecha, continúa la injusticia social (nobles y plebeyos o blancos y negros, etc.), económica (ricos y pobres) y política (poderosos dominadores y débiles dominados). Cuando el ORDEN PÚBLICO ESTABLECIDO es injusto (y lo es más o menos en todas las Naciones Estatales), mantenerlo es mantener la injusticia.

Q — Y cuando el Orden Público Establecido se subvierte violentamente se comete la mayor injusticia (matadores o ejecutores y víctimas o ejecutados). Y esas violencias a las personas y destrucción de vidas y haciendas suelen traer reacciones con más destrucciones de vidas y haciendas hasta que LOS TRIUNFANTES o victoriosos reestablecen el Orden Público imponiéndolo a la fuerza y empieza otro reino de la injusticia...

N — Que se mantendrá mientras los victoriosos estén unidos pues las masas lo aguantan todo mientras no vean posibilidad de cambiarlo por mucho que prediquen los partidos de izquierda. Si hay «panes et circenses» y, sobre todo fuerza sólida y compacta, las masas lo aguantan todo. Pero en cuanto ven que los que mandan riñen entre ellos, las masas se *des-man-dan* y escuchan a los agitadores izquierdistas y alteran el orden público y acaban subvertiéndolo si no reaccionan a tiempo las fuerzas del Orden. En resumen, las fuerzas del Orden y las fuerzas de Justicia son discordantes.

B — A menos que haya una Autoridad fuerte y justa que armonice la Fuerza del Derecho y el Derecho de la Fuerza como en Eureka. Eso es posible porque el que tiene la fuerza se hacen voluntariamente esclavo del derecho. La autoridad fuerte y justa (como la de Roger) hace compatibles la justicia y el orden público. La autoridad carente de fuerza, por muy justa que sea, causa desórdenes que traen todavía mayores injusticias. La autoridad carente de justicia establece un orden público carente de justicia y de libertad.

Q — En una representación o Auto Akrónico, el Honor reconcilia y armoniza el Orden y la Justicia. Eso es lo que hará Eureka en el desorden internacional. El orden internacional establecido por un imperio o una nación-estado nacional o imperial que domine las demás naciones tiene que ser necesariamente injusto. Y el de las Naciones Unidas es imposible porque ningún gobierno nacional puede renunciar a la defensa nacional. Las personas ficticias o colectivas como las naciones no tienen alma como ya dijo el doctor Samuel Johnson y por lo tanto no pueden DELIBERADAMENTE, voluntariamente, conscientemente sacrificarse para el bien de los demás. Y el Héroe de la verdad es la Víctima propiciatoria; el que se sacrifica para el bien de los demás, la única persona capaz de encarnar la Autoridad justa. La persona que ejerce la autoridad debe sacrificarse para el bien de sus subordinados: debe sacrificar el egocentrismo con sus tres modalidades, egoísmo, egotismo y egolatría o afán de lucro (de tener más y más), afán de placer (gozar más y más) y afán de poder (dominar más y más). El ejemplo más claro es el de Saturno cuando devoraba a sus propios hijos varones porque era la condición impuesta por su hermano Titano para dejarle gobernar. La apetencia de poder en Saturno le domina de tal modo que es capaz de devorar a sus hijos ya que éste es el medio que tiene para gobernar.

N— Afortunadamente, su esposa Rhea logró sustraer a su crueldad a Júpiter, Neptuno y Plutón.

Q — Y cuando su hermano Titano se enteró de que había faltado a la fe jurada y tenía hijos varones, le destronó como el Militar chileno a Allende...

N— Pero Saturno no se suicidó porque los dioses son inmortales como la mala hierba y los vicios humanos, sobre todo la apetencia de poder y dominar y ser mejor que su hermano como Caín que envidia a Abel...

35
AKRONIA

Q — Saturno es el tiempo y el tiempo es hijo del **CELO** o de los celos. El tiempo nació de los celos de Caín. El tiempo es el infierno del hombre. Los animales no viven en el tiempo sino en el eterno ahora.

B — Ahora es un instante de importancia suprema: eso precisamente es lo que quiere decir «akronia», fuera de la cárcel del tiempo, de la cual quiere librarnos Buda. El Nirvana es ahora o nunca.

N— Pero Saturno vuelve a reinar, liberado por su hijo Júpiter de la cárcel donde le había metido Titano. Gracias a su hijo vuelve a reinar.

Q — Y el ingrato tiene celos de su hijo Júpiter y teme que le destrone, por eso le tiende lazos como la reina Elisabeth I de Inglaterra a su hermana María Estuardo, reina de Escocia. El poder necesita un pretexto para matar como el teniente Calley a los niños y ancianos de Mai-Lai...

N— La hipocresía es el homenaje que el vicio rinde a la virtud, como dice Rochefoucauld. Pero Júpiter no era cristiano como Segismundo de Calderón de la Barca y acabó vengándose de su padre y destronándole tal como éste temía.

B — Y luego, este dios Saturno que tan malo había sido cuando estaba endemoniado o dominado por la apetencia de poder, es precisamente el mismo Saturno que se humaniza en el exilio gracias a que el rey de Italia, Jano, le recibió tan humanamente. Y ya humanizado, Saturno enseña la agricultura a los hombres y crea la Edad de Oro.

De los 48 millones que viven en Humania, más de la mitad son agricultores...

N — Además de humanizarse, gracias al humanitarismo de los italianos, Saturno también se «caballizó».

Q — ¿Saturno se hizo Caballero Andante, como Don Quijote?

N — No se hizo caballero sino que se hizo caballo para que su mujer Rhea no le sorprendiera yogando con la bella ninfa Filira. Yo creo que de estos amores nacieron los sátiros...

Q — Sus hijos sátiros naturales no le salieron tan bellos como la Venus que engendró en la mar con la sangre de la herida que le hizo su hermano Titano.

B — Lo que le ocurrió a Saturno es muy semejante a lo que les ocurre a muchos políticos dominados por el egocentrismo. Sólo la persona que se ha librado de su egocentrismo, que se ha hecho libre de los enemigos del hombre: Mundo, Demonio y Carne, es la que puede ejercer la autoridad sobre los demás con fortaleza y justicia, con prudencia y templanza; si se hace esclava para servir a los demás, su esclavitud tiene que ser una decisión deliberada, libre y voluntaria.

Sólo los que son totalmente libres pueden voluntariamente hacerse esclavos. Los esclavos del Mundo, del Demonio y de la Carne son los cuatro jinetes del Apocalipsis que periódicamente sumen a la gente en las catástrofes cabalgando la Ignorancia, la Superstición, el Fanatismo y la Violencia colérica.

N — De todas maneras, no creo que ni en Humania ni en ningún sitio puedan coexistir en concordia la libertad y la igualdad económica. O se limita la libertad de los más capaces de ganar dinero o se les quita lo que han ganado con impuestos, contribuciones y expropiaciones, en cuyo caso no hay libertad, o se permite la empresa libre y los más listos en el comercio o intercambio se apoderan de lo producido por los demás y no hay igualdad. No hay solución. O hay libertad económica y no hay igualdad, o si hay igualdad económica no hay libertad.

B — Excepto en los Mansos Akrónicos y en otras familias

integradas cuando cada uno produce tanto como puede y consume lo que necesita. Los niños, enfermos, decrépitos, incapacitados que no producen nada consumen lo que necesitan porque los fuertes y capaces de la familia, voluntariamente, se lo entregan. Es el sacrificio voluntario de los más fuertes y capaces lo que constituye la Familia donde reina la perfecta igualdad y libertad, gracias a la SOLIDARIDAD que es lo que reconcilia y armoniza la Igualdad con la Libertad.

N— Es cierto que en las Fiestas Saturnales de los romanos, los esclavos podían tratarse de tú con los amos y aquel día eran felices mucho más que los dioses del Olimpo siempre con sus celos y querellas intestinas cuyas consecuencias tenemos que pagar los pobres hombres.

Q — ¿Cómo organizáis o conciliáis la paz o tranquilidad con el progreso que, según dices, también reinan en Humania?

B — Por la unión. Este es el secreto de los secretos de todos los misterios esotéricos, incluido Eureka: la unión hace la fuerza. La unión nos da paz, tranquilidad, confianza, alegría. Unidos, dormimos tranquilos, en paz y vivimos alegres y confiados. Nuestro trabajo es productivo y se hace creativo porque es libre de la discordia que hace nuestro esfuerzo estéril o destructivo. Gracias a la Unión reinan en Humania la paz y la riqueza.

Q — Entonces, Saturno es a la vez el símbolo del mal (el padre devorando a sus hijos) y del bien (el dios en exilio enseñando la agricultura a los hombres). El dios humanizado, hasta animalizado, hecho caballo para que su mujer Rhea no se enterara de que le hacía el salto con la italiana ninfa Filira.

B — Es el símbolo del Cambio (I Ching). Mientras vive el hombre puede cambiar; Saturno el infanticida por afán de reinar, por apetencia de poder, puede cambiar en maestro de agricultura y hasta en enamorado que hace animaladas.

N— Esto de «hacer el salto» y «hacer animaladas» son catalanismos.

B — Cada uno se expresa como puede. Para lo inconmensurable es más adecuado el lenguaje alegórico de los griegos y de la Biblia que el lenguaje de la Ética pseudo-geométrica de Spinoza, o el positivismo pseudo-científico de Comte.

Q — Entonces el «cientismo» de Monsieur Taine y secuaces es una falsificación de la ciencia, una superstición lo mismo que el panteísmo pseudo-matemático...

N — Pero no tan fanáticos y virulentos como el pseudo-cristianismo de las cruzadas, la reconquista y las guerras religiosas que hacían servir el Nombre de Cristo para matar al prójimo. ¡Que Dios nos perdone!

B — Las creencias degeneran en cuanto se encierran en un dogma y se hacen egocéntricas.

Primero hay el héroe espontáneo (Tao) y cuando éste desaparece, sus discípulos lo recuerdan y lo sienten vivir entre ellos, practicando sus enseñanzas (la virtud). Cuando el hábito de obrar bien o la virtud desaparece de la comunidad en cuestión, queda la justicia, el derecho, el cumplimiento de la ley dada por el héroe que se sacrificó por la comunidad.

N — Esos son como los tres estados (ideológico, idealista y sensato) descritos por Pitirim Sorokin, más eruditos y preparados que los improvisados de Comte: religioso, metafísico y positivo.

B — Esos son los estados de crecimiento y expansión de cualquier sociedad o comunidad. Spengler, Pitirim Sorokin, Arnold Toynbee y otros han notado también los estados de decadencia: el pseudo-sensato o de la ficción jurídica, o sea, cuando domina la etiqueta, el formalismo, la apariencia de lo legal que sirve de medio para buscar lo útil, lo pragmático. Luego viene la etapa pseudo-idealista dominada por la propaganda, por la publicidad que se vale de los ideales de la gente para manipularlos y hacerlos servir de medios para servir los intereses de los manipuladores ricos y poderosos. Luego se suele caer en la etapa pseudo-religiosa, pseudo-ideológica, fideísta o farisaica en que las apariencias de la fe y de la virtud y de la sensatez prevalecen sobre la fe, la virtud y la sensatez verdaderas. Es la etapa de la etiqueta. Según el Tao-teking es el pincipio del fin de la civilización, de la nación, y de cualquier otra especie de sociedad.

N — Entonces, también ocurrirá lo mismo con Eureka. Los individuos y las sociedades (de la familiar a la universal, pasando por la nacional) al nacer ya están condenados a morir. Todo lo que nace muere, desde que nuestros padres cometieron el pecado original.

B — Es cierto: el Padre funda la familia; el Héroe funda la patria; el Santo funda el movimiento religioso y moral; el Genio funda la escuela estética, filosófica y política. Y mientras el Padre, el Héroe, el Santo, el Genio no se COMEN para ellos (egocéntricamente) el fruto del árbol del Bien y del mal, mientras entregan el fruto de su trabajo, de su sacrificio, de su genio, de su santidad a sus hijos, a sus compatriotas, a sus correligionarios, a sus discípulos prosperan la unión, el honor, la solidaridad de su familia, su patria, su movimiento, su escuela, partido o sociedad. Pero cuando las autoridades se apoderan de los frutos del trabajo, de la ciencia, del sacrificio, del genio, de la santidad para incrementar su poder, su gloria, su riqueza, su ciencia, su placer, incluso su mérito o valor particulares, entonces, la sociedad en cuestión empieza a degenerar.

N — Como dice Lanza del Vasto, el Pecado Original consiste en aprovecharse egoístamente del Conocimiento, del Árbol del Conocimiento y consumir su fruto, comérselo. Y, privados del conocimiento ya no podemos ver la Verdad y caemos en la confusión, en el desorden, en el caos dominados por nuestros peores enemigos Mundo, Demonio y Carne separada, carne podrida, leprosa, sifilítica, pestilente porque el cuerpo separado del alma se corrompe.

Q — Y la unión conjunta de los cuerpos y de las almas es la Gloria Universal, la Felicidad, la Salvación, la Iluminación, la Perfección, la Inmortalidad que Lucifer perdió por egocentrismo según Pep Vila de Llach, y las células de su cuerpo universal se le desintegraron luchando contra otras y explotó su cuerpo en miríadas de estrellas que se van apagando y partiéndose en planetas sin vida, fríos, lejanos, altaneros, inasequibles y planetas sin alma como la Tierra desde que Eva y Adán se comieron el fruto del Árbol del Conocimiento por motivos egoístas y cayeron en la ignorancia, la superstición, el fanatismo y la violencia que les avergonzó de la belleza celestial de su órgano sexual. Corrompieron el amor y Eva, la Tierra, se desintegró. Su sistema nervioso Simpático y Parasimpático se volvió antipático y se rebeló contra su Sistema Nervioso Central que es lo que ocurre cuando el Alma desprecia al Cuerpo y éste se rebela entonces contra el Alma y sus células cancerosas proliferan, separándose de las otras como los fariseos y haciéndoles la guerra hasta que degeneran en animales que se devoran unos a otros para subsistir; pero en cada uno, animal o planta, si lo consideramos separado de los demás, la coagulación de la sangre y la entropía acaban por dominar la vida que se ha separado del alma e imponen la muerte. Mientras que el padre (osiris) aunque muera, resucita en su hijo (horus), gracias a la madre amorosa (isis) y el héroe, resucita en su patria; y el genio en sus discípulos y el autor en sus lectores. Pero cuando Adán y Eva se comieron el fruto del conocimiento y se bebieron el entendimiento, perdieron la unión del alma y cuerpo. Tal como fueron creados tenían un solo cuerpo y el mismo soplo o alma. Amándose desnudos en el Jardín de Edén, Adán y Eva gozaban de una felicidad perfecta. El Amor los creaba, el Amor los juntaba, el Amor los recreaba. El Amor mutuo integral (de alma y cuerpo unidos) es la felicidad perfecta. Tan perfectos eran que podían ver la Verdad Completa, el Amor mismo, el Amor en Persona. ¿Por qué se dejaron seducir por la astucia diabólica?

N— ¿No empezó Eva a querer ser tanto como Adán o a insinuarle a Adán que fuera más de lo que era? ¿Llegó el tercero, el maligno, Lucifer, a poner cizaña entre la pareja y astutamente consiguió que Eva le hiciera más caso que a su marido Adán?

Q — Adán y Eva y el Amor vivían felices mientras obedecían al Amor, y cuando le desobedecieron, seducidos por la soberbia, cayeron en este valle de lágrimas, de discordias...

N— ¿Envidiaba Eva el falo de Adán? ¿Era el órgano viril de Adán lo que simboliza la serpiente, aquella parte del cuerpo de Adán que se yergue y se mete dentro de Eva conociéndola por dentro?

Q — Sea como sea, al dejar de amarse, de obedecer al Amor mismo que los unía, se agrietó su unidad y por esta grieta salió Caín que mató a su hermano Abel por envidia. Los hombres se han separado unos de otros: el varón, Adán, se tiene que separar de su mujer, Eva, porque tiene que ir a trabajar y a ganar el pan con el sudor de su frente. La mujer, Eva, tiene que rechazar a su marido, Adán, porque está encinta y tiene que parir con dolor...

N — El uno a trabajar, la otra a parir, ¿por qué?

Q — Porque ya no se aman totalmente. Hay una grieta en su amor y por esta grieta se introduce el Ego, a separar la una del otro, el alma del cuerpo, el id del superego, la mujer del varón, el padre del hijo, la madre de la hija, el hermano del hermano, el uno del otro.

N — ¿Por qué le llamas Ego, por qué no le llamas Celo que es el padre de Saturno, el tiempo?...

36
AKRONIA (*continuación*)

B — El Paraíso Terrenal *es ahora y siempre* que nos amamos totalmente. Realizar plenamente las posibilidades de Ahora es el objetivo de las Órdenes Akrónicas.

Q — El celo o afán del Id (o del alma del cuerpo) es ser feliz ahora, y el celo o anhelo del Superego (el cuerpo del alma) es que sea feliz la prójima o el prójimo. Ambos son perfectamente compatibles, como dicen Agustín de Hipona y Joan Maragall: gozar de los sentidos y las cosas que Dios nos da es santo.

B — Pero, el Ego que se apropia del fruto; de los frutos del pensamiento, la palabras y las obras y las omisiones produce la discordia, la rivalidad, y acaba corrompiendo el cuerpo y ahogando el alma.
El Id no se ocupa de los demás, sólo se ocupa de su propia felicidad, como los animales. El superego sólo se ocupa de la felicidad de los demás, no se preocupa de sí mismo.

N — Así, llamas superego al Espíritu del Bien que hay en cada uno.

Q — Eso es. Puedes llamarle Simpatía (compasión, congratulación) y en un nivel más ordinario o social, cortesía, caballerosidad, gentileza. Y en un ambiente más espiritual, puedes llamarlo misericordia hasta llegar a la más sublimada y sutil CARIDAD o ÁGAPE.

Cuando el Ego del hombre separa su *Id* de su *Super-ego*, su alma de su cuerpo, queda declarada la guerra entre ambos: el cisma cuya primera víctima es la unidad del *Yo*. Viene el cisma, la grieta mental, la esquizofrenia. Uno ya no es uno sino dos, tres, muchos. Uno quiere hacer una cosa y su contrario. El cuerpo del alma queda absorbido, agotado para nutrir el Ego que quiere dominar a su cuerpo, maltratarle, despreciarle porque le impide igualar su yo personal al Yo universal. Uno se cree ya en posesión de la Verdad absoluta y con derecho para imponerla a la fuerza a todo el mundo. O se vuelve de espaldas a los otros despreciándoles porque no han conseguido como el Gran Sabio Hindú, dominar su cuerpo. Y la consecuencia de la obra de éste es la Suciedad, la Miseria, la Enfermedad que reinan en la India; y la consecuencia de la obra de aquél son las guerras y cruzadas para imponer una idea y un modo de vida a la fuerza, produciendo a la postre la separación, la impotencia y la ridiculez de las naciones hijas o herederas del pensamiento de Isabel.

El Ego pervierte el cuerpo del Alma que es la dedicación al servicio de los prójimos o próximos y lo invierte funcionalmente dedicándolo a matar a los «malos» y a destruir a los que se oponen a su poder, so pretexto de combatir el mal. Incluso los santos como San Luis de Francia, San Vicente Ferrer, Santa Juana de Arco, San Charles Péguy y muchos otros predican la Guerra Santa como los musulmanes. La única doctrina con muchos millones de discípulos que no se ha degenerado y pervertido hasta predicar la Guerra Santa es el budismo...

N— Pero no se pudo mantener en la India, donde nació. Tuvo que refugiarse en la China, donde ha vivido y se ha desarrollado pactando con el taoísmo y el confucionismo. Pero ahora el marxismo lo está expulsando, pues ha conquistado más territorio el marxismo en un siglo que el budismo y el cristianismo en más de dos mil años.

Q— Pero la doctrina subsiste a pesar de la negligencia anti-budista en que ha degenerado el budismo y a pesar de la violencia anticristiana en que ha degenerado el cristianismo.

N — La degeneración y perversión de la violencia ha atacado a la doctrina marxista todavía más rápida y completamente que a la doctrina cristiana. La doctrina que tenía que traernos una sociedad sin clases nos ha clasificado entre buenos y malos. Todavía degenera y se pervierte más rápidamente la más pura doctrina política: el anarquismo, que demuestra su amor a la humanidad tirando bombas, atentando contra la vida humana y estableciendo la tiranía sangrienta, idiota, incontrolada de un déspota en cada esquina de la ciudad que consigue dominar...

B — Y es que los medios empleados determinan el fin conseguido. Por eso el EUREKA, Estado Universal de Reconciliación..., se proclamará en cuanto eso pueda hacerse sin matar a nadie: con la mínima coacción y la máxima eficiencia; cuando tengamos colocados en el tablero internacional suficientes siervos voluntarios o funcionarios akrónicos (llamados humiliores) que obedezcan fielmente a sus esclavos akrónicos o voluntarios que son las únicas autoridades de Eureka.

37
OMA

Q — Luego, «Akronia» no es otra doctrina religiosa ni filosófica...

B — sino una técnica de servicio o servil. Una técnica o un arte de la reducción del Ego-centrismo o egocentripismo, humillándolo y degradándolo gradualmente para servir a cada hombre en particular y a la comunidad humana universal en general.

Las Órdenes Akrónicas son organismos que fomentan, facilitan, refuerzan la disminución del ego-centrismo y la práctica del ego-centrifuguismo o centralización en el prójimo.

Las Órdenes Akrónicas preparan a los candidatos a servidores del prójimo y de la humanidad. Comprueban y verifican su sinceridad (Órdenes Simbólicas o del Querer) que forma a los servidores del prójimo y a los auxiliares de Eureka.

Una vez comprobado su deseo de humillarse para servir, Las Órdenes invitan a los servidores más humildes (los de la degradación o humillación tercera) a capacitarse para servir rebajándose, humillando a su ego hasta la servitud o servilismo para ser funcionarios de Eureka.

Y a los más humildes y capacitados de los siervos akrónicos se les invita a humillarse todavía más, totalmente, hasta la condición de esclavos voluntarios, que son los únicos eficaces para gobernar bien a los demás: los que no tienen nada suyo ni quieren nada para sí; los liberados de deseos, temores, ignorancias egocentristas.

N — Me repugna esa terminología: «humillaciones», «degradaciones», «servilismo», «esclavitud». Hablas de las autoridades y funcionarios de Eureka exactamente lo contrario de nosotros que las llamamos majestades, excelencias, eminencias, altezas, ilustrísimas, reverendísimas, venerables señorías...

B — Ya dice Aristóteles que en una sociedad bien organizada debe haber esclavos. Sin sus esclavos dispuestos a todo por su amo, éste perdería su poder. Verbigracia: el poder mayor del hombre en el mundo de hoy, el de Nixon, se basa en la devoción y abnegación de sus esclavos fieles como Haldemann, Ehrlichman, Rosemary, Bork, Petersen, Mitchell y muchos más que permanecen anónimos. Sin ellos, Nixon nunca hubiera conseguido el poder y no podría mantenerse en el poder. El hombre inicuo y engañador nunca llegaría a engañar ni a dominar a los demás si no contara con la devoción abnegada de gente leal y capaz.

Los hitlers y los stalins modernos tienen tantos esclavos o más que los nerones y calígulas de la antigüedad. Probablemente los Ehrlichman y los Haldermann se hicieron esclavos de Nixon voluntariamente. Para servir a sus ideales y a Nixon han sacrificado hasta su honor. Con hombres libres a su servicio, como Richardson y Cox, el poder de Nixon y de gente como él no duraría y tampoco podría seguir engañando al pueblo americano si no contara más que con esclavos desleales como Dean. El poder para gobernar necesita esclavos y voluntarios, abnegados, leales como Haldeman y Ehrlichman y Mitchell y Rosemaría dispuestos a sacrificarse por su dueño.

Algo similar ocurre en Eureka cuya última autoridad es el Último Esclavo en el que todos confían y se apoyan y más se sacrifica por todos. Una diferencia esencial es que los siervos y esclavos akrónicos obedecen leal y devotamente a su inferior, social o mundialmente hablando, puesto que los esclavos akrónicos son libres de engaños, violencias, supersticiones, fanatismos, temores, vicios, ignorancias y se niegan terminantemente a obedecer al Príncipe del Mundo, Lucifer, y su corte infernal.

El siervo akrónico se da cuenta y tiene en cuenta que el mal está dentro de él y es dentro de él mismo donde tiene que vencerlo. El esclavo akrónico es el que se vence a sí mismo, vence lo malo que hay en él: su egocentripismo, y se halla en situación libre del mal y listo para hacer el bien.

En el servilismo akrónico, o servicio del bien, se reconcilian el alma del cuerpo y el cuerpo del alma, recobrando así la persona su integridad. Se verifica la unión de los componentes del Yo verdadero: el corazón, el entendimiento, la mente, el alma, la sensibilidad, la afectividad, la razón, la pasión y la acción. Recobrada su unidad, el siervo se hace esclavo si recibe y acepta el Karisma de donde irradia el amor para todos: incluso los feos, los falsos, los enemigos. Se conoce el esclavo akrónico o la persona en situación de esclavitud akrónica porque irradia o emana de ella ese amor alegre y tranquilo, paciente, entusiasta, perseverante, manso, gentil, sereno.

Q — ¿Por qué pues no proclamáis de una vez Eureka y termináis con estas guerras de Indochina, Tierra Santa, Chile, Bolivia... ¿Por qué no habéis hecho nada para evitar Biafra y Bangladesh?

B — Algo se ha hecho para servir el «Alto al Fuego» en estos sitios. Pronto estará preparada Eureka para realizar el desarme universal sin matar ni a un solo hombre.

N — ¿Es que no están perfeccionadas vuestras técnicas o artes psico-electro-químicas?

B — Pronto lo estarán y habrá número suficiente de siervos y esclavos akrónicos colocados estratégicamente en el tablero internacional. No se debe matar a nadie para proclamar Eureka, de lo contrario Eureka nacería como cualquier otro Estado Imperial o Nacional que nacen matando, matan muriendo y mueren matando. No tiene que haber ni una sola víctima inocente más que los esclavos y siervos akrónicos que se sacrificarán por los demás seres humanos.

Q — ¿Por qué no hacéis más esclavos y siervos akrónicos?

B — Nadie puede hacer un esclavo akrónico. Cada uno se hace esclavo voluntariamente. Pero no cuando quiere, sino cuando recibe la gracia karismática para ello.

N — Es la cuestión del libre arbitrio y el determinismo. Esa complicada disquisición sobre la gracia eficiente y la suficiente...

B — Para nuestro objeto la cuestión es muy sencilla. El karisma es como un premio de la lotería. Te toca o no te toca por suerte. Esa es la parte del determinismo. Pero si te toca, entonces puedes gastarte el dinero del premio como quieras o rechazarlo: esa es la parte del libre arbitrio.

N — Entonces no es esclavo voluntario el que quiere, si no puede.

Q — Ni tampoco el que puede, si no quiere.

B — Esclavo voluntario es el que puede y quiere a la vez: el que le ha tocado el premio, lo ha recibido y dedicado íntegramente a servir al prójimo, sin retener nada para él.

Un ejemplo muy claro es el del karisma de la kastidad necesario para la karidad.

38
LA KASTIDAD

La kastidad es el estado más elevado de la concentración y sublimación de la líbido. Es el ahorro de la líbido, de la savia que no se ha gastado ni en la satisfacción oral, ni en la anal, ni en el onanismo, ni en el narcisismo, ni en la lascivia, ni en la lujuria, ni se ha pervertido en la cólera, ni en el masoquismo, ni en el sadismo, ni en el fetichismo, ni en las demás formas del erotismo violento y subversivo, ni disipado en las intoxicaciones, obsesiones, impulsiones, tensiones, ansiedades. Es la fuerza del amor sublimada, la concentración de la savia vital. Pero no es una castidad forzada, producto de la represión para acrecentar la fuerza del ego. Esa conduce a la locura egotística y furiosa. No es tampoco la castidad de los impotentes ni la de los frustrados sexuales que tan a menudo nutren las filas de los perseguidores, salteadores, guerreros como Calley y demás enfermos que gozan haciendo sufrir a los demás y sufriendo. No es ni el eunuco cliptorquídico, ni inferior sexual de nacimiento, ni el que han hecho eunuco los malos tratos de sus cónyuges, ni sus vicios solitarios, ni las enfermedades venéreas.

Kasta es la persona de sexo normal y virogoso que SE OLVIDA del amor carnal porque concenta todas sus potencias en amar a los feos, a los repugnantes, a los monstruosos, a los infecciosos; y, a los extraños, molestos, antipáticos insufribles y por eso no tiene tiempo para amar a su familia y por eso abandona a su padre y a su madre y a sus hermanos y parientes y amigos particulares porque debe concentrar todas sus potencias en amar a sus enemigos.

En resumen, el kasto akrónico no tiene tiempo de amar a su amiga porque tiene que amar a sus enemigos porque de otra forma nadie amaría a los enemigos ya que a los amigos los aman todas las personas decentes.

La esclava akrónica que llamamos Madre o Padre (degradación 22.ª) ama tanto a los hijos abandonados por las demás, que no tiene tiempo para tener los propios. Si tiene que cuidar hijos propios puede que sea una sierva akrónica magnífica (degradación 15) pero no puede ser esclava akrónica ya que el amor a los hijos extraños entraría en conflicto con el amor de los hijos propios.

El don de kastidad así recibido y aceptado es tan escaso como el de la poesía o el de los eminentes científicos, sabios, eruditos, acróbatas, atletas, músicos, artistas...

El don de la kastidad existe como el don de la pintura en Pablo Picasso, o el de la música en Pau Casals, o el de la física en Alberto Einstein, o el de la psicología en Segismundo Freud, o el de la poesía en Pablo Neruda.

N— Existe pero no abunda. Los pobres positivistas y cientistas del siglo XIX confundieron la rareza con la inexistencia.

Q — Generalizaban precipitadamente. Como hay muy pocos castos que sean normales y vigorosos, creyeron que la castidad era anormal.

N— Fue una reacción natural ante el error tan difundido de elegir futuros célibes eclesiásticos ya antes de la pubertad por la protección que una rica devota daba al niño que así se libraba de las duras y malpagadas faenas del campo.

Q — Lo extraordinario es que así hayan salido tantos curas kastos y excelentes. El error fue la confusión del celibato obligatorio ejercido como un trabajo para ganarse la vida, con la kastidad graciosa de la karidad real y verdadera.

B — A pesar de sus errores y faltas, el positivismo y su lógica son muy útiles a la Akademia Akrónica. Tan útiles como la mitología del romántico J. J. Rousseau con su mítico Contrato Social y su inocente creencia en la bondad del hombre natural pervertido por la sociedad.

N— Es que Rousseau no observó lo que los niños, en estado natural, hacen con los pobres animalitos que tienen a su alcance.

Q — Rousseau no sabía nada de antropología. No había leído nada de Margarita Mead, ni de Ruth Benedict, ni de Levy-Straus y menos de Ana María Matute, pues no habían nacido en su tiempo.

N— Hubiera podido por lo menos darse cuenta de que esta civilización tan pervertida que él abomina la han hecho los hombres que él considera ángeles..., aunque él daba sus propios angelitos al hospicio. Más que nada, la de Rousseau es una retórica sofística que suena bien, bien escrita, romántica y sentimental, muy útil para la propaganda política. Lo malo es que equiparó la vida rústica del campo a la pureza y el urbanismo con la suciedad. La pobre Fernán Caballero, Cecile Bölh de Faber, estaba obsesionada por la idea mitológica de la vida compestre que ha aclarado el excelente Don Ramón del Valle Inclán en sus retablos de la lujuria, la avaricia y la muerte. Y don Benito Pérez Galdós ha desmitificado, al encarnar la misericordia en la ciudadana Benigna, la sirvienta que pide limosna para dar de comer a su orgullosa ama.

39
QUADRAS Y ANFITECTONÍAS

B — En efecto, la virtud, el valor se puede practicar tanto en los Mansos akrónicos establecidos en el campo como en las Quadras akrónicas establecidas en las grandes metrópolis como París, Londres, Roma, Milán, Munich, Berlín, New York, Chicago, México, Buenos Aires, Barcelona, Bolonia, San Francisco, Los Ángeles, Filadelfia, Boston, Madrid, Budapest, Belgrado, Sofía, Varsovia y bastantes más.

Se llaman «Quadras», manzanas o bloques porque ocupan una manzana o bloque de casas con entradas en cuatro calles o más y que se comunican por el interior.

En los pisos altos hay las viviendas de los siervos akrónicos de profesionales, comerciantes, artesanos. Los despachos están en los pisos intermedios y las tiendas en los bajos.

Las tiendas de las calles pobres se comunican por el interior con las de las calles ricas: La Casa de Empeños de la Calle Pobre se comunica con la de Cambio, Descuentos y Créditos de la Calle Rica. El Anticuario de la Calle Pobre con la galería de arte de la Calle Rica. La tienda de numismática y filatelia de la Calle Pobre con la joyería y relojería de la Calle Rica. La librería de viejo con la de nuevo, el colmado con la frutería. Hay mueblerías, zapaterías y un restaurante pequeño, con un saloncito de te o un bar discreto y tranquilo. Esos dieciséis comercios o sus parecidos están regentados por siervos akrónicos y libres de competencias y rivalidades. Tienen una clientela pequeña pero segura porque sirven productos de entera confianza aunque a precios más altos que los de los competidores, lo cual mantiene la clientela limitada a unos cuantos ricos de buen gusto y a los necesitados a quienes se abre crédito de acuerdo con la necesidad. Así, los ricos pagan por los pobres y no se producen aglomeraciones. Algo parecido ocurre con los despachos y oficinas de médicos y abogados. Suele haber un médico de medicina general; el neuropsiquiatra; el internista; el cirujano; el ginecólogo; el tocólogo; el pediatra; el ornotoringólogo; el dermatólogo y el de venéreas, el heméopata, el psico-sómata, el urólogo: casi todos alternando su trabajo en los hospitales metropolitanos, con el de sus despachos particulares donde los clientes ricos pagan honorarios elevados y los pobres tienen crédito abierto.

Hay también varios abogados prestigiosos: de derecho mercantil (financiero); de derecho político (periodista); de derecho laboral (árbitro-conciliador); de derecho penal, maduro, para las vistas y uno joven, abogado-preventor y médico-social, que se dedica a la prevención del crimen y a la protección de los delincuentes. Frecuenta los «antros de perdición» y los presidios. Ayuda a levantarse a los caídos y a evitar el crimen rehabilitando a los delincuentes. A medida de las posibilidades manda a los pre-delincuentes, vagos, maleantes, toxicómanos, violentos, inadaptados a las Universidades Akrónicas y los mandará a la MUTT (Milicia Universal del Trabajo Terapéutico) tan pronto como se proclame Eureka.

Q — Claro que estos abogados defensores no necesitan ganar dinero si están financiados por siervos akrónicos tan ricos como el Roger Roger Roger II. Pero no nos has dicho nada todavía de los otros Mansos ni de las Hermandades, Compañías, Clubs y otras congregaciones akrónicas.

B — Los Mansos Akrónicos están en lugares apartados de toda circulación, escondidos entre las montañas en valles disimulados. No poseen carreteras ni buenos caminos.

Q — ¿Todos son como el de Roger?

B — Cada uno es distinto. Hay mansos generales como el de Roger, el de Berenguer, el de Olaguer, el de Frucoso, el de Fu Hsi, el de King Wen, el de Konarak, de Eckankar...

Hay Mansos especiales de cada una de las **OMAS**
(Órdenes Militares Akrónicas del Saber) que son las
siguientes:

La **OMA** del Pensar = **OMAP**
La **OMA** del Sentir = **OMAS**
La **OMA** del Decir = **OMAD**
La **OMA** del Estimar-Desear = **OMAE**
La **OMA** del Mandar-Obedecer = **OMAM**
La **OMA** del Gozar-Curar = **OMAG**

40
DESCENSO A LAS OMA

Pero todos los Mansos se proponen lo mismo: aman-
sar; «aprivoiser» que decía el Pequeño Príncipe de
Saint-Exupéry.

N — Los mansos heredarán la tierra.

B — Tanto en los Mansos como en los conventos de las
Universidades Akrónicas como en Humania uno aprende a dominarse, a vencerse a sí mismo, a controlarse,
a entrar en posesión y dominio de sus talentos y
facultades, a conocerse a sí mismo y a ser fiel a su
verdadera persona; a unir las partes desperdigadas
de su personalidad, carácter y conducta.
Para ello se baja a los Mansos especiales o a los
Conventos desde la humillación tercera o más profunda de la Orden del Querer. Es como el que baja
por una escalera. Se baja a un escalón desde el inmediato superior; de otra forma puede uno romperse
la crisma. Los hay que pueden y quieren bajar aprisa;
los hay que bajan despacio; los hay que no quieren
bajar más escalones y se quedan de visitantes invitados o de socios sin postular siquiera para ingresar a
catecúmeno del escalón inferior. Los hay que se quedan ordenados de servidores en la primera humillación y no postulan para bajar a la tercera o vuelven
arriba subiendo al nivel de los neutrales (O) o libres
y también los hay que exaltan su egocentrismo subiendo a los grados de superior peligrosidad.

Q — ¿Hay que bajar los tres escalones de la Orden del
Querer antes de penetrar en las Órdenes del Saber?

B — Exactamente. A menos de querer deliberada, firme y resueltamente humillarse para el bien del prójimo, no se puede descender a las Órdenes del Saber. El saber viene del querer aprender.

N — Esto es lógico.

B — Una cosa es querer y otra es poder o saber como hacer una cosa. Los conocimientos o técnicas que imparten las Órdenes Militares Akrónicas son de orden práctico y artístico. Una cosa es «querer cantar, bailar o tocar el piano», y otra muy distinta es saber hacerlo.

Q — Claro que si esas OMA son esencialmente órdenes morales o éticas, la voluntad decidida y previa al aprendizaje de la técnica es indispensable.

41
OMA DEL QUERER
(O.M.A.Q.)

B — La OMAQ representa simbólicamente los objetivos que realizarán los Esclavos Akrónicos, después de haberse capacitado en una o varias OMAS.
Los tres objetivos principales de Akronia están representados por las tres primeras humillaciones:
La primera humillación o degradación del egocentrismo es QUERER HACER BIEN AL PRÓJIMO.
La segunda humillación es NO QUERER HACER MAL A NADIE.
La tercera humillación consiste en QUERER CONFIAR EN EL PRÓJIMO, o sea, querer que el prójimo sea tan bueno como uno quisiera ser: querer que el prójimo también quiera de verdad hacerme bien a mí. Esto es lo que capacita para enseñar. El verdadero maestro o pedagogo es el que de verdad quiere que sus alumnos sepan tanto como él sabe, y, todavía más, lo que él quisiera saber. El objetivo de un maestro akrónico es que sus discípulos le sobrepasen...

N — Entonces podríamos llamar al servidor de la primera humillación «el benevolente», puesto que quiere el bien de sus prójimos. El de la segunda humillación se llamaría «el pacifista», puesto que no quiere hacer daño a nadie. El de la tercera humillación se podrá llamar «el maestro»...

B — O «el conciliador» puesto que concilia lo positivo (hacer bien) con lo negativo (no hacer daño ni perjudicar a nadie).

Tanto la OMAQ como la OMAS están compuestas de tres etapas o humillaciones comparables con las tres dimensiones del espacio. La primera humillación de cada orden podría considerarse como lineal o unidimensional. La segunda tiene dos dimensiones como la superficie. Y la tercera es como un volumen, tiene tres dimensiones.

O — ¿Tú has bajado a la tercera degradación?

B — Sí. No he podido hasta ahora descender más abajo aunque he visitado las otras OMA.

O — ¿Cómo ingresaste en las OMA?

B — Yo fui invitado a una reunión de la Orden del Querer en el local de una hermandad estudiantil situada cerca de una universidad. No todos los congregados eran estudiantes; había también enseñantes y otra gente mayor.

El local era una especie de aula con bancos, unos frente a otros y a distintos niveles. En la parte más alta había cuatro o cinco invitados como yo. Sentados enfrente de nosotros, había unos diez catecúmenos y enfrente de ellos, debajo de nosotros, había unos seis profesos de la tercera humillación. También había a niveles inferiores varios postulantes y profesos de la primera humillación. Debajo de todos estaba el Esclavo Pedagogo.

El esclavo pedagogo abre la sesión poniéndose de pie y preguntando con voz firme y calmada, ¿quienes estamos congregados?

Contesta un profeso servidor de tercera: «los que quieren hacer el bien del prójimo». Pausa reflexiva y otro profeso tercero repite la misma pregunta que contesta un catecúmeno. Luego de otra pausa un profeso de primera repite la misma pregunta que contesta un postulante.

Sigue la segunda pregunta también repetida y contestada tres veces: ¿para qué se reúnen? La contestación es «para reforzarse mutua y solidariamente esta voluntad de hacer el bien del prójimo.

Luego se sientan todos menos el pedagogo que hace la tercera pregunta, «¿cómo conseguirán reforzar esta voluntad?». Contestación: «comunicando respetuosamente sus reflexiones sobre lo que entienden por

a) el prójimo,
b) el bien,
c) el modo de hacerlo».

Continúa la sesión haciéndose preguntas unos a otros. El pedagogo hace y contesta preguntas a todos y de todos.

Los profesos u ordenanzas de tercera dialogan con los catecúmenos de primera, pero los ordenanzas de primera dialogan con el pedagogo. Los postulantes hacen preguntas que contesta casi siempre el pedagogo y ellos contestan las de los ordenanzas de primera. Cuando hablan se ponen de pie y con las manos en el pecho. Hablan pausadamente con claridad, precisión y concisión y suelen hacer una pausa o silencio después de cada intervención.

Mi joven amigo, el que me invitó a asistir a la reunión era ordenanza de tercera. Me indicó que el primer día me limitara a escuchar. Si tenía ganas de regresar a la siguiente reunión semanal, si me interesaba, podría bajar al banco de los postulantes en el momento oportuno y desde este banco ya podría hacer preguntas.

Por las contestaciones que dieron a un postulante me enteré de que para bajar a catecúmeno se requería la asistencia a tres reuniones consecutivas como postulante.

Ya catecúmeno, para ordenarse a profesar bajando a la primera humillación de los grados negativos o de inferioridad akrónica, hay que asistir a un mínimo de nueve reuniones consecutivas: tres de cada uno de los temas que estudian:

a) ¿Qué entiende la Congregación por el BIEN?
b) ¿Cómo y cuándo desean hacerlo los de la Congregación?
c) ¿Qué entienden los congregados por el Prójimo?

Para profesar u ordenarse no hay que pasar por ninguna ceremonia iniciática, ni prestar ningún juramento, ni guardar ningún secreto ni misterio. Se precisa, simplemente, manifestar a la Congregación, en términos claros, precisos y razonados su acuerdo con la Congregación sobre los tres puntos antedichos y la firme resolución que uno ha tomado de hacer el bien al prójimo ahora y siempre. Este acuerdo se manifiesta, especialmente, en la tercera reunión de cada tema.

Q — ¿Qué quieres decir?

B — Por ejemplo, yo asistí a nueve reuniones como catecúmeno:

En la 1.ª tratamos del Bien y volvimos a hacerlo en la 4.ª y en la 7.ª.

En la 2.ª, 5.ª y 8.ª tratamos de cómo y cuándo hacerlo.

En la 3.ª, 6.ª y 9.ª tratamos del prójimo.

Yo manifesté mi acuerdo y resolución firme y razonada sobre estos puntos en la 7.ª, 8.ª y 9.ª respectivamente.

Q — ¿Y si uno no asiste a las reuniones consecutivamente?

B — Por cada reunión que pierde asiste a dos más. Si uno pierde dos reuniones, por ejemplo, tendrá que asistir a un mínimo de once si quiere ordenarse.

N — Entonces, si falta a más de tres reuniones es mejor que empiece otra vez.

B — Eso es. Como ya está postulando, puede empezar otra vez de catecúmeno inmediatamente. Lo importante es que la resolución que tomamos de servir al prójimo sea deliberada, reflexiva, clara, sin precipitación, ni confusiones, ni malentendidos.

N — ¿De qué os sirve o para qué sirve la humillación u ordenación?

B — Es un fin en sí misma: para hacer bien al prójimo.

N — A menudo, queremos hacer el bien pero hacemos lo contrario.

B — Porque no podemos, ni sabemos. Nuestro «ego» no ha sido suficientemente humillado o reducido. Así, la primera humillación nos sirve, también, de medio para que nuestros compañeros más humildes nos ayuden a bajar y... así sucesivamente hasta la unión con el Último Esclavo.

Q — También nos has dicho que los servidores akrónicos o siervos simbólicos serán los auxiliares de Eureka.

B — En efecto. Ya lo son o califican para serlo en Humania y en las Universidades akrónicas.

Q — ¿Y si uno no está de acuerdo o cambia de parecer?

N — Los grados de inferioridad o humillaciones akrónicas son voluntarios. No hay coacción externa. Es uno mismo que se humilla porque quiere servir a su prójimo. En cada uno de los grados de inferioridad hay diversos estados: postulante, estudiante o catecúmeno, practicante (profeso u ordenanza), cesante, ratificante y visitante o socio. Al profeso o practicante que deja de practicar la humildad y se exalta o enorgullece, se le considera en situación de cesante o excedente, y si más adelante, vuelve a practicar, se le considera ratificante pero no se le hace recriminación alguna por su cesantía voluntaria. Si desempeña un cargo en Eureka se le reemplaza lo mismo que al que está enfermo o imposibilitado.

Q — ¿A quién llamáis «visitante»?

B — Al que asiste a las reuniones o congregaciones sin intención de llegar a rebajarse. Es un invitado permanente o socio de la congregación. En las reuniones de la primera humillación o de «positivos simbólicos» no hay muchos, pero en los grados más bajos hay más: los que practican una humillación y visitan las reuniones de la humillación inmediata inferior.

N — Ya tenemos pues que el humillarse hasta una degradación tiene tres objetivos:

a) servir al prójimo,

b) calificar para un cargo de Eureka,

c) postular o visitar las congregaciones de la humillación inmediata inferior.

Q — Ya volveremos a ello. Explica ahora en qué consiste el acuerdo con los congregados sobre a) el bien; b) el prójimo; c) cómo, cuándo y dónde hacerlo.

42
EL BIEN

B — Cada uno tiene su opinión y la expresa a su manera. No se trata de llegar al acuerdo en la terminología como para redactar una ley, contrato o documento oficial. Se trata de que el acuerdo exista en los niveles subverbales de la acción aunque las expresiones sean distintas y la comunicación verbal esté obstruida por los defectos y faltas de expresión y de atención. Las pausas reflexivas, las repeticiones ratificando o rectificando, las aclaraciones de preguntas y respuestas contribuyen a la comunicación y al acuerdo. La elocuencia no es necesaria y la grandielocuencia es perjudicial para la comunicación. Para humillarse (excepto en la Orden del Decir) no hace falta ser orador.

Q — ¿Cuál fue tu opinión sobre el bien?

B — Yo opino que es más fácil clasificar los bienes en tres dimensiones como las del espacio:

1) Bienes lineales o físicos, de una sola dimensión; los llamo BIENES NATURALES.

2) Bienes superficiales o temporales, que tienen dos dimensiones (pasado y futuro); los llamo BIENES SOCIALES.

3) Bienes trascendentales o voluminosos, que tienen tres dimensiones (verdad, belleza, bondad); los llamo BIENES ESPIRITUALES.

Esa clasificación es muy útil para diferenciar y escoger lo más adecuado para conseguir mi bien y el de mi prójimo.

N — ¿Por qué diferenciar tu bien del bien del prójimo? son lo mismo; lo que es bueno para ti es bueno para tu prójimo. Yo soy tu prójimo y tú eres mi prójimo. Somos iguales.

B — Sí y no.

N — O nuestro bien es el mismo, o no es el mismo. No puede ser sí y no al mismo tiempo.

B — Depende del punto de vista o de la perspectiva.

Suponte que tú y yo tenemos hambre y no disponemos más que de un panecillo insuficiente para satisfacer a uno siquiera de los dos. El bien es el mismo para los dos: el pan. Pero tú bien, comerte el pan, es contrario a mi bien, comérmelo yo. Si no tenemos más que un panecillo y ambos estamos muy hambrientos, tú bien y mi bien son contrarios, incompatibles en la situación extrema en que lo hemos supuesto.

Tú y yo estamos ahora cara a cara, como cuando nos miramos al espejo, pero mi derecha es tu izquierda y mi izquierda es tu derecha.

N — Tú eres mi imagen y yo soy tu imagen. Yo soy el uno y tú eres el otro.

Cada uno es persona para sí y objeto para los otros,

uno es la imagen del otro. El punto de vista del actor es igual y opuesto al del espectador.

Q — Para ti, tú eres el uno y B. es el otro. Para B., él es el uno y tú eres el otro.

N — ¿Quién es el uno y quién es el otro?, ¿quién es Abel y quién es Caín?, como decía Don Miguel de Unamuno.

Q — Para los judíos, los árabes son los culpables de la guerra en Tierra Santa. Para los árabes, los judíos son los culpables. La victoria de los unos es incompatible con la victoria de los otros.

B — Según y cómo. Naturalmente que la guerra no la pueden ganar los dos. Pero la paz la pueden ganar o es el bien de los dos.

La paz es un bien natural; la victoria es un bien social.

Llamo bienes naturales a los más fáciles de concretar y precisar. La satisfacción de las necesidades naturales que el hombre tiene de común con los demás animales: hay tres cuya satisfacción depende de algo fuera del cuerpo y que por eso llamo extrovertas:

Comer - Ganar - Yogar y las asimiladas o «para»: «paracomer», «paraganar», «parayogar». En esto sí que está claro para mí lo que es el bien del prójimo:

Si está hambriento, darle de comer.

Si está desvalido, ayudarle a triunfar.

Si está afligido, consolarle.

COMIDA = AYUDA = CONSUELO al prójimo.

Esos sí que son bienes claros, precisos, inmediatos que yo me hallo en situación de hacer por el prójimo y que quiero hacer.

En cuanto a los bienes naturales introvertos de mi prójimo, como dependen de algo dentro de su cuerpo, su fisiología, tengo que ser médico para ayudarle efectivamente. Lo que yo puedo hacer es DEJARLE DORMIR
  DEJARLE CAGAR
  DEJARLE BUSCAR o aprender.

Claro que si soy profesor, puedo poner a su disposición las explicaciones, los libros, los laboratorios que le faciliten su busca o aprendizaje. Pero ni las ganas de aprender, ni la base trófica de la inteligencia, yo no puedo dársela. Me he de limitar a NO

ENGAÑARLE en nada ni de lo que sé ni de lo que no sé.

Si soy un cocinero o un intendente he de procurar servirle la comida en condiciones higiénicas: comida nutritiva, pero sana y NEGARME ROTUNDAMENTE a servir comida mala.

Si soy un vigilante, procuraré que no haya ruido mientras duerme mi prójimo.

Pero estas prohibiciones pertenecen mejor a la segunda humillación simbólica: la de los que no quieren hacer mal a nadie. Ellos consideran que despertar al que duerme es hacerle daño, hacerle mal, porque el cuerpo dormido recupera plenamente su condición vegetal y quitar el sueño a alguien es quitarle paz, vigor, salud, simpatía, tranquilidad...

N— Despertar el alma dormida es obra de misericordia...

B — Hay que ser poeta como Jorge Manrique para conseguirlo. A eso le llamo yo un bien espiritual. Dejar dormir al cuerpo es un bien natural porque cuando yo duermo, mi cuerpo vive plenamente, vegetativamente. Despertar el alma es un bien espiritual. No me he humillado yo bastante, ni me he entregado bastante para ser capaz de despertar el alma de nadie. Lo que yo soy capaz de despertar es la ira o la burla; la risa o el desprecio; la envidia o el orgullo de mi prójimo. Por eso, mientras no me haya degradado hasta la esclavitud akrónica es mejor que no intente hacer el bien de mi prójimo, *espiritualmente*. En mi caso y en el de los que no queremos ser esclavos, pretender hacer el bien espiritualmente por obras externas es una quimera, o una ilusión, o una excusa, o un pretexto, o una hipocresía. El bien espiritual que yo puedo hacer por el prójimo es rogar por él.

Como yo soy católico, el Pan Espiritual es un bien para mí y cuantos más comensales tenemos en el Banquete Eucarístico más contento estoy.

Pero yo no tengo ningún derecho a decirle a mi prójimo que lo que él cree es falso y lo que yo creo es verdadero. ¿Yo qué sé? Yo, gracias a Dios, creo lo que quiero, cuándo, dónde y cómo quiero, tanto como quiero. Debo suponer que a mi prójimo le pasa lo mismo, o le pasaría si quisiera. Lo cual equivale a decir que mi prójimo me trasciende y es libre para creer lo que quiera. Yo no debo imponerme a su voluntad en el orden o dimensión de la profundidad espiritual.

En otras palabras, el bien espiritual de mi prójimo está fuera de mi alcance o del alcance de la situación, todavía egocentrista, en que me hallo y por lo tanto lo único que puedo hacer es rogar por él a mi Dios aunque él se diga ateísta o demonologista. Lo que no debo hacer de ninguna forma, si no quiero hacer mal a nadie, es servirme de un pretexto espiritual para beneficio de una sociedad cerrada, sea lo que sea: iglesia, imperio, nación, ciudad, partido, negocio, empresa, familia, pareja o para beneficio de mí mismo. El Espíritu es universal y está más allá de cualquier sociedad, sea la que sea. El Espíritu no se debe encerrar en (ni subordinar a) ninguna institución social, sea la que sea.

Israel que intentó monopolizarlo, fue destruida y dispersada por el mundo, perseguida y vilipendiada por todas partes. El Islam, con su monomanía, ha vivido adorando de hecho y derecho a diversos y múltiples dioses estatales omeyas o abasidas, califas o sultanes, turcos o árabes, del Pakistán, del Turquestán, del Afganistán, de la India o de Egipto. Taifas o Palestinos... El caso es que el monoteísmo espiritual del Islam ha sido subordinado en la práctica al politeísmo estatal y social. De ello se contagió el Imperio Español que en lugar de constituir un Estado Universal o Católico subordinado a Cristo, ha subordinado la religión a los intereses estatales y como consecuencia ha constituido una serie de estados separados y partidos políticos más separados todavía que se asemejan mucho a los Reinos de Taifás que separados, perdieron, pierden y perderán. Por su lado, el Imperio Chino orgulloso de los Tsing, subordinados los valores espirituales a los sociales o políticos acabó de hazmereír impotente de las potencias del mundo y mercado propicio y abierto a los traficantes de opio de la Muy Cristiana y Victoriana Inglaterra y sus secuaces.

N— ¡Eso de que la púdica y puritana Reina Victoria fuera traficante de drogas en la China... me parece asombroso!...

Q — ¡La Padrina!

B — Es el resultado de utilizar la religión para servir a la política. Cuando lo han hecho los Papas de Roma, han conducido al Cisma o al cautiverio de la Iglesia. Cuando lo han hecho los príncipes luteranos alemanes ha conducido a las sangrientas guerras de treinta y... pico de años, pues todavía duran en Irlanda del Norte. Cuando lo han hecho los Brahamas ha producido la miseria, la depauperación, la suciedad, la infección que reinan hoy en la India. En cambio, cuando los Estados Unidos de América dan al César lo que es del César y no se meten con lo que no es del César, producen la unión más poderosa y rica de la historia...

En resumen, mientras no me humille hasta la esclavitud voluntaria, considero que es mejor para mi prójimo que yo no me meta en hacerle el bien espiritual, pues lo probable es que no consiguiera más que irritarle o que se riera de mí. Es mejor, por tanto, que me limite, mientras tanto, a hacerlo secretamente, rezando por ella y por él...

Q — Has dicho que te sientes capaz de servir al prójimo con los bienes naturales y que no estás preparado para ayudarle espiritualmente. Has dicho también que los bienes sociales se disfrazan a veces de bienes espirituales en cuyo caso más que hacer el bien, como pretenden los misioneros cristianos, hacen el mal como los traficantes, nominalmente también cristianos. ¿Cuáles son los bienes sociales y qué puedes hacer para el bien, al prójimo, socialmente?

B — No hablar mal de nadie. Pero eso ya es de la segunda humillación, más difícil, más profunda, puesto que no hablar mal de nadie supone resignarse a que la gente, la sociedad, crea que mi rival, mi enemigo, tiene razón y yo tengo la culpa de nuestra querella. (Vaya esto por anticipado para cuando hablemos de la segunda humillación.)

En mi opinión, los bienes sociales se corresponden con los bienes naturales o animales.

Así como lo animal integra el espacio, lo humano o social integra el tiempo (A. Korzybski). Ejemplos:

Bienes naturales	Bienes sociales
Comer ahora	TENER Comer en el futuro
Ganar ese juego	DOMINAR o Mandar por ganar
Yogar espontáneo	GOZAR calculando
Aprender, buscar	SABER
Cagar	OBRAR
Dormir	VALER, honor, dignidad

Es una terminología más verbal o funcional que la que suelen usar los sociólogos. Con tres verbos: TENER, MANDAR, GOZAR, intentas expresar lo que ellos, con «seguridad económica», «prestigio social» y «satisfacción sexual», que se corresponden con el instinto de conservación, el de crecimiento o dominación y la líbido o instinto sexual respectivamente.

Q — Y con las apetencias de lucro, poder y placer que originan los hábitos, vicios y pecados de gula y codicia, ira y vanidad, lujuria y lascivia.

B — De ahí la dificultad de hacer al prójimo el bien social directamente. Dándole bienes para su seguridad económica se fomenta también su codicia y su avidez y su gula con comidas pantagruélicas. Halagándole se fomenta su vanidad y criticándole se fomenta su ira. Proporcionándole satisfacción sexual se fomenta su lujuria.

Lo que se hace socialmente en favor del prójimo directamente, puede dañarle y perjudicar a sus competidores y rivales, pues los bienes sociales externos o extrovertos de los unos son incompatibles con los de los otros. Lo mejor que yo puedo hacer en este caso es no meterme con la Seguridad Económica, ni con el Prestigio Social, ni con la Satisfacción Sexual de mi prójimo y desempeñar mi cargo, profesión u oficio que ocupo en la sociedad, lo mejor que pueda: «zapatero a tus zapatos». Si soy zapatero, sirvo mejor a mi prójimo haciendo buenos zapatos que metiéndome con su Seguridad, Prestigio o Satisfacción. En cambio, los bienes sociales introvertos sí que puedo dárselos o contribuir a dárselos al prójimo. Puedo, primero y principalmente, PRESTARLE ATENCIÓN y con ello contribuyo directamente a su dignidad, RESPETARLE y CONSIDERARLE.

Atención, respeto, consideración, cortesía, amabilidad, gentileza está en mi mano dárselas incluso a mi verdugo. Con ello contribuyo a su amor propio en el buen sentido, a su dignidad, a su honor interno, a su autoestimación; la privación de las cuales lleva al hombre a la desesperación...

Puedo también contribuir directamente a su saber diciéndole la verdad de lo que yo sé y de lo que yo no sé incluso en lo más trivial, pues en lo trivial y efímero está lo esencial que es el cambio y la relación.

También puedo contribuir a su poder sobre sí mismo y a la obra de mi prójimo observándola, estudiándola, comentándola y apreciándola en lo que sinceramente pueda. Desde un lavado y un barrido a una sinfonía y un monumento, hay casi siempre algo que apreciar en la obra de un hombre. Un punto bueno por donde levantar al hombre (operario, artesano o artista) que la ha hecho.

N — Lo peor que se le puede hacer a un hombre es ignorarlo, como demuestra Jack London.

B — Tienes razón. Pero también opino que uno en mi situación de servidor akrónico que todavía no se ha rebajado ni siquiera a las humillaciones de la servitud o del poder, no tiene más remedio, a veces, que ignorar al hombre engañador, torcedor. Yo no tengo el poder para enderezar entuertos; estoy en situación del «quiero y no puedo». Hago de Don Quijote y salgo molido y apaleado sin haber arreglado nada y sí empeorado mucho. Mi capacidad para hacer el bien al prójimo está muy limitada todavía por mi propio egotismo, egoísmo, egolatría y porque al hacer bien a uno no quiero hacer daño a otro. Así es que lo mejor que puedo hacer cuando me encuentro con alguien que me quiera engañar (al parecer), es ignorarlo. Rogar por él. Que Dios lo perdone. Que Dios lo ampare. Quizás un día seré capaz de rogarle que no me engañe, como, gracias a Dios, ya soy capaz de rogar a un joven sansón que no pegue a un viejo débil como yo. Pero al engañador, al burlador, al hipócrita todavía no lo puedo aguantar y le insulto. Como estoy, también, en la segunda humillación (no hacer mal a nadie) lo mejor que se me ocurre es ignorarlo socialmente. No lo ignoro espiritualmente puesto que estoy rogando por él y estoy dispuesto a conversar con él cuando él quiera, a recibirlo. Pero irlo a buscar en mi situación sería masoquismo, mientras sienta y resienta el mal que me ha hecho.

N — Pues perderás muchos amigos en sociedad. No puede vivirse en sociedad sin estar sujeto al engaño. La sociedad es una suciedad, como decía J. J. Rousseau...

Q — Que han hecho los hombres que deben ser unos animales sucios...

N — No hay sociedad sin etiqueta o ética pequeña; ética de letrero en que las apariencias engañadoras de amistad y amor fraternal cubren las llagas purulentas del desprecio y del odio reprimido. La sociedad se basa en la etiqueta que es sólo la apariencia de una ética, o sea, un engaño.

B — La sociedad no es una persona real sino ficticia: no tiene otra alma más que en la creencia de los que la comparten. Es una conducta que todos observan porque todos la observan. Una tautología. Lo personal degenera en social. Por ejemplo, la amistad personal o la creencia personal por costumbre rutinaria degeneran, a veces, en una amistad, una creencia social. Entonces la amistad-costumbre ya no es más que una amistad aparente, falsa. Si se quita el valor de las buenas maneras, de la etiqueta; se halla la explotación, el desprecio, la hostilidad, el rencor en vez de la amistad personal verdadera. Lo mismo ocurre con la creencia social que, a veces, cubre o esconde una creencia contraria de la que se pretende como la de la Cristiandad nominal cubriendo el anticristianismo real de hacer al prójimo lo que temo que el prójimo me haga a mí, v.g.: matarlo, dominarlo, oprimirlo, engañarlo, explotarlo.

En otros casos, la etiqueta y la cortesía sociales no ocultan ni esconden sino que adornan una gentileza, una caballerosidad, una amistad, una fraternidad, una creencia real y verdadera. La sociedad es una lonja, una bolsa, un gran almacén, un depósito donde cada uno se lleva lo que quiera y trae lo que puede. La sociedad es un mercado donde se vende lo malo y lo bueno.

Se sirve mejor a la sociedad haciendo zapatos buenos, que no lastimen los pies sino que los protejan, que con los grandes discursos de los nixons, johnsons y compañía.

Q — Queda algo confuso el valor de la sociedad, pero tus deberes sociales quedan claros: desempeñar tu cargo lo mejor que puedas; decir siempre la verdad; prestar atención y respetar al prójimo; apreciar y ensalzar sus puntos buenos... En lo demás mucha prudencia pues es espada de doble filo que hace mal y bien o bien a unos y mal a otros prójimos.

B — La buena educación y simpatía son también muy importantes pues hacen lo bueno, mejor; y lo malo, menos malo.

Lo que os he explicado coincide, en esencia, con la opinión de los congregados akrónicos.

Q — ¿Y con esto ya profesaste?

B — Sí. Después de llegar al acuerdo esencial en lo que se entiende por prójimo y cómo y cuándo y dónde hacer el bien.

Q — Pues explícanos ahora qué entiendes por «prójimo».

43
EL PRÓJIMO

B — En mi opinión, mi prójimo es el que me necesita de alguna forma. El que depende de mí es mi prójimo. Tanto más prójimo cuanto más próximo o dependiente.

Opino que primero debo hacer el bien que puedo a quien más lo necesita dentro de los que están en mi proximidad.

1.º He de dejar todo lo demás para correr o socorrer al que se ahoga, o se quema o está en peligro de morir y yo puedo salvar. Aquél cuya vida puedo salvar es el más próximo de mis prójimos.

N — Hay muchos que gritan ¡Socorro! ¡Me muero de hambre! Pero no los oímos. Somos sordos, ciegos, insensibles para el dolor del prójimo.

B — En mi situación egocéntrica yo no tengo más remedio que hacer un arreglo o componenda. Hay esclavos akrónicos como Alberto Scheweitzer y Madre

Teresa de la India que oyen el grito de SOCORRO y acuden a ayudar a los desvalidos. Otros como Pau Casals que con su arte consuelan a los afligidos y como Orfeo y San Francisco de Asís amansan a los fieros guerreros y salvajes paladines que pausan un instante su marcha triunfal para escuchar el humilde canto de los pájaros. Hay los quijotes como Norman Morrison que se ofrecen en holocausto ante el todo poderoso Pentágono para que no maten más niños en Vietnam.

Q — ¿Locura o santidad?

B — Heroísmo, sin duda alguna. Sea como sea, yo me siento incapaz de entregarme de esta forma al bien: ni genialmente, como Pau Casals; ni heroicamente, como Norman Morrison; ni santamente, como Madre Teresa de la India en Calcuta y Benarés. Yo no puedo ni tan siquiera soportar la miseria de la India, ni la emasculación en masa de los analfabetos que venden su derecho a la paternidad por 23 rupias. Es en la India donde he visto más ciegos y oído más sordos al dolor de sus compatriotas. ¡Es en la India donde llega al colmo la rivalidad y competencia capitalista pues centenares de mendigos harapientos, que parecen surgir de las cloacas, compiten por un pedazo de pan..., que no se comen sino que se guardan para capitalizarlo y venderlo a otro más pobre... y comprarse con el dinero así obtenido, coca-cola y goma de mascar.

¡Y pensar qué hay de estos sordos y ciegos para el dolor de sus compatriotas que vienen a despertar los oídos y desvelar los ojos espirituales de Occidente! Me quedé patitieso. Inmovilizado. Mi ego se exaltó, se irritó y se refugió en los cines galantes, los bailes elegantes y los restaurantes abundantes de Nueva York. Mi americanización que había comenzado al descubrir la España que adora a Mammón, borracha de capitulación, insensible a la dignidad y a la amistad, se completó en la India repleta de mis prójimos débiles y miserables mendigos. En mi interior gritaba: ¡Viva América, la bella! Uniformada, sí; pero que permite la diversidad. Materializada, sí; pero que subvenciona la espiritualidad. Engañada, sí; pero que publica también la verdad.

Para el espectador es inaudito que las supermaterialistas sociedades indias y españolas se atrevan a motejar de materialistas a la generosa América que no deja que ningún niño, ni anciano, ni desvalido sufra hambre.

Hoy en día, los valores espirituales prevalecen en USA, Francia, Gran Bretaña muchísimo más que en las pretenciosas India y España.

Mi comida es un valor material. Pero la comida del prójimo es mi valor espiritual. Entre la India y la USA, entre España y Francia no hay duda que las más materialistas, hoy en día, son la India y España.

N— Dime de lo que presumes y te diré de lo que careces.

Q— ¿Qué tiene que ver España con Mammon que es el dios de los sirios?

N— Porque adora las riquezas. Milton la considera un ángel rebelde. Se llama Mammón y Mammona; es hermafrodita como el mar. Mejor harías en llamarla mamosa y no mammona. Mamosa es Ceres con muchos pechos, nodriza del género humano.

B— O Mammachocha que es el nombre que los peruvianos daban al dios Océano.

N— O Mamaconas que eran las ancianas encargadas de las vírgenes consagradas al sol.

Q— ¿Qué tienen que ver la España mammona, la India mamacona y la América remolona con el prójimo?

B— Es un ejemplo de la confusión en que se cae cuando se confunden las personas ficticias (India, España, América) con las personas reales de carne y hueso como tú, él y yo.

Yo entiendo que el prójimo es una persona real que me necesita en este momento y que yo puedo ayudar dándole o proporcionándole un bien concreto, como los que he descrito antes.

Mis primeros prójimos son los niños que hay a mi alrededor.

Mis segundos prójimos los ancianos, enfermos y solitarios que en algo dependen de mí.

Mis terceros prójimos son los vencidos, los fracasados, los perseguidos, los presos, los caídos, los desgraciados, los infortunados y los demás desvalidos y afligidos, en función de su necesidad y dependencia de mí o posibilidad que yo tenga de mejorar su situación.

Mi mujer, mis hijos, mis padres, mis alumnos si soy

maestro, mis pacientes si soy médico, mis clientes son también mis prójimos. Y mis vecinos también.

N — A mis vecinos de la ciudad ni siquiera les conozco. Ni ellos dependen de mí ni yo de ellos.

B — Entonces no los considero prójimos de forma permanente, sino tan sólo cuando me necesitan. El hecho de vivir en la misma calle, en el mismo barrio, en la misma ciudad, en el mismo país que yo no me los hace ni más ni menos prójimos que los de otros países, ciudades, partidos, religiones, ideas, creencias, empresas, grupos, clubs, etc., etc. El prójimo es una persona individual, de carne y hueso que sufre y goza; que puedo reñir, que puedo abrazar, que puedo morder, que puedo besar; que me reconoce o me necesita. Si no me reconoce, ni me necesita personalmente, no lo considero mi prójimo. Puede que sea mi paisano, mi compatriota, mi correligionario, mi colega, mi jefe, mi presidente, mi rey, pero no es mi prójimo mientras no me reconoce, ni me necesita personalmente. Ni Nixon, ni Mao-Tse, ni Breznev, ni la reina de Inglaterra, ni Giscard D'Estaing, ni Fidel Castro son mis prójimos hoy día porque no son personas para mí: son Personajes...

Q — ¿Personajes del Gran Teatro del Mundo?

B — Eso es. Pueden representar personajes casi tan simpáticos para mí como Marilyn Monroe (q.e.p.d.) o Charlot o tan antipáticos como John Wayne o Donald Reagan. Pero no son mis prójimos ya que no me conocen y me necesitan mucho menos que los centenares de millones de hermanos míos hambrientos de la India y otras partes.

Q — Luego las órdenes Akrónicas son independientes y neutrales respecto a las religiones institucionales y a las políticas partidistas.

B — Exactamente. El entrenamiento o preparación de las OMA es compatible y cooperador moral de las religiones, naciones partidos, movimientos, clubs, asociaciones, sindicatos, empresas, razas y demás clases y generalizaciones como la medicina por ejemplo, pero no interfiere ni compite con ninguna clase pues trata sólo con individuos. Por eso, Eureka es perfectamente compatible con la ONU, Organización de las Naciones Unidas. Eureka no es ninguna unión de naciones,

136

ni de iglesias, ni de ideologías sino de seres humanos.
Las OMA, Órdenes Morales o Militares Akrónicas, no
excluyen a nadie. Quienquiera que quiera hacer el
bien a su prójimo como nosotros lo entendemos es
real y verdaderamente practicante o profeso de la
primera humillación de las OMA.

44
CÓMO HACER EL BIEN AL PRÓJIMO

Q — Nos has explicado lo que entendéis por BIEN o por
hacer el bien y lo que entendéis por «prójimo» en
las OMA. Dinos ahora cómo hacer el bien al prójimo.
B — Humildemente. Si no se lo hacemos con humildad, el
bien que intentamos hacer al prójimo le irrita porque
le humilla. Le da vejamen porque le hace sentir que
nosotros que le ayudamos nos creemos moralmente
superiores. O bien nos desprecia y trata de abusar de
nosotros y engañarnos.
N — Tratamos de dominar al prójimo con el pretexto de
hacerle el bien. La psiquiatría ha descrito el caso de
la madre que para proteger a su hijo obstaculiza su
matrimonio. En el fondo son los celos derivados de
sus deseos incestuosos.
Q — Algo parecido hacen las «protectoras» de perros y
gatos que muestran su cariño por los animales, pri-
vándoles del mayor placer animal, el joder.
B — Yo opino con los de las OMA que hay que hacer el bien
con el bien. En la práctica, los fines no justifican los
medios. Al contrario, es el uso de medios buenos, verdaderos, bellos lo que demuestra la sinceridad del propósito de hacer el bien al prójimo sin ulterior motivo
de dominarlo, ni obligarlo en ningún sentido. Por
eso, a las preguntas cuándo y dónde hacer el bien al
prójimo, yo contesté cuándo y dónde haga falta y,
si es posible cuando, y dónde el que hace el bien pase
desapercibido.
Q — ¿Hay que hacer el bien en secreto?
B — Por lo menos anónimamente cuando es posible y si no
es posible anónimamente, hay que hacerlo sin esperar
ningún reconocimiento, ni gratitud, ni compensación,

ni prestigio de ninguna clase. Por eso utilizamos esta terminología de humillaciones, degradaciones y grados de inferioridad.

N— Pero del dicho al hecho hay un trecho.

B— Eso es. Si quiero transformar mi querer en poder tengo que trabajar, practicar, aprender mucho. En las facultades físicas es muy clara la diferencia: aunque quiera hacer el triple salto mortal no soy capaz ni siquiera de hacer un salto sencillo. ¿Cómo puedo hacer el triple si no puedo hacer ni uno sólo? En las facultades intelectuales ya es más ignorado que del dicho o querer al hecho, hay un trecho. Tengo que saber bastantes matemáticas para darme cuenta de que no puedo entender gran cosa de las teorías de la relatividad ni de los quanta. Pero en lo moral, mucha gente cree que querer es poder...

N— Hasta que tratamos de quitarnos la manía de fumar o la dipsomanía, o la toxicomanía y vemos que no podemos porque hay en nosotros uno que quiere hacer una cosa y otro u otros que quieren hacer otras. Y a veces domina el uno y otras domina el otro. Y no hay manera de hacer nada de provecho sin apoyarse en alguien que nos trascienda.

Q— Ni siquiera somos capaces de quitarnos un tic como el chuparse el dedo, o morderse las uñas, o meterse el dedo en la nariz.

B— A menos que nos hallemos en presencia de alguien cuya opinión estimamos altamente.

Asimismo, los que queremos hacer el bien al prójimo, pronto nos damos cuenta de que no podemos hacerlo solos en la situación en que nos encontramos. Que nosotros somos los primeros que necesitamos ayuda del esclavo akrónico y de nuestros compañeros para humillarnos hasta el estado de servitud o servilismo necesarios para desarrollar nuestras facultades de pensar, sentir, decir, estimar y gozar o la facultad más adecuada para nosotros y eficaz para hacer el bien empezando por mí mismo.

Para hacer el bien al prójimo, de verdad, tengo primero que hacérmelo a mí mismo y para ello necesito humillarme hasta la situación de siervo voluntario apoyado en el esclavo akrónico que me inspire confianza.

El que piensa, siente, dice, estima, manda y goza bien, se halla en condiciones de hacer el bien al prójimo, si quiere. Pero el que piensa, siente, habla, estima, manda y goza mal, perjudica a su prójimo aunque no quiera.

Q — Creo que tienes razón en el ejemplo de los padres que transmiten a los hijos sus faltas, defectos y vicios... «De tal palo, tal astilla»...

N — O por reacción les transmiten los defectos contrarios. Los padres americanos que adoraban el Prestigio Social y el Éxito económico han producido los «beatniks» y los «hippies». Los pragmatistas materialistas han producido los «drogadictos».

Q — Ya Aristóteles observo que cada virtud tiene dos vicios contrarios uno por exceso y otro por defecto.

B — El camino de la virtud pasa por la cima de una montaña con precipicios a ambos lados: uno por exceso y otro por defecto. Bajar a la Segunda Humillación Akrónica, es bastante difícil. Un veinte por ciento aproximadamente de los practicantes o profesos de la primera no bajan a la segunda.

45
LA SEGUNDA HUMILLACIÓN AKÓRNICA

Los practicantes o profesos de la degradación segunda NO QUIEREN HACER MAL A NADIE.
Se interesan por la persona individual, singular, concreta por encima de las colectividades o personas ficticias.
Se interesan por mí, por ti, por ella, por él y por la relación personal entre nosotros: NOS Y OTROS.

Q — En efecto, veo muy difícil de humillarse hasta este punto porque en nuestro ambiente nacionalista y partidista hemos aprendido a sacrificar al individuo por la patria, por el partido, por la colectividad cualquiera que sea.

B — Ese amor por su propia nación, iglesia, partido, escuela, círculo y demás colectividades es perfectamente compatible con la segunda humillación de no querer hacer mal a nadie. Lo ha definido muy bien Alberto Camus: «Yo tengo derecho a dar mi vida por mi patria, por mi ideal, pero no tengo ningún derecho a exigir a otro que lo haga.»

Frente al deber de matar por la patria que imponen los Estados soberanos NACIONALISTAS, Eureka proclamará el PRIMER DERECHO DEL HOMBRE: NO MATAR A NADIE.

Una de las cosas más maravillosas que tiene la lengua española o castellana es juntar «nos» y «otros» en una sola palabra: «nosotros» = la Humanidad. Pero, antes que la Humanidad está el hombre, el Hijo del Hombre que la trasciende.

Y, entre todas las comunidades, naciones, sociedades, la primera es la Comunidad Universal, la nación humana...

N— Que no es Israel sólo, como dice la Biblia o Antiguo Testamento, usurpado a los israelitas por los cristianos...

B— Que es también, Israel, la Comunidad amada del Señor...

N— ¡Qué galimatías! Es Israel y no es Israel.

B— Es Israel, pero no es Israel. Es también la China, Egipto, la India,... y la Conchinchina...

N— Israel es hoy el «pet» de los anglosajones...

Q— ¿«PET» en inglés o en catalán?

N— «Més val petar que rebentar.»

Q— Traduce. Traduce.

N— Pragmatismo anglo-sajón. «Urbi et Orbe» proclaman los GRANDES que protegen a los pequeños. Ante la ley Nixon-Cox...

Q— Esa es la igualdad que impera en las grandes naciones. Y a menudo los nixons ganan las elecciones...

N— En el Mundo hay más gente que admira al leguleyo que sabe burlar la ley, que al jurista que trata de hacer justicia por medio de la verdad... Hay muchos, muchos que adoran al Príncipe de este mundo: el Astuto que impone la Injusticia burlándose de la Buena Fe.

B— Por eso los siervos akrónicos prefieren servir al hombre de carne y hueso que a la nación, a la Iglesia, o al partido.

N— Sin embargo, es de la sociedad que recibimos los alimentos que nutren nuestra vida humana...

B — La sociedad, aparte de los miembros que la componen es una entelequia, una aberración que no existe más que en nuestra mente y que a menudo sirve de pretexto y de justificación para dar rienda suelta a nuestro odio y linchar, destruir, matar, bombardear, exterminar a los que motejamos de enemigos de la sociedad.

Es una persona concreta la que nos enseña, nos ayuda, nos consuela, nos cuida, nos cura...

N — Y nos transmite la idea de la patria, de la iglesia, del ideal...

B — Sí, pero no nos incita a matar al enemigo por motivos personales, sino para defender la patria, la iglesia, el ideal: algo abstracto, inerte, que no existe más que en nuestra imaginación. Por eso es tan difícil bajar a la segunda degradación akrónica. De querer hacer bien al prójimo a no querer hacer mal a nadie, la caída del ego es muy fuerte porque muchos de nuestro alrededor nos creerán cobardes, tontos y traidores...

Q — Es verdad. Tanto los de la derecha como los de la izquierda te llamarán traidor si no quieres ir a la guerra, porque con tu abstención ayudas al enemigo y por lo tanto haces mal a los tuyos. Te dirán que también quieren la paz, pero después de su victoria.

N — Muchos jóvenes de izquierdas se oponen a la guerra porque se dan cuenta de que sirve a los intereses de los ricos y poderosos, pero ante hechos como la derrota de la Ley en Chile y tantos países, y el triunfo del Derecho de la Fuerza sobre la Fuerza del Derecho, se exaltan y se vuelven violentos, dejando el pacifismo para más adelante, cuando ellos hayan triunfado.

Q — El caso más típico es el de los judíos, que durante años y años habían sido perseguidos y vilipendiados. Muchos nutrían las filas de los pacifistas, pero en cuanto su nación se sometió al Estado de Israel, se han vuelto guerreros en masa.

N — Es que la idea de la Patria, personificada en un Estado, es muy poderosa en Occidente. El nacionalismo de unos exacerba y encona el de otros. El interés de la Patria es supremo: Francia, Alemania, América, Rusia, Gran Bretaña, España son otros tantos ídolos, diosas supremas. En realidad, el Occidente o la Cristiandad es politeísta: tiene tantos dioses como estados soberanos. El cristianismo está subordinado a las Patrias adoradas. El cristianismo es un auxiliar de sus gobiernos...

Q — Como el marxismo lo es de los gobiernos socialistas. La Santa Rusia prepotente ha relegado a la categoría de etiqueta o letrero la unión de Repúblicas Socialistas Soviéticas y se enfrenta con los chinos que no quieren someterse...

N — Por eso, el pedir a los gobiernos de los estados nacionalistas que se desarmen, es pedir peras al olmo. La inmensa mayoría de americanos no quiere que la Nación se desarme mientras no se desarme primero Rusia, China y las demás. Y los rusos y chinos, viceversa.

Los patriotas se dicen: «si no hago daño a los enemigos de mi patria, hago mal a mi patria». Y para defender a su patria se obligan a matar, engañar, someter, calumniar, abusar, destruir a los enemigos de la patria.

B — Los dioses falsos, que no existen más que en la mente de los que creen en ellos como Francia, Alemania, Rusia, América, España, Chile, no pueden subsistir sin los sacrificios humanos de los más jóvenes, de los más valientes, de los más bellos, de los más nobles... Los de Akronia sentimos un gran respeto y veneración por los nobles militares y guerreros que de buena fe luchan para defender su Patria, que no existe más que en su imaginación.

Q — El Dios verdadero no exige sacrificios humanos. Se sacrifica Él mismo. No quiere sacrificios, sino misericordia.

B — El error del guerrero noble, ya sea de los cruzados medievales, ya de los militares patrióticos modernos, es creer en la realidad de una ficción (la Patria, la Cristiandad, el Islam, la Civilización, etc.) o persona ficticia nacida, generalmente, de un acto de violencia perpetuado y convertido en derecho por el consentimiento tácito o expreso de la mayoría. La falacia es presentar como persona real y verdadera lo que no es más que una costumbre consentida, una convención, una ficción.

Q — Lo que se acostumbra a llamar «el contrato social». Pero para que me sienta obligado por el contrato social debo creer en su existencia real. Yo no recuerdo haber firmado ningún contrato social...

N — De cualquier modo que el hombre quiera obligarse, queda obligado. A ti te ha obligado tu consentimiento, expresado al votar o tácito en tu abstención y neutralidad. La Administración siempre interpreta el silencio a su favor. El elegido representa a los que no han votado.

B — Los de Akronia, de la segunda humillación abajo, creemos en la primacía de la persona real sobre la ficticia. La realidad debe prevalecer sobre la ficción y sobre las ideas abstractas: El bien del hombre concreto debe prevalecer sobre las ideas abstractas como Libertad, Igualdad, Fraternidad, Progreso, Civilización..., etc., etc., Honor, Capitalismo, Socialismo, Anarquismo.

N — Pues ahora estamos en la época de Acuario y es el momento de formar comunidades...

B — Eso es lo que hacemos los akrónicos: formar comunidades para los individuos: comunidades orgánicas. Abandonamos tan sólo las agrupaciones mecanizadas que sacrifican al individuo. Evitamos las instituciones que se sirven del hombre en vez de servirlo.

Queremos mucho a nuestro pueblo, a nuestra ciudad, a nuestra nación, a nuestra iglesia. Los queremos tanto como podemos sin odiar ni despreciar a los demás pueblos, ciudades, naciones, iglesias.

Me alegré porque el equipo de B. había ganado y me entristecí porque el equipo de N. había perdido. Conversé amistosamente y colaboré pacíficamente con los estudiantes del triángulo Odeón-Sorbona-Escuela de Medicina en mayo del 1968 y con la manifestación pro-De Gaulle en los Campos Elíseos. Me gusta América y me gusta Europa. Me gusta París y me gusta Londres. Me gusta Reus y me gusta Tarragona. Me gusta Barcelona y me gusta Madrid. Me gusta la aldea y me gusta N. Y. Me gusta el mar y me gusta la montaña.

Q — ¿Cuál te gusta más?

B — Cuando estoy en la costa me gusta el mar y cuando estoy en el bosque me gusta más la montaña.

Las comunidades o agrupaciones akrónicas no son hostiles a las demás. La sociedad la hacen los hom-

143

bres y por tanto contiene de bueno y de malo como todo hombre. Queremos evitar lo malo; queremos evitar que nos hagan daño y queremos evitar hacerlo. Por ejemplo: la ciudad moderna hace mucho daño con la velocidad, con los gases ponzoñosos de petróleo; con la suciedad. Pues bien, tratemos de ir despacio y a pie cuando es posible y echar la basura donde corresponde. Dejar pasar delante a los que tienen prisa. Evitar a los que empujan, mejor dicho, evitar los empujones.

N— Un peatón cortés y bien educado no puede hacer nada en la moderna metrópoli dominada por la grosería y el salvajismo de los motores de gasolina que envenenan el aparato respiratorio y destruyen el sistema nervioso.

B — Yo no sé si la civilización occidental tiene todavía salvación o hay que abandonarla. Para nuestro objetivo de no hacer mal a nadie, lo importante es salvar lo bueno que hay en la ciudad: hospitales, museos, jardines, conciertos, teatros, iglesias, monumentos... y, sobretodo, gente, gente. ¡Para mí la gente es el espectáculo más maravilloso! ¡Oh, quién pudiera amarlos a todos!: pobres y ricos, amos y criados, cultos e incultos, bárbaros y civilizados, sabios y tontos, altos y bajos, jóvenes y viejos, mujeres y varones, gordos y flacos, enfermos y sanos, feos y guapos, malos y buenos, amigos y enemigos..., víctimas y verdugos. Porque en cada verdugo hay una víctima; en cada enemigo hay un amigo; en cada fea hay una guapa... Si no lo crees mírale los ojos...

Q — Es la doctrina de la no-violencia.

B — Esta expresión, traducción de «A-HIMSA», sin cólera, se ha popularizado porque la han usado ilustres tratadistas. Hay muchos servidores akrónicos que la usan. A mí no me satisface por varias razones. Para no hacer el mal a mi enemigo tengo que violentarme considerablemente.

Q — Lo más natural es vengarse: ojo por ojo y diente por diente, como en el Antiguo Testamento...

N— Cuya moral ha tenido y tiene muchos más discípulos que la del Nuevo, entre los llamados «cristianos» especialmente.

B — Y yo soy como los demás: al que me pega tengo ganas de pegarle; al que me insulta tengo ganas de insultarle; al que me engaña tengo ganas de engañarle; al que me usurpa lo mío hipócritamente, tengo ganas de denunciarle, avergonzarle, castigarle; al que me humilla, quiero humillarle; al que se burla de mí, quiero ridiculizarle.

N— Es lo natural. Humillarse y degradarse es masoquismo o el síntoma de una grave neurosis o psicosis.

B— El pacifista akrónico o practicante de la humillación segunda NO QUIERE HACER MAL A NADIE Y MENOS TODAVÍA NO QUIERE HACERSE MAL A SÍ MISMO. Es por eso que necesita la ayuda, el apoyo del prójimo: la cooperación misma de la persona a quien no quiere hacer mal, o a quien quiere hacer bien. De otra forma tiene que violentarse a sí mismo para no hacer daño al que se lo hace. Yo, personalmente, he fracasado rotundamente: queriendo hacer el bien a mis enemigos, he perdido a mis amigos, lo cual ha intensificado mis resentimientos y agriado mis rencores, en vez de disolverlos.

Practicando esta humillación y fracasando tan estrepitosamente se llega a la conclusión de que hay que humillarse todavía más abajo, hasta la tercera humillación:

EL QUE QUIERE DE VERDAD HACER BIEN AL PRÓJIMO Y NO QUIERE HACER MAL A NADIE NECESITA CONFIAR EN UN MAESTRO AKRÓNICO, o sea, uno que practique eficazmente, efectivamente, lo que el postulante quisiera practicar.

46
LA TERCERA HUMILLACIÓN AKRÓNICA

Q— ¿En qué consiste la tercera HUMILLACIÓN AKRÓNICA?

B— En que el que pretendía enseñar la BENEVOLENCIA (hacer el bien al prójimo) y el PACIFISMO (no hacer mal a nadie) reconoce que no puede hacer lo que quiere y en lugar de enseñar, necesita aprender; en lugar de maestro como pretendía, pasa a ser *discípulo* de un esclavo akrónico: uno que practica eficazmente lo que él pretende y se somete a su disciplina.

N— Ya dijo el abogado Gandhi que sin someterse a la disciplina no podía practicar ahimsa ni satyagrafa. Para defender la justicia, eficazmente, tuvo primero que disciplinarse a mí mismo; que vencerse a sí mismo, como Don Quijote antes de morir...

B — Don Quijote es la flor y nata de la Caballería Andante: Se venció a sí mismo. Es la inspiración de muchos de nosotros y el consuelo de los que hacemos el ridículo pretendiendo hacer el bien al prójimo.

Q — En realidad, de verdad, Don Quijote hace mucho bien a sus prójimos, a sus lectores y no hace mal a nadie...

B — Y para ello le fue preciso disciplinarse, trabajar mucho, hasta conseguir el estilo ameno, persuasivo, convincente, personal, universal de la belleza. Antaño, Don Quijote fue un BENEVOLENTE, hoy es un BENEFACTOR. Antes quería hacer el bien y no pudo porque confiaba en sí mismo. Hoy nos hace bien a cuantos confiamos en él.

Q — Ya veo donde reside la humillación tercera: confiar en un maestro que ha hecho el ridículo, del que la gente se ha burlado, escarnecido, perseguido y vilificado... crucificado...

B — La razón fundamental de Eureka es KARITAS o AGAPE, el amor a todos y a cada hombre incluso a los que nos parecen extraños, feos, repugnantes, falsos, inicuos, traidores, crueles...

N— Eso es tan imposible como la cuadratura del círculo.

B — Las OMA tratan de inscribirse y circunscribirse en el Círculo-Agape tratando de acercarse a él tanto en la teoría como en la práctica.

Q — En teoría, tenéis la oración de San Francisco de Asís para llegar a ser un instrumento de la Paz divina..., que parece el programa de Akronia por lo que dices.

B — Así es. A los Gandhi, a los Pau Casals los reconocemos como maestros, como a Ramón Llull...

N— Pero ya fallecieron y lo que necesitáis son entrenadores, instructores como los deportistas, atletas, y acróbatas que necesitan quien corrija sus defectos, supla sus faltas y les aconseje lo mejor. Es muy difícil de encontrarlo cuando uno se ha engañado, pues se le ha desarrollado el espíritu crítico y ve que el «maestro» o «gurú» está representando un personaje y nota las contradicciones entre lo que hace y lo que dice. No hay hombre perfecto para su ayuda de cámara.

B — Pero todo poderoso gran señor tiene un ayuda de cámara en quien confía hasta cuando duerme. Para encontrar al maestro o entrenador que necesitamos hay que buscar entre nuestros servidores o entre los socialmente inferiores. Por eso llamamos servidores a los que quieren obrar bien, siervos a los que quieren y saben obrar bien, y, esclavos a los que obran bien. A nuestro alrededor hay alguien, que nos hace el bien, en quien confiamos. Generalmente es un inferior, o un niño, o un viejo o quizás un réprobo en quien confiamos para satisfacer nuestros vicios. Hay alguien sin el cual no podríamos dormir tranquilos ni hacer nada de provecho. El médico confía en la enfermera; el financiero en la secretaria; el abogado en el pasante; el poderoso en su escolta; el capitán en sus soldados, sobre todo en su asistente u ordenanza. Para rebajarse hasta la tercera humillación hay que querer que el prójimo sea tan bueno como uno quiere ser, y mostrarlo teniendo confianza en el prójimo más próximo a pesar de las ofensas y perjuicios pasados. Y si no se puede empezar con esta confianza lo mejor es evitar la relación de hostilidad latente o manifiesta y establecer otras relaciones con alguien en quien puedas confiar.

El objetivo final es CONFIAR en el Bien que hay en todo hombre incluso el enemigo, aunque el bien esté en estado latente, y convertir el enemigo en amigo. Pero esperando que esto sea posible, hay que empezar CONFIANDO en aquellos de nuestro alrededor y que confían en nosotros personalmente, si es posible uno socialmente inferior o igual, socialmente. La confianza que ponemos en un superior nos lleva con frecuencia a execrar a sus enemigos, nos encona, encolera y exalta nuestro «ego» como partidarios de tan Alto Señor y Caudillo. Justifica lo que hacemos contra los enemigos suyos, como los haldemman y erlichmann justifican todo lo que hacen contra los enemigos o rivales de sus nixons.

En cambio, a nuestro jefe verdadero no le gusta que hagamos nada contra nadie bajo ningún pretexto.

Hay que confiar en el bien que hay en cada hombre y hay que desconfiar y evitar el mal que hay en cada hombre. En resumen, hay que QUERER QUE EL PRÓJIMO TAMBIÉN QUIERA HACER EL BIEN AL PRÓJIMO Y NO QUIERA HACER MAL A NADIE.

La tercera humillación es querer que el prójimo quiera hacernos bien a nosotros. Querer que el prójimo sea tan bueno, tan honrado, tan decente, tan generoso como queremos ser nosotros. Es querer para el prójimo exactamente lo mismo que queremos para nosotros y no querer nada para él que no queramos también para nosotros. Cuando este querer firme y resuelto se practica, se halla uno en situación de servidor akrónico de la tercera degradación del ego: conciliante.

Q — La Degradación primera conduce a la BENEVOLENCIA.

La Degradación segunda o negativa simbólica, al PACIFISMO.

La Degradación tercera o conciliatoria a la CONCILIACIÓN y en cada grado de inferioridad hay los subgrados de postulante, estudiante y practicante o profeso con los de visitante, cesante y ratificante, ¿verdad?

B — Sí. En castellano se pueden llamar así los tres primeros servidores akrónicos:

BENEVOLENTE, que quiere el bien del prójimo;

PACIFISTA, que no quiere el mal de nadie;

CONCILIADOR, que confía en el prójimo, o en la victoria final del bien sobre el mal en cada hombre.

Esos términos, claro, no son exactos y en cada uno se evocan distintos conceptos.

N — Hoy se emplea más el término de no violencia, que es una deficiente traducción castellana de la deficiente traducción inglesa de «ahimsa», que sería mejor traducido por «SIN CÓLERA», que en lo positivo corresponde a «mansedumbre». La doctrina y la práctica de Gandhi, en realidad es la mansedumbre, como ha analizado Gerald Heard.

Q — Pero en español, la palabra manso evoca al marido consentido porque es el toro que no embiste y que sin embargo convence a los demás de que le sigan.

N — También llamamos manso al perro que no muerde, al que es inofensivo.

B — Inofensivo como una paloma y astuto como una serpiente que esquiva el choque como los luchadores del jiu-jipso y kárate. Pero de siervo que doma, o domador de las fieras y domesticador de los animales salvajes, es el más bajo de todos los siervos: el de la humillación 21.ª, al que llamamos Manso, como los del Manso Roger que os he dicho. Su función es «apprivoiser» y sus símbolos son Orfeo, el Pequeño Príncipe de Saint-Exupéry... Pero de momento hablamos nada más que de los grados del querer: de los que quieren hacer el bien y no hacer el mal y se dan cuenta, en la tercera humillación, que para hacer lo que quieren y no hacer lo que no quieren, necesitan apoyarse en un inferior que nos está haciendo el bien y por ello puede enseñarnos a hacerlo, y también confiar que el otro hombre, aunque de momento aparezca como rival y enemigo, también tiene en él, latente, la capacidad para hacer el bien. Un ejemplo muy claro lo vemos ahora en el Gran Teatro del Mundo (Corte Imperial) de la Ciotat: Un gran personaje como Nixon que causó tantos homicidios en Vietnam, Laos y Camboya acaba de contribuir ahora mismo al ALTO EL FUEGO en Tierra Santa, con lo cual está bien claro que el mismo hace el mal a veces, otras veces también hace el bien. Y lo mismo observo yo en mí mismo pues si a veces he hecho mal, insultado, injuriado, despreciado, otras veces he hecho el bien. Como conciliador practicante dependo de mis prójimos: el inferior que me sirve y el superior a quien sirvo. Actualmente me apoyo en mi inferior, él es mi base y mi maestro si quiero aprender a servir. Mi inferior me protege. En cambio, yo protejo a mi superior, y, aunque me maltrate y me engañe, confío en que un día el bien conquistará su alma y todos venceremos.

N — Paradoja. Dices que tu inferior es tu superior y tu superior es tu inferior.

B — Actualmente, es decir, de hecho, dependo de mi sirviente que socialmente es mi inferior. Y mi superior socialmente, depende de mí en aquello en que lo sirvo fielmente. Los superiores sociales, actualmente (en Akronia) son los inferiores. En cambio, los inferiores (sirvientes, siervos, esclavos en el mundo) son actualmente los superiores: las autoridades y funcionarios akrónicos de Eureka.

Actualmente quiere decir ahora; en este instante que estoy comiendo dependo de la camarera que me sirve y de la cocinera que hace la comida, etc... Y si soy el camarero que sirve al señor Nixon, el señor a quien sirvo depende de mí.

Mi sirviente, yo y mi amo valemos esencialmente lo mismo. Y nuestra posición está cambiando constantemente, subiendo y bajando en la escala social. El orgullo nos impulsa a subir socialmente y actualmente o éticamente nos hace bajar. La humildad nos rebaja socialmente y nos ayuda a servir a nuestro prójimo y a no hacer mal a nadie. La humildad nos ayuda también a confiar en nuestro prójimo y a despertar en él el espíritu de justicia y de equidad. La humildad, sin embargo, debe ser verdadera, real, actual o akrónica. La falsa humildad o hipocresía es muy perjudicial tanto para el que la practica como para los que le rodean.

Q — Comprendo ahora la terrible humillación que supone el que te iguales moralmente al que te engaña, estafa, explota, calumnia. Es reconocer que tú también has hecho el mal en otras circunstancias, en otros momentos o en otros aspectos socialmente honorables. Eres rico y excluyes a los demás de tu riqueza y usas de tu riqueza para incrementarla olvidándote de los que se mueren de hambre. ¿Cómo puedes entonces considerarte mejor que el ladrón?

Compras la carne de una bella mujer (quizá tu esposa legítima) para saciar tu placer y tu vanidad excitando la envidia de los vecinos. ¿Cómo puedes considerarte mejor que la prostituta? Eres poderoso y empleas tu poder para obligar a los demás a hacer lo que tú quieres. ¿Cómo puedes considerarte mejor que el delincuente?

Ordenas a tus aviones que bombardeen las ciudades. ¿Cómo puedes considerarte mejor que el criminal?

B — Esa es precisamente la situación o estado de conciencia del practicante de la tercera humíllación y todas las inferiores. Sin bajar a esta humillación, no se puede descender más abajo, a las órdenes del SABER - PODER o científicas. Ciencia sin conciencia es la ruina del alma, decía Ambrosio Parés. En cuanto un siervo o esclavo, por muy bajo que haya llegado, deja de practicar esta humildad, pasa a la situación de cesante. Para sus inferiores es fácil verificar si continúa practicando. Lo conocen por sus frutos, por su conducta, por las reacciones que ante él tienen los niños y los animales. Al perder la humildad que le corresponde por el cargo que ocupa en Eureka, queda cesante o excedente, lo mismo que si estuviera gravemente enfermo, y ya regresa al Manso para ratificarse y corregirse o queda libre y sin compromiso.

Q — De la forma que yo lo entiendo, esta humillación tercera equivale a explorar las implicaciones de no querer para nadie lo que no quieres para ti.

B — Eso es. Con la resolución firme de quererse a sí mismo definitivamente. Ya sea siguiendo la vía ascética de purgación y régimen y disciplina como medio de gozar de buena salud. Ya sea siguiendo la vía epicúrea de abrir todos los sentidos para gozar espléndidamente de los bienes presentes, eligiendo El Mejor, ahora y aquí. Ya sea por combinaciones de los dos, el ascetismo y el epicureísmo.

N — Comprendo lo que hacéis como sirvientes benevolentes: ayudar al desvalido y consolar al afligido. Comprendo algo vuestra labor de desempeñar lo mejor vuestro cargo como sirvientes pacifistas aunque hay mucho que no queda claro, todavía...

B — Yo tampoco entiendo esa impasibilidad de la no violencia... Por eso me parece inadecuado el nombre ya que realmente lo que no queremos hacer de ninguna manera y bajo ningún pretexto es matar a nadie ni perjudicarle para hacerle servir de medio a nuestros fines; ni matar, ni oprimir, ni explotar...

El buen padre de familia le da una buena zurra al niño que pega a su hermano menor.

El buen ciudadano se violenta de palabra contra la tiranía, el despotismo, el abuso de poder, la injusticia, el engaño y todos cuantos hacen servir la letra de la ley para burlar su espíritu.

El devoto se indigna contra los mercaderes que hacen servir la religión para hacer negocio.

El pacifista akrónico denuncia la hipocresía, sobretodo la del poderoso.

El pacifismo no es pasividad, ni disimulo, ni conformismo, ni claudicación, ni rendición, ni huida, ni oportunismo, ni compromiso con el mal. El pacifismo es lucha violenta contra el mal, empezando por combatir el mal dentro de uno mismo y luego en la sociedad. El «moto» es como el de Mariana de Pineda: odia el delito y compadece al delincuente. Odia el mal pero compadece al malhechor y confía en que el malhechor de hoy llegará mañana a ser bienhechor. Esa confianza en el bien y esa esperanza en la posibilidad de que cada uno cambie para servir al bien, es lo esencial del pacifismo akrónico.

N— Describes un poco el pacifismo del elefante. Para practicarlo hay que ser muy fuerte y tener mucho valor.

B — Personalmente, yo he fracasado muchas veces... pero no estoy desilusionado, ni triste, pues yo ya voy de capa caída y con mis fracasos quizás haya contribuido a que algún hipócrita haya abandonado algo de su hipocresía, o que algún escriba que hacía servir la letra de la ley para traicionar su espíritu, haya abandonado alguna de sus malas prácticas... ¿Quién sabe? Me parece que mis fracasos como pacifista no han sido absolutos, ni en el orden político-social o colectivo, ni en el orden individual y personal.

El pacifista pierde ya cuando se declara la guerra; todavía su pérdida es mayor cuando se hace la guerra sin declararla como la USA a INDOCHINA.

Pierde el pacifista en las rebeliones y en las revoluciones sangrientas. Pierde cada vez que un hombre mata a otro, o le explota, o le oprime, o le engaña, o le desprecia, o le ignora.

Q — ¿Cuándo el prójimo engaña, burla, explota, roba, estafa, usurpa, oprime, mata, hay que respetárselo y tolerárselo por su bien?

B — Evidentemente, no. Hay que rogar por él; desear que el malhechor se convierta en bienhechor, que el hipócrita se sincere, que el engañador diga la verdad, que el soez y sanguinario se civilice.

N— Rogar y desear no es bastante. Es eludir el problema; ignorarlo.

B — Hay que enfrentarse con él; denunciarle cara a cara y condenar el mal que está haciendo y demostrarle confianza en su capacidad de cambiar y rectificar su conducta reparando el mal que haya hecho. Hay que reconciliarse con él pidiéndole perdón por las ofensas que uno le haya hecho y ofreciéndole nuestro perdón por el mal que él nos ha hecho. Hay que demostrarle que por muy mal que haya hecho en el pasado, puede hacer mucho bien en el futuro. Que se capacite que AHORA es el fin del pasado y el principio del futuro.

Q — Eso supone muchas querellas con los hipócritas fariseos; con los leguleyos y escribas; con los mercachifles rapaces; con los sadúceos burlones.

B — Hay que denunciar y condenar el mal dondequiera que se practique. Pero sin matar a nadie, ni permitir que se mate a nadie con nuestra cooperación, ni con nuestro consentimiento expreso o tácito. Lo más antipacifista que un americano podía hacer cuando su Gobierno bombardeaba a los indochinos sin ni siquiera declararles la guerra, era callarse: hacer ver que no se enteraba.

N— Pero si uno se halla en la disyuntiva de morir o matar, ¿qué hace el pacifista?

B — El pacifista hace lo que puede como cualquier quisque. V. g.: el fumador que se ha propuesto quitarse del vicio, pero no puede; o el dipsómano; o el toxicómano. No hacemos siempre lo que queremos. De ahí las órdenes del SABER o científicas, cuyos siervos, a medida que se degradan o humillan, adquieren un nuevo condicionamiento de sus reflejos que les capacita para hacer lo que quieren. Pero ésta no es mi situación de sirviente akrónico de tercera. Yo todavía no he bajado a la esclavitud akrónica. Así yo puedo decirte lo que el pacifista debe hacer, que no es lo que yo hago necesariamente.

N— ¿Qué debe hacer entonces el pacifista si ve que el salvar su vida depende de matar al otro?

B — Debe morir antes que matar.

N— ¿Por qué?

B — Eso ya es cuestión de las creencias de cada cual. Akronia no es ni una filosofía ni una religión: es una conducta, una política. Cada uno tiene sus razones. Personalmente yo debo morir en vez de matar si me ponen en la disyuntiva, simplemente porque eso es lo que hizo mi mejor amigo llamado Jesús.

N— Pero, ¿si se trata de salvar la vida de los que tú amas? Suponte que eres un maestro de escuela como tantos en Vietnam y ves un avión de bombardeo americano que va a bombardear tu escuela y matar a tus niños, ¿dispararías contra el bombardeador?

B — No debería disparar.

N— ¿Por qué?

B — Porque mi amigo y maestro no disparó contra nadie. Pero insisto que en Akronia cada uno tiene sus razones personales para querer hacer el bien y no querer hacer el mal. El acuerdo akrónico estriba en lo concreto, la conducta: querer, pensar, sentir, decir, desear, mandar, gozar... Además estos casos extremos no suelen ocurrir. Lo que pasa es que el miedo nos acrecienta los peligros y la ignorancia, el fanatismo y los perjuicios nos ofuscan. Si no tuviéramos tantos perjuicios ni tanto miedo, veríamos el peligro en sus proporciones reales y lo evitaríamos. Lo anticiparíamos con medidas de seguridad para los débiles como los niños de la escuela. El bombardeador que los bombardea es que ha estado previamente condicionado para matar, para bombardear. La potencia más poderosa del mundo, la USA, tenía miedo del Pequeño Vietnam. Matar al desvalido es la mayor cobardía, por eso el pacifismo es esencialmente valor. El pacifista está siempre dispuesto a perder su vida para salvar la de los demás. Está muy cerca del héroe militar, sólo que no quiere matar a nadie.

Q — Hay muchos militares que tampoco quieren matar a nadie.

B — Eureka colmará su sed de justicia, su lealtad y abnegación. En Eureka como en los demás estados, el militar es el más ilustre de sus funcionarios. Puede decirse que las Órdenes Akrónicas son Militares. OMA puede leerse Órdenes Morales Akrónicas u Órdenes Militares Akrónicas.

Q — Si tu situación cuando no has bajado a la servitud es tan titubeante, deficiente, ¿qué haces para practicar tu humillación?, ¿siempre fracasas?

B — No siempre. Obtengo resultados satisfactorios, sobre todo cuando me limito a hacer lo que puedo: querer. Por ejemplo: me paseo por la playa o por la ciudad y contemplo pasar a la gente:

1. Quiero que todos se tranquilicen.
   Quiero que todos sean felices.
   Quiero que todos sean santificados.

2. Quiero imaginar e imagino que la Santísima Trinidad vive en todos y cada uno: en mí, en ti, en el que pasa por delante y en el que pasa por detrás; en el que no pasa.

3. En el enfermo,
   en el decrépito,
   en el defectuoso.

   AUM a cada uno
   Alma Universal Misericordiosa que tenga piedad de todos y de cada uno.

4. ¡Alabado sea El Creador de tanta belleza!
   ¡de tanto vigor!
   ¡de tanta salud! ¡GLORIA IN EXCELSIS DEI!

5. YO ESTOY EN CADA UNO. YO UNIVERSAL = EL MISMO EN CADA UNO.

6. CADA OTRO ES UN YO PERSONAL DISTINTO, ÚNICO, IRREMPLAZABLE.

7. CADA PERSONA ES UN CAMPO DE BATALLA ENTRE EL BIEN Y EL MAL.

8. EN CADA EXISTENTE VIVE CRISTO desvalido, afligido, perseguido, hambriento, sediento, friolento, enfermo, prisionero extraño, solitario, deprimido, decrépito...

9. EN CADA UNO VIVE CRISTO salvador, redentor, médico, abogado,
   MAESTRO, AMIGO, AMADO.

10. En todos y en cada uno está ATMAN = Braham que da la vida; Visnú, que la conserva; Shiva, que destruye el mal bailando...

11. En cada uno está el Espíritu Santo, Señor de la

Vida y conservador que nos da dominio de sí, fortaleza, templanza, gentileza, caballerosidad, amabilidad, prudencia, mansedumbre, piedad, misericordia, clemencia, magnaminidad, magnificencia, prudencia, sabiduría, entusiasmo, perseverancia, PACIENCIA, ARMONIA, ALEGRÍA, AMOR...

12. Yo los quiero a todos por igual. Quiero imaginarme y me imagino que son mis hijos: los compadezco; los congratulo; los quiero como si fueran mis hijos.

13. Dios nos quiere a todos por igual = INFINITAMENTE con amor puro, completo, simple.

14. Potencial o actualmente hay en cada varón
   un José de Nazareth, que confía en su mujer
   un José de Egipto, que perdona a sus hermanos
   un José de Arimatea, que entierra a Cristo
   un José que lo entrega todo a la Comunidad Cristiana.

15. En cada mujer hay la Virgen de la Misericordia, de la Sabiduría o Montserrat, de la Fortaleza o Pilar, de la Consolación, del Carmen, de Rocamadour...

16. Quiero imaginar e imagino que cada ser humano es una neurona de la glándula Tierra del Cuerpo de Cristo que es el Universo Total, cuyo centro orgánico es Cristo. Amén.

17. Me imagino que mis impulsos son pasajeras tentaciones, tribulaciones, tormentos que hay que dejarlos pasar.
   La paciencia todo lo alcanza. Quien a Dios tiene nada le falta. Sólo Dios basta.

18. Me imagino que mis ideas y creencias son parciales y, en parte dependen de mi punto de vista y demás circunstancias como mi idioma. Si Dios quiere yo quiero tanto como quiero lo que quiero. Soy como el niño que no sé nada y dependo enteramente de mi padre.

19. Me imagino que mis impresiones y percepciones son símbolos o manifestaciones de la Realidad Última que constantemente convierte y transforma el mal en bien. Así que todo cuanto nos parece un mal es en realidad una oportunidad para el bien.

20. Me imagino que todos mis talentos y posesiones son depósitos que debo invertir para que produzcan para mi Dueño y Señor.

21. Me imagino que las acciones son sacramentos para adorar al Amor de Dios en nosotros.

22. Me imagino que todas las personas son templos del Amor Divino.

23. Quiero imaginar e imagino que Dios absoluto, infinito, eterno es Verdad Completa, Belleza Perfecta, Bondad Pura. Dios en SÍ MISMO.

24. Quiero imaginar e imagino que Dios concreto, encarnado es el Saber, el Poder y el Amor. Dios en ti mismo, mi Jesús.

25. Quiero imaginar e imagino que Dios inmanente en cada uno es FE, ESPERANZA Y CARIDAD. Dios en mí mismo.

33. Quiero imaginar que en lo trivial y efímero, en lo que pasa, está lo permanente, que es EL CAMBIO; lo esencial, que es LA RELACIÓN.

Pero todo cuando imagino y cuanto pudiera imaginar no es nada comparado con la realidad.

Una cosa es imaginar y otra muy distinta realizar. Mientras me limito a querer a los que van pasando sin molestarme, todo va bien. Pero en cuanto alguien se mete conmigo, olvido todos mis proyectos de hacer el bien y de igualdad con mi prójimo y me encono, me encolerizo y empiezo a reñir, a insultar y a atropellar a mi prójimo como un loco.

N — Es la ley mental del péndulo. Empujas a tu mente hacia el bien y en cuanto la dejas reacciona en sentido contrario arrastrándote hacia el mal. Confiar en tu prójimo como quieres que tu prójimo confíe en ti es una humildad muy intensa cuando te encuentras con un prójimo que te está engañando, perjudicando, ofendiendo y burlándose de ti.

B — Yo quiero que mi prójimo quiera lo mismo que yo quiero: hacerme el bien y evitarme el mal. Reconozco que el principio del bien está en mi prójimo lo mismo que en mí, más o menos potente o latente en estos instantes. Pero también sé que el principio del mal está en mi prójimo como está en mí. Es decir, confío que en mí el bien va a triunfar en definitiva del mal y asimismo quiero creer que ocurrirá en mi prójimo.

Q — Así, para Akronia no hay buenos ni malos definitivamente, sino que cada uno está en una situación temporal, pasajera en que domina o prevalece uno de esos principios sobre el otro.

B — Así es; y amar a una persona consiste en querer que en ella triunfe el bien, la salud, la fuerza, la justicia, la verdad, la belleza lo mismo que quiero que triunfen en mí.

Creo que la conciencia de cada uno es el campo de batalla donde luchan el bien y el mal. Y que cuando la conciencia está despierta, uno tiene libertad para INTENTAR hacer el bien o intentar hacer el mal. Lo libre es la voluntad de cada existente cuando uno se da cuenta de que es en sí, para sí y para los otros. Lo que ocurre es que esta libertad maravillosa supone una profunda responsabilidad que a su vez produce una tensión y remordimiento cada vez que uno se da cuenta de que ha hecho sufrir a otro. Entonces trata el hombre de huir de la libertad y trata de sepultarla en los determinismos de las estrellas, de los ambientes, de las herencias, de las causas sociales, de las razones de estado y las religiosas que van cristalizando y estratificándose en un maniqueísmo que pretende ahogar mi conciencia y proyectar la responsabilidad al exterior. Dejando a mi nación, a mi religión, a mi partido, a mi jefe la responsabilidad puedo cometer toda clase de desmanes con la excusa de que destruyo el mal, cuando en realidad lo acreciento con cada acción que hago contra mis semejantes. Si soy judío, los malos son los árabes. Si soy árabe, los judíos son los malos. Si soy católico, los protestantes son los malos. Si soy protestante, los católicos son los malos. Si soy musulmán, los hindúes son los malos. Si soy hindú, los musulmanes son los malos. Si soy capitalista, los comunistas son los malos. Si soy comunista, los capitalistas son los malos. Si soy nixonista, los liberales son los malos. Si soy liberal, los nixonistas son los malos. Y así sucesivamente. Los enemigos de ayer son hoy aliados. Los aliados de ayer son hoy enemigos. Así puedo ir a matar a gente y repartirme el botín con los cruzados, o en la reconquista, o con los almogávares, o con los de la remensa y ser santificado y honrado por el número de infieles que he matado.

El humilde de la tercera degradación, el conciliador, no intenta vencer a su enemigo sino vencer con su enemigo convertido en amigo porque tanto el uno como el otro se habrán vencido a sí mismos. Quiere que su prójimo quiera su bien como él quiere el de su prójimo.

Yo —humilde de tercer grado— quiero que mi prójimo quiera llegar a ser tan bueno como yo quiero llegar a ser. Además de perdonar a mi prójimo por todo el mal que me ha hecho, quiero amarle: quiero que mi ex-enemigo sea mi amigo y me haga bien; me repare el mal que me ha hecho. En resumen, quiero confiar en él como quiero que él confíe en mí.

N — Todo esto está muy bien tratando con gente decente, pero tu enemigo no lo es: trata de engañarte, dominarte, explotarte y se burla de ti. Interpreta tu conducta como la de un tonto de capirote y un débil de solemnidad. Un insensato. Te llama «manso» o tonto que se puede engañar como uno quiere.

B — Confiar en el que me está engañando y se burla de mí es superior a mis fuerzas. En las reuniones con mis compañeros de esta degradación vemos que esto no nos es posible de momento y sólo lo será cuando lleguemos a dominarnos completamente y nos degrademos voluntariamente hasta la 22 humillación que nos califique para el cargo de **MADRE** o **PADRE** akrónico, que es la que perdona las ofensas de su hijo que se ha dejado dominar por el mal y **CONFÍA** en que el bien acabará triunfando en él.

Es que la Madre y el Padre akrónico se han **OLVIDADO** de su amor propio y concentran todas sus fuerzas sensitivas, intelectivas y volitivas en el amor de sus hijos. Por eso ya no resienten ni los engaños, ni las rebeldías, ni las ofensas de sus hijos y hagan lo que hagan les perdonan y vuelven a confiar en ellos.

Entre los grados simbólicos del querer y los reales del realizar hay una gran distancia. La Esclava akrónica puede confiar incluso en el hombre inicuo y engañador puesto que está libre del engaño y la iniquidad que había en ella. Pero el que tan sólo ha bajado a la degradación tercera, como yo, aunque quiera confiar en el que me engaña no puedo. Habré de bajar antes tres profundos escalones científicos o del poder y luego esclavizarme para el bien de todos los hombres y de la Comunidad Humana.

47
OMAS EN GENERAL

El humilde servidor de la tercera degradación que quiere confiar en su prójimo pero no puede confiar en el que le engaña o le repugna, se halla en condiciones de confiarse a un esclavo akrónico de su elección. Por ejemplo el mismo que le ha enseñado, explicado y convencido en las reuniones de los humildes de primera, segunda y tercera (o sea, de benevolentes, de pacientes o pacifistas y de conciliantes), le ayudará a elegir la OMAS más adecuada para sus aptitudes y vocaciones.

Q — Ya has dicho que estas reuniones se celebran por lo menos semanalmente en las hermandades o clubs akrónicos situados en las Universidades Akrónicas ya sea de Humania o del resto del mundo, y que en los países de gobierno por la ley o democráticos se celebran generalmente en las Ciudades Universitarias Akrónicas y en las hermandades o clubs situados generalmente cerca de las universidades, escuelas y academias. Funcionan de acuerdo con las leyes vigentes en el país. Si es en países donde el derecho de asociación está restringido, procuran adaptarse al régimen vigente y no es difícil conseguirlo ya que sus funciones son benéficas y docentes y no son políticas (partidistas) ni económicas. La terminología se adapta a la cultura imperante, conservando el espíritu que es hacer el bien y no hacer el mal.

N — Dices que estas reuniones están presididas por un esclavo akrónico...

B — Preferimos la expresión de que están servidas o basadas en la esclavitud akrónica de un esclavo menor de la degradación 24.

Q — ¿Es ese esclavo menor el que te aconseja a qué orden has de bajar si quieres rebajarte hasta la servitud o servilismo akrónico?

B — Puedo consultar con él. Y de hecho lo consulto. Pero

yo soy el que debe decidir *a*) si quiero rebajarme más, y *b*) qué orden o qué órdenes akrónicas prefiero. Para ello visito los Mansos de cada Orden y me entero de algo de lo que hacen. He pasado fines de semana de 48 y de 60 horas en Mansos de cada una de las seis órdenes akrónicas (OMAS) científicas. He pasado novenas o términos de nueve días en alguna. Soy socio visitante de una. Pero todavía no me he rebajado ni siquiera de practicante de ninguna. Mi información por tanto de las OMAS científicas es incompleta y no siempre exacta.

Q — ¿Por qué se llaman científicas?

B — Porque son a base de principios científicos antropológicos o de las ciencias del hombre y de observaciones, experimentaciones de las técnicas, hipótesis, verificaciones, rectificaciones y ratificaciones.

Q — Después de bajar los tres escalones del querer o simbólicos, hay dieciocho escalones más (los de las OMA científicas) hasta bajar a la esclavitud de la degradación 22. ¿Es necesario bajar los 18 escalones científicos para llegar a la esclavitud akrónica?

B — Basta bajar los tres escalones (positivo, negativo y completo) de cualquiera de las OMAS. El número de la humillación o degradación representa el del desarrollo cronológico óptimo. Los simbólicos representan la superación de las épocas de la líbido verbal, anal y genital respectivamente.

4.ª, 5.ª y 6.ª de la Orden del Pensar, representan el desarrollo óptimo de la mente del niño.

7.ª, 8.ª y 9.ª de la Orden del Sentir,

10, 11 y 12 de la Orden del Decir,

13, 14 y 15 de la Orden del Estimar - Desear,

16, 17 y 18 de la Orden del Mandar - Obedecer,

19, 20 y 21 de la Orden del Gozar - Curar

representan, aproximadamente, el desarrollo óptimo de las correspondientes facultades a las edades respectivas.

Ahora bien, para bajar a la esclavitud akrónica hay seis escaleras de tres escalones cada una. No se pueden saltar los escalones sin peligro de romperse la crisma pues al esforzarse, uno se somete a la ley del péndulo que produce una reacción de signo contrario. Sólo en estado de completa servitud o servilismo se puede bajar a la esclavitud akrónica. Es decir, hay primero que bajar a las degradaciones completas o de enseñantes o pedagogos después de haber pasado los dos previos anteriores. Se baja a la esclavitud desde las degradaciones 6.ª ó 9.ª ó 15 ó 18 ó 21.

Los demás números pares representan negativos y los demás impares, positivos.

Q — ¿Qué quieres decir?

B — Que el siervo de la 4.ª *NO PIENSA* lo que no quiere pensar;

el de la 10 *NO DICE* lo que no quiere decir;

el de la 16 *NO HACE* lo que no quiere hacer

y en cambio

el siervo de la 7.ª *SIENTE* lo que quiere;

el de la 13 *ESTIMA* a la persona que desea

el de la 19 *GOZA* haciendo gozar a quien quiere.

N — Es decir que hay OMAS que empiezan con lo positivo y otras que empiezan con lo negativo.

B — He aquí un diagrama o esquema de las seis OMAS mostrando lo que os digo. El signo menos, delante de cada grado o escalón, recuerda que se trata de grados de inferioridad o degradación social.

ORDEN DEL PENSAR

— 4 (negativo) NO PIENSA LO QUE NO QUIERE

    — 5 (positivo) PIENSA LO QUE QUIERE

        — 6 (completo) ENSEÑA A NO PENSAR MAL

ORDEN DEL SENTIR

    — 7 (positivo) SIENTE LO QUE QUIERE

— 8 (negativo) NO SIENTE LO QUE NO QUIERE

    — 9 (completo) ENSEÑA A SENTIR BIEN

ORDEN DEL DECIR

— 10 (negativo) NO DICE LO QUE NO QUIERE

    — 11 (positivo) DICE LO QUE QUIERE

        — 12 (completo) ENSEÑA A NO HABLAR MAL

ORDEN DEL DESEAR

    — 13 (positivo) ESTIMA A LA PERSONA QUE DESEA (amante)

— 14 (negativo) NO DESEA A NINGUNA PERSONA QUE NO ESTIMA (esposo)

        — 15 (completo) ENSEÑA A ESTIMAR Y DESEAR BIEN (padre)

ORDEN DEL OBRAR

— 16 (negativo) NO HACE LO QUE NO QUIERE

- 17 (positivo) HACE LO QUE QUIERE
- 18 (completo) ENSEÑA A NO OBRAR MAL

ORDEN DEL GOZAR

- 19 (positivo) GOZA LO QUE QUIERE = GOZA HACIENDO GOZAR
- 20 (negativo) CURA O ALIVIA EL DOLOR
- 21 (completo) ENSEÑA A GOZAR HACIENDO GOZAR

Estos estados o conductas se definen por sus frutos o prácticas y los ordenados o profesos se llaman practicantes.

Q — Luego para bajar a la esclavitud akrónica hay que saber enseñar o ser maestro de
NO PENSAR MAL, o 6.ª degradación
SENTIR BIEN, o 9.ª degradación
NO HABLAR MAL, o 12.ª degradación
ESTIMAR A LA PERSONA DESEADA, o 15.ª degradación
NO OBRAR MAL, o 18.ª degradación
GOZAR HACIENDO GOZAR, o 21.ª degradación

B — Eso es: Las otras seis enseñanzas akrónicas sólo las puede impartir un esclavo:
PENSAR BIEN: 5.ª degradación
HABLAR BIEN: 11.ª degradación
OBRAR BIEN: 17.ª degradación
NO SENTIR MAL: 8.ª degradación
NO DESEAR A LA PERSONA QUE NO SE ESTIMA: 14.ª degradación
CURAR O ALIVIAR EL DOLOR: 20.ª degradación

Digo que sólo un esclavo akrónico puede enseñar las otras seis artes akrónicas: PENSAR BIEN - HABLAR BIEN - OBRAR BIEN - NO SENTIR MAL - NO DESEAR A LA PERSONA QUE NO SE ESTIMA - CURAR O ALIVIAR EL DOLOR. El sacrificio del egocentrismo que estas enseñanzas suponen es más profundo que el del servilismo.

N — Esa degradación negativa o degradación social supone pues una disciplina, un sacrificio, un régimen cada vez más difícil, ¿verdad?

B — Los sacrificios ·que hay que hacer y la virtud o virtudes que hay que practicar para cada Orden os las mostraré a «grosso modo» en el diagrama de aquí, expresadas en terminología que parece ser la menos inexacta en lengua y cultura españolas. No es sin embargo una terminología exacta ni precisa, pero más adecuada que los términos pseudo-científicos a la moda que destruyen la belleza auténtica del castellano como el famoso «relax» o relajamiento en vez del SOSIEGO, TRANQUILIDAD, SERENIDAD que tan maravillosamente se han expresado en castellano. Hasta ha llegado el momento en que las masajistas le llaman «relax» a hacer p... Y al toxicómano le llaman ahora el «drogadicto» en Madrid. Os digo esto para que no os toméis mis términos al pie de la letra sino como flechas indicativas del camino a seguir para encontrar el sentido que quiere expresar.

N — Claro está que en un mundo caótico y confuso donde los grandes hombres de ciencia sirven a los políticos nacionalistas dominados por el miedo a la potencia enemiga y los mejores esfuerzos se dedican a armarse para la próxima guerra mundial y la destrucción de la civilización, la novela tiene que ser caótica para reflejar la realidad de la situación del mundo y tratar de salvar a los más posibles de las catástrofes que se avecinan.

B — Este Orden, esta ARMONÍA existe ya ahora en Akronia que es un microcosmos en medio del Gran «MACROCAOS» del Mundo. Los hombres somos capaces de desarmar las Potencias Destructoras y lo haremos con la humildad; antes de 1984... proclamaremos Eureka.

48
ESQUEMA DE LAS OMAS

Q — Danos ahora el esquema de los sacrificios que hay que hacer, virtudes que practicar y demás requisitos para bajar a las OMAS.

B — Aquí está:

OMAS	Hum.	Edad	Belleza	Vigor	Salud	Instrucción	Virtud	Sacrificio
Pensar	4.ª	4 a 70				elemental	atención	distracción
	5.ª	5 a 60						
	6.ª	6 a 50						
Sentir	7.ª	7 a 49		B	A		frugalidad	gula
	8.ª	8 a 47		A	A			
	9.ª	9 a 45	B	A	A	secundaria		
Decir	10.ª	10 a 42				primaria	paciencia	ira
	11.ª	11 a 41				secundaria		
	12.ª	12 a 40				bachillerato		
Desear	13.ª	13 a 36	C	C	C	primaria	gentileza	lujuria
	14.ª	14 a 35	C	C	C	secundaria	amabilidad	grosería
	15.ª	15 a 34	C	C	C	peritaje	cariño	frialdad
Mandar	16.ª	16 a 33	C		B	secundaria	obediencia	envidia
	17.ª	17 a 32	B		A	peritaje		vanidad
	18.ª	18 a 31	A		A	licenciado		orgullo
Gozar	19.ª	19 a 30	A	A	A	peritaje	pobreza	avaricia
	20.ª	20 a 29	A	A	A	licencia	y las anteriores	y las anteriores
	21.ª	21 a 28	A	A	A	agregación		res

N— ¡Qué difícil es bajar a la Orden del Gozar!

B— Para ser practicante sí, pero para ser visitantes y asistir a sus reuniones no se necesita más que estar en la humillación tercera. Es la OMAS que tiene más visitantes pues somos muchos los que no tenemos ni la edad ni las condiciones físicas ni morales para ser practicantes. Es la orden que tiene más visitantes y menos practicantes; más socios y menos profesos.

Incluso entre los que reúnen las condiciones físicas e intelectuales para practicar la humillación 19.ª, sólo uno de cada ocho estudiantes o catecúmenos llega a graduarse o degradarse en practicante.

49
LA ORDEN MILITAR/AKRÓNICA
DEL PENSAR = OMAP

B— El siervo practicante de la degradación sexta SIRVE A SUS PRÓJIMOS ENSEÑÁNDOLES A NO PENSAR MAL: a no pensar en lo que no queremos.

Enseña con su ejemplo. Es el maestro en su oficio o arte. Viéndole trabajar o pintar, oyéndole tocar o cantar nos llama tanto la atención que nos concentramos en lo que él hace.

Es a base de prestar nuestra atención y concentrarla en algo que queremos, como evitamos el pensar en lo que no queremos. Entonces nos damos cuenta de que el maestro en su arte u oficio ha conseguido su maestría porque se ha acostumbrado a concentrar toda su atención en lo que está haciendo. Su ejemplo nos es de un inmenso servicio a los servidores akrónicos de la 3.ª humillación que a pesar de querer hacer el bien y no querer hacer el mal, no lo conseguimos. Por el contrario: a veces «no hacemos el bien que queremos y hacemos el mal que no queremos».

Q— Así, el humilde de la tercera degradación sufre todavía más humillaciones al fracasar en sus propósitos de hacer el bien...

B — Cada caso es distinto. Yo he fracasado cuando era humilde de primera, cuando me había limitado a querer hacer el bien al prójimo. He fracasado como humilde de segunda cuando también quería no hacer mal a nadie. Como humilde de tercera me he dado cuenta de que mis sucesivos fracasos en hacer el bien al prójimo y no hacer mal a nadie se debían a mi soberbia. Yo quería hacer el bien al prójimo, incluso a mi enemigo, porque quería ser mejor que él. Quería valer más que mis prójimos que me engañaban, explotaban y usurpaban lo mío, para demostrar «urbi et orbe» que yo era mejor que ellos. La tercera humillación ha sido para mí el darme cuenta de que YO VALGO EXACTAMENTE LO MISMO QUE MIS ENEMIGOS.

La igualdad esencial de los hombres es, para mí, manifestada sencillamente en la Madre de Dios de la Misericordia, de la Consolación, de la Piedad, cuyo Manto es el bálsamo de luz y estrellas que nos ampara, consuela y recrea a todos por igual, justos y pecadores.

Q — Pues si piensas así ya no necesitas nada más.

B — Ahora pienso así, en este instante. Y he pasado otros instantes en que he pensado así. Pero en el pasado no he pensado siempre en lo que he querido, sino muy pocas veces. Generalmente he pensado en lo que no he querido.

Solo, no he podido casi nunca pensar en lo que quiero. En compañía de otro que pensaba lo que quería, yo también he podido pensar en lo que quería. Por eso soy estudiante o catecúmeno de la humillación cuarta y espero, en el futuro, NO PENSAR EN LO QUE NO QUIERO PENSAR, o sea, practicar —ser practicante— la cuarta degradación, que supone el sacrificio definitivo de la distracción y la práctica constante de la atención: eso es lo que procuramos hacer en nuestras estancias en los Mansos del Pensar: PENSAR EN LO QUE SE ESTA HACIENDO.

Q — ¿Dónde están estos «mansos» o «conventos», pues de ambas formas les has llamado?

B — Están en Humania y en sitios aislados del campo y en el Exágono Central de las Universidades Akrónicas del mundo nacionalista y partidista.

N — ¿Qué quieres decir por mundo nacionalista?

B — Me refiero al mundo que adora EL ESTADO NACIONAL de la PATRIA por encima de todo, o sea al mundo que exije el sacrificio obligatorio del individuo a la nación, imperio, iglesia, partido. Al mundo que considera traición el socorro dado a los enemigos. Humania, por el contrario, es el lugar geométrico cuyos ciudadanos son libres para considerar que la persona real individual vale más que la patria, la iglesia y el partido juntos.

N — ¿Eso es lo que tú piensas?

B — Ahora y algunas veces en el pasado. Pero muchas veces no he pensado así. Cuando la guerra, acabé por tomar las armas para defender la constitución contra la subversión, a pesar de que ya era pacifista... Y ayer mismo me estaba burlando del señor Nixon, que parece haber hecho su carrera política a base de la mentira, la mendacidad y la calumnia llegando a conseguir el cargo y prestigio más alto del Mundo Nacionalista para sumirle en la vergüenza. Y en mi pensamiento le juzgaba mal a pesar de que sé que, con la misma medida que juzgo, seré juzgado.

Q — Ahora mismo estás divagando. Estás pensando en lo que no quieres del señor Nixon en lugar de explicarnos la OMAP. Te distraes, digresas, pasas y saltas de una cosa a otra en fuga de ideas...

B — Decía que en los MOMAP (Mansos de las Órdenes Militares Akrónicas del Pensar) convivimos (aproximadamente) con diecisiete compañeros que PIENSAN EN LO QUE HACEN: ocho practicantes de la 4.ª que no piensan mal; cuatro de la 5.ª que piensan bien; cuatro de la 6.ª que enseñan a no pensar mal y un esclavo menor, la autoridad del Manso.

Q — ¿Cuánto duran los cursos?

B — Yo he pasado en un MOMAP varios fines de semana de 48 a 60 horas. También he hecho una estancia de nueve días. Para ordenarme practicante de la 4.ª necesitaría también tres cursos de cuarenta días o uno de noventa días consecutivos. Y una vez ya practicante de la 4.ª, necesitaría frecuentes estancias para recrearme y mantenerme practicando.

N — ¿Qué os enseñan?

B — Principalmente nos enseñan la práctica de *pensar en lo que hacemos* como síntesis del método para llegar a condicionar el hábito de no *pensar en lo que no queremos*.

N — Eso suena un poco como la Filobiología de Trigant Burrow.

B — La fisiología desarrollada por la Akademia es fundamental para la psicología y antropología científicas que son la base de las artes akrónicas enseñadas en las OMAP. Constantemente se experimenta, se ordenan las observaciones, se revisan las hipótesis de trabajo, se hacen las verificaciones con las rectificaciones e innovaciones en las técnicas empleadas para enseñar las artes akrónicas. Yo no puedo explicarlo porque no lo sé. Me basta con saber y verificar que cuando pienso o pongo mi atención completa en lo que estoy haciendo, no pienso en lo que no quiero y mi trabajo se perfecciona y progresa hacia el rendimiento óptimo.

Lo que me pasaba es que en vez de poner mi entera atención en lo que estaba haciendo, pensaba también en lo que tenía que hacer luego y en los resultados que obtendría. Cuando pensaba en los efectos o resultados en vez de pensar en la acción, me preocupaba y resentía el eco de mis anteriores fracasos. Otras veces me distraía y pensaba en una cosa mientras hacía otra, llegando a atribularme, «atabalarme», aturdirme y a no saber lo que hacía. Ahora comprendo que tengo que hacer lo que debo sin pensar en los resultados.

N — ¿Karma Yoya?

Q — ¿Expiación?

N — ¿Budismo Zen?

B — Acción desinteresada, ACCIÓN que es un fin en sí misma.

N — Como Arjuna: el cumplimiento del deber.

B — A veces, preocupado uno por los resultados, olvida lo esencial que son los medios.

Q — Maquiavelo vuelto al revés: los medios justifican los fines como dice Aldous Huxley.

B — Los medios determinan los resultados porque los medios determinan la función, y la función crea el órgano. Construyeron la bomba atómica a fin de que los nazis no la hicieran explotar y el medio —la construcción de la bomba— determinó el resultado: Hiroshima y Nagashaqui. Dullers y Eisenhower con el Cardenal Spellman, decidieron imponer al monje Diem en Vietnam a fin de evitar que el país cayera en manos del disoluto Bai como querían los «inmorales» franceses. El resultado fue el crimen horrendo cometido contra el pueblo del Vietnam por la Grandísima Potencia que intentaba protegerlo. Como dijo el coronel que destruyó el pueblo de Camboya: «lo destruimos porque era el único medio que teníamos para salvarlo». El pensamiento PRE-OCUPADO por los fines no presta atención a los medios y se precipita para emplear medios que, de momento, producen resultados eficaces pero que acaban por producir lo contrario de lo que se deseaba. Ejemplo muy claro son los Haldemann, Erlichman, Michel, Colson, Dean, Gordon Liddy, Hunt y demás que emplearon el espionaje, la calumnia, el sabotaje políticos para conseguir la victoria, la gloria y el prestigio de su jefe Nixon. Lo consiguieron de momento, pero luego los medios han acabado por imponerse y han determinado la ruina de la gloria y la infamia pública y notoria del mismo Poderoso Príncipe Presidente Nixon que querían ensalzar.

En la dimensión o nivel individual todavía es más claro que los medios empleados acaban por determinar el resultado final, aunque de momento los medios maquiavélicos producen los resultados apetecidos. Ejemplo: para tener (VE) dinero inmediatamente el mejor medio es hurtarlo, apoderarme del dinero que tengo a mi alcance procurando que nadie me vea. Es decir, preocupado por el resultado —obtener dinero— me he olvidado que el medio verda-

dero para tenerlo (VE) es trabajar, construir, crear
(SI). El resultado final es que lo que he perdido al
hurtar y apoderarme de lo que no era mío, vale mucho más que lo que he conseguido porque, aún suponiendo que nadie me descubra, mi conciencia me
acusa de ser un ladrón: he perdido mi dignidad que
vale más que todo el dinero del mundo.

Otro ejemplo: Mi objetivo es ganar (SE) y el verdadero medio para ganar es saber (CI). Ganaré la partida o el partido si sé jugar mejor que mi adversario.
Preocupado por el resultado inmediato y temiendo
perder, empleo la violencia (le doy una patada en la
espinilla al futbolista del otro equipo, o hago trampas
en el juego). Aunque gane esta partida, el resultado
final es que he perdido mi honor.

Otrosí - Quiero gozar (CE) y el medio verdadero para
gozar es la salud (VI) y la tranquilidad, o sea, dormir,
descansar, ejercicios, dieta, prudencia, templanza, moderación. Pero preocupado por obtener el placer inmediato hago excesos, fuerzo a mi cuerpo, que es el
instrumento de mi placer, abusando de su obediencia.
Mi cuerpo es como un asno muy trabajador pero
cuando se encoleriza, en lugar de placer me da dolor.
El abuso de mi cuerpo acaba produciéndome lo contrario de lo que buscaba: buscaba placer y he conseguido dolor, aún suponiendo que la comida y la
bebida de las que he abusado fueran de buena calidad
y no se me indigestaran y que la mujer que me dio el
placer no tuviera enfermedades venéreas.

Q — También el abuso de la mente con excitantes y alucinógenos acaba por entontecernos, idiotizarnos...

N — Y el abuso del descanso, la pereza, acaba por atrofiar
nuestras facultades.

B — La violencia, el engaño, la explotación y abuso de
nuestro cuerpo y de nuestra mente y de las de nuestros prójimos, sobre todo el utilizar a nuestro prójimo
como un medio para conseguir nuestros fines (placer,
poder, tener) produce, con frecuencia, una sensación
de fracaso interno pues si se encara uno con su conciencia, se encuentra con que ha perdido la dignidad,
el honor, la tranquilidad y el bienestar interno, o sea,
la salud. Se da cuenta de la hostilidad que ha creado
en su ambiente y reacciona ya sea aumentando su

inmoralidad (engaño, explotación, violencia) hasta que llega a la delincuencia y criminalidad o, peor todavía, se vuelve contra sí mismo y desarrolla neurosis y psicosis.

Entonces aparece el miedo en cuanto cesan las actividades externas. Uno no puede quedarse solo, cara a cara consigo mismo. Se avergüenza uno de su fracaso y tiene miedo de que sus prójimos le acusen, le critiquen y le menosprecien. Se teme haber cometido otro error y sufrir otra pérdida. Aparece el espectro de no poder atender a sus obligaciones, de no poder satisfacer sus necesidades, de quedar reducido a la miseria. Viene pronto el miedo, la enfermedad, el dolor y la pena... El descanso en el lecho es un cansancio. Al final, el agotamiento produce un sueño interrumpido por pesadillas y espantos. El paciente recurre a los sedantes, a los remedios artificiales y sintomáticos que al final agravan su estado... A menos que tenga CONFIANZA en un esclavo menor akrónico y en los humildes siervos de la degradación sexta que le enseñarán a no pensar mal: a prestar su atención y concentrarla en lo que hace: una sola cosa a la vez. Así recobrará la tranquilidad, el sosiego, la salud mental...

Q — Luego, la OMAP considera que la confianza personal en el inferior es necesaria para recuperar la salud en estos casos...

B — Según lo que yo entiendo de la teoría (que ya te digo que es muy poco), se trata de recuperar la CONFIANZA que el niño akrónico o feliz (el que vive en el presente) tiene aproximadamente en esa edad, de cuatro a seis años. El niño feliz tiene plena confianza en una persona mayor con quien convive (padre, madre, hermano mayor, tutor, etc.). Confía en que su Protector no le engañará nunca, ni le quitará nada suyo, ni le castigará injustamente.

Q — Está claro que el niño que crece confiando en los que le rodean tiene muchas más probabilidades de no pensar mal de nadie que el pobre infeliz cuyos padres y hermanos tratan de engañarle, quitarle algo y le tratan injustamente haciéndole pagar al niño su mal humor.

N — El engaño de los niños es institucional: la cigüeña,

los Reyes Magos, el Santa Claus y demás engaños institucionales que se continúan más tarde en la escuela con la enseñanza de la historia nacional y luego con la propaganda política y comercial.

B — Muchos han aprendido a mal pensar y a engañar en esta edad tan temprana porque su familia y maestros les han engañado y no por maldad, sino por costumbre.

Q — En términos religiosos se diría que los pecados de los padres tienen que pagarlos los hijos, que expiarlos. Todavía pagamos por el pecado original...

N — En términos hindúes es la ley del karma o las malas acciones acumuladas en vidas anteriores que cada uno tiene que purgar en esta vida terrestre, para reencarnarse en otro existente mejor. Nuestra vida futura será el compendio de lo que en ésta hacemos deliberadamente a nuestros prójimos y queremos para ellos. La suma de nuestras malas acciones e intenciones en esta vida se cotejará con la suma de nuestras buenas acciones e intenciones. La diferencia será nuestra suerte en la próxima vida...

Q — O purgatorio. Este Valle de Lágrimas es un purgatorio...

N — Con anticipaciones del Cielo, que es el lugar geométrico donde reina el Amor mutuo y solidario.

En términos positivistas, la expiación religiosa occidental y el karma oriental pueden expresarse por el condicionamiento de nuestros reflejos y la formación de hábitos y costumbres que constituyen como una segunda naturaleza. Muchos tenemos la costumbre de pensar mal y, como consecuencia, de proyectar nuestros temores y precipitarnos impulsivamente. Nos conviene CONVIVIR con gente de CONFIANZA, que no piense mal (4.ª), que piense bien (5.ª), que nos enseñe (6.ª) a no pensar mal, con alguien inferior socialmente que nos perdone, nos sirva, nos ame a pesar de conocernos con todas nuestras faltas y pecados: a pesar de saber el mal que hay en nosotros. Ese es el ambiente que proporciona el MOMAP.

Q — ¿Cuánta gente hay en los «mansos» y «conventos» del Pensar?

B — Varía según las circunstancias. Lo importante es la proporción de practicantes, que debe ser mayor que la de estudiantes o catecúmenos y recreantes o ratificantes (los que abandonaron la práctica y se reintegran a ella). Y claro, no hay «manso akrónico» sin un esclavo (por lo menos) que se sacrifica por amor a los congregados.

El número óptimo de una Congregación en un MOMAP es de 33, mayores de edad. En algunos hay sólo mayores de edad. En otros hay los mayores y sus hijos conviviendo juntos, en cuyo caso el número óptimo es de 65 = 32 menores y 33 mayores de edad. Lo esencial, repito, es la base o esclavo y la proporción mayor de practicantes de la humillación 4.ª, 5.ª y 6.ª Así el ambiente es el principal maestro. El ejemplo es el principal método pedagógico con la práctica de las artes akrónicas. Los congregados son gentes de buen humor y alegría que no se burlan ni molestan a nadie. Son gente que no engaña, ni quita nada a nadie. Claro está que uno puede confiar en ellos plenamente.

Q — Ahora comprendo porque no puede bajar a la humillación 4.ª más que el que se halla en la tercera, o sea que quiere confiar en sus inferiores socialmente.

B — Al humilde de la 4.ª se le suele llamar «burro» porque trabaja sin preocuparse de los resultados. NO PIENSA EN LO QUE NO QUIERE. No tiene PRE-OCUPACIONES, ni temores, ni ansiedades. Presta toda su atención a lo que hace, tal como lo hace el niño sano y feliz de 4 a 6 años aproximadamente. Su deseo es espontáneo, sin remordimientos ni temores. No culpa a nadie ni a sí mismo por sus fracasos, sus faltas, sus errores y equivocaciones. No se arrepiente del pasado; no tiene resentimientos ni rencores. Su atención entera está concentrada en el presente: EN LO QUE ESTÁ HACIENDO AHORA. Tampoco tiene miedo del futuro, ni de otro fracaso, ni de otra pérdida, ni de otra vergüenza, ni de otra pena, ni de otro dolor, ni de otro desprecio.

No se PRE-OCUPA. Se OCUPA enteramente del PRESENTE. No tiene ansiedad y está a punto de vencer su ignorancia de la realidad. Está a punto de darse cuenta de que el pasado y el futuro son fantasmas de su memoria y de su imaginación y que la REALIDAD ES EL PRESENTE.

HUMILLACIÓN QUINTA

En cuanto tiene en cuenta la REALIDAD ACTUAL, está ya en la humillación 5.ª: PIENSA EN LO QUE QUIERE.

Los humildes de la quinta degradación se parecen a los niños sanos y felices de cinco años: Piensan bien y por lo tanto el trabajo que hacen resulta bien hecho y con los mínimos desperdicios de energía y emoción. El trabajo que hacen es para ellos el juego más divertido. Basta observar con qué gusto los niños imitan el trabajo de sus mayores. Jugar, trabajar, estudiar es lo mismo. Por eso la Milicia de Trabajo se integra con la Universidad Akrónica cuyos funcionarios de los colegios de Párvulos son de la sexta humillación y en los elementales son de la cuarta por lo menos.

N — Eso imposibilitará que haya universidades con sus escuelas y colegios akrónicos para todos, aún después de proclamada Eureka.

B — Eureka no es una panacea universal. Es sólo un gobierno universal; un mal menor que el de la soberanía e independencia absolutas de varias gobiernos nacionales. Una subpotencia universal como Eureka no es tan mala como varias superpotencias en conflicto.

Q — ¿Otra digresión? Volvamos a la 5.ª humillación cuyo siervo practicante PIENSA LO QUE QUIERE.

B — En efecto: en el instante presente eres libre de pensar en lo que quieres. El humilde 5.º PIENSA EN EL BIEN DEL PRÓJIMO Y EN EL SUYO PROPIO que es lo que quería ya desde el momento de bajar a la primera humillación. Eso es lo que hace el niño sano y feliz (akrónico) a los cinco años.

N — Hay muchos que no lo hacen ni a los cincuenta años.

B — El alma de mucha gente no ha pasado de la etapa oral: EGOLATRÍA. Su alma ha quedado fijada, anclada, sujeta a sí misma y a todo lo que le rodea, incluyendo las personas, no son más que OBJETOS para chupar, agarrar, coger, dominar, utilizar y explotar si son útiles y para eliminar si son perjudiciales. Es el caso del adulto que quiere hacer servir a sus prójimos como instrumentos para conseguir sus fines, o escalones para trepar.

Q — ¿No nos pasa esto a todos?

B — El niño cuya alma se ha desarrollado plenamente en esa etapa oral de su vida, lo muestra acariciando la teta que lo amamanta para dar placer a su madre real (que puede o no ser la misma que su madre nominal). Ya para el resto de su vida quiere dar placer a su prójima acariciándola, besándola, lamiéndola, chupándola.

La hipótesis de trabajo de la OMAP es que ya en esa época remotísima y recóndita evoluciona lo que, a falta de mejor nombre, llamaremos el alma del hombre por el juego del libre arbitrio reaccionando voluntariamente contra las circunstancias determinadas por la herencia, el ambiente y el propio pasado. Lo determinado que yo no puedo modificar es lo que me han hecho a mí = el pasado. Lo libre es lo que yo hago voluntariamente a los demás en este instante en que estoy plenamente despierto y soy consciente del bien y del mal. Lo determinado son mis circunstancias. Lo libre es lo que yo hago con mis circunstancias. El mamón o bebé que estruja, araña y muerde la teta que le amamanta, ha escogido el alma del sádico cuyo placer consiste en hacer sufrir a los demás. El alma del sádico, del ególatra, del burlador ha quedado estratificada, solidificada en su edad oral. Estará propenso a exaltar su ego hasta los grados de la peligrosidad, a menos que un día decida querer hacer el bien al prójimo con la voluntad resuelta, firme y deliberada de los humildes akrónicos.

N— Entonces, la segunda humillación (No querer hacer mal a nadie) es semejante a la superación de la etapa anal del niño.

53
MORADA ANAL

B — En la edad anal, el alma se da cuenta de que existe delante de otras personas que le trascienden y a las que no puede dominar. Hay uno, por lo menos el padre de hecho, que es todopoderoso y le castiga si hace lo que está prohibido: vg. jugar con las heces y deleitarse con su propia caca. Viene el padre actual, le pega, le castiga, le impide hacer lo que quiere y con ello da motivos al niño para que dé rienda suelta a sus deseos de vengarse. Pero como no puede hacerlo porque su padre es todopoderoso, se revuelve contra su hermano pequeño e indefenso, con lo cual su alma queda coagulada en esta segunda etapa anal. Ya de adultos son los que tienden a pegar, castigar, engañar, matar a seres indefensos con el pretexto de que es un deporte de reyes; o hacen la guerra para eliminar a los enemigos de su patria, de su religión, de su partido o de su jefe.
Por el contrario, el niño que reconoce su falta y pide perdón por haber ofendido a su padre que tanto bien le ha hecho, integra el amor con el temor en la misma persona: su padre real. Agradece el bien que le ha hecho y pide perdón por sus ofensas. Teme el castigo que su padre le puede infligir y teme, todavía más, hacer daño a su padre que tanto bien le ha hecho. Este proceso le lleva, paso a paso, a perdonar a los que le han ofendido y perjudicado, con lo cual su alma crece entrando en la etapa genital.

54
MORADA GENITAL

Q — ¿Cuál es el desarrollo ideal del alma del niño que supera la etapa genital?

B — Se siente complemento de su contrario. Pasa al revés de lo que ocurre con el alma que se coagula, solidifica o enquista en la etapa genital (de los dos a cinco años aproximadamente).

N — ¿Qué le ocurre al alma enquistada en la etapa genital?

B — Que se siente rival, adversaria, enemiga de su contrario y se contamina de los vicios de su adversario...

N — Como el cristianismo español guerrero se contaminó del espíritu musulmán de la guerra santa y desenterró el cadáver del apóstol Santiago para montarlo en un caballo blanco y hacer la guerra a los moros.

Q — No divaguemos. Decías que el alma enquistada en la etapa genital se siente adversa de su contrario. ¿Qué quieres decir?

B — El varón es lo contrario de la mujer. El alma enquistada de una mujer se siente adversaria, enemiga del varón con quien trata de competir y a quien trata de imitar. Tenderá luego a considerar a los varones como sus enemigos naturales. Cuando la posean porque está en celo, aunque llegue su placer hasta el orgasmo, resentirá al varón porque tiene lo que ella no tiene. Tratará de imitarle y, cuando fracase, deseará castigarse y volverse contra sí misma.

Es decir, LA RIVALIDAD INSTIGA LA LUCHA.

LA LUCHA INSTIGA LA IMITACIÓN DEL ADVERSARIO.

LA IMITACIÓN DEL CONTRARIO INSTIGA LA INVERSIÓN.

LA INVERSIÓN, al fracasar, INSTIGA EL MASOQUISMO.

N — Es curiosa la teoría que hace remontar a la niñez a las causas de la inversión y el masoquismo. No me imagino la niñez del pobre Barón de Charlus de Marcel Proust...

B — Su alma debió quedarse enquistada en la etapa genital...

Q — Es fácil observar niños varones que odian a las niñas. En cambio otros se llevan bien con ellas, pero pocos. Las amistades de la niñez suelen ser con personas del mismo sexo.

B — El sexo contrario refuerza la oposición con la edad contraria. Lo contrario de una niña de tres años es su bisabuelo de setenta años. Lo opuesto a un varon-

cito de tres o cuatro años es su abuela de setenta.
El desarrollo ideal de la etapa genital es el de la
niña que besa, acaricia, ama a su abuelo y es amada
por él. Es decir que el abuelo actual y la nieta de
tres años se aman mutuamente. Y, viceversa, el niño
y su abuela actual se aman mutuamente. La confianza
del niño hacia la anciana lleva muchas probabilidades de desarrollarse después en la confianza del joven hacia la vieja y la del varón adulto hacia la mujer
y del marido hacia la mujer. Y, viceversa, la confianza
y amor de la niña hacia su anciano abuelo, si es correspondido, lleva luego a la confianza de la joven
hacia los viejos y de la mujer adulta hacia su amante
y de la esposa hacia su esposo.
Pero todavía hay más: el alma plenamente desarrollada, en la etapa genital, queda abierta a todas las
relaciones asimétricas:

mujeres y varones
niños y ancianos
jóvenes y viejos
padres e hijos
marido - mujer
sanos - enfermos (medicina)
estudiante - maestro
fuertes y débiles
ricos y pobres
guapas y feos

En esta edad ya se forma la base para establecer relaciones armónicas con nuestros opuestos.
Así, las OMAS son como recuperaciones de las edades
perdidas. Son intentos para despertar el alma dormida o encantada en etapas anteriores. Por eso llamamos simbólicas las tres primeras humillaciones o degradaciones del ego. Pero lo que para el adulto es
simbólico (querer hacer bien al prójimo, no querer
hacer mal a nadie, querer tener confianza en el prójimo), para el niño akrónico (feliz) es real y efectivo.
El niño sano y feliz llega a los cuatro años (aproximadamente) con el querer y el poder integrados: piensa
en lo que hace; piensa en lo que quiere; jugar, trabajar, estudiar, aprender es para él la misma operación.
Pero para el adulto cuya alma ha quedado enquistada
o dormida, la distancia del abismo abierto entre el

poder y el querer es enorme. Su mente está atormentada por pensamientos que no quiere tener. Rechaza, reprime estos malos pensamientos y regresan con más fuerza. Para evitarlos se aturde con actividades incesantes, proyectando sus males pasados hacia el futuro; preocupándose precipitadamente por los resultados. Se aturde con la T. V., con las cartas y se droga para dormir. En cuanto está DESPIERTO le atormentan los malos pensamientos... a menos que TENGA CONFIANZA en el esclavo y compañeros de la OMAP que le enseñan a NO PENSAR EN LO QUE NO QUIERE...

Q — Por el método de PENSAR EN LO QUE HACE. Pero ¿y si no hace nada?

B — Si no hace nada activamente, le PASA algo: oye, ve, siente algo. Poner la mente en estado receptivo viendo, escuchando, sintiendo lo que pasa por mí, es un ejercicio muy útil.

55
CONTEMPLAR

CONTEMPLAR cómo aparecen y desaparecen en mi mente los pensamientos, deseos, temores, impulsos es un ejercicio muy útil que practica el siervo OMAP. No trata de rechazar, ni de expulsar, ni de reprimir, ni de contener los malos pensamientos. SIMPLEMENTE LOS DEJA PASAR. CONTEMPLA CÓMO ENTRAN Y SALEN = COMO TODO SE PASA. El practicante de la cuarta degradación del ego domina esta técnica akrónica de contemplar lo que pasa dentro de uno. Técnica complementaria de la OBSERVACIÓN de lo que pasa fuera de uno. Como mínimo, el siervo de la 4.ª practica diariamente las tres técnicas elementales siguientes:

ESPERA PACIENTE, antes de reaccionar. No precipitarse ni dejarse dominar por la cólera.

N — Contar hasta diez antes de contestar a un insulto, ofensa o mentira.

Q — Contener la respiración.

B — Sí, pero todos estos medios fallan si uno no ha creado el hábito o recondicionado los reflejos que nos hacen reaccionar ante una mala palabra con una palabra peor. El pleno desarrollo de esta técnica del «DELAY» o POSPONER = reflexionar antes de hablar, es propio de la Orden del DECIR. Aquí sólo se trata de una pausa de cuando en cuando para RECORDAR lo que uno quiere: PENSAR EN LO QUE HACE O EN LO QUE PASA.

De la 4.ª a la 6.ª humillación se hace LA ACCIÓN MÁS DESINTERESADA y más despreocupada; la OBSERVACIÓN EXTERNA se hace más precisa y la CONTEMPLACIÓN INTERNA SE HACE MÁS PROFUNDA. Por ejemplo: la práctica de la 4.ª es, como ya he dicho, como mínimo la contemplación de los propios pensamientos, deseos, impulsos, temores. Muchos contemplan por dentro su propio cuerpo diferenciando cada una de sus partes: dedos, manos, pies, brazos, piernas, tronco, cabeza..., tocándose, sintiéndose cada una de las partes sucesivamente y despegándose, desligándose de ellas, dejándolas tranquilas como plantas en la tierra...

Practican además la contemplación de su propia respiración y hay algunos que también llegan a contemplar = sentir su propia circulación.

Los de la 6.ª practican, además, la contemplación óptica o de la circulación de la luz o de la Flor Dorada oriental, de derecha a izquierda y de izquierda a derecha. Pero yo no sé nada más que su existencia y los frutos que producen en los siervos de la 6.ª, cuya presencia y ejemplo ya basta a veces para no pensar mal. Son gente cuya sola presencia nos tranquiliza.

Pero para practicar las contemplaciones de la respiración, de la circulación, de la orientación o circulación interior de la luz se necesita la ayuda básica del esclavo menor. Sin él es muy peligroso y nos podemos hacer daño a nosotros mismos o, lo que es peor, caer en la tentación de la soberbia, que es tanto más intensa cuando mejores son los resultados que uno ha conseguido por sí mismo. Y en cuanto uno cree haber conseguido por sus méritos una superioridad sobre su prójimo ya está adorando al Príncipe del Mundo: Lucifer.

Lucifer es la soberbia. La defensa contra la soberbia

es la humildad. Por eso las autoridades de Eureka son los esclavos voluntarios.

Si uno reconoce que el mérito de cualquier progreso que haga en la contemplación o meditación es del esclavo pedagogo que nos ha curado como el médico cura al enfermo, no se ensoberbece...

N— Hay gente que se enorgullece de su buena salud o de haberse curado como si fuera un mérito propio.

Q — Los ricos se enorgullecen de su riqueza; los guapos de su guapeza; los fuertes de su fortaleza; los inteligentes de su inteligencia...

B — Cuando en realidad no hay ningún mérito propio en lo que tenemos de más valor: la vida, la salud, la inteligencia, la atracción. Todo lo que tenemos nos ha sido dado gratuitamente. La riqueza, la satisfacción, el prestigio, nos los dan los otros directa o indirectamente.

Q — Y si uno no encuentra ningún esclavo akrónico para enseñarle esas contemplaciones y meditaciones tan trascendentales, ¿qué se fastidie?

56
ORACIÓN

B — Siempre nos queda el recurso de la ORACIÓN. Concentremos la atención en la ORACIÓN y no pensaremos en lo que queremos pensar. Y si concentramos nuestra atención más y más intensamente en la Oración, llegaremos a pensar en lo que queremos, o sea, en nuestra creencia particular. Llegaremos a construirnos un sistema de valores de lo que verdaderamente queremos y a diferenciar lo que podemos de lo que no podemos.

Q — Te refieres a la oración mental y no a la simplemente verbal como el «OM MANI PADMA OM» de tantos hindúes rutinarios y el «AVE MARÍA» y el «PADRE NUESTRO» de tantos pseudo-cristianos pasados por agua.

B — Me refiero a toda clase de oración o plegaria que supone reconocimiento de mi inferioridad y del poder, justicia y misericordia de la Persona a quien me dirijo

al rogar, orar o suplicar y adorar. La plegaria akrónica supone el reconocimiento de Alguien mucho más
poderoso que yo en quien confío.

A mí me gusta más la clasificación tetragonal de la
plegaria. Las tres caras que se ven son:

    a) la oración verbal o lineal, de una dimensión;

    b) la oración mental o superficial, de dos di-
        mensiones;

    c) la oración profunda o afectiva, de tres di-
        dimensiones.

Y la cara escondida de la pirámide triangular representa la oración infusa, de cuatro dimensiones, que
está fuera del poder humano. Un simple «Padre nuestro» puede rezarse en cualquiera de las maneras dichas: oral, mental y afectiva o cordial.

Q — ¿Cuál es la mejor?

B — Aquella en que al rezarla concentramos más nuestra
atención. Lo malo de la oración puramente verbal,
o de una dimensión, es no prestar atención a lo que
se dice. Decir una cosa de memoria mientras se piensa en otra. Eso es lo malo. Pero si concentramos la
atención en cantar o pronunciar bien las palabras de
la oración, ya está conseguido el objetivo de la 4.ª
humillación: no pensar en lo que uno no quiere pensar. ¡¡Cuántas y cuántas viejecitas y... hasta jovenci-
tas han hallado su consuelo en la simple repetición
del rosario!! Por lo menos, mientras rezan el rosario
no se ofenden con palabras y gestos que surgen de
sus rencores cuando cada uno trata de demostrar a
los demás que él tiene razón y los demás tienen culpa.
¡¡¡Cuántas y cuántas disputas y querellas entre católicos ha evitado el rezo del rosario aunque sea puramente verbal!!! No se pueden zaherir uno a otro los
esposos o los monjes mientras rezan. ¡No podemos
reñir y rezar al mismo tiempo!

Pero además de lo dicho, que por sí solo justifica la
plegaria verbal, hay otras razones de importancia que
la aconsejan. Por ejemplo: en estado de cansancio
mental o acedia espiritual, cuando uno no puede rezar
mentalmente ni cordialmente, siempre puede, por lo
menos, rezar verbalmente.

Q — Y también cuando uno está muy agitado, turbado, inquieto y no puede concentrar su atención, puede todavía rezar verbalmente.

Y también cordialmente o de corazón sin imágenes ni palabras, si está acostumbrado a ello. Pero el caso es que la gran mayoría sólo está acostumbrada a rezar verbalmente e ignora lo sencilla y simple que es la plegaria cordial.

B — Otra ventaja inmensa de la plegaria verbal es que se sabe de memoria y el recuerdo sirve de punto de partida de la oración mental. Por ejemplo: las dos primeras palabras del «Padre Nuestro» evocan múltiples asociaciones mentales con ellas. «PADRE» evoca a la persona todopoderosa de mi niñez y su sublimación de la hermenéutica de Freud. Ontológicamente evoca al Creador = Infinito que me ha sacado de la nada = O. «Padre», evoca la idea de ALGUIÉN poderoso que me conoce de cabo a rabo y no obstante me ama y me ayudará si le dejo. «Nuestro» evoca la idea de los unos (nos) y los otros (nos-otros). Es tan padre mío como tuyo, como de él y nos quiere a todos por igual = infinitamente. Y así sucesivamente pueden irse sacando más y más significados de cada palabra, de cada expresión.

N — Así, para ti, la oración mental consiste en darle a cada palabra tantos significados como quieres, ¿no?

B — Por ese camino se baja a la 5.ª humillación: a PENSAR EN LO QUE SE QUIERE. Por ese camino uno llega a descubrir que en realidad «cada uno cree lo que quiere». Para los cristianos este libre arbitrio para creer lo que uno quiere es una gracia de Dios. Para los ateos es la condición humana de no poder dejar de ser libre para querer en cuanto estoy consciente de mi existencia.

N — Luego, el hombre es libre para creer o no creer en Dios. Y si elige creer en Dios, es libre todavía para creer en aquel concepto, idea o manifestación de Dios que quiera, dentro de las que se le han aparecido en su circunstancia, puesto que Dios está más allá de todas las ideas y representaciones desde el nihilismo al animismo.

B — Yo, si quiero, puedo creer que Dios no existe, gracias a Dios. Y, también porque Dios quiere, yo puedo creer que existe detrás de la nada... Pero, en fin, esas son mis disquisiciones particulares que sólo se relacionan con la OMAP porque la oración mental me lleva a bajar a la 5.ª humillación de pensar (y creer) lo que quiero.

Q — En otras palabras: el hombre es libre de creer o no en su libertad; de afirmarla o de negarla.

B — La razón pura le deja en la duda. La razón no me saca de dudas.

Me deja escéptico porque a cada razón en pro encuentro otra en contra, igual y contraria, como los escépticos, llegando a dudar incluso de mi escepticismo y del de Kant. Mi experiencia puedo interpretarla material o espiritualmente, como me dé la gana. La autoridad, aunque sea absoluta y totalitaria, puedo negarla y rechazarla en mi fuero interno.

Aunque el tirano me torture, en mi fuero interno me queda la libertad de bendecirlo y perdonar a mi verdugo: SOY LIBRE: CREO LO QUE QUIERO.

Q — Entonces has bajado ya a la 5.ª servitud akrónica, ¿verdad?

B — He bajado pero me he exaltado el ego y luego he subido otra vez. Mi situación personal es inestable, ciclotícmica. Paso por un ciclo de humillación del ego pero luego he vuelto a la exaltación...

Q — Como un personaje de Dostoiewski...

N — O como Dostoiewski mismo...

B — O como Unamuno que solía escribir «ese yo por el que muero y que mi mundo alrededor encona» (cito de memoria). Eso es lo que me pasa a mí: el mundo a mi alrededor me encona y vuelve a hacer mal a mi prójimo y a mí mismo, pero para ser correcto debo hablar en el pretérito perfecto. Cualquier pequeñez o contrariedad me ha irritado hasta ahora y he pensado, sentido, dicho y hecho y omitido lo que he querido. Hasta he querido lo que no quería querer. Ayer noche, volví a hablar mal de otra gente y me exalté comentando la guerra del Estado de Israel con los estados de Ismael, y mostré mi indignación por la extorsión y usurpación que el perezoso Jacob hizo a su trabajador hermano, el maloliente Esaú, el velloso pelirrojo... y la promesa que Isaac le hizo de que a pesar de todas las trampas de Jacob, finalmente Esaú sacudiría su yugo y se liberaría.

N — Eso es hablar mal de los judíos tan injustamente perseguidos y crucificados durante tantos años...

B — Ahí vino mi exaltación e irritación porque confundía el Estado de Israel, que es una ficción jurídica, una entidad que no sufre ni goza, con los judíos Sam y Sara, David y Esther que son gente de carne y hueso que mueren por un ÍDOLO insensible, el Estado de Israel. Yo, a mis amigos judíos los respeto a todos y a muchos aprecio y admiro, pero a su ídolo, el Estado, no tengo porqué respetarlo sino todo lo contrario pues les exige el sacrificio de sus vidas y las de sus rivales que adoran otros ídolos estatales. La guerra se basa en una idolatría...

Q — Eso naturalmente molesta y hace daño a los devotos de los santos guerreros como Santiago, patrón de España; San Luis de Francia; San Fernando de Castilla; Santa Juana de Arco; Isabel y Fernando; y gran parte del santoral tanto católico como protestante...

B — También tuve que decirles a mis amigos judíos que el crimen no justifica el crimen: el que sus padres fueran víctimas de los nazis no justifica que ellos atropellen a los palestinos.

Y luego ofendí a mis amigos musulmanes motejándoles también de idólatras de sus estados neo-taifas, monstruos devoradores de la juventud.

N — Así quedas mal con moros, judíos y cristianos y en lugar de reconciliarlos los antagonizas a todos contra ti...

B — Y la incomprensión y distorsión de lo que dije, me irritó todavía más. Y cuando pasamos a hablar de Nixon ofendí a mis amigos partidarios suyos...

N — Y al mismo Sr. Nixon a quien acusas de haber consagrado el sistema de GOBIERNO POR ENGAÑO, para satisfacer su apetencia de poder...

B — Al Sr. Nixon no lo puedo ofender personalmente pues ni siquiera sabe que existo...

N — Y aunque lo supiera tampoco le ofenderías pues ya dijo a un periodista que sólo le pueden ofender la gente que él respeta...

B — Y como él no ha respetado a nadie... ¡Caramba! Ya iba a atacarle personalmente. En realidad, el señor Nixon no es para mí sino un personaje pues mis acciones y omisiones no le afectan directamente. Aunque le escriba cartas no las lee y mi voto no le afecta más que en una pequeñísima parte impersonal. Pero no me he quitado todavía el hábito del mundo nacionalista de hablar de las corporaciones como si fueran personas reales; de las generalizaciones abstractas (como los judíos, los árabes, los rusos, los americanos, los franceses, los alemanes, los ingleses, los españoles, etc.) como si se tratara de gente concreta exactamente igual = cada uno, copia exacta de los otros. En realidad los malos no son ni los unos ni los otros sino la confusión de lo abstracto con lo concreto (David, con los judíos o viceversa); de lo ficticio con lo real o de lo colectivo con lo individual, de lo general con lo particular.

No debo atacar personalmente al Sr. Nixon sino al engaño, a la insidia, a la calumnia, a la mentira, a la falsedad...

Q — «Odia el crimen y compadece al criminal», como dice Mariana de Pineda.

B — Sí. Tengo que compadecer al Sr. Nixon, tengo que compadecer al Sr. Agnew y congratularme porque el pueblo americano se va a librar de sus engaños.

N — ¿Quién lo librará de la Gran Mentira Colectiva: del Voluminoso Monumento a la Mendacidad que constituye el informe oficial sobre el asesinato del presidente Kennedy?

Q — Estáis ya en plena maledicencia. De seguro que no has bajado a siervo de la Orden del Decir. Estábamos hablando de la oración mental y nos hemos desviado hasta la maledicencia política.

B — Precisamente es lo que evita la oración mental. Ahora ruego por el bien de todos y de cada uno, de los unos y de los otros, de mis amigos primero y principalmente, de los simpáticos que me van pasando por la memoria, de los conocidos, de los desconocidos, y hasta de los antipáticos y de los enemigos: agradezco a los unos su amistad, perdono a los otros su enemistad. La plegaria mental se puede concentrar, reducir en extensión mental, profundizar en la respiración: aspirar = agradecer; expirar = perdonar. O bien: expirar = darse, entregarse; aspirar = recibir, admitir, aceptar.

Y luego todavía más profunda y concentrada en el

latido del corazón convertido en el Nombre del AMADO, o en la plegaria de Azaña: PAZ = PIEDAD = PERDÓN. Esa situación es estable en el siervo practicante de la 5.ª humillación.

Q — En resumen, se puede bajar a las humillaciones de la OMAP por las escaleras de la ORACIÓN, de la CONTEMPLACIÓN o MEDITACIÓN, de la ACCIÓN o EXPIACIÓN que es la acción desinteresada, creativa artística, por la OBSERVACIÓN reflexiva, científica, descubridora e inventora.

B — Eso es. Las cuatro escaleras principales para bajar a las humillaciones OMAP se pueden denominar así:

1. OBSERVACIÓN REFLEXIVA O CIENTÍFICA QUE LLEVA A LA INVENCIÓN O AL DESCUBRIMIENTO.

N — Eso es: el descubrimiento científico lleva a la invención técnica.

B —
2. LA ACCIÓN DESINTERESADA ARTÍSTICA QUE LLEVA A LA INSPIRACIÓN - CREACIÓN.
3. LA MEDITACIÓN TRASCENDENTAL.
4. LA ORACIÓN EXISTENCIAL.

57
SEXTA HUMILLACIÓN AKRÓNICA

Pero estas cuatro escaleras que se entrecruzan en los estados de contemplación se juntan abajo, en el rellano inferior de la 6.ª degradación cuando la Observación ha llegado al DESCUBRIMIENTO y éste a la INVENCIÓN.
LA ACCIÓN DESINTERESADA, por medio de la INSPIRACIÓN ha producido la CREACIÓN ARTÍSTICA, la ORACIÓN. por medio de la INFUSIÓN o DON GRATUITO, ha llevado al ÉXTASIS o NIRVANA cuando la MEDITACIÓN POR MEDIO DE LA RESIGNACIÓN HA LLEGADO A LA NADA O VACÍO.

Q — Me parece que esos términos: RESIGNACIÓN = INFUSIÓN = INSPIRACIÓN equivalen a la GRACIA. Y el DESCUBRIMIENTO TAMBIÉN, si lo llamas REVELACIÓN.

B — REVELACIÓN = INSPIRACIÓN = INFUSIÓN = RESIGNACIÓN son palabras que para mí significan lo que quiero decir. También me satisfacen los términos: NADA, NIRVANA, CREACIÓN, INVENTO. Pero cada uno en las OMAP escoge los términos que mejor le sirven de flechas indicadoras de los ACONTECIMIENTOS reales y efectivos.

N — Puedes jugar con estas palabras diciendo: «NIRVANA es la Nada que Inventa la Creación...».

Q — O LA RESIGNACIÓN INFUNDE LA INSPIRACIÓN REVELADORA.

B — Para mí son algo más que juegos de palabras: están llenas de la conciencia de abstracción. Sabemos que son palabras que no son lo que indican sino tan sólo indicaciones de lo INNOMBRABLE.

N — Como las obras de Samuel Becket...

58
SUMARIO

Q — Ahora me doy cuenta de otra correlación de las OMA. Las primeras tres humillaciones (simbólicas) corresponderían a la dimensión lineal. Las primeras humillaciones de cada orden (4.ª - 7.ª - 10.ª - 13.ª - 16.ª - 19.ª) corresponderían a las dos dimensiones de la superficie o plano. Las segundas (5.ª - 8.ª - 11.ª - 14.ª - 17.ª - 20.ª) corresponderían a las tres dimensiones de un volumen o cuerpo. Y las terceras (6.ª - 9.ª - 12.ª - 15.ª - 18.ª - 21.ª) viven en las cuatro dimensiones del espacio-tiempo.

B — Y los esclavos habitan también la quinta dimensión anti-material o espiritual.

N — Ya has dicho que se puede bajar a la esclavitud de cualquiera de esos servilismos espacio-temporales. También has aclarado que las OMA del SABER no son exclusivas sino que se puede cooperar y practicar con varias a la vez. Y también que del 6.º servilismo, un niño akrónico o sano y feliz baja naturalmente al 7.º

B — Para nosotros, adultos, son humillaciones y degradaciones pues es un regreso a nuestra niñez. Pero para un niño de la edad correspondiente son simplemente etapas del desarrollo moral óptimo.

N — También has mencionado que los siervos del pensar califican moral o militarmente para cargos de pedagogía de la niñez: los de la 6.ª para enseñar a los párvulos y los de la 4.ª para los de los colegios de primaria. ¿Qué otras aplicaciones tiene la práctica de la 6.ª humillación?

B — Enseñar a no pensar mal, primero y principalmente con su ejemplo. Y si el siervo de la 6.ª en cuestión tiene la capacidad intelectual y los estudios necesarios, enseña también la teoría de algún método para no pensar mal.

Q — Explícanoslo.

B — Yo no tengo ni la capacidad ni la preparación para hacerlo bien. Lo único que puedo hacer es tratar de recordar algo de lo que me explicaron en un curso que asistí.

N — Veamos.

B — Hay varias formas de pensar mal incluso cuando ya se ha eliminado la distracción, la precipitación y la fuga de ideas. En suma, venía a decir que una vez se ha conseguido concentrar la atención = reflexionar, lo más bajo es lo epistemológico. La diferencia entre reflexionar bien y reflexionar mal, epistemológicamente, es la siguiente:

Si uno parte de la creencia o creencias como premisas y llega a las experiencias como conclusión, el pensamiento es malo. Digo malo en el sentido de que mixtifica la experiencia, la falsifica, la tuerce y hasta la fabrica para ajustarla a la creencia; proyecta la creencia. Un ejemplo muy claro es cuando partiendo de la creencia - premisa: «los quákeros dicen la verdad», raciocino en la segunda premisa: «Nixon es quákero» y llego a la conclusión lógica «Nixon dice la verdad». Lo cual es lógico pero falso, y siguiendo un razonamiento lógico voto por Nixon.

Esa forma de pensar mal o de equivocarse es muy corriente, sobre todo en política.

N — El pensar mal en política es debido a la confusión de lo abstracto con lo concreto.

B — Es el error axiológico o de poner los valores abstractos como la libertad por encima de los valores concretos como la vida.

Todo el mundo sabe, por experiencia propia, que la vida concreta del ser que amamos vale más que todo el mundo. Y sin embargo los políticos liberales predican lo contrario y encuentran jóvenes ingenuos que se lo creen.

N— Y los conservadores también piensan que el Orden Público vale más que la vida del público.

B — En cambio, el pensar bien, en epistemología, es partir de la experiencia (externa o interna) para llegar a la creencia. Ejemplo: Premisa - experiencia: «cada vez que he bebido whisky barato comprado en la tienda X., me ha sentado mal». Llego a la conclusión o creencia «creo que no es bueno el whisky que venden en la tienda X». Y por consiguiente no compraré más. En axiología el pensar bien consiste en valorar lo concreto por encima de lo abstracto; lo personal individual, por encima de lo impersonal y colectivo; el prójimo desvalido, por encima de la sociedad.

También puede estar equivocada la conclusión basada en la experiencia, y a menudo lo está, cuando confunde la parte con el todo. Ejemplo: lo que yo percibo de cualquier evento es sólo parte de lo que pasa. Veo sólo lo que se ve desde mi punto de vista y con mi visión y la atención que pongo en aquel instante. Mi visión está constituida de tal modo que no puedo ver más que la mitad de una esfera y dentro del muy limitado número de ondas perceptibles por mí (dejando fuera todas las más lentas que las infrarrojas y más veloces que las ultra-violetas). Y ni con el más poderoso telescopio puedo ver todo lo que hay en la porción del firmamento visible desde donde estoy; ni con el más poderoso microscopio puedo ver el universo intraatómico. Lo que puedo percibir del ACONTECER o SUCEDER, del suceso, no es más que una pequeñísima parte. Y ni siquiera con la imaginación puedo ver simultáneamente la posición y la velocidad de un electrón. Estremadamente ridículo, por lo tanto, mi pretensión de conocer toda la verdad. Y mi pedantería resulta insoportable cuando niego la existencia de lo que yo no puedo percibir. Ejemplo: cuando en el mismo instante un oriental dice que es de día y un occidental dice que es de noche o viceversa, los dos tienen razón aunque sus afirmaciones son contradictorias.

N — A menos que uno de ellos intente engañarnos.

B — Luego el criterio para distinguir la verdad de una doctrina es la buena fe, la sinceridad del que la expone. La sinceridad o verdad subjetiva es el criterio para establecer la verdad de las doctrinas filosóficas y religiosas cuya validez no se puede probar o verificar objetivamente. Lo que no se puede probar o verificar objetivamente es válido si está dicho de buena fe, para servir la VERDAD, no para hacerla servir subordinándola a la utilidad, a la comodidad, al temor. El filósofo ateo de buena fe puede ser tan buen siervo akrónico como el más devoto de los religiosos de buena fe. El siervo akrónico es siervo de la virtud para bien del prójimo y de la Comunidad Universal o Humanidad. Y los que rechazan parte de la humanidad y pretenden destruir a los que llaman malos, enemigos, corrompidos, etc., no son akrónicos; no viven en el presente sino que son esclavos del tiempo pasado (hábitos, remordimientos, rencores) y del futuro (deseos, temores, ignorancia).

Q — De manera que los que llamas «siervos akrónicos» son (en parte) libres del tiempo. Y los que Akronia llama libres, son siervos del tiempo.

B — Las mismas palabras tienen significados distintos para distintas personas. Cuando el Cisma, cada papa era el anti-Papa para el otro Papa. Un materialista llama anti-materia al espíritu. Un espiritualista llama anti-espíritu a la materia y condena y aborrece ese don maravilloso que es su propio cuerpo. Y, a veces, las palabras distintas tienen el mismo significado para una persona y distinto y hasta opuesto para otros: vg.: Éxtasis y Nirvana, Atman y Espíritu Santo son para mí distintas traducciones de la misma o parecida intuición.

N — Judíos, moros y cristianos; católicos y protestantes; hindúes y budistas, taoístas y confucionistas; marxistas y anarquistas, positivistas y espiritistas, nihilistas y totalitarios..., todos intuirían la Misma Verdad, según tú, pero la expresarían con símbolos, alegorías, metáforas, sinécdoques y metonimias distintas... y hasta conceptos contrarios y antinomias.

B — Esa es mi opinión personal, que también es parcial. Haga lo que haga, mis intuiciones son sólo partículas de la VERDAD. Las proposiciones sobre una totalidad de que formo parte son ilegítimas, como ha demostrado Bertrand Russell en la Teoría de los Grupos.

N — Y, antes de él, ya lo demostraron los griegos; Zenón: Si un cretino dice que todos los cretinos mienten,, si dice verdad, miente puesto que él es un cretino, y si miente, dice la verdad.

Q — Pero tú has dicho también que el sincretismo es el padre del cretinismo, ¿por qué?

B — Porque cada uno ve la verdad desde su punto de vista. Y si renuncia o compromete su punto de vista propio, si transige con lo que le parece mentira, su visión de la verdad se disipa, no se desarrolla como podría y se queda hecho un cretino. Ejemplo: Yo, personalmente, intuyo la VERDAD a través de Jesucristo quien, para mí es el medio y el fin: el camino, la verdad y la vida. A medida que profundizo en Su VIDA, MUERTE Y RESURRECCIÓN tal como se me aparece a mí, mi alma se desarrolla, integrando en el mismo sentido todas y cada una de mis satisfacciones, de mis placeres, de mis sufrimientos, de mis pérdidas y fracasos, de mis humillaciones, pues todas son escalones que me conducen hacia Él. Yo creo que tengo que ir a Jesús por los cuatro Evangelios que se me han aparecido en mis circunstancias, navegando entre sus contradicciones y paradojas y no perdiendo de vista que no es Jesucristo quien los escribió, sino otros que quien sabe si ni siquiera fueron testigos y si lo fueron se contradicen entre ellos y con muchos más evangelios que fueron rechazados por un grupo de fieles que consiguió imponerlos como los únicos verdaderos. Es la Relación entre los Evangelios y mi propia experiencia interna y externa la base de mi creencia actual apoyada por las enseñanzas o doctrinas de la Iglesia Santa, Católica y Apostólica que es mi idioma. Las demás lenguas y doctrinas se me aparecen como dialectos de mi Idioma. Es natural, pues, que mi lengua parezca un dialecto de la suya a mi prójimo de buena fe que me mira con simpatía.

Q — Sin embargo, tus amoríos con otras doctrinas como las de Heidegger, Jean-Paul Sartre y Bertrand Russell; el Tao-Te-King, el Bagavad Gitá, el budismo primitivo y el zen y tantos otros molestan a muchos católicos, todavía más que las recriminaciones que lanzas contra sus guerras, persecuciones y explotaciones religiosas.

B — Yo creo que cada persona goza de unos rayos de sol que, cuando es de día y hace buen tiempo, le calientan y le iluminan; Tomás Merton, Don Aelred Graham, Lanza del Vasto también se solazan con la buena fe y la inspiración que han hallado fuera de los muros de la institución a que pertenecen...

N — También te desvías por el camino de Miguel de Molinos, Fenelón y Mme. Guyón. Y luego tus amores con Pascal, con Teilhard de Chardin y con Díez-Alegría...

B — Y hablando de jesuitas no te olvides que fue leyendo el dulce y devoto escepticismo de Ernesto Renán como me convertí o tuve la evidencia de la divinidad de Jesucristo. Esas son mis razones para querer humillarme a servir al prójimo en concreto y a la humanidad en general. Pero cada siervo tiene sus propias creencias. Es la práctica de hacer bien al prójimo lo que constituye las Órdenes Militares Akrónicas. En teoría, hay cosas que yo no puedo admitir: que las Cruzadas y matanzas de la gente sean inspiradas por Jesucristo. Pero en la práctica amo a mi querido amigo Charles Péguy, que murió por Francia como él quería; y a mi amigo Norman Morrison, que murió ante el Pentágono ofreciéndose en holocausto para salvar el honor de América, pues en su patriotismo no podía creer que su patria cometiera, a sabiendas, la cobardía de matar niños inocentes en el Vietnam; y a Alberto Camus, que murió en un accidente de automóvil sin poder condenar a los suyos del pie negro; y a muchos otros con cuyas doctrinas no estoy de acuerdo.

Para mí el criterio de una doctrina es subjetivo: la buena fe del que la expone. Todo lo dicho de buena fe es, en parte, verdad mejor o peor expresada, pero verdad. Y viceversa, lo que uno dice para servir a lo que no es verdad sino sólo utilidad, comodidad, evitar molestia, cortesía, etc., no es verdad.

La verdad objetiva, que se puede verificar, es objeto de la ciencia. La religión tiene que ver con la experiencia interna subjetiva. La filosofía trata de relacionarlas diferenciándolas claramente, circunscribiendo los límites de su validez. O sea, que la experiencia subjetiva o religiosa no tiene validez objetiva. Es decir que la interpretación que yo doy a lo que me pasa es válida para mí y para los que CREAN en mi palabra y para todos cuantos quieran interpretar su propia experiencia en concordancia con mi interpretación. Pero para los que no quieren creerme y para los que den a sus experiencias una interpretación incompatible con la mía, la mía no es válida. Querer imponerla a la fuerza es absurdo porque lo subjetivo = lo religioso, es esencialmente voluntario.

N — La mayoría, sin embargo, cree lo que les dice la Autoridad: Padre, Sacerdote, Maestro, Capitán, Obispo, Rey, Presidente o cualquiera que sea el nombre de la autoridad. Muy pocos hay que examinen su propia creencia; emplean todas sus fuerzas intelectuales y físicas y morales en defenderla, no en examinarla. El libre examen está condenado porque es dudar de la Autoridad, crimen de lesa majestad.

B — En el Estado Nacional, Imperial Federal soberano e independiente, la primacía de las creencias es la del Estado: la Patria, la Nación soberana, independiente que está por encima de todos y por la que se debe dar la vida. Eso es lo que enseña el Maestro, manda el Capitán y predica el Sacerdote. La autoridad de la iglesia o iglesias se acepta y refuerza por el Estado en cuanto CONCUERDA con la adoración de la Patria y prácticamente se subordina a ella. En la Iglesia Católica Anglicana, la jefatura pertenece al mismo jefe del Estado, como al califa musulmán. Tanto los que han seguido el ejemplo de la Inglaterra de Enrique VIII, como los que siguen el de la Francia de Robespierre que entronizó la diosa Razón que pronto cedió el trono a la diosa Francia, nacida de la Virgen Juana de Arco, como enseña el santo padre Michelet, justifican plenamente el juicio de Karl Marx acerca de la religión. Lo que Marx no vio es que la religión imperante en Occidente ya no era el cristianismo que había pasado prácticamente a religión auxiliar o secundaria. La religión que prevalecía y todavía prevalece en Occidente es el NACIONALISMO que naturalmente es politeísta objetivamente y cien por cien monoteísta dentro de cada nación. El historiador o sociólogo objetivo constata el politeísmo y la rivalidad entre las diosas europeas, americanas, asiáticas y, ahora también, africanas. Esas diosas pretendieron conciliar sus intereses en Ginebra y en la orilla del río Este de Manhatan, donde tienen ahora su escuálido Olimpo. Sea como sea, el que no adora a su Patria por encima de todo es considerado TRAIDOR objetiva o socialmente. En cambio, el que no adora ni siquiera cree en Jesucristo, como Charles Maurras, es considerado, socialmente, un respetable y patriótico librepensador, agnóstico o escéptico. Si la palabra «ateo» tiene todavía mala fama en Occidente es por su asociación con otras creencias católicas o universalistas como el anarquismo y el marxismo; aunque ahora el marxismo ya se ha subordinado a Rusia, a China y a otras diosas nacionales.

En resumen, la religión imperante en el mundo al borde de la destrucción termo-nuclear y bio-química es el NACIONALISMO.

N — Las luchas intestinas dentro de la Iglesia Una que se desintegró en multiplicidad de Iglesias-taifas, unidas sólo por su odio a la Iglesia Romana, han dado el poder eclesiástico al estado y la educación laica ha sustituido subrepticiamente a la religiosa enseñando a adorar a la patria por encima de todo.

Q — Una excepción sería la Iglesia Española.

B — También está, de hecho, subordinada al estado, al cual debe servir en este mundo si quiere que el estado le respete su jurisdicción en el otro mundo.

N — Además, el cristianismo español se critalizó durante los siglos de tanto matar moros y perseguir judíos y halagar a los ricos y poderosos.........................
....
....

Q — ¿Qué tiene esto que ver con la OMAP que nos estabas explicando?

B — Estábamos explicando métodos de pensar y las discusiones que teníamos en nuestros seminarios akrónicos. Temo que me he dejado llevar por el tema y he expuesto más mis ideas que no son exactamente las de otros compañeros estudiantes y practicantes de la 4.ª humillación akrónica. Trataba de poner las bases para la elevación de elaboración de un método político basado en un sistema de valores puesto al día. Valores colectivos o políticos.

Q — Para San Agustín, la Ciudad del Hombre era Roma, ¿qué es la Ciudad del Hombre, hoy en día?

B — La Humanidad, sin duda alguna. Las técnicas modernas nos han puesto en contacto con todos los hombres. Ya de hecho los conflictos en Palestina o en Indochina se resuelven en Washington o en Moscú.

1.º El bien de la humanidad en conjunto es más importante y debe prevalecer sobre el de cualquier nación o grupo de naciones particular.

2.º El Derecho de Gentes o Derecho Internacional debe obligar a todas las naciones.

3.º Para ello precisa un estado dotado de su propio gobierno, justicia, legislación, educación y fuerzas coactivas para imponer el cumplimiento de Ley Humana o Universal.

4.º Los Gobiernos nacionales, por su propia naturaleza, deben poner los intereses de su nación por encima de todo y, por tanto, no pueden fundar el ESTADO UNIVERSAL.

5.º Si los gobiernos no lo pueden fundar, lo deben hacer los hombres de buena voluntad capaces de hacerlo.

6.º Como gobernado, ciudadano o sujeto de una nación particular debo apoyar a mi gobierno legal en todo cuanto no se oponga al interés superior de la Comunidad Universal.

Q — Ya has dicho que reivindicas tu derecho natural a no matar y por lo tanto que no obedecerías al gobierno ni a nadie que te mande matar o cooperar en las matanzas.

B — El ejercicio de mi derecho a no matar es mi deber moral que prevalece sobre mi deber político porque la persona real de carne y hueso vale más que la corporación o persona ficticia, incluyendo el mismo Estado Universal o Humanidad. *Para mí, el hombre vale más que la humanidad y por eso no debo matar a nadie ni siquiera en nombre de la Humanidad.* Pero yo te hablaba de la dimensión política que se refiere a mi quehacer «vis-a-vis» de la comunidad y de su autoridad legítima o gobierno. Decía en el punto 6.º que en todo cuanto no se oponga al derecho natural ni al derecho universal, debo obedecer la ley nacional vigente dondequiera que habite...

N — Y no quieres meterte en política...

B — Al contrario. Ya estoy metido en política puesto que estoy metido en un territorio y en una sociedad dependiente políticamente del gobierno establecido. Mi omisión o no hacer nada en política equivale, quiera yo o no quiera, a colaborar eficazmente con el gobierno establecido. Por lo tanto,

7.º o como gobernado, ciudadano o sujeto tengo el deber de examinar la situación política y decidir, *en cada caso*, si quiero colaborar con el gobierno ya sea con el silencio, que es consentimiento, o con manifestaciones y votos positivos, o si debo oponerme a lo que hace el gobierno establecido ya sea porque va contra el hombre concreto (como guerra, violencia, engaño, abuso, delito) o contra la Humanidad.

El error político que generalmente cometemos los gobernados ciudadanos o sujetos es el de juzgar al gobierno en bloque por sus ideas o fines que persigue. Eso es pensar mal, en política; es un error fundamental causado por el apasionamiento que ponemos en la política cuando conviene antes que nada que nuestra acción política y su examen previo de la situación sea hecho con

8.º SERENIDAD. En realidad el mismo gobierno suele hacer unas cosas buenas y otras malas. Lo que conviene es apoyarle en lo que hace de bien y oponérsele a lo que hace de mal. Por ejemplo: apoyé el acercamiento a China que realizó Nixon y me opuse al bombardeamiento de Indochina que también realizó Nixon. Apoyo a Nixon si hace la paz como por ejemplo hoy parece que intenta hacerla en la Tierra Santa. Me opongo a Nixon si hace la guerra, o nos engaña, o viola la constitución y otras leyes.

9.º Al hombre o mujer que gobierna no debo juzgarle moralmente pues no reconozco sus intenciones y es moral todo aquello que el hombre hace con intención de hacer el bien; y, es inmoral todo lo que se hace con intención de hacer mal a alguien. Yo no conozco más que mis intenciones conscientes. No conozco las de nadie más y por lo tanto no puedo juzgar a nadie moralmente.

N — Casi todo el mundo, incluso Dalí (que suele ser muy convencional o aburguesado) juzga al gobernante moralmente y después encuentra que lo que hace está bien si cree que es un buen hombre inteligente y que todo lo que hace está mal, si cree que es un mal hombre tonto.

B — El siervo akrónico no confunde la moral con la política. No juzga al gobernante por los fines que declara perseguir o ideología ni por si es o no sincero y honrado. Analiza, por el contrario, si la medida de gobierno es un medio sensato que razonablemente tiene probalidades de producir el bien de la comunidad. Por ejemplo: la guerra es razonablemente un medio que producirá la muerte de hombres, por lo tanto el siervo akrónico se opone a la guerra como se opone al engaño y a la explotación del hombre por el hombre.

N — La guerra se presenta a los sujetos como el mejor medio de conseguir la paz. El engaño, como razón de estado para evitar la dicordia y quizá la guerra civil o el debilitamiento de las fuerzas armadas y la seguridad social, como en el caso del asesinato de Kennedy. Otro ejemplo: la explotación del obrero en Occidente se justifica porque en la URSS y sus satélites todavía los explotan más.

B — Ahí está el malpensar. Y casi todos nosotros pensamos mal políticamente (es decir, pensamos con nuestras pasiones y emociones), aunque no queramos. Es un hábito tan arraigado que constituye casi una segunda naturaleza.

10. Hay que oponerse serenamente a las medidas de gobierno que mixtifiquen al pueblo para hacerle aceptar como medios (la guerra) lo que como fines rechazarían. Es decir, el gobierno no declara «vamos a hacer la guerra para matar gente y continuar haciendo más guerras». Por el contrario, dice «vamos hacer la guerra para conseguir la paz». Esa es la falacia a la que hay que oponerse SERENAMENTE = SOSEGADAMENTE SIN HACER MAL A NADIE.

11. Es esencial pensar que el jefe político o César no es para mí en cuanto soy su sujeto, una persona, sino un PERSONAJE como el actor que representa un personaje en el Gran Teatro del Mundo. Nixon, por ejemplo, es una persona para su familia y conocidos personales, pero no es persona para los que no le conocemos personalmente. Puesto que él no me conoce, ni sabe siquiera que yo existo, no es una persona para mí. Por tanto mis asentimientos personales y subjetivos están fuera de lugar al enjuiciar su acción política, ya que al proyectarlos antepongo a los hechos concretos de sus acciones políticas una abstracción o mi juicio previo de su persona. Un actor es bueno o malo como actor según represente al personaje del drama; no según su persona real. Lo mismo ocurre con un jefe político, un personaje que aplaudo cuando representa bien su papel y silbo y abucheo cuando lo hace mal. Y cuando tenga que votar por un actor o candidato, votaré por aquel que haya representado bien papeles semejantes.

N — Entonces no crees en los partidos políticos.

B — Todos los partidos son buenos si consiguen lo que se proponen: Los partidos conservadores se proponen conservar lo bueno. Los liberales se proponen introducir el bien. Los reaccionarios no quieren que entre nada malo. Los radicales proponen extirpar el mal. Todos los partidos quieren el bien y ninguno quiere el mal. Lo importante, por lo tanto, no es su ideología sino su práctica: los medios que emplean; si son o no conducentes a los fines propuestos. Estoy dispuesto a apoyar a cualquiera que diga la verdad y oponerme a la hipocresía y al engaño.

N — André Gide tenía algo de esa disponibilidad.

Q — Entonces estás dispuesto a apoyar a Nixon a pesar de todo.

B — Le apoyaré si representa que dice la verdad como me he opuesto cuando representó la mentira. «Odia el delito y compadece al delincuente.» Un gobernante supremo y poderoso como Nixon, humillado, es menos peligroso que enorgullecido. El legislativo está recuperando parte de sus funciones constitucionales; la prensa vigila como es su deber e informa al público. Éste manifiesta su disgusto con las ilegalidades e inmoralidades de los gobernantes. Éstos tienen que tener cuidado, andarse con pies de plomo y no volver a las andadas. Y la labor positiva de conciliación, de buena administración se ve reconocida, apreciada y fomentada. Nixon tiene una salvación: gobernar bien y no cometer más barrabasadas.

Q — Tu método político es al revés del común y corriente. En lo único que aceptas el método consagrado es en la ciencia; el único método consagrado que aceptas es el científico. En lo epistemológico, axiológico, moral y sobre todo en lo político tienes unas teorías insólitas. Y en economía, ¿qué piensas?

B — Que vale más misericordia que sacrificio. Evitar el dolor, la pena, las pérdidas, los fracasos, los errores y malos sentimientos tanto como sea posible sin hacer mal a nadie. ¡Es enorme el dolor que se podría evitar si nos humilláramos a las degradaciones órficas! Pero ya hablaremos de ello al discutir la Orden Akrónica del Gozar.

60
LA ORDEN MILITAR AKRÓNICA
DEL SENTIR = OMAS

Q — Explícanos algo más acerca de las técnicas, métodos o yogas de pensar en la circulación del aire, de la sangre y de la luz.

B — Yo sé muy poco de esto porque no lo he practicado bajo dirección adecuada.

Q — ¿Por qué no?

B — Por varias razones. Falta de oportunidad. Para aprenderlo se precisa la estancia en un MOMAP de un

período de cuarentas días consecutivos como mínimo.
Otra causa que me ha impedido entrenarme en esos
interesentísimos métodos es que mi acento es de
Maragall como ya te dije, o sea, epicúreo. Y para el
empleo de estas técnicas se necesitan, por lo menos,
cuarenta días de estoicismo y ascetismo.

La otra razón muy importante es que yo estoy incli-
nado a la dirección interior. Hago mejor lo que me
sale de dentro. Reacciono contra el mando exterior.
La voz externa de mando, aunque sea la del gurú, me
inclina a la rebelión, a la vacilación y al atolondra-
miento. No he querido aprender a marcar el paso
debido a que se me ha privado del solfeo y del coro
al canto. El jefe autoritario me antagoniza.

Pero en fin, voy a repetir algo de lo que he oído decir:
El camino de concentrar la atención en *la respiración*
es el más natural y adecuado para *sentirse bien.*
O sea, que después de bajar, por la respiración, a la
4.ª, 5.ª y 6.ª sucesivamente se baja naturalmente a la
7.ª degradación que es la del QUE SIENTE LO QUE
QUIERE, o sea que se siente bien. En efecto, la buena
respiración produce buena salud.

El método consiste en concentrar la atención en la
respiración: fijarse en lo que uno hace; darse cuenta
de que uno respira y como respira y luego paulatinamente, suavemente, respetuosamente, ayudarla a respirar mejor. Pero humildemente, *sin forzarla.* Sin
violencias de ninguna clase, sino cariñosamente armo-
nizarla aplicando las enseñanzas de los maestros chinos, hindúes, homeópatas sofrólogos y demás. No hay
que intentar hacerlo perfectamente bien desde el primer día, sino hacerlo cada día un poquito menos mal.
Evitar aspirar por la boca. No absorber el aire sino
dejarlo entrar espontáneamente. Expirar o sacar el
aire del vientre, de los lados, del pecho. La expiración
debe durar el doble de la aspiración. La pausa entre el
aspirar y la expiración debe ser todavía más larga.
Ejemplo: aspirar dos segundos; pausa, seis segundos;
expirar, cuatro segundos.

Lo más esencial es la postura de la columna vertebral
en línea recta y el peso del cuerpo en el coxis, imitando a Buda pero sin esforzarse con las piernas. Lo
esencial es que la columna vertebral esté recta.

A medida que uno se da cuenta de que respira, la expiración se hace más amplia, más larga, más profunda. La respiración, más natural y espontánea; sin esfuerzo alguno, como la de llenar el vacío hecho en los pulmones por la larga expiración. El intervalo de retención se prolonga. En lo posible, la respiración recupera el estado saludable de la niñez de donde nos sacaron las preocupaciones, las inquietudes, las ansiedades. El Gran Simpático vuelve a su función normal a medida que la tranquilidad, el sosiego y la confianza disipan, diluyen y evaporan las maniobras nefastas del Gran Antipático. El Diafragma recupera su puesto de director de orquesta y restablece el ritmo, que facilita la melodía y realiza la armonía...

N — de los ronquidos, ¿qué es la melodía de los ronquidos?

B — A mí me gustaría respirar una sinfonía con cuatro motivos o melodías principales: OM, AUM, al expirar; NADA, NO, O, en el intervalo vacío; TAO al aspirar; CRIST, en el intervalo lleno y más largo de los cuatro movimientos y vuelta AUM, ALMA UNIVERSAL MISERICORDIOSA...

Lo mejor es fijar toda la atención en el proceso de la respiración sin asociarlo a ninguna idea ni concepto. Pero si uno se distrae puede asociarla con melodías o «mandalas» a su gusto.

Otro ejemplo: Aspiración, «¡HOLA!». Intervalo lleno, «¿Qué tal?». Expiración, «¡Adiós!».

Nótese como el aire sucio de anhídrido carbónico sale de los pulmones mientras el aire puro penetra en el corazón y por las arterias va a dar vida a todas las células del cuerpo. La sinfonía es maravillosa. El deleite de la expiración (AUM) puede llegar al instante de éxtasis (NUNC): Instante Supremo de QUIETUD, VACIO.

Ya no quiere uno ni querer ni no querer nada nunca. Se despega de su voluntad y deja que el aire libre penetre natural y sencillamente hasta llenar el vacío del pecho, del vientre, de los flancos. Mientras tanto las células cagan y mean en las venas que transportan la sangre sucia al corazón de donde ha de ir a los alveolos de los pulmones para ser purificada hasta alcanzar la PLENITUD DEL INSTANTE (HIC) en que los pulmones están llenos y el corazón PALPITA

(TAO) entre las tumbas de los vicios echando fuera (OM) los demonios nauseabundos del aire emponzoñado.

Los técnicos de la Respiración o mejor, los artistas de la Respiración tocan muchas teclas. Otro ejercicio de respiración sincronizada y coordinada con la imaginación es la de las nueve glándulas principales de secreción interna donde se envía el oxígeno-prana-espíritu o magnetismo curativo. Este ejercicio continúa enviando con la imaginación el oxígeno-prana-magnético hacia el punto que nos duele, la parte u órgano enfermo, imaginando que se cura gracias al AUM (Alma Universam Misericordiosa).

También se continúa este ejercicio de bendición y salutación del cuerpo de uno con la de los cuerpos de los vecinos por las ondas magnéticas que se imagina salen de los dedos de la mano derecha hacia el cuerpo del vecino de la izquierda y por los dedos de la mano izquierda bendicen y curan el cuerpo del vecino de la derecha. También se pueden hacer salir esas bendiciones por los dedos de los pies y... por todos los poros del cuerpo bendiciendo «urbi et orbe» a todo el mundo.

Pero al hablar de todo esto me desvío. Lo asocio con conceptos y deseos, pues yo soy cristiano y la plenitud de mi deseo es Cristo Vivo, Resucitado, que ha de volver.

Mis compañeros orientales lo explican mucho mejor. Además no se trata de pensarlo ni de explicarlo sino de practicarlo.

Q — Con lo cual estamos ya de lleno en la OMA del Sentir.

B — Ya hemos dicho que por el camino de respirar bien se llega a bajar a la 7.ª que es la humillación del que se siente bien de salud, o sea, que SIENTE LO QUE QUIERE: bienestar.

Q — Nos hallamos pues en la versión akrónica de lo que llamamos Educación Física, ¿verdad?

B — Tiene un sentido más completo en las OMAS, pues incluye el entrenamiento de gimnastas, atletas, acróbatas y también cuanto contribuye al desarrollo de las facultades corporales y a la conservación de la buena salud (la recuperación en la 8.ª humillación que es la del que NO SIENTE LO QUE NO QUIERE, es decir, dolor).

Las técnicas akrónicas han asimilado las del Hatha Yoga, el naturismo y el Kung-fu-wu-su.

Q — ¿Qué es el Kung-fu-wu-su?

B — El Kung-fu-wu-su propone una variedad de movimientos, gestos y actitudes que permiten adaptar la personalidad a la disciplina. O sea, utilizar el propio cuerpo y la propia alma para llegar a ser creativo, bailarín, artesano, acróbata, equilibrista, trapecista, payaso, artista. En una palabra, siervo de las OMAS. También es un remedio para las angustias, las ansiedades, las frustraciones, las nerviosidades tan comunes y corrientes en la vida de hoy. Permite el dominio de sí mismo, la confianza en sí. Utiliza la mano como un signo, el cuerpo como un arma, la mirada como un rayo.

Dice el pintor Arman que el Kung-fu es un remedio maravilloso contra los males de nuestro tiempo: la nerviosidad, la fatiga física y toda suerte de embrutecimientos y depresiones.

El famoso cineasta Antonioni nos da muchos ejemplos en su film «La China».

N — Pero las dos columnas de la OMAS son, supongo, la dieta y los ejercicios físicos.

Q — Se comprende pues que los practicantes de estas humillaciones han sacrificado su gula y su pereza física y practican la frugalidad y la diligencia.

B — Y la moderación. No hacer excesos de ninguna clase. No forzar al cuerpo, ni maltratarlo, ni violentarlo, sino tratarlo como el virtuoso trata a su único violín.

Otra de las disciplinas coadyuvantes es la teoría de Alexander relacionando la acción, la sensación y la percepción. Ejemplos típicos son el del fumador, del dipsómano, del toxicómano y de los adictos en general. Sensación: se sienten mal si no fuman. Percepción: perciben o creen (están convencidos) que fumando se sentirán bien y así determinan la acción de fumar que aunque les alivie de pronto, en realidad agrava su mal. En otras palabras, la mala acción (en busca de la buena sensación) ha producido lo contrario (la mala sensación) que, a su vez, producirá la percepción equivocada y ésta la mala acción. Otro ejemplo es la dejadez de la postura del cuerpo buscando la comodidad estrafalaria y encontrando la incomodidad en cambio y creyendo que curvando más su cuerpo se sentirá mejor, cuando lo que necesita en realidad es erguirlo.

Se trata de recuperar las facultades del niño sano y feliz de siete años (aproximadamente) perdidas por las malas acciones o acciones pervertidas.

En fin, lo único que entiendo es que es un círculo vicioso: La mala acción engendra la mala sensación, ésta produce la mala percepción y ésta, a su vez, engendra la mala acción y así sucesivamente el paciente se va hundiendo en la enfermedad a no ser que rompa el círculo degradándose hasta practicar la disciplina de la 7.ª degradación en un MOMAS: Manso de la Orden Militar Akrónica del Sentir. La mejor disciplina es la del trabajo terapéutico.

Yo he visto estos siervos de la OMAS: algunos son excelentes atletas, gimnastas, acróbatas y todos son obreros fuertes, vigorosos, resistentes, hábiles, eficientes, eficaces, incansables. Son modelos o cabos de la MUTT (Milicia Universal del Trabajo Terapéutico). Por su trabajo, disciplina, frugalidad, moderación, sensatez y aplicación llegan incluso a no sentir el dolor, en cuyo caso ya han bajado a la 8.ª humillación.

N — Como los fakires.

B — Es posible, pero no se exhiben. Tienen una tolerancia del dolor enorme. NO SIENTEN LO QUE NO QUIEREN.

N — ¿Ni dolor, ni miedo?

B — Eso es; son muy pacientes y muy valientes y tienen una percepción muy precisa, exacta. Muchos son guardias, vigilantes y serenos de la PPUPP (Policía Psico-electro-química Universal para la Paz).

Q — ¿Y los tridimensionales de la Orden del Sentir?

B — Ya has visto algunos aunque no sabes que son siervos akrónicos. Son los artistas de gran talento que usan su propio cuerpo como instrumento para su arte. Las bailarinas, danzantes, cantantes, mímicos, estrellas. Con su ejemplo nos enseñan a todos a cultivar nuestras facultades corporales.

Yo, desgraciadamente, no he estudiado en la OMAS.

Lo que conozco son sus frutos: salud, fuerza, serenidad, belleza, gracia y armonía.

El siervo de la degradación 7.ª suele ser el gimnasta,
el atleta, el acróbata óptimo.

El de la degradación 8.ª posee todas las técnicas de
los fakires y una resistencia física considerable. Suele
llegar a muy viejo sin caer en la decrepitud. Domina
el Kung-fu-wu-su. No se agota ni contamina y se recupera rápidamente de las heridas. Tiene el cuerpo del
vencedor de todas las luchas y del campeón de
todos los deportes, aunque no compite ni rivaliza.

N— Y, sin embargo, todavía hay un prototipo del vigor
físico más profundo, más valioso, ¿verdad?

B — Sí, el de Nijinski, la Paulova y la Argentinita: el que
posee el arte de la danza graciosa y armónica. El que
inspira a los prójimos el cultivo, respeto y amor al
propio cuerpo como el mejor amigo del alma y de
la mente humanas. Vive la armonía entre la mente
y el cuerpo; su comunión. Unidos mente y cuerpo
en la humillación 8.ª, en la 9.ª degradación la unidad
mente-cuerpo irradia la gracia que inspira la imitación.

Q — En efecto, ¿qué varón no se ha imaginado bailando
como Nijinski?

N— Es el placer de la libertad y la aventura del peligro.
Pues peligroso me parece aventurarse a bajar hasta
el servilismo de los naturistas (degradación 7.ª), de
los atletas y acróbatas (degradación 8.ª) y de los
danzantes, cantantes y estrellas (degradación 9.ª).

Las estrellas tienden a abusar de su cuerpo. Tratan de
excitarse con estimulantes y de calmarse con sedantes. Hay muchos atletas y estrellas que son esclavos
de las píldoras y acaban como Marilyn Monroe (q. en
p.d.)...

Q — que todavía no se sabe si se mató o la mataron...

N— Generalmente uno muere contra su voluntad.

Q — Pero en cada uno de nosotros coexisten la voluntad
de vivir y la voluntad de morir. Esa personalidad doble, mejor dicho, múltiple, ambivalente y contradic-
toria de la personalidad humana está bien expresada
en el libro que Norman Mailer ha escrito sobre Marilyn, la genial artista que con sus movimientos afro-

disíacos resucitó el culto sagrado a «AMANITA MUS-
CARIA».

N — Veo que has leído el libro de John M. Allegro tratando de probar que las lenguas indo-europeas y las
semíticas proceden del mismo tronco común que es
la lengua que se hablaba en Sumeria hace seis mil
años...

B — precisamente cuando la civilización judeo-cristiana no
había separado aún el alma del cuerpo. Cuando el
Amor Carnal era la manifestación más pura, más
clara, más espléndida y maravillosa del Amor Divino.
Por lo poco que entiendo de la OMAS lo interpreto
como un amor positivo, razonable y sensato, pero también sagrado al CUERPO. El amor del hombre a su
propio cuerpo respetándolo y proveyéndolo con ar-
monioso ritmo de los alimentos necesarios y ayunos
debidos, de los ejercicios y de los descansos adecuados. Y sin abusar de él, ni explotarlo, ni oprimirlo,
ni maltratarlo con excesos.

N — Entonces, la vida en los Mansos de la Orden Militar
Akrónica del Sentir es una combinación del naturismo, vegetarianismo, desnudismo, hidroterapia, helio-
terapia, yoga, kung-fu-wu-su y medicina psico-somá-
tica en un movimiento orquestal del AMANITA MUS-
CARIA de Allegro...

Q — ¿«allegro ma non tropo» o «allegro vivace»?

B — Sí. La música es parte de la regla tanto de las OMAS
como de varias otras órdenes Militares Akrónicas.
Casi todos los akrónicos saben tocar un instrumento,
cantar y bailar. Y lo que todas las OMA tienen en
común es la limpieza. Las OMA son siempre limpias
y ordenadas. Las reglas de las OMA se revisan periódicamente rectificándolas o ratificándolas de acuerdo
con los resultados de las verificaciones y los descubrimientos de la ciencia y las técnicas akrónicas. Los
«conventos» de las OMAS son sanatorios en el es-
tricto sentido de la palabra = Su regla se basa en la
higiene, en la medicina preventiva, en la educación
física más apta para desarrollar y conservar en condiciones óptimas el cuerpo y facultades físicas de
cada cual. Por lo tanto, un «convento» de la OMAS
es, además de sanatorio, un gimnasio, un circo, un
estadio, un conservatorio...

Q — Pero los siervos akrónicos no compiten en las olimpiadas y en los concursos, ¿verdad?

B — ¿Quién sabe? Puede que algunos de los atletas, acróbatas y artistas más famosos del mundo se hayan entrenado en la OMAS, pero en la OMAS no se compite, ni se rivaliza. Cada siervo trata de desarrollar sus propias facultades distintas de las de los demás hasta lo óptimo en armonía con su personalidad única, insustituible.

Cada hombre tiene su propia personalidad inconfundible y debe representar en este mundo un papel que nadie más que él puede realizar. Akronia cultiva, ayuda al hombre concreto, de carne y hueso por encima de la clase a que puede pertenecer.

61
LA ORDEN MILITAR AKRÓNICA
DEL DECIR = OMAD

B — De la Orden del Pensar se puede bajar insensiblemente a la Orden del Decir o degradación 10.º, por medio de la concentración de la atención en la circulación de la sangre: APRENDER A ESCUCHAR LOS LATIDOS DEL CORAZÓN (5.ª humillación).

En efecto, el que escucha su corazón latir, vence la cólera. En cuanto le prestamos entera atención, nuestro corazón se va calmando, se sosiega, se apacigua. La cólera, la ira y la rabia (las Tres Furias) se desvanecen, se esfuman, desaparecen. Y el siervo akrónico se halla ya practicando la décima humillación:

NO DICE LO QUE NO QUIERE DECIR.

CALLA ATENTA, RESPETUOSA, SERENAMENTE.

Aunque le injurien y calumnien continúa tratando de entender el punto de vista de su agresor para perdonarle y servirle con lo cual se ha humillado ya a la degradación décima. El siervo akrónico del Decir no insulta, no ofende, no molesta. No se queja, no se envanece, no se compromete, no murmura, no chismorrea, no fisgonea, no engaña ni hace daño a nadie de palabra. No dice tonterías ni sandeces. Calla sin ofender ni comprometerse.

SABE QUE LAS PALABRAS NO SON LAS COSAS.
Las palabras no le pueden hacer daño si las escucha
atentamente y las analiza antes de contestar:

    a) ¿Qué quiere decir el que habla?
    b) ¿Por qué lo dice?
    c) ¿Cómo lo sabe?
    d) ¿Qué quiere que yo haga?

La palabra es una espada de dos filos: puede herir al
dicente hiriendo al oyente. Generalmente, hiere más
al más airado. El siervo akrónico calla y escucha atentamente. En silencio, sereno, seguro, semántico, secreto busca tranquilamente la intención y la motiva-
ción del que trata de herirle o engañarle.
SU SILENCIO NO OTORGA. El humilde siervo de la
degradación décima (y más bajas) no ofende ni engaña a nadie y no se deja herir ni engañar por nadie.
Se limita a decir: «No, señor. Lo siento. Perdone. No
me comprometo a nada ni consiento ni concedo nada,
lo pensaré.»
Su silencio cortés POSPONE la contestación hasta
que hayan pasado las iras y pueda exponer de forma
clara, sucinta y firme las bases de un acuerdo con lo
cual ya ha bajado a la degradación 11.ª, la del que
DICE LO QUE QUIERE.

N — Pero antes de llegar a ser orador akrónico o siervo
de la 11.ª humillación habrá que esperar mucho tiempo, ¿verdad? Pitágoras hacía guardar a sus discípulos
tres años de silencio.

B — Depende del caso. Lo más corriente creo que son tres
seminarios o cuarentenas (cuaresmas) consecutivas.
Total, 120 días.

Después de una novena de vida comuntaria sin hablar
y oyendo cada día hablar a sus entrenadores, el catecúmeno de la Orden del Decir repite las explicaciones
de lo que ha oído durante los nueve días de silencio.
Si su exposición es clara, correcta y amable pasa a la
segunda novena de silencio y escuchar, al cabo de la
cual vuelve a exponer lo oído durante la novena y a
contestar las preguntas tendenciosas, tergiversadas
e insidiosas que se le hacen. Aprobado por no haber
cometido incorrección, confusión ni agresión, pasa a
la tercera novena al cabo de la cual tiene que soportar
las injurias, insultos y ofensas que se le hacen. Si

aprueba al final de la cuarta novena pasa también a la prueba de las calumnias.

En la primera «cuaresma», los temas de discusión son principalmente científicos. En la segunda son filosóficos y en la última novena los discuten los siervos de la 11.ª En la tercera «cuaresma», los temas de exposición y discusión con otros practicantes, visitantes y estudiantes de la 10.ª, son principalmente políticos y religiosos.

Si en las cuatro secciones, cada una al fin de la novena correspondiente, el catecúmeno ha conseguido recordar suscintamente lo que ha oído y lo ha expuesto con corrección, claridad y amabilidad a pesar de las indiferencia o desprecios, las insidias y las tergiversaciones, las acusaciones e injurias y las calumnias y amenazas, dedica los cuatro días que le restan de la cuarentena de seminario a conversar, conferenciar, discutir y si no dice nada que no quiere decir se ordena o profesa en la 10.ª humillación: la del siervo que tiene la facultad, poder o capacidad de no decir lo que no quiere decir, de no maldecir. Esa orden o estado de servilismo degradado en la 10.ª le califica para cargos de auxiliar de pedagogía o enseñanza, periodismo o información, instrucción, guía y similares de acuerdo con su capacidad intelectual y preparación académica o científica y técnica.

También el siervo de la 10.ª está a punto para postular a estado o nivel de degradación inferior en la 11.ª que es el que es capaz de decir lo que quiere, lo cual califica para maestro, profesor, redactor, editor, escritor, orador akrónico. El siervo de la 10.ª humillación no maldice. ni halaga ni amenaza, ni confunde, ni desfigura, ni desvirtúa, ni engaña de ninguna forma, manera ni modo. Él consigue decir la verdad, que hace libre al que la posee. El siervo de la 11.ª degradación, además de no decir mal, dice bien: bendice y al bendecir persuade, convence, inspira, guía hacia el bien y la felicidad, la concordia y la reconciliación. El humilde de la 12.ª es abogado defensor y procurador de la reconciliación porque recluta, promueve y fomenta la postulación a la 10.ª humillación, o sea, que propaga el querer no hablar mal, no maldecir, no disputar, no reñir.

El siervo de la 10.ª es el que no se queja, ni critica, ni culpa, ni disputa, ni acusa, ni riñe, ni ofende, ni injuria, ni insulta, ni engaña, ni confunde, ni calumnia, ni hostiliza, ni antagoniza... El de la 11.ª es el que aclara, enseña, simpatiza, reconoce, prestigia, guía, aconseja, explica, inquiere, investiga, descubre... El de la 12.ª es el que reconocilia los opuestos, apacigua los rivales, procura la concordia

N— Casi todo el mundo dice, a veces, algo que no quiere decir, incluyendo los grandes políticos y oradores profesionales.

B — El hablar bien en el sentido akrónico no es tanto una cuestión de elocuencia como de humildad, firmeza y compasión.

Q — ¿Compasión?

B — El que controla sus palabras puede hacer mucho daño al adversario que casi no le puede herir a él. El que tiene en cuenta que las palabras que le dicen no son ni piedras ni palos, las oye como el que oye llover y no le hacen daño y, en cambio, las que él lanza a otro que identifica las palabras con las cosas, pueden herirle profundamente. Con las palabras se puede hacer mucho daño a los semánticamente indefensos.

Q — En efecto. Las malas palabras a los niños les hacen un daño mucho mayor y más duradero que los golpes. Sobre todo si son palabras de engaño, de burla, de desprecio. Las malas palabras de las personas que amas te hieren para toda la vida. En la familia y en la escuela primaria es en donde más se necesita la Semántica general o la OMAD, como tú dices.

N— Sí, es enorme el dolor humano que causan las palabras en nuestra sociedad sobreverbalizada, sobreintelectualizada en que el lenguaje está enfermo, como dice Alberto Moravia, y nos infecta...

B — La hostilidad, que es la enfermedad del lenguaje, viene de dentro. Y la cura natural y sencilla es la amabilidad. El akrónico habla amablemente o no habla.

Pero por mucho que uno se esfuerce, los hábitos antiguos, las descargas intempestivas y antipáticas de adrenalina en la sangre vuelven a imponerse y a causar la discordia, la querella y luego el resentimiento y el rencor.

Personalmente yo he fracasado millares de veces aunque continuo estudiando la décima humillación y espero que algún día seré practicante.

Q — Nos has dicho en el diagrama de requisitos para cada humillación de las OMA que para bajar a la décima había que tener de diez a 42 años de edad.

B — En efecto, después de los cuarenta años (aproximadamente) suele ser muy difícil recondicionarse los reflejos. Es a los diez años aproximadamente cuando se aprenden las reglas de etiqueta o urbanidad, la primera de las cuales es no ofender sin querer. Yo soy un mal educado...

N — No hay hombre bien educado para su ayuda de cámara. Así, NO HABLAR MAL es una cuestión de buena educación ya que hablar mal es de mala educación.

B — Eso es. Se trata de reeducarse. Y en la primera cuaresma en un MOMAD, rodeado de siervos de la 12.ª es fácil no ofender a nadie ni hablar mal de nadie durante toda la primera cuaresma. Pero en cuanto volvemos al caos de nuestra sociedad con las burlas, las insidias, las falsedades, las calumnias, las amenazas y las riñas lloviendo sobre nosotros, caemos una y otra vez; pero esperamos que no volveremos a ofender a nadie nunca más.

N — La impaciencia y la vanidad; la ira y el orgullo no te han dejado tranquilo hasta ahora. ¿Crees que te dejarán ahora?

B — Hay que abstenerse de usar palabras vanas (autoglorificación) e insensatas: equivalen al aborto de los pensamientos. El demonio de la vanidad (Astarotz) disfrazado de Adonai pervierte la verdad en falsedad y la enseñanza (propaganda en sentido pristino) en engaño (la propagación de la ignorancia, la superstición y el fanatismo, una de las bases de los gobiernos del siglo XX, en especial tanto de los llamados «capitalismos» como de los llamados «comunismos»).

Las palabras insensatas, irreflexivas, imitación de las que se oyen, dichas sin pensar lo suficiente, abortan la reflexión e incapacitan al que las dice para labores serias y productivas. A menudo son palabras a costa del prójimo, a quien ofenden y causan malestar; son palabras de verdadero mal humor disfrazadas de buen humor. Pero el verdadero buen humor no se ríe a costa de nadie más que de sí mismo. El mal humor

213

se ríe a costa del prójimo. Pero no permite que se rían de él.

Los Seminarios de la Orden del Decir entrenan a sus catecúmenos a base de la síntesis, las analogías y la armonía de la ciencia moderna (occidental) y la tradición antigua (oriental). Las enseñanzas de la Kabala o la Magia Trascendental de Elifas Leví (Alfonso Luis Constant) se combinan con la Semántica General de Alfred Korzibsky y la Lógica positivista de Anatol Rappaport. Lo que se trasluce de Pitágoras (la realidad independiente de su reconocimiento y conocimiento por los hombres) se combina con lo que se entiende de Alfred North Whitehead: Dios manifestándose en concreto en el hombre de carne y hueso de quien habla Unamuno. Observan el habla ponderada y controlada, con la mano en el corazón, de los albañiles libres siempre midiendo sus palabras con la escuadra y no perdiendo nunca el compás. Y el silencio pensativo y vibrátil de los quákeros cuya elocuencia tranquila y silenciosa se puede encaminar y de hecho se encamina en los seminarios de las órdenes akrónicas del decir al redescubrimiento y recuperación del lenguaje universal.

El lenguaje universal es el lenguaje de las flores (visual-olfativo); de los pájaros (audio-visual); de los manjares (gustativo); de los gestos, de las poses y del baile (cinestésico); del paisaje; del sol; del mar; del aire; de la tierra; del cielo; del fuego; o sea, el lenguaje de las Bellas Artes: música —con canto y baile—, pintura, escultura, arquitectura. Todas sintetizadas y armonizadas en la Palabra poética o creadora, consciente de que las cosas y sucesos (eventos) son para cada uno lo que él las hace al nombrarlas. Y mientras uno no llegue a la profundidad del curita de aldea de Bernanos que al morir entendió que todo era Gracia o Amor-Caridad, habrá que enseñar a los siervos akrónicos el lenguaje más integrador, universal y humano que es el de los abrazos y los besos, las caricias, las lamidas, las chupadas y las copulaciones conjugadas de la comunión en común de todos los del mundo (logia o microcosmos) en alma y cuerpo, sin decir palabra ni hacer ningún gesto hostil ni grosero.

Paradójicamente son los Orficios o de la Orden del Gozar los que hablan el lenguaje universal.

Los de la Orden del Decir (pitagóricos o semánticos) se hallan ante la confusión de Babel (multitud de lenguas) y, lo que es peor, la confusión semántica (multitud de significados de la misma palabra en la misma lengua).

Una cura de reposo (o sea, silencio) se impone para los que postulan su degradación a la 10.ª humillación. Escuchar en silencio es la cura del malhablar o maldecir. Los catecúmenos no dicen nada de lo que ellos quieren decir hasta que han aprendido a decir, repetir y explicar —sin tergiversar— lo que han oído a satisfacción del que lo ha dicho (Karl Rogers).

Q — ¿Por qué es tan difícil comunicar nuestros pensamientos, nuestros sentimientos, nuestros deseos a otras personas?

N — Porque al otro no le interesan y no escucha lo que decimos. Está impaciente para expresarse él y nuestra charla le impacienta y aburre.

El amante se entera fácilmente de los sentimientos de la persona amada y, para ello no hay necesidad de palabras siquiera. El amigo verdadero entiende las ideas de su amigo porque se interesa por él. Cuando no nos entienden es porque no nos escuchan. Mientras uno habla el otro piensa en lo que va a decir y trata de interrumpirle.

B — Por eso el catecúmeno de la OMAD aprende primero a escuchar.

N — Escuchar al otro sin interrumpirle cuando nos ofende, es una terrible humillación del «ego».

Q — El vulgo cree que la gente no se entiende porque habla distintas lenguas y cree que para llegar al entendimiento y acuerdo internacional hace falta un lenguaje universal.

N — En realidad los malentendidos y conflictos más graves suelen ocurrir entre hermanos, entre padres e hijos, entre colegas y gente que habla la misma lengua y tiene la misma cultura.

B — En primer lugar, lo que uno dice no es lo que quiere decir sino lo que puede y como puede.

En segundo lugar, lo que el otro oye no es todo lo que uno ha dicho sino sólo parte de ello.

En tercer lugar, lo oído y entendido por el uno se mezcla con lo que éste ha anticipado que el otro iba a decir. Anticipamos lo que el otro nos va a decir de acuerdo con nuestras costumbres del entender. Por ejemplo: cuando pido CAFÉ Y LECHE las camareras no me entienden porque han anticipado que iba a pedir CAFÉ CON LECHE y, en lugar de traerme un vaso de leche y una taza de café tal como he pedido, me traen café con leche tal como tienen por costumbre. De manera que no puedo comunicar ni una cosa tan sencilla como mi deseo de beber primero un vaso de leche y después de una taza de café. ¿Cómo voy a poder comunicar a otros una cosa tan abstracta como EL DERECHO A NO MATAR que todo hombre tiene? Sólo una camarera akrónica me entenderá...

Q — ¿Qué quieres decir con «una camarera akrónica»?

B — Que me trate como lo que soy: una persona única distinta de todas las demás que preste atención a lo que digo y no me anticipe ni proyecte ni confunda con una «clase».

Q — De manera que el siervo de la 10.ª humillación tiene en cuenta que 1.º, lo que le dicen no es todo lo que le quieren decir;

2.º, lo que oye y entiende no es TODO lo que le han dicho;

3.º, tiene que escuchar atentamente sin anticipar lo que le dirán;

B — 4.º, no tiene que interrumpir lo que le dicen sino respetarlo hasta el final y escucharlo atentamente.

Una vez el otro ha terminado de hablar:

5.º, hay que preguntarle si es correcto el sumario que el siervo hace de lo que el otro ha dicho.

6.º Si no está claro hay que preguntar qué ha querido decir.

7.º Luego, hay que preguntarle como lo sabe.

8.º Luego por qué lo dice.

9.º Luego qué quiere que haga.

10. Ya en posesión de estos datos, el siervo akrónico tiene que RECORDAR que las palabras no son piedras ni palos y no hacen daño más que al que se deja; hacen daño al confundir las palabras con las cosas. Y el siervo de la 10 no se deja herir por las palabras y, por lo tanto

11. debe callarse y no aludir ni hacer caso de las ofensas ni de los halagos del otro.

12. ¿Hay algo que pueda decir el siervo akrónico para hacer el bien al prójimo sin hacer mal a nadie? Si es así hay que decirlo clara, correcta, amablemente.

13. En otro caso, CALLARSE.

Q — ¿Callar y dejar que el adversario te domine y te mande, te engañe y se burle de ti?

B — Me refiero al humilde de la degradación 10.ª que no se deja dominar por la cólera y no dice lo que no quiere. Practica «ahimsa». No se deja encolerizar por el hombre inicuo y engañador sino que no hace caso de lo que dice. No se deja dominar, ni se deja engañar, ni se deja manipular, ni se deja encolerizar. Pero tampoco trata de manipular, ni de encolerizar, ni de engañar, ni de dominar al otro.

Q — Si no hace caso al otro, entonces le desprecia.

B — El siervo akrónico considera a los demás. Los despeta y aprecia como el buen médico aprecia a su paciente infectado por grave que sea su enfermedad y y por repugnantes que sean las supuraciones de sus llagas. Pero el buen médico toma sus precauciones para no infectarse, para no contaminarse. Engañar, manipular, tratar de dominar a los demás para servirse de ellos, oprimirlos y explotarlos son enfermedades sociales. Es la política nefasta y destructora que prevalece cuando las asociaciones (del matrimonio a las civilizaciones de Toynbee y las culturas de Spengler, pasando por las comunidades y naciones) se hallan en medio de decadencia y disolución.

Q — Entonces, ¿qué hace el siervo de la OMAD? ¿Nada? ¿Cómo hizo Gustavo Flaubert cuando la represión después de la Comune, según dice Jean Paul Sartre? ¿Y cómo hicieron tantos alemanes ilustres cuando los nazis quemaban judíos, y tantos americanos respetables cuando Johnson y Nixon mataban niños, mujeres y ancianos en Indochina?

B — El que quiere ser siervo akrónico de la OMAD se prepara y esfuerza para humillarse hasta la degradación 11.ª y 12.ª —y hasta la esclavitud akrónica. A partir de la degradación 11.ª empieza a estar preparado para practicar lo que Gandhi llamaba SATYAGRAFA: la fuerza de la verdad.

N— ¿Decir la verdad a los que tienen el Poder como hacen los quákeros y los hermanos Berrigan?

B — Eso es. La verdad hace a los hombres libres.

N— Y la mentira, el engaño los hace esclavos como los compatriotas de Sol-Jenit-Sin y de los hermanos Kennedy y Martin Luthero King cuyos asesinatos cubiertos por el disimulo y el impunismo oficial empezaban a supurar cuando, afortunadamente, la labor periodística del *Washington Post* abrió la herida de Watergate por donde va saliendo, gracias a Dios, el pus del poder político que corrompe, como dijo Lord Acton.

Q — A mí también me parece que el asunto Watergate ha sido como una operación quirúrgica muy beneficiosa tanto para el país como para el mundo en general. En USA se respira mejor una vez librados de los disimulos, engaños y mentiras que corrompían la Casa Blanca. El mismo Nixon se siente más libre y puede trabajar mucho mejor para la paz y para el bien público, pues ya no está tan aprisionado, esclavizado por sus propios engaños y abusos de poder.

B — La humildad es la purgación del poder; el mejor detergente para hacer la colada del poder del hombre sobre el hombre. Paciencia y verdad; humildad y valor son los elementos esenciales para hacer uso de ese don maravilloso del hombre: la palabra.

La palabra, repito, es una espada de dos filos. Puede hacer mucho mal y destruir cualquier especie de sociedad, y puede hacer mucho bien. La palabra es Braham, Vishnú y Shiva. Creadora, conservadora, destructora. Es la palabra que se dan los novios el día de la boda la que crea el matrimonio. Es la palabra amable, discreta, sincera y veraz la que mantiene el matrimonio. Son las malas palabras las que más divorcios y separaciones causan.

Algo semejante ocurre con las sociedades que llamamos naciones cuando llegan a crear un estado por el «contrato social» que establece su constitución. Es la palabra que cumplen los gobernantes de guardar la constitución y las leyes, lo que mantiene y conserva el estado. Y es el incumplimiento de las leyes y sus deberes constitucionales por los gobernantes lo que destruye el estado.

Q — Así, llamas buenos gobernantes a los que cumplen la

ley y la hacen cumplir. Y los malos gobernantes serían precisamente los que violan las leyes del país: los que se consideran por encima de las leyes y confunden su propio poder con el del estado.

N — Sin embargo, la historia nos muestra a grandes jefes y generales, los más poderosos del mundo, que han subvertido por la fuerza el orden establecido y violado las leyes vigentes creando un estado y a veces un imperio duradero y poderoso.

B — Ni la fuerza de los poderosos ni los grandes imperios producen la felicidad y el bienestar de sus súbditos. El poder de los poderosos se basa en la lealtad de los que les sirven. Los que mandan, mandan gracias a los que les obedecen. Si los mandados no obedecieran, los jefes no podrían mandar.

Q — ¿En qué consiste la capacidad de mando? ¿Por qué hay gente que sabe hacerse obedecer y otros que no lo consiguen por muy cultos, inteligentes y honrados que sean?

N — La capacidad de mando parece ser independiente de la inteligencia, de la cultura y de la moralidad. Hay jefes inteligentes y cultos y otros que no lo son. Hay jefes honrados y otros sinvergüenzas. La capacidad de mando parece ser la de decisión y resolución.

Q — Entonces el uso de la razón que nos lleva a la duda metódica y a considerar otros puntos de vista es un serio obstáculo para mandar.
Asimismo la honradez que con frecuencia suscita nuestros escrúpulos de conciencia también entorpece considerablemente la capacidad de mando.

N — El que se hace obedecer es como el jugador de poker que gana la partida. Hace creer a los demás que tiene buenas cartas cuando no las tiene y que está presumiendo cuando en realidad tiene un buen juego. Es decir, la capacidad de mando parece depender de la capacidad para engañar a los demás. Entonces, los siervos de la OMAD no conseguirán con frecuencia cargos políticos de importancia, ¿verdad?

B — De vez en cuando, el pueblo también elige a gente decente y razonable, si bien con más frecuencia se deja engañar por los políticos de tipo sacamuelas de feria.
Sea como sea, al siervo akrónico lo que le interesa

219

es servir, no pretende mandar ni dominar a nadie. Los de la OMAD utilizan el instrumento humano por excelencia: EL DECIR. Como ejemplos históricos de siervos de la OMAD, recordad a Sócrates y a Confucio. Así, son gente que el poder mata primero y luego, una vez bien muertos y enterrados, los resucita para utilizarlos para dominar, oprimir y explotar. Es exactamente lo que ha ocurrido con el hijo del carpintero, el llamado Jesús de Nazareth.

62
LA ORDEN MILITAR AKRÓNICA
DEL ESTIMAR = OMAE

B — Estas humillaciones 13, 14 y 15 tratan de recuperar la pubertad perdida. En la adolescencia era cuando más oportunidad había para desarrollar el complejo sexual cuerpo-alma al unísono. La mayoría inmensa de los varones de nuestra civilización hemos perdido esta oportunidad. Estas humillaciones representan el desarrollo sexual óptimo con los procesos de diferenciación e integración.

Representan el desarrollo máximo del ser humano «para sí mismo». Más abajo de la humillación 15 ya se trata de negarse a sí mismo. Pero hasta la humillación 15, lo que en realidad hace el siervo es afirmarse, realizarse a sí mismo hasta lo máximo que es la condición.

13 - amante, el QUE ESTIMA LA PERSONA QUE DESEA

14 - esposo, el que DESEA LA PERSONA QUE ESTIMA Y NO DESEA LA PERSONA QUE NO ESTIMA

15 - madre/padre, el que ENSEÑA A ESTIMAR A LA PERSONA QUE UNO DESEA.

Estimar a la persona que se desea es precisamente lo contrario de la lujuria, que consiste en despersonalizar, tratar como objeto a la persona que se desea. El pecado de la fornicación consiste precisamente en eso: divorciar el alma del cuerpo, desear poseer un cuerpo sin amor para la persona.

N — En eso el remedio judeo-cristiano ha sido peor que la enfermedad. Recomiendan que se desprecie el cuerpo tanto el de la mujer o persona deseada como el propio. Con eso, el puritano se ahoga y la líbido así acumula, se pervierte en apetencia de poder y se trastorna hasta engendrar el crimen sexual y la locura.

Q — Afortunadamente para la gente mediterránea, no podemos creer que el hacer el amor sea pecado mortal.

B — Lo que es pecado, insensato, criminal es despreciar a la persona que se desea. El amante akrónico o púber sano y feliz ama a la persona que desea, la ensalza, la dignifica, la adora, la crea y recrea poéticamente...; le da un alma como Don Pirlimplín a Belisa en su jardín. Integra el cuerpo y el alma de la persona que desea y al hacerlo integra también la suya. Incluso en los momentos más corporales, el amante akrónico busca, sobre todo, el placer de la amada.
El amante akrónico sacrifica su placer, si es preciso, para dar mayor placer a su amada. Su mayor placer es el placer de la amada. Su gozo mayor, el goce de su amada. Para el amante akrónico practicante de la humillación 13, el cuerpo y el alma no están separados sino que son una misma entidad. Dicho en otras palabras: ama a la persona que desea. No concibe el deseo sin amor, característico del lujurioso; ni el amor sin deseo, característico del platónico. Desear y amar es lo mismo para el púber sano y feliz.

N — Pero una vez se han separado el alma y el cuerpo es muy difícil unirlos otra vez (plato roto). El «alma del cuerpo» niega la existencia del alma. El «cuerpo del alma» condena al cuerpo como a su peor enemigo. Una vez divorciados el alma y el cuerpo, el «puritano» sigue despreciando su propio cuerpo y el alma de la persona cuyo cuerpo desea. El lujurioso sigue ignorando el alma tanto de la persona deseada como la suya propia que acaba por anquilosarse y ahogar su vida espiritual.

B — Es cierto que en estas condiciones uno no puede hacer nada «para sí mismo», «por sí mismo». Pero sí puede, si quiere, dignificar, apreciar, estimar a la persona que desee. Aunque ya no puede nada para él, todavía puede hacer algo para su prójimo: estimarle si es lujurioso; contenerse si es puritano y no puede estimar sexualmente.

Si no ha cumplido los 36 años, una sierva, o siervo órfico todavía podría ayudarle a bajar a la 13 humillación. En otro caso, si ya ha bajado a la tercera humillación siempre puede ingresar de socio o visitante órfico. Pues por su naturaleza, la Orden del Estimar no tiene visitantes.

Q — Pero, ¿cómo puede ayudarle una sierva akrónica?

B — Estimándole. La estimación es una cosa contagiosa. Por ejemplo: supongamos un varón que haya sufrido desprecios y desamor de las mujeres cuyo cuerpo ha alquilado (hetairas) o comprado (esposa frígida) para satisfacer sus deseos. El desprecio de sus amadas o deseadas le ha hecho mucho daño, daño que en gran parte puede reparar otra mujer deseada que le estime. Por lujurioso que sea, el varón normal busca sobre todo la estimación de la mujer que desea. ¡Es fabuloso el bien que le puede hacer una sierva órfica que le estime, le respete, le aprecie y se deje amar sin restricciones, prohibiciones, desprecios ni malhumor!

La OMAE es la Orden de las parejas, los matrimonios y las familias felices. La niñez y pubertad en los Mansos Familiares y Generales como los de Roger, Berenguer, Olaguer, Ermengol, Amorós facilita la evolución completa de la líbido que después de haber completado las etapas oral, anal, genital y acumulado en la época latente florece en la pubertad y fructifica en la excelsa y maravillosa felicidad de amar y ser amado por la amada. Eso es lo mejor del mundo.

La libertad individual determina, en última instancia, la evolución de cada uno, pues por muy desgraciado que uno haya sido en amores, siempre le queda el recurso de amar a Dios absolutamente con la fe y esperanza de que Él ama a todos y a cada uno infinitamente.

Pero la herencia, el ambiente y la oportunidad son determinantes sociales, positivamente. La prueba es que en Humania y en los Mansos Familiares y Generales Akrónicos hay muchas más parejas, matrimonios y familias felices que en el mundo nacionalista.

La madre actual (la mujer que amamanta y cuida íntimamente al bebé, es decir, la que actúa de madre séalo o no físicameite) favorece o perjudica el desarrollo del alma del bebé según su propia alma o estado de ánimo. Un pecho seco es la oportunidad para formar un hambriento vitalicio. La hostilidad y la amabilidad de la madre actual tiende a reflejarse en el bebé. El bebé, yo creo, decide en última instancia lo qué hacer en las circunstancias que se encuentra y puede darse el caso de que todos los obstáculos que el ambiente le opone para el desarrollo de su líbido, le sirvan de aliciente y complete las etapas de su desarrollo mejor que otros criados en un ambiente más favorable. Pero sea como sea, el caso es que en Humania y en los «mansos akrónicos» se ven muchísimos menos adultos que se chupan el dedo y se muerden las uñas que en el mundo nacionalista.

El padre actual (el varón que protege y castiga al niño) también influye mayormente en la etapa anal. El anciano abuelo de sexo contrario influye asimismo en la etapa genital. Y el abuelo del mismo sexo durante la etapa latente. Esas influencias de los actuales madre, padre, abuelo, abuela se combinan, contrarrestándolas o corraborándolas, con las de los hermanos, compañeros y demás personas en contacto con el niño.

Cuando la madre actual es también la madre natural y la madre legal, su influencia es concentrada mientras que cuando hay varias que se reparten el oficio de madre su influencia se disipa y diluye.

Q — Es lo que ocurre con los poderosos, grandes y ricos de nuestro mundo que tienen la nodriza, el aya, la «nurse», la pediatra y muchas sirvientas que desorientan al niño.

B — Y también en las adopciones, pues la madre sabe que el hijo no es suyo en realidad y se lo comunica al hijo en los niveles subverbales. Excepto en el caso de una madre esclava akrónica que no piensa en si el hijo es o no es suyo sino en que ella es del hijo y concentrada su atención y cuidado en en el niño, se olvida de ella misma. El caso de líbido más perfectamente evolucionada que he visto es el de una señora cuya madre natural y legal murió en el parto y fue criada por una religiosa en un convento. Llegó a ser la amante, la esposa y la madre más perfecta que he conocido.

Similarmente, el alma o personalidad del que ejerce el oficio de padre influencia la evolución del niño considerablemente en los mansos y colegios infantiles akrónicos donde el padre akrónico está presente constantemente y es también el médico pediatra y el maestro juez y protector.

Q — En nuestro mundo el padre suele estar ausente u ocupado en otras cosas que dice ser más importantes y no se le puede molestar o está de malhumor. Su autoridad queda diluida por la de los médicos, maestros, tíos, hermanos mayores que a veces la contrarrestan y la miman proyectando en el niño las rivalidades que hay entre ellos.

N — Y lo peor para la educación del niño es la rivalidad entre el padre y la madre. La madre más nefasta es la que compite con el padre y destruye su autoridad frente al hijo. Los hijos pagan las culpas de los padres. La delincuencia juvenil y la toxicomanía que hoy están en auge en nuestro mundo se deben, en gran parte, a que el padre, combatido por la madre, ha perdido la autoridad sobre el hijo.

Los matrimonios mal avenidos obstaculizan el desarrollo normal de los hijos.

B — Parece ser que los conflictos que tantos jóvenes tienen hoy en día con la autoridad constituida ya sea en el estado, ya sea en la universidad, ya sea en la iglesia refleja la pérdida de autoridad del padre que se conserva plenamente en las instituciones akrónicas, donde la autoridad del padre se manifiesta plenamente desde la edad anal en que es el maestro que le enseña a cagar con limpieza, sin ensuciarse. La suciedad o limpieza de la líbido del padre influyen grandemente en la líbido del infante que las arrastrará toda su vida de adulto: del niño tanto como de la niña. Si el padre se lava bien después de cagar y de orinar en el retrete, viste ropa limpia y habla limpio, las probabilidades son de que el infante —niño o niña— le imitará. Mientras que la suciedad del padre en el cagar, en el orinar, en el vestir, en el hablar y en sus modales también influenciarán a la de los hijos.

Por eso en los colegios infantiles akrónicos la Madre

y el Padre son esclavos voluntarios para poder dedicarse totalmente a sus hijos. El padre akrónico premia y castiga. Es Poderoso Protector, Juez justiciero (castiga-premia), Médico de cabecera, Maestro moral (como la madre es maestra espiritual).

Q — Has dicho que al llegar a la edad genital el maestro es el abuelo de sexo contrario.

B — Es el maestro elemental. No sustituye ni al padre, ni menos a la madre sino que los complementa. Su función esencial es favorecer, facilitar, fomentar la diferenciación sexual y social armonizando los opuestos. Es una persona esencial en la familia akrónica. En la época genital pasa más tiempo que nadie con el infante, durmiendo en la misma cama. Comen juntos con los hijos, los padres y los abuelos.

Q — ¿Cuántos hermanos se crían juntos?

B — Son familias, son escuelas, son talleres, son milicias todo en una pieza. Cuando los hermanos son numerosos suele ser mayor la influencia de los padres y de los abuelos. La probabilidad de discordia y rivalidad fraternal disminuye en proporción al número de hermanos.

N — En nuestro mundo la influencia de los hermanos, de los compañeros de escuela, de los amigos de infancia suele ser mucho mayor que la de los padres, maestros y abuelos. Son nuestros compañeros de la misma edad y un poco mayores los que más nos enseñan y mayormente influencian la evolución y desarrollo de nuestra líbido o savia vital. A mí me enseñaron a masturbarme antes de llegar a la pubertad.

B — Lo cual disipa la líbido, que ya llega viciada y disipada a la pubertad. La edad latente es como el invierno de las plantas que florecerán en la pubertad cuando las caderas y los pechos de las niñas se redondean, los falos se yerguen, los óvulos descienden, los espermatozoos bullen y rebullen. Enseñar a masturbarse a esta edad es CRIMINAL.

Q — Ese crimen se comete en muchos colegios y también entre la familia y los amigos. Es la iniciación secreta de la magia negra que cercena y ensucia nuestro erotismo.

B — La masturbación secreta y solitaria es todavía mucho peor que la pública y en compañía, que es terapéutica para los enfermos de debilidad erótica y suciedad crónica.

El miedo a pasar vergüenza si le descubren el secreto de su vicio, el temor a las recriminaciones y castigos de sus guardianes, la realización de las pérdidas sufridas en los orgasmos estériles y sobre todo la separación del sexo y del amor (que es el DIVORCIO DEL ALMA Y DEL CUERPO), le puede durar toda la vida. En los casos más leves, el lujurioso no deseará la mujer que estima (nunca llegará a ser un esposo akrónico de la 14.ª humillación que NO DESEA LA PERSONA QUE NO ESTIMA Y DESEA LA QUE ESTIMA). Aunque estime a su esposo o esposa no la deseará. Para satisfacer su deseo tendrá que ir a otra persona. En casos graves de ninfomanía y satiríasis, el enfermo satisface su deseo en lo soez, sucio, grosero... Eso también puede pasar en una institución akrónica pero las probabilidades son mucho menores porque vive en un ambiente muy distinto del de los de nuestra sociedad. Los niños no se masturban secretamente, ni tienen porqué hacerlo pues cuando llega la pubertad y no desean mantenerse castos por las razones religiosas y amorosas que sean del caso, cortejan pública y notoriamente a la «DIDA» o «DIDOT» de su elección, y reciben de ella la iniciación sexual limpia, sana, cortés, amable, sabia, generosa que da la oportunidad máxima para estimar a la persona que se desea.

N — En efecto. Reconozco que nuestra enfermedad erótica o nuestro sexo enfermo se debe a que nos han iniciado a la vida sexual en el secreto vergonzante de la masturbación y entre la suciedad, la grosería y la codicia de la prostitución profana por el rufián canalla y miserable de la trata de blancas.

Q — Y, ¿quiénes son esas «DIDAS» y «DIDOTS» que tan magnífica y magnánimamente inician sexualmente a los púberes akrónicos?

B — Son las ninfas y oneidas maduras, sabias y ajamonadas que tanto atraen a los varones púberes. Y los faunos y tritones correspondientes que atraen a las niñas púberes.

Las suelen ver en el cine y también en persona en las revistas y espectáculos. El adolescente escribe a la persona que desea y la requiebra de amores expresando su estimación, apreciación, admiración, adoración. Así se asocia el alma al cuerpo; el sexo y el amor.

Q — Los de la 13.ª humillación son perfectos amantes, o casi perfectos. Los de la 14.ª son casi perfectos esposos, ¿qué diferencia hay?

B — Muy sencilla: el matrimonio akrónico está descrito en la epístola de San Pablo. Son siervos akrónicos de la 14.ª los que se casan de verdad según San Pablo. Es decir, que se sienten capaces de no desear a otro cónyuge y de querer eróticamente a una persona exclusivamente aunque envejezca, se arruine y enferme...

N — Muy pocos hay que sean capaces de eso. La inmensa mayoría deseamos las que nos gustan, las amemos o no. Y no deseamos las que no nos gustan.

Q — Quizás sea humanamente imposible. Pero yo he conocido algún matrimonio dotado de esa gracia milagrosa que los hacía fieles, cariñosos, tiernos, devotos mutua y constantemente. La mayoría de los matrimonios tienen altos y bajos.

N — Y muchos se aguantan porque uno de los cónyuges es la víctima propiciatoria del matrimonio, que es oficio de madre...

B — Que parirá con dolor antes, durante y después del parto. Pero acepta humildemente ese dolor, se sacrifica por el bien de sus hijos y de su esposo y baja a la servidumbre de madre: la 15.ª

La diferencia entre la madre sierva (15.ª) y la madre esclava (22.ª humillación) es que aquélla se sacrifica por sus hijos naturales y ésta se sacrifica por los que no son ni serán nunca suyos. Ha renunciado a todo y no tiene derecho alguno, ni siquiera al reconocimiento de sus hijos.

Q — Luego la evolución completa de la líbido (la felicidad humana) es la maternidad y la paternidad akrónicas.

N — Y eso se alcanza a veces en quince años y muchas veces no se alcanza en muchas vidas.

B — La felicidad humana consiste en ser amado por la persona amada. Es el amor mutuo, completo, recíproco de los amantes y de los esposos akrónicos.

Todos los esposos akrónicos son amantes, pero no todos los amantes son esposos pues éstos continúan con su amor exclusivo cuando el cónyuge envejece, enferma y pierde sus atracción para otros: NO DESEAN A LA PERSONA QUE NO QUIEREN, sólo desean a la que quieren. Amar y desear es lo mismo para ellos: todavía no se han escindido su alma y su cuerpo.

Q — Queda claro que los siervos de la 15.ª, madres y padres akrónicos, con su ejemplo enseñan a sus hijos a estimar o a amar a la persona que desean. Comprendo que la madre buena enseña a sus hijos a respetar a su padre, a apreciarlo, estimarlo, venerarlo y adorarlo con la devoción que ella le manifiesta y las hijas suyas que la imiten probablemente harán a sus esposos felices. Comprendo que el padre bueno enseña con su ejemplo a respetar a la mujer, a darle cuando tiene, a ponerla siempre en el lugar privilegiado, a sacrificarse por ella si es necesario.

Comprendo también que la sierva de la 14.ª, la esposa buena cuyo esposo no le corresponda completamente será una víctima pero hará mucho bien a su esposo. Y viceversa, el marido que ama a su mujer con amor completo, íntegro, de alma y cuerpo, será la víctima si ella no le corresponde de la misma manera. Pero la víctima akrónica o voluntaria siempre tiene el consuelo de que su padecimiento sirve para consolar, ayudar, enaltecer, evitar dolor y «faire plaisir», dar placer y alegría a su amada.

Lo que no comprendo es como puede el estudiante de la OMAE volver a unir lo que está escindido, agregar lo que está desagregado y disgregado, integrar lo que está desintegrandose. A mí me parece que el que tiene la personalidad escindida y disgregada ya está frito, ya está desintegrándose.

N — El proceso es irreversible pues afecta al sistema nervioso y, como dijo Alfredo Korzybski, «el sistema nervioso no perdona».

B — Yo no lo sé por experiencia propia. No he bajado más que a la tercera degradación y ya tenía más de 36 años, edad que se considera máxima para postular a la humillación 13.ª Lo que puedo deciros es de oídas. Visito de vez en cuando los mansos de la Orden del Estimar o familiar donde cada familia tiene sus apartamentos privados, aunque con frecuencia comen en común y se reúnen para practicar la liturgia o ejercicios de la Orden.

Q — ¿La propiedad es común?

B — Como en el ejército. No hay que pagar nada ni para la vivienda; ni para la comida; ni para los servicios médicos, legales ni demás; el dinero no circula dentro del Manso. Pero cada familia tiene sus posesiones particulares. Es sólo al bajar a la humillación 19.ª cuando se abandona todo y se practica la pobreza integral.

Q — Volvamos a mi pregunta ¿Qué puede hacer la OMAE para la persona escindida o disgregada que desprecia la que desea, como el puritano, o no desea la que aprecia, como el lujurioso?

B — Uno de los métodos de que he oído hablar se basa en la neuropsiquiatría akrónica de la antigua práctica china de meditación sobre la circulación interna de la luz, que ya he mencionado al hablar de la Orden del Pensar. Para no pensar en lo que uno no quiere, concentra uno su atención en la circulación del aire por los pulmones y si profundiza lo bastante llega sucesivamente a las humillaciones 4.ª, 5.ª, 6.ª y 7.ª, la cual ya pertenece a la Orden del Sentir.
Concentrando la atención en la circulación de la sangre se puede también sucesivamente llegar a las 4.ª, 5.ª, 6.ª y 10.ª, que pertenece a la Orden del Decir...

N — Claro, puesto que al escuchar los latidos del corazón se disipa la cólera y el rencor...

B — Pues bien, concentrando la atención sobre la circulación de la luz por el sistema nervioso, llegan también sucesivamente a las 4.ª, 5.ª, 6.ª y a la 13.ª de la Orden del Estimar pues esta meditación elimina la lujuria con su grosería y suciedad y uno vuelve a estimar a la persona que desea.

N — Te refieres al Libro de Vida o El Secreto de la Flor Dorada traducido al alemán por Richard Wilhem y comentado por C. G. Jung.

B — Experimentado, observado, revisado y verificado por la bio-química y la neuro-psiquiatría akrónicas.

N — Es muy peligroso para un occidental acostumbrado a leer y escribir de su izquierda a su derecha (que es de la derecha a la izquierda del papel), habituado a mirar y escuchar en vez de oír, tratar de volver a ver mientras que para el chino es más fácil de ver volver.

B — Y también Azorín dice que la vida es ver volver. Y el músico y el pintor inspirados se hallan en esta situación de concentrar su atención en oír y en ver volver respectivamente. VER VOLVER es la poética de Bécquer, de recrear la experiencia internamente. «Ver volver» es la estética de Proust, de recuperar el tiempo perdido.

En efecto, el púber adolescente sano y feliz deja que las ondas de la luz y sus fotones impresionen libremente su retina y espontáneamente las ondas nerviosas las transmiten al cerebro. Los ojos sonríen, se entregan y esta misma entrega atrae las sonrisas de los próximos o prójimos. Los ojos entreabiertos, acogedores, entregándose, son simpáticos, seductores. Acarician, ESTIMAN, aman todo cuanto ven. Son los ojos que miran con la Paz del Señor, como canta Joan Maragall... y que han visto Leibnitz y el curita de Jorge Bernanos: la PERFECCIÓN DE LA CREACIÓN.

Por el contrario, el codicioso y el lujurioso miran como si las vibraciones de la luz y del sonido partieran de su cerebro, de su centro visual y auditivo y por los nervios se transmitieran a los ojos de donde saldrían como tentáculos para atrapar, coger al objeto visual y agarrarlo. Claro está que la persona que recibe la mirada lúbrica se ofende y la rechaza, y la insistencia del lujurioso provoca la ira y el desprecio.

Q — Bien. Pero el proceso ese no parece de humillación.

B — Pues lo es en la OMAE, ya que el que baja por este camino vence la lujuria (que es el deseo de la persona que no se ama) porque se considera a sí mismo como noche, oscuridad, que recibe la luz de la Persona amada. «Yo soy la enfermedad. Tú eres la salud.» «Yo soy la lujuria. Tú eres el amor.»

Q — Eso parece más bien el camino de la oración que el de la meditación.

B — Por el camino de la Oración se puede llegar a todas partes, si Aquél a QUIEN rezas, quiere. Rogando a la mujer que se desea, se llega a estimarla, si ella quiere. Y viceversa.

Pero volviendo a la humildad 13.ª, la sierva o el siervo se deja mirar, se deja acariciar, se deja besar, se deja yogar y, al hacerlo se hace estimar por la persona que le acaricia, estimándola a su vez. Eso no es difícil. Está al alcance de cualquiera pero renuncia uno a la afirmación de su personalidad, del personaje que representa. Se degrada ya hasta las 19.ª

La 15.ª humillación es la más baja a que uno puede llegar conservando su identidad personal, su nombre, su voluntad, sus posesiones, aficiones y hasta pretensiones compatibles con la servidumbre akrónica.

N — Según tu diagrama, después de los 34 años ya no se baja a las 15.ª donde el siervo sacrifica sus aficiones, posesiones y pretensiones personales a las de sus hijos.

B — Sí. Pero su ego vive vicariamente en sus hijos que llevan su nombre.

Q — Los esclavos lo sacrifican todo: aficiones, posesiones, pretensiones, nombre, ¿verdad?

B — Eso es. Practican la castidad, la pobreza y la obediencia completas.
Los siervos de la Orden del Gozar también practican la pobreza completa y también renuncian a sus pretensiones personales y a su nombre como los de la Orden del Mandar o Hermenéuticos.

Q — Antes de pasar a explicarnos la Orden de Hermes o Mercurio, danos un ejemplo de la educación sexual teórica dada a los niños de los Mansos de la Orden Familiar Akrónica...

63
LA HISTORIA MÁS
MARAVILLOSA

B — Voy a tratar de recordar las explicaciones de un profesor del colegio primario:
Queridos amiguitos: la historia más maravillosa del mundo, la más fantástica y sorprendente es la NATIVIDAD: el misterio de la vida. Es historia verdadera

aunque increíble, insólita. Los infantes nacen del VIENTRE de la madre consagrado por la fecundación del padre.

En otras palabras, los infantes son el fruto del amor mutuo y recíproco del padre y de la madre que han llegado a fundirse en una sola carne al abrir la madre las puertas de sus entrañas magnánimamente a la virilidad erguida y magnificiente del padre.

No creáis en las paparruchas de las cigüeñas, ni en las coles de París ni de Bruselas. Es el acto de amor el que engendra la VIDA. El amor espiritual engendra la VIDA ESPIRITUAL, invisible, intangible. El amor físico engendra la VIDA FISICA, visible, tangible: el cuerpo.

Pero los amores homólogos no engendran la vida, sólo la conservan. Se llama amistad al amor que no engendra la vida, que no crea un nuevo ser. El amor de Pepito y Juanito o el de Pepita y Juanita es muy valioso, importante, supremo como el amor de los viejos y por los viejos: es la amistad = AMISTAD espléndida, eminente, ilustre, serenísima que conserva la vida de los amigos y la valoriza, le da sentido, esplendor, radiación. Pero no engendra la Vida.

El amor entre opuestos complementarios, EL AMOR SEXUAL, ENGENDRA LA VIDA FISICA... cuando los dos cuerpos de sexo contrario comulgan íntimamente en el momento oportuno y sin obstáculos, INTRODUCIÉNDOSE LA VIRILIDAD ERGUIDA DENTRO DE LA FEMINIDAD ANHELANTE.

La mujer tiene la feminidad por todo el cuerpo: los pechos, las caderas, el vientre, los muslos, el Monte de Venus en cuyo centro se encuentra escondida entre los pilosos juncos la Cueva Santa de la Vulva que conduce a la Matriz donde germina el Óvulo fecundado por un minúsculo y valiente animal espermático que salido con multitud de corredores de los testes o cabecitas viriles ha corrido por el túnel interno del erguido y PRECIOSO FALO VIRIL y penetrado, a golpes de berraco, en las entrañas de la mujer amada y Campeón de las Olimpíadas Afrodisíacas, ha penetrado en el Óvulo que en cuanto le ha aceptado, recibido y asimilado se ha hecho impenetrable, impermeable, refractario a los demás por muchos y muy poderosos que sean como la joven verdaderamente enamorada que se abre en flor anhelante para su amado, se cierra herméticamente a los galanteos de los demás varones que la cortejan.

Nosotros, siervos akrónicos, admiramos, veneramos, adoramos el ACTO DE AMOR o el VERBO AMAR, y rogamos por los que en el mundo lo ignoran con frialdad, lo profanan con grosería, lo mixtifican con hipocresía, lo vilifican con crueldad, lo infectan con enfermedad.

Eso es lo que hay que saber: que la suciedad facilita la infección de los maravillosos genitales humanos, femeninos y masculinos, y las infecciones y enfermedades venéreas pueden destruirlos catastróficamente y conducir al pobre amoroso a la abominación de la desolación y la desesperación. Pero no hay que tener miedo siempre y cuando observéis la estricta disciplina que os enseñamos: ¡HIGIENE! ¡¡DIAGNOSIS!! ¡¡¡TRATAMIENTO!!!

HIGIENE: lavarse, lavar, lavarse antes y después de hacer el amor tanto el uno como la otra. Hay que lavarse los genitales tanto como uno se lava las manos, tanto más cuanto que son contiguos a los órganos urinarios y de la defecación...

N— Para que no nos los comamos...

B — Continúo. Hay que lavarse los genitales con la misma delicadeza y el mismo esmero con que uno se lava la cara.

N— Madame de Pompadour tenía un peluquero genital o jardinero del Monte de Venus.

B — Eso es. Hay que lavarse, acicalarse y embellecerse lo mismo que si el cónyuge fuera realeza. Porque así debe ser en verdad: «¡mi reina!»; «¡mi rey!». Al ayuntarse o en el AYUNTAMIENTO deben ser majestades el uno para el otro. Si se pierde el respeto, se vilifica el amor; se hace vil. La grosería lo envenena y lo infecta moralmente tanto como las enfermedades venéreas lo hacen físicamente.

Pero todavía no terminé con lo esencial para evitar enfermedades graves. Al primer síntoma de infección hay que ir a la clínica a hacerse examinar y seguir estrictamente el tratamiento prescrito en caso de infección, absteniéndose en absoluto de todo comercio carnal antes de ser dado de alta. En Humania y en las instituciones akrónicas el guardar secretas las enfermedades venéreas se considera delito o síntoma de un estado de peligrosidad grave.

En el mundo del pasado, las enfermedades venéreas se consideraban secretas. A la proclamación de Eureka las enfermedades venéreas se considerarán públicas y su control sujeto a las autoridades competentes de sanidad como la peste o el cólera. Los crímenes contra el amor son los peores. El amor físico es el supremo bien físico. El amor espiritual es el supremo bien espiritual.

La falta de respeto; la falta de cortesía; la falta de estimación, de ternura, de cariño MUTILAN EL AMOR HUMANO y lo ANIMALIZAN. Para el hombre, animal que diferencia el bien del mal, animalizarse es degenerarse. El hombre no puede volver al estado de inocencia característico de nuestros hermanos animales. Para nosotros, bestializarnos es degenerarnos, corrompernos, pudrirnos.

¡SED HOMBRES! ¡¡VARONES!! ¡¡¡MUJERES!!! ¡¡¡¡ADORAD EL AMOR!!!!

64
EL NEXO

La conexión humana elemental y básica es el de la cópula entre mujer y varón. O sea que el sexo es el nexo básico de los organismos humanos transindividuales y trascendentales.

La copulación congenital y congénita, engendrada conjunta y mutuamente cuando es el conmovedor connubio consagrado por el consorcio de los consortes conduce al instante de conjunción trascendente que en éxtasis conmutativo engendra o crea el hijo. En otras palabras, el amor une a los amantes en la felicidad del momento que engendra o crea al que los trasciende. Es lo que llamamos amor trascendental. Lo mismo ocurre con el amor material que con el amor espiritual. Aquél engendra un cuerpo, éste engendra un alma.

El amor de macho y hembra engendra —en el secreto seguro, deleitoso de la matriz que ha recibido amorosamente el erecto huésped dadivoso de fecundante esperma— un embrión que irá transformándose en la oscuridad hasta salir a la luz transformado en un cachorro.

Asimismo el varón y la mujer unidos por el amor engendrarán un niño feliz o infeliz según lo sea el matrimonio de sus padres (sin perjuicio de las metamorfosis milagrosas que producen el connubio amoroso de la Gracia divina y la Voluntad humana). Asimismo la unión espiritual o comunión amorosa de voluntades libres y deliberadas o de almas en el sentido de voluntad, afectos, entendimientos y memorias engendran una idea que se transforma en ideal colectivo que llega a ser una creencia y un sistema de valores que establece una sociedad (familia, clan, tribu, municipio, nación, iglesia, humanidad).

Pero tanto en lo material como en lo espiritual, tanto en lo visible y tangible como en lo invisible e intangible, el amor correspondido es la felicidad (el cielo) y el amor traicionado, rechazado, burlado, abandonado, despreciado, es la desgracia, el martirio, la crucifixión (el infierno).

Ya en este mundo conocemos el infierno cuando se han burlado y han despreciado nuestro amor y conocemos el cielo cuando nuestro amor ha sido correspondido. El placer material máximo es el de orgasmo o éxtasis. El placer espiritual máximo es el de la Presencia o evidencia de la existencia del Amor abstracto y concreto...

65
ORDEN MILITAR AKRÓNICA
DEL MANDAR

B — Lo poco que sé de la OMAM no se debe a experiencias propias pues no reúno las condiciones de la edad necesarias para postular a la degradación 16.ª (tener de 16 a 33 años de edad) y no hay visitantes en las reuniones de esta OMA.

N— Nos dijiste que había muchos postulantes que vienen a investigar las Órdenes Akrónicas de parte de los Servicios Secretos de los gobiernos y grupos políticos.

B — Es cierto que para un agente secreto ya sea de la USA, ya de la URSS o de cualquier otra potencia o grupo es fácil infiltrarse en las Órdenes del Querer pues lo único que se requiere es la coincidencia en el querer hacer el bien y su manifestación y aclaración reiterada y firme. En esas condiciones, es fácil simular la degradación 1.ª, 2.ª y 3.ª situándose en posición de postular a cualquiera de las órdenes del Saber o Científicas. Pero ya en ellas se trata de realizar un proyecto; de hacer algo ya sea con la mente, con el cuerpo, con la sociedad, con el amor. Y eso no hay modo de simularlo. Lo que ocurre es que en otras OMA se puede asistir como visitante, pero no en la del Mandar. Si el postulante OBEDECE pasa a Catecúmeno o estudiante y si no obedece ya sea porque no quiere o porque no puede, se va a otra parte y a otra cosa, mariposa.

Q — El siervo humilde de la degradación 16.ª, nos has dicho, es el que NO HACE LO QUE NO QUIERE HACER. Es como un fumador empedernido enfisematoso cuya voluntad está escindida: por un lado y/o a veces no quiere fumar más y por otro fuma los «soi disant» últimos cigarrillos. Lo mismo que el dipsómano y el toxicómano (que ahora llaman, en Madrid, «drogadictos» con la ansiedad imperiosa que tantas ciudades, de Tokio a Jerusalén, tienen de imitar los USA = N.Y. - L.A. - S.F. - B.B.W....).
Digo, pues, que me parece que el caso más típico del postulante y estudiante a la servitud akrónica 16.ª, del QUE HACE LO QUE NO QUIERE HACER, es el caso del prisionero de sí mismo: DEL QUE HACE LO QUE NO QUIERE HACER y cuyo AD-VERSARIO o Satán es él mismo, como dice Meninger en «Man against himself».

B —Muchos son, en efecto, los jóvenes (y viejos) que, como San Pablo, quieren hacer el bien y, en su lugar hacen el mal que no quieren por estar dominados por ad-versarios o hábitos de obrar mal (vicios) establecidos por la repetición voluntaria de las malas acciones previas (karma). Por sí solos no hacen más que hundirse en el lodo podrido de su pasado egoísta, alcaloide, filogénico de la ontogenia pecaminosa de siglos de dominio, tiranía y despotismos del rey fraticida, émulo de Caín, para explotar, engañar y destruir el fruto del trabajo, de la armonía y de la honradez sobre la tierra.

LUCIFER, el Ego, que quiere TENER, MANDAR, GOZAR, SABER, HACER, SER tanto como su Creador y más que cualquiera de sus prójimos...

N — Son cerebrales: Marcusianos, de «Eros y la Civilización». Quieren saber y gozar...

B — Sean lo que sean en este momento, lo más importante es lo que pueden llegar a ser: instrumentos-vasos-comunicantes del amor. Y hacia este destino humano los dirige la Orden del Obedecer: LA HUMANIDAD ES UNA UNIDAD DE DESTINO.

N — O nos salvamos todos juntos o nos hundimos separados, como dijo el otro.

B — Bueno. El caso es que la Orden del Obedecer, en el magisterio de su esclavo pedagogo, enseña a NO HACER LO QUE UNO NO QUIERE en la condición degradada 16.ª y a HACER LO QUE UNO QUIERE HACER en la servidumbre 17.ª

Q — Es preciso por tanto la CONFIANZA en el pedagogo o «gurú» para bajar a la Orden del Mandar.

B — Claro está. La CONFIANZA entera en un esclavo voluntario o akrónico que realiza el proyecto de hacer el bien que motiva toda la Organización Akrónica. El esclavo quiere HACER el Bien al postulante - estudiante en particular y a la humanidad en general. Nada tiene que temer el «postulante» sea o no de buena fe y puede esperar de la ayuda del esclavo-pedagogo la venida del Reino del Amor. La voluntad altruista del esclavo unida a la buena voluntad del postulante vencerán al ADVERSARIO = SATÁN o a la mala voluntad del hombre vencido por el pecado (toxicómano - dipsómano - fullero - estafador - guerrero - inquisidor - tirano - déspota - explotador) individual y el Pecado Original histórico de la UBRIS o su hijo LUCIFER.

LUCIFER = EL REY DEL MUNDO, con su madre LA SOBERBIA y SATÁN, EL ADVERSARIO DENTRO DE UNO MISMO, son vencidos por el amor humilde del esclavo voluntario unido a la buena voluntad del postulante - estudiante - catecúmeno que llegará a degradarse a la 16.ª y a ser funcionario (militar o civil) del estado particular de su nación y del Estado Universal de Reconciliación Ecuménica Eukarística Konorákika Afrodisíaca Karismática Apostólica o con otro de los significados que EUREKA tiene, pues EUREKA, como el Amor, es polisémico.

N— Parece, por lo que dices, que el supuesto global de la orden Militar Akrónica del Mandar es el amor en su aspecto mental o de amistad. Pero una sociedad o asociación en que el amor es el origen, razón y objetivo final de la existencia humana, es una sociedad o iglesia particular por mucho que se llame católica. Para muchos lo más importante no es ni el amor carnal ni el sensual, ni el afrodisíaco, ni el erótico, ni el platónico, ni el maternal, ni el paternal, ni el fraternal, ni el filial, ni el caritativo, compasivo, misericordioso, ni siquiera el ágape. Para muchos lo más importante es el Dinero, o el Poder, o el Prestigio. o la Nación, o la Iglesia, o el Ideal... Hay muchos para quienes el amor es secundario y la Humanidad una entelequia subordinada a la Nación o Patria ya sea Arabia o Israel, la USA o la URSS, la China o el Japón, Francia o Alemania, España o Portugal. Esa Orden Militar Akrónica del Mandar dedicada al servicio de la humanidad será injuriada, calumniada, perseguida, destruida por los gobiernos de las naciones y sometida al servicio de sus gobiernos para convencer a los pobres y desvalidos de la legitimidad del Gobierno Constituido por la GRACIA de Dios y la obligación de todos de obedecer al Jefe o César de este mundo so pena de ir al infierno. El amor encarnado en Jesús, tanto en la Iglesia Católica como en las demás cristianas, ha acabado por someterse a la Razón de Estado. En USA incluso los quákeros contribuyen eficazmente, con su pasividad, a encubrir los asesinos de Kennedy y la Verdad queda sometida al patriotismo.

Q — Es cierto que el Rey del Mundo, el Estado Nacional, sólo reconoce la Verdad y el Amor cuando protege sus intereses particulares. La ayuda a los enemigos —es decir, el cristianismo— es considerada TRAICIÓN en los estados llamados cristianos, estén o no separados de la Iglesia que les sirve de justificación y apoyo. ¿Cómo puede Akronia y sus Órdenes Militares convencer a nadie de que los intereses de la Humanidad en su conjunto y del hombre concreto deben prevalecer sobre los de las naciones, dogmatismos, ideologías y partidos?

B — Eso es lo que está ocurriendo ahora y aquí. Cada uno de nosotros trata de amar al prójimo concretamente tanto como a sí mismo definitivamente ya sea porque el Ser está en mí, en ti y en Sí Mismo, siempre el mismo, ya sea porque... ME DA LA GANA DE AMAR, ya sea por lo que sea. El caso es que el HOMBRE, modelo 1976, NO QUIERE MATAR, NI ENGAÑAR, NI DESTRUIR y si lo hace es porque HACE LO QUE NO QUIERE. Ni Lyndon B. Johnson (q.e.p.d.) ni Ricardo Milhaus Nixon ni nadie quiere deliberadamente MATAR, ATROPELLAR, DESTRUIR. Si lo hacen es porque no pueden evitarlo. Han perdido el control de sus acciones, Sadat de Egipto o Golda Meier de Israel se hacen la guerra y matan a muchos jóvenes inocentes (que no habría necesidad alguna de que murieran si no fuera por la superstición nacionalista), no porque quieran sino porque están dominados por el «nacionalismo» de forma similar a la que los toxicómanos están dominados por las drogas tóxicas que les esclavizan. Ni guerreros como Nixon y Johnson en Vietnam, ni los generalísimos de Chile u otras hispanias, ni los musulmanes y judíos de la Tierra Santa, ni los católicos y protestantes de Irlanda, ni los de Bangladesh y Biafra, ni hindúes ni musulmanes, ni marxistas ni faxistas son asesinos, sino ENFERMOS INTOXICADOS por su ignorancia, superstición y fanatismos. Ni Johnson, ni Nixon, ni Sadat, ni Golda, ni Pedro ni Pablo quieren matar a nadie. El ideal de los hombres de gobierno, en general, es la unión, la paz, la prosperidad, la justicia, el honor, el bienestar, la libertad, la seguridad, la fraternidad, etc. Nada malo para nadie y todo bueno para todos. Si los gobernantes hacen lo contrario es porque HACEN LO QUE NO QUIEREN.

La OMAM está formando los siervos herméticos de las 16.ª, 17.ª y 18.ª y desarrollando la capacidad humana de CONFIAR Y CONCORDAR con aquéllos que momentáneamente aparecen embarcados en proyectos contrarios a Akronia: MATAR GENTE (ya sea por guerra, revolución sangrienta o acción mortífera), ENGAÑAR (manipulación política, comercial, pseudorreligiosa), EXPLOTAR al hombre como medio para los fines de otro.

Ya en estado o situación hermética o mercurial, los siervos herméticos serán los funcionarios de la PPUPP (Policía Psicobioelectrotécnica Universal Para La Paz) que efectuarán el DESARME UNIVERSAL y mantendrán el Orden Internacional una vez proclamado EUREKA.

Q — Vayamos por partes. Explica primero la teoría y la práctica de la Orden del Mandar y luego la PPUPP. ¿Cómo consigue el esclavo pedagogo ADJUVARE (ayudar, contentar, entusiasmar) al estudiante o catecúmeno de la humillación 16.ª?

N — ¿Y cómo se preserva la OMAM de las infiltraciones y sabotajes de los agentes secretos de los gobiernos nacionalistas y partidistas y dogmáticos?

66
FORMACIÓN DE LOS SIERVOS HERMÉTICOS

B — Por definición, los siervos akrónicos son las personas que se hallan en estado o condición de hacer el bien al prójimo y no hacer mal a nadie. Las técnicas akrónicas fomentan y refuerzan la voluntad del bien, debilitando y eliminando la voluntad del mal que coexisten en cada persona. Si el postulante no quiere eliminar el mal en él, no puede bajar a la servidumbre ni profesar en ella. El conflicto de voluntades y deseos de la persona se pone de manifiesto, especialmente al bajar a la degradación 16.ª El esclavo pedagogo llega a conocer muy a fondo al catecúmeno.

Q — ¿Qué hay que hacer concretamente para rebajarse a la servitud 16.ª?

B — Lo que yo sé es de oídas, incompleto y probablemente

con detalles inexactos. Lo único que sabemos es lo siguiente:

1) Hay que haber bajado, por lo menos, a la tercera humillación. (Cuanto más bajo se ha bajado, mejor.) Se dan casos de jóvenes akrónicos felices que al llegar a los 16 años han bajado ya a muchas —incluso a todas— las humillaciones propias de su edad. Son los mejores postulantes. Muchos postulantes a la 16.ª son profesos y practicantes de la 4.ª, la 7.ª, la 10.ª, la 13.ª servidumbres.

2) Para postular a la 16.ª tienen que haber cumplido los 16 años y no haber cumplido todavía los 33 o sus equivalentes según el desarrollo real y efectivo (se exceptúan los casos de salud excelentísima del aparato circulatorio y del sistema nervioso central. Ya se dice que cada uno tiene la edad de sus arterias).

Los siervos de la 16.ª que postulen a la 17.ª deben tener de 17 a 32 años.

Los siervos de la 17.ª servidumbre que postulen a la 18.ª deben tener de 18 a 31 años.

Q — Ya me he dado cuenta de que cuanto más se profundiza en la humillación, menos años quedan para realizarla. Pero continúa con los requisitos indispensables para la postulación a la 16.ª

B — 3) No hay requisitos de belleza ni de apariencia física, pues los siervos herméticos hacen una labor anónima y hermética como su nombre indica.

La salud tiene que ser buena para bajar a la 16.ª servitud y excelente para bajar a la 17.ª y 18.ª

El vigor, regular para la 16.ª; bueno para la 17.ª y excelente para la 18.ª

N — En efecto, para hacer de criado íntimo o ayuda de cámara de un señor poderoso hay que tener muy buena salud.

B — 4) La instrucción-inteligencia:

Para bajar a la 16.ª tiene que poseer el Diploma de Secundaria.

Para bajar a la 17.ª necesita el Peritaje o Bachillerato.

Para bajar a la 18.ª se requiere la Licenciatura, por lo menos.

Q — No sabía que los PIP (Poderosos Importantes Personajes) tuvieran ayudas de cámara licenciados en antropología, neurología y psiquiatría.

N— Los Poderosos Príncipes Patrones Pudibundos Pseudo Protectores Populares...

Q — ¡Basta! Vuelve a tu explicación, B.

B — 5)   Las oblaciones o sacrificios o katarsis que hay que hacer son claras en la práctica, pero difíciles de expresar en nuestro lenguaje, ya sea vulgar, ya culto o ya de la confusa jerga psicológica. Lo que me parece más adecuado para expresar los sacrificios que hay que hacer para rebajarse a las servidumbres herméticas es la terminología eclesiástica:
Los de la 16ª tienen que sacrificar la envidia;
los de la 17.ª tienen que sacrificar su vanidad;
los de la 18.ª tienen que sacrificar también su orgullo, además de los previos sacrificios.
Todos estos sacrificios tienen que hacerse en estado consciente pleno y deben ser voluntarios y deliberados antes de entrar en las pruebas del magnetismo, la sugestión y el hipnotismo.

N— ¡Qué pocos hispanos habrá en la OMAM si para bajar a ella hay que sacrificar la envidia! ¡Incluso los más grandes españoles se han envidiado unos a otros: Lope de Vega y Cervantes; Quevedo y Góngora; Unamuno y Valle Inclán! Y los catalanes son los peores: de Ramón Berenguer a Berenguer Ramón...

Q — En todas partes cuecen habas. Volvamos a nuestros... herméticos.

B — 6)   La virtud básica de la OMAM, ya desde la servidumbre 16.ª, es la obediencia, la lealtad, la fidelidad al Último Esclavo, al Nadir, al Penúltimo Esclavo y al Esclavo Pedagogo de quien recibe directamente las instrucciones, las sugestiones y las órdenes hipnóticas y posthipnóticas. Esa lealtad primordial y básica no es óbice para la que debe guardar en todo cuanto no sea contrario al hombre y a la humanidad, para con su jefe, amo, superior, comandante, cliente, paciente a quienes sirva, porque, repetimos, un siervo hermético o estupefaciente es esencialmente un sirviente fiel, abnegado, competente, ya sea como ayudante (16.ª), asistente, ordenanza, guardaespaldas (17.ª) o criado íntimo, médico de cabecera, amante secreta (18.ª).

N — ¡No me digas ahora que Golda Meier tiene un amante secreto licenciado y siervo akrónico de la degradación 18.ª!

Q — No hagas bromas y déjale continuar.

B — Además de la obediencia, los siervos de la 17.ª cultivan la anonimidad, la modestia; el pasar desapercibidos como simples mensajeros, enlaces, telefonistas, ordenanzas, asistentes, secretarias, porteros, lacayos de los poderosos e importantes personajes a quienes sirven.

Además de las dos virtudes antedichas, los de la 18.ª cultivan también la virtud que podríamos llamar «CONGRATULATION» siguiendo a Scheeler que la considera como la virtud remedio de la envidia. Así como la envidia consiste en entristecerse por el triunfo, la victoria, la alegría del prójimo; la congratulación consiste en alegrarse, congratularse con la alegría, el triunfo, la satisfacción del amo a quien sirven.

N — Hasta ahora parece que estos criados íntimos, amantes secretos, médicos de confianza, secretarias, guardaespaldas, mensajeros, lacayos, asistentes, ayudantes y demás herméticos no hacen más que servir leal y eficazmente a los PIP (Personajes Importantes y Poderosos).

B — Así es. Todos cumplen con su deber y son leales a sus jefes, instituciones y patrias.

N — Si sirven a su particular Estado Nacional, ¿cómo pueden servir al Estado Universal = Eureka, que les va a desarmar?

B — Es que el verdadero interés de la nación está en desarmarse e integrarse al concierto universal en el imperio del Derecho Internacional o de Gentes, garantizado y administrado por Eureka.

67
DESARME UNIVERSAL

Q — Pero ¿cómo se puede conseguir este tan cacareado Desarme Universal?

N—Ahí está el intríngulis, ¡en el «CÓMO»!

B—Por medio de la OMAM. Con la mínima coacción y la máxima eficacia. Seguidme, por favor.

Los siervos herméticos están controlados directamente por esclavos akrónicos que les hipnotizan profundamente llegando a fundirse las dos voluntades de hipnotizador e hipnotizado, de manera que éstos ejecutan las órdenes de aquéllos decidida, firme y eficazmente.

Q—¡Acláralo!

N—¡Especifícalo!

B—1. Se trata de conquistar el PODER para efectuar el DUD (desarme univercal definitivo) y establecer EUREKA (el estado universal de reconciliación).

2. Para nuestra exposición dividiremos el poder en cuatro aspectos o caras, representadas por los cuatro lados de la pirámide de base triangular. Las cuatro caras del poder que analizamos son: a) los militares con mando; b) los grandes gobernantes, estadistas y políticos; c) los que controlan la economía (principalmente los gerentes de las grandes compañías y jefes de los sindicatos obreros en Occidente y sus equivalentes en las economías socialistas); d) los más importantes propagandistas o más influyentes en la formación de la opinión pública (hoy en día aparecen principalmente en la T.V., en la prensa, en la radio aunque también continúan en el púlpito, en el libro, en el aula y, sobre todo, en la canción popular).

3. La Akademia Akrónica estima que son cuatro mil (aproximadamente) los poderosos e importantes personajes (PIP) que controlan en la Tierra el principal poder del hombre sobre el hombre. De entre los cuatro mil PIP destacan cuatrocientos personajes poderosísimos, importantísimos y/o generalísimos de USA, la URSS, China, UK y demás poderes.

4. Los PIP ejercen su poder gracias a sus criados, fámulos, asistentes, íntimos, médicos de confianza, ordenanzas, auxiliares, soldados, empleados, ayudantes, apoderados, representantes y demás subalternos que ejecutan sus órdenes y actúan en

su nombre. En otras palabras, la orden del **PIP** o del JEFE la comunica su ayudante (secretario, telefonista, etc.) y por lo tanto dicho ayudante se halla en situación de comunicar lo que quiera.

5. Ahora bien, el Día del Desarme Universal los ayudantes, mensajeros y ordenanzas de los **PIP** (tanto de la USA como de la URSS como de los demás poderes) transmitirán las órdenes del Nadir (los Tres Últimos Esclavos) como si emanaran de sus respectivos jefes. Dichos ayudantes y mensajeros serán siervos de la degración 17.ª, dotados de las facultades magnéticas, sugestivas, hipnóticas, orgánicas y demás mercuriales akrónicas y capaces de emitir y recibir mensajes telepáticos y ejecutar infalible y eficazmente las órdenes de sus esclavos base.

N — Aún con todos estos siervos humildes mensajeros herméticos rodeando a los **PIP** del mundo se necesitará una precisión extraordinaria para desarmar en el mismo día a la USA, la URSS y demás Grandes Poderes.

Q — Ya comprendo tu razonamiento: aunque es el generalísimo, el general, el almirante, el que da la orden, no es él el que la transmite sino su secretario, telefonista, radiotelegrafista, ayudante u ordenanza. Y cuando los transmisores obedezcan las órdenes del Estado Universal, los Estados Nacionales o Imperiales quedarán desarmados y sometidos al Derecho de Gentes y al Derecho Natural. Pero me temo que los generales de división, los contraalmirantes y demás comandantes de buques de guerra y de bases aéreas descubran la sustitución y se arme un desbarajuste general que precipite una catástrofe nuclear, pues los de la URSS creerán que son los de la USA que sabotean sus bases y viceversa.

B — Cuando se den cuenta ya estarán desarmados. Los comandantes, oficiales y sargentos que actualmente custodian y controlan los armamentos termonucleares y bioquímicos y los buques, bases, aviones, submarinos y misiles y antimisiles consiguientes serán o bien siervos de la degradación 16.ª que obedecerán eficaz e infaliblemente la orden del Nadir transmitida por su esclavo base o, en su defecto, tendrán como amante íntima, médico de cabecera o ayuda de cámara a un siervo de la humillación 18.ª que le sugestionará y fascinará de modo que, creyendo que viene de su jefe nacional, los comandantes ejecuten la orden del Nadir el Día del Desarme Universal...

Q — ¿Qué quieres decir?

B — Los PIP, como los demás hombres, tienen alguna persona de confianza en su intimidad. Suele ser la persona que se acuesta con ellos (amante), o que les ayuda a acostarse y vigila durante su sueño (su ayuda de cámara) o un médico en quien confían y que les prescribe un tratamiento o les psico-analiza. En fin, tienen alguien de quien dependen y que tiene acceso a su intimidad.

La OMAM introduce a sus siervos de la degradación 18.ª en estas posiciones de confianza de los PIP. Dichos siervos son excelentes, eficientes, enteramente leales. Lo único que harán es sugerir, sugestionar, persuadir a sus amos de dar la orden apropiada y conducente al desarme universal el día señalado al efecto. Así, las resoluciones del NADIR (Eureka) serán ejecutadas por los mismos jefes y oficiales de los estados soberanos nacionalistas y chauvinistas.

N — En los estados nacionales las órdenes se transmiten de arriba abajo. En cambio, en el Estado Universal parece que las órdenes se transmiten de abajo arriba.

B — Así es, en efecto. El Nadir (Comunión de los Tres Últimos Esclavos) transmite sus sugerencias a los ocho esclavos mínimos de la 31.ª degradación, los cuales a su vez las transmiten a cuarenta y ocho esclavos ínfimos de la 29.ª degradación. Estos esclavos ínfimos transmiten las sugerencias y sugestiones magnéticas a los esclavos de las humillaciones 27.ª, 25.ª y 23.ª, quienes, a su vez, las transmiten a los siervos de las humillaciones 18.ª, 17.ª y 16.ª respectivamente. Los de la 16.ª ejecutarán las sugerencias directamente. El DDUDD (Día del Desarme Universal Definitivo), los de la 17.ª sustituirán las órdenes de sus jefes nacionalistas y partidistas. Los de la 18.ª hipnotizarán y sugestionarán a sus jefes para persuadirlos de las sugerencias del Nadir que los jefes nacionalistas ordenarán como si fueran las suyas propias.

Q — No se puede hipnotizar a una persona contra su voluntad.

B — Pero su amante, su médico, su ayudante, su consejero puede fácilmente persuadir al jefe de que su voluntad es hacer precisamente lo que él le sugiere. Y, en efecto, todo el mundo quiere hacer la paz.

Como sea que además los de la 18.ª servidumbre tienen contacto íntimo con su superior y están con él mientras duerme, les es entonces posible hipnotizarlo ya sea con sólo métodos psicológicos o con ayuda química, eléctrica, óptica, acústica, magnética, subliminal, orgonónica y similares. Yo no conozco los detalles. Yo lo que sé es que los PIP, Comandantes de las bases termo-nucleares atómicas, químicas, biológicas, guerreras o mortíferas, los Almirantes y Capitanes de los buques de guerra, submarinos atómicos, portaviones y los generales de los aviones de guerra y de las bases de guerra tanto de la USA como de la URSS, y de las más peligrosas del U.K., Francia, China y demás que se hallen en estado de peligrosidad aguda, OBEDECERÁN CIEGAMENTE LAS ÓRDENES DEL NADIR, EL DÍA DEL DESARME UNIVERSAL DEFINITIVO.

Los generales y jefes en puestos clave de comandancia quedarán hipnotizados y ejecutarán las órdenes sugeridas hipnóticamente por los siervos de la 18.ª a su servicio.

O/y sus órdenes serán interferidas y cambiadas por sus asistentes, siervos herméticos de la 17.ª

O/y sus ayudantes, gerentes y representantes, siervos de la 16.ª las tergiversarán.

Todo esto a fin de ADORMECER a todos los militares armados de las 666 bases más peligrosas del mundo desde el Pentágono y el Kremlin, la CIA y la GDPU a la Rota y Torrejón de Ardoz y Sigonella en Sicilia y Pireo, el puerto de Atenas.

Adormecidos los guerreros por los siervos herméticos o estupefacientes, la Guardia de la PPUPP (Policía Psico-orgono-electroquímica Universal para la Paz) se apoderará del material de guerra inutilizando todo lo mortífero y utilizando los transportes, aviones y buques de guerra para albergar a los guerreros desarmados y narcotizados y entregarlos a la MUTT

(Milicia Universal del Trabajo Terapéutico) que los custodiará reeducándolos para la paz en sus bases tropicales, glaciales, submarinas, subterráneas y demás que correspondan.

N — La labor de los estupefacientes me deja estupefacto. ¡Qué sencillo! ¡El Desarme Universal sin una gota de sangre vertida!

Q — 1.ª Hipnotizar a los jefes.

2.ª Narcotizar a la tropa.

3.ª Apoderarse de todo el material de guerra.

4.ª Reclutar a los guerreros ya desarmados para la milicia universal del trabajo.

¡Es el huevo de Colón!

N — ¿Y luego, qué?

B — *La proclamación de Eureka.* El mismo Día de la proclamación será reconocido por los jefes de Estado y de gobierno de la USA, URSS, China, U.K., Francia, Alemania, Japón, Méjico, Suiza, Suecia, Dinamarca, India, Indonesia Pakistán, Brasil, Argentina y muchos otros estados.

Al día siguiente será reconocido y acatado también por el Tribunal Internacional de La Haya, la Asamblea de las Naciones Unidas y múltiples asociaciones internacionales.

Todo gracias a la labor estupefaciente que los siervos herméticos habrán realizado con los jefes políticos paralelamente a la realizada con los militares.

68
FORMACIÓN HERMÉTICA

Q — De los requisitos para postular a la OMAM has pasado a explicar lo que pasará en el futuro. Pero no entendemos todavía como estos jóvenes de 16 a 33 años que reúnen los requisitos físicos, intelectuales y morales que has explicado, se inician o degradan hasta profesar en la 16.ª humillación sometiendo totalmente su voluntad a la de su esclavo pedagogo.

B — El postulante de más de 16 y menos de 33 años, tiene por lo menos que haber bajado a la humillación 3.ª, o sea, a QUERER CONFIAR EN EL PRÓJIMO INFE-

RIOR, en ese caso en el **ESCLAVO AKRÓNICO** que ha conocido en varias reuniones de la 3.ª humillación celebradas ya en fines de semana, ya en novenas en los Mansos generales o/y conventos de las Universidades Akrónicas. Es mejor que el postulante a la 16.ª ya se haya rebajado también a otras servidumbres (4.ª, 7.ª, 10.ª, 13.ª, o más bajas pero no es necesario). Lo más importante es que tenga CONFIANZA en el esclavo pedagogo...

N — Que debe ser un médico sugestionador, hipnotizador, fascinador o magnetizador, ¿verdad?

B — Esas operaciones tienen muchos nombres vulgares y científicos. El caso es que haya confianza. El estudiante sabe, ESTÁ SEGURO de que su esclavo-base QUIERE SU BIEN Y SABE COMO HACERLO. Es, ni más ni menos, la confianza del paciente en su médico. La postulación al 16.º servicio humilde es precisamente el establecimiento de esta relación de confianza y la resolución formal de obediencia.

Los primeros nueve días o novena que pasan en un «manso» o «convento» de la **OMAM** prueban su optitud física, intelectual y moral para beneficiarse personalmente de los ejercicios, experiencias de la **OMAM** y para beneficiar luego a sus prójimos.

Pasan por pruebas físicas, intelectuales y morales durante esta novena de postulantes.

En primer lugar, el postulante pasa por la prueba física muscular y por la sensorial. Salta, corre, nada y practica deportes individuales estableciendo su «récord» normal y corriente antes de comulgar o comunicar con el esclavo pedagogo.

También establece su récord normal de los sentidos: vista, oído, olfato, gusto, tacto y demás.

Establecidos sus récords celebra una sesión con el esclavo pedagogo en la que éste LE ORDENA Y MANDA FIRME Y GENTILMENTE QUE MEJORE SUS RÉCORDS.

Vuelve entonces el postulante a efectuar las mismas pruebas. La medida en que su récord mejore indicará su aptitud para el hermetismo.

Esas pruebas físicas se repiten siete veces durante la novena de postulante. La medida del progreso también indica la aptitud estupefaciente.

N — O sea, su capacidad para ser sugestionado y obedecer las órdenes sugeridas.

B — En segundo lugar vienen las pruebas de memoria, de atención y de concentración.

El postulante establece su récord normal y corriente memorizando un poema, una canción, nombres y números.

También hay ejercicios designados para medir la duración y la intensidad de la atención y de la concentración como las operaciones aritméticas mentales y el juego de ajedrez a ciegas.

Luego celebra la sesión de hipnotismo en que el esclavo hipnotizado le sugiere lo que debe hacer para mejorar su memoria, atención y concentración.

También durante siete días se repiten las pruebas para comprobar si ha habido mejoría y progreso que serán otros tantos indicios de la capacidad y vocación del postulante.

En tercer lugar, el postulante declara confidencialmente a su esclavo las cosas que tiene costumbre o hábito de hacer y que no quiere hacer (fumar, beber, comer demasiado, drogarse y también tics nerviosos, manerismos, vicios, molestias, cansancios, ansiedades, temores irracionales, malhablar, explosiones coléricas, malos pensamientos, abulias, negligencias, descuidos, olvidos, dejarse dominar y dirigir sin querer y toda clase de acciones que el humilde estudiante o paciente tiene costumbre de hacer y no quiere hacer.

Con esto empieza el estudio en residencia en un «manso» o «convento» adecuado por un período mínimo de cuarenta días.

Durante su estancia en el «convento» o «manso»:

a) Trabaja parte en el taller o campo de manual y parte en la oficina o despacho de su profesión.

b) Estudia las asignaturas de su vocación o carrera particular (muchos son estudiantes cuyos estudios quedan acreditados en la universidad).

c) Estudia la teoría akrónica basada en la escisión de su voluntad dividida entre el bien y el mal con la probabilidad del triunfo del bien en él con la ayuda del esclavo-base y compañeros.

d) Recrea o se recrea sus reflejos, condicionamientos, hábitos y costumbres en una reunión diaria con sus esclavo-base y otra colectiva con un grupo de siervos estudiantes como él y mayoría de actuantes o practicantes de la 18.ª, 17.ª y 16.ª degradaciones, pero en la semi oscuridad pues a medida que progresan sus estudios se adentra en la anonimidad. Ya funcionario, su labor será anónima. Será conocido de sus esclavos pedagogo, inferior, íntimo, mínimo, del Sereno y del Último Esclavo. Seis en total serán las personas que conocerán la labor anónima del siervo hermético. El siervo hermético ya sabe, al empezar, que por mucho bien que haga a la humanidad no recibirá reconocimiento público, ni prestigio ni mérito alguno le será reconocido a él sino a sus patronos y clientes a quienes sirve de ayudante (16.ª), asistente (17.ª) o criado (18.ª). El mérito de la paz y del desarme irá a los Kissinger, Nixon, Breznev y Chou-en lai.

N — Te cuesta mucho decir lo más sencillo: que el entrenamiento de los siervos herméticos es una sesión diaria de hipnotismo y sugestión individual y otra de magnetismo colectivo, ¿es así?

B — Lo que sé es que la buena voluntad del estudiante se fortifica y desarrolla por la unión o comunión con la buena voluntad del esclavo y así llega a desembarazarse de los obstáculos que minaban y debilitaban sus facultades físicas, intelectuales y morales (16.ª).
Ya ordenado en la 16.ª humillación se entrena, si tiene facultades, para bajar a la 17.ª y sus facultades, entonces, se perfeccionan y aumentan llegando a hacer lo que quiere y prestando a sus jefes y cuerpo a que pertenece servicios excelentes y sobresalientes. Tanto en China, como en Rusia, como en América, como en las demás potencias los servicios militares y civiles están en manos de siervos akrónicos herméticos de gran competencia y eficiencia que están convencidos de que la mejor manera de servir a su país es servir a la Humanidad en conjunto y cuya lealtad acrisolada coordina armoniosamente el interés de su estado nacional particular con el del Estado Universal, EUREKA.

N — Pero hay hipnotismo, magnetismo, sugestión, ¿verdad?

B — Claro que sí. A Roger le hipnotizó su esclavo para que dejara de fumar y Roger no tiene hoy ni bronquitis, ni enfisema, ni cáncer pulmonar. A Berenguer le hipnotizó su esclavo para que no tomara más cocaína, ni heroína, y Berenguer es hoy el hombre de confianza, teniente ayudante del general de los misiles de múltiples cabezas de guerra (múltiple-warhead missiles). Las 5.120 dragoneras o «warheads» proyectadas para 1975 en USA y las correspondientes de la URSS, de la China y demás están controladas por los herméticos oficiales ayudantes y por los generales y almirantes cuyos asistentes y criados son herméticos de las 17.ª y 18.ª humillaciones respectivamente...

N — El DDUD, los asistentes y mensajeros transformarán los mensajes y comunicaciones de los Cuarteles Generales y Estados Mayores y Mandos Supremos. Los criados hipnotizarán a los generales y jefes supremos, ¿eso es la obra del Orden del Mandar? ¿Ordenar? ¿Obedecer?

B — A mí me parece que estos grandes generales y jefes no quieren matar gente ni destruir nuestra civilización con una tercera guerra mundial, sino precisamente todo lo contrario. Lo que quieren es defender a su nación, a su país y Eureka o el Estado Universal de Reconciliación es el organismo más adecuado para conseguir lo que ellos se proponen: evitar la guerra. La diferencia es que los nacionalistas chauvinistas están equivocados. No es que sean malos. Los siervos de la 18.ª les ayudan a hacer lo que quieren hacer: la defensa nacional y la paz internacional y evitan que hagan lo que no quieren hacer: la guerra termo-nuclear y bioquímica con sus monstruosas matanzas y destrucciones. Nadie, en su juicio, quiere la guerra. Si la hacen es porque HACEN LO QUE NO QUIEREN. Los siervos o criados herméticos (18.ª) les enseñan a NO HACER LO QUE NO QUIEREN HACER...

N — Pero tienen que utilizar el hipnotismo y la sugestión.

B — Porque es la forma de comunicar y COMULGAR con los que momentáneamente están equivocados y obsesionados por la droga ya sea de la heroína o del nacionalismo. El nivel o plano intelectual o verbal es impotente para que el dipsómano no beba más o para que el guerrero no haga la guerra. Ni el toxicómano ni el guerrero pueden dominarse. Necesitan la droga y/o la guerra respectivamente para solucionar sus problemas. Y no hay razones para convencerles. Las sugestiones hipnóticas y posthipnóticas solucionan este problema en muchos casos y la coacción así ejercida sobre los generales, almirantes y jefes guerreros no es mayor que la que ellos ejercen o tratan de ejercer sobre el pueblo que ni siquiera en América tiene derecho a enterarse de cuando bombardean Camboya contra su voluntad.

EUREKA no es el reino del amor entre todos los hombres, pues el amor no se impone ni se roba sino que se da. Pero Eureka le pone las mínimas dificultades: la mínima coacción con la máxima eficiencia. Y la mínima coacción es la sugestión transitoria de los caudillos, jefes supremos, generales y almirantes que deciden la guerra LOCAMENTE, INSENSATAMENTE. Impedirles que hagan la guerra, desarmarles y establecer la paz basada en la observancia del Derecho Natural y del Derecho de Gentes: eso es lo que hace, sobre todo, la Orden del Mandar. Forma a los jóvenes de buena voluntad especialmente en las Academias militares y Universidades que forman los dirigentes de la USA, la URSS, China y demás potencias.

Hay 666 bases militares de decisiva importancia atómica - biológica - química y sus medios de transporte y propulsión (acorazados, portaviones, submarinos atómicos, islas, subterráneos, depósitos, comandancias, transmisiones, etc., etc.) cuyo jefe tiene un criado ayuda de cámara, médico o amante secreto siervo 18.º que tiene la facultad de hipnotizar a su amo sin que se dé cuenta.

Hay 3.333 asistentes, subalternos de transmisiones e informaciones e inteligencia, mensajeros y guardaespaldas, cocineros, chóferes, pilotos, auxiliares de gobernantes, jefes políticos y militares de la degradación 17.ª que tienen la facultad de emitir y recibir mensajes telepáticos.

Hay 60.000 oficiales y sargentos ayudantes de generales, almirantes, gobernantes en puestos clave de la administración militar y civil, de la 16.ª, que tienen la facultad de no hacer nada para matar a la gente, de resistir a las órdenes de sus superiores y a toda clase de presiones y amenazas para servir a la Humanidad en su conjunto y al hombre concreto por medio de la paz y el respeto a la dignidad humana.

Esos 64.000 siervos colocados en puntos estratégicos conseguirán el Desarme Universal antes del 1984, sin verter ni una gota de sangre.

Q — ¿Cómo saben que no hay agentes dobles, que han simulado el hipnotismo, entre esos siervos herméticos?

B — Generalmente, el sugestionado cree que se deja sujestionar porque quiere y, en parte, eso es verdad. La lógica de la sugestión no es aristotélica ni la de los sabios del «Rey que rabió», que concluyen en que el perro está rabioso o no lo está. Con frecuencia, en los estados de hipnosis ligera, el sujeto está hipnotizado y no lo está. Incluso el cambio de temperatura corporal, la rigidez muscular, la resistencia a la luz y otros fenómenos pueden ser producto de la autosugestión, pues parece que casi toda sugestión es, en parte, autosugestión. También podrían simularse los incrementos y los fortalecimientos de las facultades físicas, intelectuales y morales o de carácter.

Q — Eso es lo que digo. Que un abstemio podría simular que es dipsómano para después hacer creer al hipnotizador que se debe a su influencia el que se haya quitado de beber. Un hombre dotado de gran memoria o de gran fuerza física podría simular olvidos y debilidad para luego hacer creer al hipnotizador que a él se debe su mejora. Asimismo podría obedecer las sujestiones posthipnóticas y hacer ver al hipnotizador que no recuerda nada de lo ocurrido durante la hipnosis.

B — Así y todo no llegaría a conocer más que a su esclavo pedagogo y no podría probar ningún delito ni irregularidad cometida por la OMA.

Pero para llegar a ser practicante de la degradación 16.ª hay que ser capaz de bajar a estados profundos de hipnosis con fenómenos imposibles de simular y establecer una comunicación con el esclavo psiquiatra-magnetizador que llevarían al supuesto simulador a descubrirse sin descubrir que le ha descubierto su hipnotizador quien, a pesar de todo, le quiere bien y le ayuda. Se convertiría así el espía simulador en espía de los espías.

Q — ¿Utilizan también sustancias hipnóticas?

B — Desde luego, utilizan medios químicos y físicos: eléctricos, acústicos, ópticos y orgonómicos para facilitar la comunión de voluntades haciendo una sola voluntad para hacer el bien a la humanidad por medio del desarme universal y EUREKA. Esta voluntad del siervo es la misma que la voluntad del esclavo-pedagogo que es la misma que la de su esclavo-mínimo que es la misma que la del Trío de los Últimos esclavos: EL NADIR. Así, hay una sola voluntad que sube desde el Último de los esclavos hasta los siervos herméticos de la PPUPP, 64.000 en acción y otros en preparación y reserva.

N — Entonces esta relación de hipnosis y narco-síntesis entre el siervo y el esclavo-psiquiatra comprende y sobrepasa todo psicoanálisis...

B — y la neuro-psiquiatría, a mi entender. El siervo sabe que puede confiar plenamente en el esclavo y se lo confía todo. Y como el esclavo le corresponde plenamente se realiza entre ellos una comunión de una potencia y radiación extraordinaria. Por eso los siervos herméticos suelen ser los mejores estudiantes de las academias militares y universidades principales tanto en China y en Rusia como en USA y demás potencias. Y así obtienen los cargos de confianza, delicados y estratégicos en las fuerzas armadas y puestos de gobierno.

Q — ¿NO los hace sospechosos su estancia en los «mansos» y «conventos» akrónicos?

B — Dichos «mansos» y «conventos» están cubiertos por instituciones del régimen imperante en el país en cuestión, o en lo que se refiere a la Orden del Mandar, sobre todo, son estancias-vacaciones en Humania bajo el pretexto de viajar por el extranjero. En otros casos son jóvenes de Humania con documentación y personalidad del país en cuestión.

Una vez en la PPUPP pierden todo contacto que pueda hacerlos sospechosos. Su esclavo-base se comunica con ellos secretamente. Los siervos de las 17.ª y 18.ª servidumbres están en comunicación telepática con sus esclavos-base.

N— Por eso se llama la Orden de Hermes o hermética y supongo que los funcionarios o policías de la PPUPP son los mismos que los de los gobiernos de las Grandes Potencias en los sitios estratégicos de informaciones, transmisiones, inteligencia, control de armamentos, comunicaciones y transportes, guardaespaldas, chóferes, cocineros, secretarios, enfermeros, valets y demás asistentes de los grandes jefes de la USA,, la URSS, China y U. K., Francia, Japón, Alemania, etc. Oficialmente sirven a su gobierno, secretamente sirven a EUREKA. ¿Cómo resuelven este conflicto de lealtades?

B— Lo mismo que un general burguiñón y un general provenzal lo resuelven sirviendo a Francia. El más leal a la Francia Guerrera Imperial era de Córcega. Hitler era austríaco. Entre los mejores generales, almirantes y soldados de USA se hallan los de los Estados del Sur y su lealtad hacia su propio Estado concuerda con la lealtad a la Unión que sus antepasados combatieron hasta la muerte. El general Prim era de Reus y el general Franco es del Ferrol.

Algo parecido pasa ahora con esa juventud insigne, dedicada, leal, vigorosa y competente que es el núcleo de la Guardia Roja de Mao en China, del Konsomol o Juventudes Comunistas en Rusia, del SAC (Strategic Air Command) C. I. A., NASA, F. B. I., Anápolis, West Point, Colorado y docenas de organizaciones del Gobierno Federal y de los Estados, de las Fundaciones y Organizaciones religiosas que combaten la delincuencia, toxicomanía, y alienación juvenil. Todos estos sirven a su función, a sus jefes, a su gobierno, a su nación con lealtad, devoción y abnegación acrisoladas y excelente eficacia.

La lealtad a la Humanidad en conjunto concuerda con la lealtad a su nación. La defensa nacional se asegurará precisamente con la proclamación de Eureka.

Q— En efecto, conozco a muchos militares, incluyendo los del Vietnam, del Sur y del Norte; árabes y judíos que si hacen la guerra es para conseguir la paz. No son gente salvaje y sanguinaria sino lo contrario: muchas son gente de valor y de honor, nobles y excelentes.

B — Lo que les pasa es que están obsesionados, intoxicados por el nacionalismo chauvinista y por un lavado de cabeza que dura desde su más tierna infancia, tratando de condicionarles a odiar a los extranjeros. La educación de los árabes y de los judíos es una hipnotización para conseguir el odio al enemigo. Católicos y protestantes; marxistas y capitalistas; hindúes y musulmanes; americanos y rusos; franceses y alemanes; catalanes y castellanos; turcos y griegos; blancos y negros; etc., etc., están sugestionados, hipnotizados, intoxicados por la doctrina que les ha enseñado a odiar al extranjero o enemigo. Se les ha enseñado desde la niñez a confundir el hombre concreto (cada uno distinto de todos los demás: único) con la generalización abstracta de una clase o un nombre. Verbigracia: mucha gente cree que el «francés» y el «alemán» existen en realidad pero no son más que conceptos, abstracciones. Por eso el joven recluta está dispuesto a matar al «enemigo de la patria»: cree que todos los enemigos son iguales entre sí. Todos son malos y por lo tanto hay que destruirlos. Se les ha hipnotizado, sugestionado, condicionado desde la infancia. Lo que hacen los siervos de la OMAN es liberarles y abrirles los ojos a la realidad de la inmensa diversidad de los hombres.

Lo peor es que la doctrina que se les inyecta desde la niñez es de odio justificado, racionalizado por amor a la patria, a la religión, al ideal, creado y dogma. El odio por sí solo no podría subsistir porque no tendría justificación. Es el amor a la patria, a la raza, al ideal, a la religión el alimento del odio al enemigo IMPERSONAL.

La Orden del Mandar, por consiguiente, DESINTOXICA la mente de prejuicios, supersticiones y fanatismos que conducen a la LOCURA colectiva de los linchamientos, bombardeos, guerras y matanzas.

Hay mucha gente, militares y civiles honrados a carta cabal, incapaces de cometer un crimen y que sin embargo en la guerra matan a gente que ni siquiera conocen, ni siquiera ven. Esa locura paranoica se debe a la intoxicación doctrinal que produce la alucinación de ver el enemigo en el desconocido y a la obediencia ciega al superior. Gente QUE HACE LO QUE NO QUIERE: MATAR, ENGAÑAR, EXPLOTAR, DESTRUIR. Incluso servidores humildes de la segunda degradación o pacifistas de esos *que no quieren hacer daño a nadie,* se ven a veces incapaces de librarse del encadenamiento de circunstancias que les conduce a la guerra: a matar a sus semejantes.

Al bajar a la humillación 16.ª el siervo humilde está seguro de no hacer lo que no quiere hacer. Su querer de las humillaciones simbólicas se vuelven ahora un saber, un poder, un obrar eficiente precisamente porque por debajo de su obediencia a los superiores está, como base de su obrar bien, su confiada obediencia a su esclavo. El campo de batalla que es su cuerpo-mente-alma entre la salud y la enfermedad, entre el error y la verdad, entre el mal y el bien, cuenta ahora con un aliado seguro, poderoso, devoto: su esclavo-psiquíatra magnetizador o magno-psiquíatra. Llegará pronto el momento en que las armas mortíferas que ahora controla en nombre de un grupo (estado, nación, partido, religión) las destruirá, disolverá o disipará en nombre de la Humanidad en conjunto y del hombre concreto cuya VIDA vale más que todas las abstracciones y corporaciones que no tienen más alma ni más cuerpo que el que les prestamos sus idólatras creyentes.

Q — Casi todos los hombres creemos en el amor al DOGMA ya sea patriótico, religioso, social, racial o lo que sea. La gente decente es la que se sacrifica por su patria, por su iglesia, por su partido, por su raza, por sus creencias e ideales. Según tú dices, nuestra devoción a UNA PARTE de la humanidad, de la verdad, de las justicia, nos hace idólatras. ¡No hay nada malo ni idólatra en el amor a la patria, a la iglesia, a la justicia, a la ley, al progreso y demás ideales que nos mueven poltica y/o colectivamente!

B — No es idolatría mientras no exige los sacrificios humanos de los demás. Uno puede dar su vida por el amor a la patria, a la iglesia, al ideal: eso es verdadera, magnánima, magnificiente RELIGIÓN. Lo que es idolatría es exigir el sacrificio de los otros. Cuahutemoc sacrificándose a sí mismo es el héroe pero Moctezuma o Torquemada, Nixon o Johnson sacrificando a los demás, son idólatras. Los años 1960 han convencido al mundo de que la guerra del Vietnam fue el producto de una idolatría paranoica de los Johnson y Mao, de los Nixon y Breznev y Compañía. 1973 acaba de convencernos de que los dirigentes judíos y árabes están INTOXICADOS por la idolatría del Chauvinismo Nacionalista que casi destruyó a Europa y ha reducido a Iberoamérica a la ridícula impotencia de unos grandes ejércitos de tierra, mar y aire, armados y subvencionados por sus protectores de la USA y que no sirven más que para luchar contra la voluntad de sus propios pueblos que ocupan militarmente.

Q — Todos sabemos que el enemigo de Iberoamérica es Angloamérica y como los Estados Separados de América, no pueden ni siquiera soñar en sacudir la dependencia económica que los reduce a colonias de los USA, los generales iberos se convencen de que el enemigo que deben combatir es el pueblo, que pretende ser soberano, y la supremacía del poder civil. Tienden a dominar al Estado que han jurado servir y a ocupar el país militarmente subordinando al gobierno y definiendo el patriotismo y motejando de traidor y subversivo al que no los obedece o manifiesta distintas opiniones de las suyas. Los hispanos, tanto de América como del otro lado, miran a su propio gobierno como enemigo y los gobiernos hispanos se caracterizan por combatir a sus propios pueblos cuando no se combaten unos a otros. Por todo lo cual, la Hispanidad, por mucho que sea una realidad cultural, es una imposibilidad política. El hispano suele preferir entendérselas con el extranjero antes que con su compatriota. Se llamaban precisamente nacionales a los moros mercenarios, a los alemanes nazis y a los italianos fascistas. Hispania está dividida en reinos de Taifas. España está dividida todavía más que Hispania. Y Cataluña más que España.

70
COMUNIDAD EUROPEA

De la Comunidad Europea va perfilándose un esfuerzo para definir la Identidad Europea en Copenhague, a fines de 1974... definida por el conjunto de Estados nacionales que dependen del petróleo controlado por los Estados Árabes... (y en este sentido de potencias nucleares latentes) y de la consumición para mantener la producción para mantener el trabajo para mantener la consumición. El Japón debería ser otro miembro de la Comunidad Europea, digo de la Identidad Europea definida porque sus guerras intestinas han acabado convirtiéndose en guerras mundiales y ahora los Estados que antaño sojuzgaron y aterrorizaron las gentes de todo el mundo se sienten hoy juguetes de la USA y de la URSS con atisbos de la subida al poder de la tan despreciada como temida China...

Q — Déjame formular mi pregunta. ¿La Unión Europea va a realizarse antes del Desarme Universal y la proclamación de EUREKA?

B — La unión de los hombres de buena voluntad que dedican su vida al servicio de la Humanidad en su conjunto o en general y del prójimo en particular, es el supuesto previo y el fin, a la vez, de la Ley Akrónica del Desarme Universal cuya vigencia es proclamada y mantenida por Eureka con las técnicas akrónicas: el servicio de los siervos y la autoridad de los esclavos que acreditan y obtienen la máxima eficacia con la mínima coacción.

La unión de los hombres de buena voluntad precede a la unión de los estados, partidos, corporaciones y

grupos. Eureka es la UNIÓN DE LOS SIERVOS HU-
MILDES DE BUENA VOLUNTAD QUE SABEN SER-
VIR A LA HUMANIDAD Y AL HOMBRE DIRIGIDOS
POR LOS ESCLAVOS VOLUNTARIOS POR CARI-
DAD.

N — Ni la Iglesia, ni las iglesias, ni la ciencia, ni el positivismo, ni la razón, ni la sinrazón o la fuerza, ni las
Naciones Unidas ni la Comunidad Europea, ni ninguna corporación puede formar una unión trascendiendo o que prevalezca sobre la soberanía nacional.
Se intenta la unión europea cuando en realidad ya
sus estados se sienten dominados y sobreseída su
soberanía por la de su protector USA y su rival
URSS...

B — Es una cuestión de valoración. El ser humano es más
importante que todas las cosas, todas las ideas, todos
los proyectos y las corporaciones e instituciones que
las representan.

En política, los medios que actualmente se emplean
son más importantes que los fines.

La Humanidad en su conjunto es más importante que
cualquier nación o imperio.

Realizado el Desarme Universal y proclamada Eureka,
el mantenimiento del Orden Público quedará a cargo
de la policía de cada ayuntamiento y mancomunidad,
o mientras no se formen las mancomunidades o federaciones de ayuntamientos, de los distritos o de-
partamentos policiales actualmente operando, suplida
por la PPUPP en caso de desorden. Así, los gobiernos
de los Estados Nacionales quedarán tan desarmados
como lo están hoy en día los de Costa Rica, Andorra,
Montecarlo, San Marino, etc.

Las naciones quedarán libres de la tiranía de sus
gobiernos estatales que trata de imponer la nacionalidad por la fuerza.

Paulatinamente, los hombres se educarán, se instrui-
rán y manifestarán sus opiniones legalmente, formán-
dose propósitos colectivos de asociaciones, ayuntamientos, mancomunidades, naciones, federaciones y
confederaciones...

N — Supongo que la fuerza de la inercia mantendrá las
naciones que existen hoy en día y no habrá federación
ni confederación europea.

B — Eureka no impedirá ni uniones aduaneras ni aduanas, ni uniones ni separaciones. Se limitará a establecer sucursales del Banco Universal con sus Cajas de Ahorro donde se podrán hacer inversiones al 3 % anual en Moneda Universal Estable.

Un UMU es el precio de un día de pensión completa en un hostal akrónico. Así, su capacidad adquisitiva estará garantizada por el Banco Universal de Eureka. Se establecerán, a medida que sea posible, Universidades-Milicias con los fines benéficos y docentes que ya he explicado.

Los problemas de minorías nacionales, raciales y religiosas subsistirán, como es natural, pero ya no serán virulentos puesto que EUREKA es el Estado Universal de toda la Humanidad al cual todos los hombres pertenecen por igual con los mismos derechos y obligaciones.

Lo más peligroso de los nacionalismos es su aversión a otros nacionalismos que los quieren absorber o destruir. Quedará considerablemente aliviado con procesos ante los tribunales de Eureka (v. g. La Haya) y las permanentes consultas electorales.

Q — Entendemos que Eureka se limitará a desarmar a los estados, grupos, partidos, organizaciones todas excepto a la policía responsable y necesaria cuyo trabajo para el mantenimiento del Orden Público será enormemente facilitado por la carencia de armas mortíferas y la mera tenencia ilícita de armas llevará aparejado ipso facto el internamiento en la MUTT en el grado 18.º o superior si corresponde.

Entendemos, también, que los herméticos del PPUPP, el Día del Desarme Universal, se apoderarán de los aviones, buques y misiles de guerra con las armas fisio-químico-biológicas de la URSS, la USA, China, Europa y demás y que los jefes de sus respectivos gobiernos aceptarán la situación, ofrecerán la colaboración y se someterán a la jurisdicción de Eureka.

Así, las Grandes Potencias quedarán instantáneamente privadas de posibilidades de agredir y desencadenar la Tercera Guerra Mundial. El cambio, tan brusco, parece inimaginable. ¡Las Grandes Potencias sin elementos para amenazarse y aterrorizarse! ¡Qué cosa!

B — Pero sus respectivas policías serán más aptas que nunca para mantener el Orden Público en sus respectivos territorios ayudadas por la PPUPP. Sus respectivas economía mejorará, pues Eureka las ayudará...

Q — ¿Y la situación en Indochina, en Oriente Próximo, en Irlanda del Norte y demás sitios donde hay gente oprimida y hambrienta?

B — ¡Tantas veces hemos repetido que Eureka no es la perfección! La felicidad sólo existe allí donde todos los reunidos se aman mutua y solidariamente. Eureka y su gobierno que supone la ley o norma coactiva es un mal menor, pero es todavía un mal, un futuro imperfecto.

Nadie puede obligar a nadie a matar a otro. Amor y coacción se excluyen mutuamente como lleno y vacío. Pero cuando la autoridad legal no se impone, se imponen los criminales en cuanto hay disturbios en el statu quo o se interrumpe la costumbre con su enorme fuerza de inercia.

En Indochina, la PPUPP procederá a desarmar tanto a los unos como a los otros, lo mismo que en el Próximo Oriente, en Irlanda y en los sitios que guerreen. Los depósitos de armas y medios de transporte son fáciles de conseguir controlando la cadena de mando militar por medio de los sirvientes-íntimos-médicos-guardias-asistentes y ayudantes de los jefes y comandantes superiores. Lo que no se pueda apaciguar por medio de los jerarcas y mandamases, es decir, los que se desmanden serán aislados en una zona de peligro electro-magnéticamente y adormecidos químicamente, desarmados, internados en la MUTT. Las contiendas serán sometidas a los tribunales internacionales, que decidirán de acuerdo con el Derecho de Gentes.

N— El Derecho de Gentes ha adelantado muchísimo últimamente en los USA, sobre todo en los últimos diez años. Grupos de americanos se han venido manifestando contra su propio gobierno por la injusticia de las guerras contra el Vietnam, Laos y Camboya y por los crímenes cometidos por sus bombardeos de poblaciones indefensas, Grupos como F. O. R., W. R. I., A. F. S. C., L. N. P. F. y una multitud de grupitos más o menos pacifistas y activos y valientes llegaron a movilizar la opinión pública en favor de la paz, hasta el punto de que muchos senadores y otros jerarcas de la política se les unieron y llegaron a determinar: *a*) la retirada del presidente Johnson, que hacía la guerra contra el Vietnam; *b*) el nombramiento de McGovern, candidato pacifista y *c*) la sorprendente visita a China de los USA con el consiguiente alto al fuego en Vietnam y las travas que el senado americano pone a la continuación de los criminales bombardeos en Laos y Camboya. En resumen, una minoría, al parecer impotente, del pueblo de los USA ha conseguido que sea reconocida como injusta la guerra que su presidente hacía en Indochina. Al fin y al cabo, en USA, el humanismo ha prevalecido sobre el chauvinismo o patrioterismo guerrero.

Q — Al recibir el medio Premio Nobel de la Paz, el señor Kissinger pronunció un mensaje críptico que parece ignorar ese concepto internacional de justicia que ha movido a los americanos y a los franceses a oponerse a guerras que sus gobiernos declaraban justas. Pablo VI ha aclarado definitivamente que hoy en día no hay guerras justas.

N — Casi todas las guerras son doblemente justas: cada bando habla de que su guerra es justa. Por lo tanto, las guerras son justas dos veces: por un lado y por otro; para los israelíes y para los palestinos; para los que se rebelan contra la injusticia y para los que mantienen el orden público y el statu quo que al fin y al cabo evita injusticias mayores que las que protege.

B — Una vez proclamada EUREKA ya no hay guerras justas: matar gente y prepararse para matarla, cualquiera que sea el pretexto, es injusto.

N — El pobre señor Kissinger trató de salirse por la tangente pues los mismos americanos definieron en Nuremberg como crímenes de guerra casi lo mismo que luego ellos hicieron en Indochina, como lo demostró públicamente el Tribunal de Bertrand Russell y Jean-Paul Sartre. Johnson y Nixon son criminales de guerra...

Q — Pero nadie les exige responsabilidades. El señor Johnson (q.e.p.d.) no sabía lo que se hacía en cuestiones internacionales y confió en el Pentágono cuyo criterio está profesionalmente deformado. Y el señor Nixon está escuchando las cintas magnéticas desaparecidas con las cuales se espiaba a sí mismo y a sus más íntimos colaboradores.

B — Esos grupos han hecho una labor maravillosa para convencer a los hombres de que su humanidad debe prevalecer sobre su nacionalidad, lo cual es la base de Eureka.

73
DEFINICIONES

Q — Vamos, una vez más, a poner en claro la significación de estos nombres: Eureka será el Estado Universal que saldrá del presente que llamas Akronia...

B — Akronia es un estado de conciencia muy despierto que se da cuenta y tiene en cuenta la realidad actual...

Q — Akronia no es un país determinado...

B — Ya te digo, llamamos Akronia a un estado de espíritu aquí y ahora, siempre y en todas partes. Y, las Órdenes Militares Akrónicas (OMA) son las disciplinas que fomentan, facilitan y perfeccionan la formación y aparición de dicho estado akrónico, que conceden importancia suprema al bien del prójimo y preparan a los servidores, siervos y esclavos voluntarios que serán los funcionarios y autoridades de Eureka.

Q — Akronia es el presente universal de donde saldrá Eureka que es el futuro Estado Universal.

B — Eso es. Humania es un país ensayo o laboratorio, matriz de la PPUPP (Policía Psico-electro-magneto-técnica Universal para la Paz); de las UGU o Universidades Globales Universales; de los Mansos; de las Cuadras o Manzanas de las hermandades; de las Compañías Escuadras, Secciones, Escuadrones Orficos y demás instituciones akrónicas; de la MUTT (Milicia Universal del Trabajo Terapéutico).

74
LA ORDEN DEL GOZAR

B — El siervo practicante de la humillación 19.ª SABE HACER GOZAR AL PRÓJIMO.

La ninfa, la oneida, la sílfide, la vestal akrónicas junto con sus complementarios faunos, tritones, arieles permiten el funcionamiento de los Hogares Orficos donde tantos afligidos se consuelan y tantos desgraciados se recrean.

El desgraciado cuya alma está separada del cuerpo y no puede estimar a la persona que desea ni desear a la que estima (véase la Orden del Estimar) sufre mucho. Es un enfermo erótico o sexual y su ejemplo contamina a sus compañeros y fomenta los azotes de la humanidad: la trata de blancas, las enfermedades venéreas incluyendo neurosis y psicosis, la profanación y envilecimiento del amor.

La fustración y el fracaso eróticos van acompañados de una corte infernal de brujas anafrodisíacas llamadas suciedad, enfermedad, grosería, hostilidad, extorsión.

N — Mucho se ha hablado de la igualdad entre los hombres. Desde el Nuevo Cristianismo de Saint-Simon al maoísmo. Muchas revoluciones habidas y por haber para conseguir la igualdad económica y recobrar el paraíso de una sociedad sin clases, sin estado coactivo y en el que cada uno produzca todo lo que es capaz de de producir y consuma lo que necesite. Es un ideal al que creen muchos que no se podrá llegar nunca porque basta un tramposo o un judas para echarlo todo a perder y volver a las andadas. Los más astutos engañan a los más honrados y trabajadores; los más fuertes dominan a los más débiles y vuelven la explotación y la opresión de los unos por los otros...

B — Sí, pero ahora (es decir en Akronia) hay familias integradas por el amor mutuo y solidario en que los padres fuertes sacrifican su sueño, sus diversiones, su comida para que los hijitos débiles, incapaces de producir nada más que cacaypipí, gocen del consuelo, la atención, la protección, la esperanza que van a desarrollarlos en seres humanos. El comunismo integral funciona perfectamente en las familias akrónicas, o sea, cuando todos se aman mutua y solidariamente...

N — Pero viene Eva y en lugar de obedecer a Dios o al Amor, se deja seducir por el Demonio o la soberbia de la creatura que pretende ser tanto como su creador y, a su vez, Eva seduce a Adán y sus hijos se envidiarán, se matarán con odio fraternal y el asesino será nuestro padre. Cada alma que se encarna en este Planeta Tierra tiene que pagar por el crimen de sus antepasados. Incluso el Amor Mismo Encarnado tuvo que morir traicionado, burlado, crucificado para no traicionar, para no burlar, para no matar...

Q — Es cierto. Cristo murió para no matar. En cambio, los cristianos se han definido a menudo por su vocación de matar judíos, herejes, moros, marxistas y demás... ¡Es horrible, es espantoso, es pavoroso como la Cristiandad, durante siglos y siglos, ha hecho una virtud del matar en Nombre de Cristo! ¡Qué blasfemia! ¡Tantos santos cristianos que hicieron virtud, galardón, honor de matar moros! ¡Hasta Péguy cayó en la obcecación milenaria del cristianismo matador, burlador y explotador! ¡Cómo se atreven a profanar el Nombre de Cristo!

B — No se burlan. Hay muchos nobles y honorables que creen de buena fe en la Guerra Justa. San Agustín mismo dio la Bula o Licencia para matar que en el siglo XX había de popularizar James Bond, el 007. Entre los guerreros, cruzados, caballeros, terroristas, bandidos, policías y demás matadores de oficio puede haber gente muy decente, cuyo símbolo más alto es Arjuna, el héroe de Bagawaad Gitá, que no quiere matar a sus parientes y amigos, pero que acaba por hacerlo por el deber que le impone Krisma, su maestro, tal como Abraham estaba dispuesto a sacrificar a su propio hijo Isaac.

No se ha exagerado, ni mucho menos, el heroísmo real y verdadero de los que mueren matando y matan muriendo para defender una causa que consideran justa. Pero tanto Arjuna como Abraham son precristianos. Históricamente pertenecen al pasado. Pues no habían tenido ocasión de RECIBIR la Buena Nueva que nos trae el AMOR MISMO Encarnado, hecho hombre. Hay que morir, si es necesario, para salvar al prójimo..., pero no hay que matar a ningún ser humano.

Q — Luego, los santos como Luis de Francia, Fernando de Castilla y tantos nobles, gallardos, heroicos guerreros cristianos NO HABÍAN RECIBIDO LA BUENA NUEVA: que no hay que matar ni siquiera para defender a los tuyos, ni por ninguna nación ni patria, ni por ningún ideal ni concepto pues el valor supremo es la vida humana. Y así Cristo murió por nosotros, para que nosotros no muriéramos. Y si perdemos la vida por amor, Él nos resucitará tal como hace con los mártires que han muerto y mueren para no matar.

N — Y no huyen para no engañar. Porque Jesucristo podía huir, esconderse, camuflarse y así no matar ni morir. Pero prefirió confrontar, encararse con el poder y sin desafiarle ni ofenderle, mantuvo la verdad tal como lo hacen muchos objetores de conciencia en USA. Huir, para Jesús hubiese sido huir de la verdad —y la Verdad es Dios—, camuflarla, desdecirse hubiese sido engañar. Y el engaño y la mentira son precisamente lo contrario de la Buena Nueva, o sea, la Verdad.

Q — Humanamente, Jesús no tenía más remedio que hacer lo que hizo: decir la verdad al Poderoso, al Gobernante y dar la cara, hacer frente a la situación sin matar, sin burlar, sin explotar a nadie. Ya había rechazado la tentación económica de convertir las piedras en pan; es decir que ni la propiedad de los medios de producción ni la distribución de la riqueza solucionan los problemas fundamentales del hombre:

el de la hora de nuestra muerte o supervivencia y el de ahora (akronia) o felicidad.

Tampoco la magia, ni la ciencia, ni la técnica que permite al hombre el milagro del vuelo, de la radio, de la televisión y tantas maravillas, milagros y asombros son la solución. Basta ver que los campos han quedado desiertos y en lugar de las canciones y bailes que se oían antaño, no se ven más que viejos tristes, ruinas y cultivos abandonados. Y en las ciudades donde antaño dominaban los paseos, las flores, la urbanidad, la cortesía, la galantería, la conversación, las fiestas, hoy dominan las máquinas atroces y asquerosas que ponen en peligro la vida del peatón y despiden nauseabundos y repugnantes vapores ponzoñosos y truenan con sus bárbaros ruidos y sus violentos movimientos; han instalado la selva y el salvajismo en medio del asfalto.

N — Tampoco la política o gobierno de los pueblos es la solución como tanto ha insistido Ioneseo en demostrárnoslo. Porque política es gobierno y gobierno es coacción y la coacción no produce ni la felicidad ahora ni la supervivencia a la hora de la muerte. Por eso Jesús no cayó en la tentación del poder y tuvo que desilusionar a sus compatriotas, amigos y discípulos que veían en Él al liberador de la patria oprimida.

Jesús no cayó en la tentación ni durante los cuarenta días que pasó solo en el desierto, ni a la hora de la verdad. Dio de comer a los hambrientos (milagros de panes y peces) y de beber a los sedientos (milagro del vino), pero dejó bien claro y sin lugar a dudas que la economía —la riqueza— no es lo más importante y no produce la felicidad del que la tiene, aunque sí alivia la pena del que no la tiene. En otras palabras, el cristiano verdadero, el discípulo de Jesús, es el que da todo cuanto tiene a los pobres.

Q — Porque el verdadero cristiano, en cuanto a tal, no busca su propio bien sino el de sus prójimos. Y, lo hace así por amor a Jesucristo a quien se entrega completamente. Obedece a Jesús, hace lo que él dice porque le ama.

B — Pero en la práctica surgen dificultades cuando uno quiere dar su dinero a los pobres y necesitados. Los individuos que le rodean le toman por tonto; los más astutos y fuertes —es decir los menos desvalidos— intrigan para tener la exclusiva de lo que les das. El Espectáculo de la India donde mendigos y pordioseros compiten, rivalizan, se envidian y odian mutuamente más que en cualquier empresa; es muy deprimente. Y todavía lo es más cuando los campesinos dejan perder los árboles y las cosechas antes de permitir que otros más necesitados se aprovechen de ellos.

Por otra parte, dar el dinero a las asociaciones benéficas como la CARE, la AFSC y tantas otras admirables es favorecer en primer lugar a la burocracia que lo administra. Y el dinero que nos quita el Estado sirve sobre todo para aumentar su armamento y su poder de propaganda, manipulación y regimentación para nuevas guerras y amenazas de guerra.

Por eso Eureka (que es estado = coacción = mal) es un mal menor. Es la máxima eficiencia con la mínima coacción inversa de su poder. Estados como Nicaragua, Guatemala, Paraguay tienen gobiernos mucho más opresivos, despóticos y explotadores que los de las Grandes Potencias como USA, La Gran Bretaña, Francia.

EUREKA (el Estado Universal de Reconciliación Ecuménica Kumanaya Apokatástasis) eliminará las guerras sometiendo a los gobiernos nacionales al Derecho de Gentes e irá aliviando el hambre, la violencia y la delincuencia organizadas, las pestilencias e infecciones, la ignorancia, el embrutecimiento, la manipulación y la robotización producidas por la propaganda político-comercial.

Los problemas fundamentales del hombre, la muerte y la felicidad, ya los ha solucionado el Único Hijo, el Amor encarnado y nadie más que el Amor mismo en cada uno puede solucionarlos. Los males colectivos que vienen, sobre todo, de las guerras, los engaños y la explotación colectivos, quedarán muy aliviados con EUREKA

Cada día, más y más enfermos, alienados, delincuentes y perturbadores estarán atendidos en la MUTT (La Milicia Universal del Trabajo Terapéutico).

EUREKA y las OMA disminuyen y alivian la miseria

económica que tanto ha hecho sufrir a la humanidad.

N — Tanto o más que por la miseria económica, la humanidad sufre por la miseria erótica. Sólo una minoría escasa de mujeres y de varones gozan de la atracción sexual. La inmensa mayoría no atrae.

B — Aproximadamente, cuatro de cada cinco personas carecen de atracción erótica. De cada cinco personas hay una que posee atracción erótica parcial o periódica, AEP. De cada cinco de éstas hay una que es capaz de atraer a las personas que verdaderamente le atraen, o sea, atracción recíproca, AER. De cada cinco que gozan de AER, atracción erótica recíproca, sólo hay una capaz de mantener y retener esta atracción erótica recíproca constantemente; la inmensa mayoría cansan a su pareja o se cansan de ella.

Por eso, en la Orden Akrónica del Estimar hemos visto que de cada cinco estudiantes, sólo uno consigue humillarse a la degradación 13.ª del amante akrónico. Y de cada cinco amantes sólo uno consigue humillarse a la 14.ª o de esposo. Y de cada cinco humildes de la 14.ª o esposos sólo uno consigue llegar a humillarse hasta la servidumbre 15.ª, la de la maternidad o paternidad.

N — Entonces queda una inmensa humanidad de miserables o pobres eróticos.

Q — ¿Qué hacen? ¿Tributan a los rufianes y proxenetas que les alquilan un poco de carne escuálida o repleta, envejecida o fresca según la bolsa y la suerte?

N — ¿O bien se casan con quien no les quiere y les engaña y les hará desgraciados?

Q — ¿O bien acuden a la violencia y al sadismo como sargentos, carceleros, enfermeros, terroristas, asaltadores con tal de poder pegar, herir y destrozar ya que no pueden amar?

Seguro que el Marqués de Sade debió ser impotente. Pero también hay muchos que buscan la compensación en el comer y el beber como algunos canónigos y como la Gervaise de «l'Assomoir» de Zola cuando llega su climaterio. También debe ser impotente el famoso teniente Calley que mató tantos niños en Milai.

N — Los hay que se refugian en el celibato eclesiástico o dicen que están verdes porque no las pueden alcanzar. Se dedican al puritanismo, a la maledicencia y a la persecución de brujas.

Q — También los hay que caen en la depresión; se acobardan y pueblan los manicomios, cárceles y las organizaciones o profesiones donde pueden ejercer la violencia y hacer sufrir al prójimo dentro y fuera de la ley.

N — Parece que la OMAG ha desarrollado la teoría del orgasmo de Wilhelm Reich y atribuye las psiconeurosis a la frustración sexual.

B — Sadistas represores oficiales del régimen establecido, terroristas pseudo-redentores revolucionarios, deprimidos y paranoicos, dipsómanos y toxicómanos, célibes y prostitutos forzados, o sea, desgraciados que mantienen su celibato o su promiscuidad sin gracia y similares son, en parte, víctimas de la miseria erótica colectiva propiciada por el puritanismo y el fariseísmo de la cristiandad degenerada que ha pervertido el amor deshonrándolo y ha honrado el matar y el odiar condecorándolos.

N — El fariseísmo de todos los tiempos condena el acto de amor y lo penaliza con la deshonra, y glorifica el acto de matar asimilándolo al honor. Para el fariseo, amar es vicio y matar es virtud.

Los mismos fariseos y escribas que crucificaron a Jesucristo se apoderaron luego de la Cristiandad y castigaron a las que aman motejándolas con un vocabulario soez inacabable y premiaron a los que matan, santificándolos con los más altos méritos y condecoraciones.

Q — Mientras el coro de ricos sadúceos solazándose en el poder, aclamados por los ávidos mercaderes que trafican en bulas exhonorativas y reliquias sagradas, honra la hipocresía y acata las decisiones del leguleyo o escriba que se sirve de la ley para burlarla y hacer que prevalezca la injusticia servida por la falsedad y la mentira, mientras encierran en el campo de concentración y aflicción a los juristas y abogados que intentan hacer prevalecer la justicia por medio de la verdad.

B — En efecto, los fariseos son los que condenan a los que ellos llaman «malos» y se separan de la gente haciéndose pasar por los buenos, justos y moralmente superiores.

Los escribas o leguleyos son los que se valen de la letra de la ley para burlar el espíritu de la ley; son los que esconden, amagan, deforman, disfrazan, ahogan la verdad para hacer triunfar la injusticia. Fariseos y escribas son los principales enemigos de Jesucristo, el hijo del Hombre, o sea del Camino, de la Verdad y de la Vida.

El odio de los fariseos hacia el hombre pecador es el célebre odio teológico. El de los escribas es la envidia casuística, polémica que pretende tener razón contra la razón y conduce inevitablemente a las guerras y luchas fraticidas. La soberbia y la envidia, el fariseo y el escriba son los principales enemigos de Jesús porque adulteran la teología y el derecho trascendiendo, por lo tanto, los valores materiales del poder y del dinero que son los únicos que motivan a los cínicos sadúceos y a los ávidos mercaderes movidos éstos por el lucro y aquéllos por la fama.

Los cuatro: fariseo, escriba, sadúceo y mercaderes de lo sagrado están en cada hombre, pues en cada hombre están todos los hombres y en todos está cada uno.

N — En cada una de nosotras también está la publicana y la meretriz. Publicano es el que sirve al que manda ya sea recaudando las contribuciones como Cervantes y Mateo o como los guardias civiles tan despreciados por el izquierdismo flamenquista o como los policías llamados «pigs» o cochinos por los infractores de los USA.

Puta es la palabra más infame del diccionario.

Los publicanos son los más execrados por los desidentes y los revalucionarios del Occidente pseudocristiano. Las putas son las personas más despreciadas por los pseudo-cristianos conformistas establecidos y organizados.

....
....
....

B — Las estadísticas demuestran que de cada 25 matrimonios, en Occidente, sólo hay uno que resulta relativamente bien, es decir, que ambos cónyuges se mantengan amándose y confiándose mutuamente. De los

24 restantes, hay cuatro matrimonios que podríamos llamar regulares: aquéllos en que los momentos de alegría compensan los momentos de discordia y hostilidad. Los 20 matrimonios restantes son martirilogios porque los mantiene uno de los cónyuges, la víctima que ama al otro a pesar de sus engaños, infidelidades, desprecios o malos tratos. Esos veinte de cada veinticinco matrimonios acabarían en divorcio, separación, violencia y hostilidad manifiesta si no fuera por la prostitución, el adulterio o el sacrificio de la víctima propiciatoria fiel y amante.

N— A medida que disminuye la prostitución aumentan los divorcios. La infidelidad llega a ser tolerada en Francia, Alemania y Escandinavia. Los anglo-sajones llegan hasta el cambio de mujeres y varones, la promiscuidad, el comunismo erótico y la cultura de los hippies.

Q — El hippy dimana de las épicas americanas, de las saturnales germánicas a la luz de la luna, de la noche de Walpurgis, del culto a Dionisio, etc. El hippy, sin saberlo, intuye el segundo Fausto de Goethe y a través de los breves e incompletos resúmenes que Abbie Hoffman y congéneres le hacen de la filosofía de Herbert Marcuse en Eros y Civilización, culmina prematuramente en la Nación Woodstok. Es admirable esta reviviscencia espontánea de la cultura pacifista natural que recuerda a los de Taití de Gauguín y a los esquimales antes de su contaminación y perversión. Lo hippy espontáneo es magnífico en cuanto no deja de ser pacífico, natural y espontáneo. Pero le ha ocurrido a la cultura hippy algo como un envejecimiento rapidísimo, una suerte de decrepitud prematurísima como el de un «yaculatio praecox» que ha sustituido la espontaniedad erótica por la artificialidad tóxica de estimulantes y sedantes, y el pacifismo natural y amoroso en inacabable polémica casuística y hostil conducente a la violencia, delincuencia y engaño. Muchos hippies y parahippies han alcanzado la senilidad de los setenta años antes de cumplir los veinticinco de la juventud.

¡Ha sido una desgracia inmensa que un movimiento que aparecía como redentor de la humanidad haya degenerado tan rápidamente en la rivalidad, las luchas intestinas, las hostilidades, la toxicomanía, la violencia, la alienación! ¡Qué lástima!

B — Sin embargo, la consigna hippy brilla y brillará consolando a los corazones humanos: «NO MATAR SINO AMAR» Y con Paul Goodman, los hippies recogen el amor que ha sido tan preferido, tan despreciado, tan vilipendiado: el amor carnal o sexual, y han hecho del erotismo y de la cópula, de la comunión o conocimiento carnal una acción-pasión esplendorosa, maravillosa, sagrada, tal como se realiza en la OMAG (Orden Militar Akrónica del Gozar). El error de los hippies con el erotismo o afrodisia o voluptuosidad es semejante al que cometió la Iglesia con el celibato o la castidad o la virginidad.

Porque de cada diez mil o cien mil personas hay una elegida por Dios que le ha hecho la gracia del carisma y de la castidad con la cual puede trascenderse al amor universal y amar a todos los hombres por igual (prescindiendo de la familia carnal y legal, como hizo Jesucristo). Los jerarcas de la Iglesia se sustituyeron a Dios y creyeron que eran ellos, la jerarquía y no Dios la que concedía las gracias y los sacramentos. Se engañaron y engañaron a sus fieles haciéndoles creer que por el hecho de otorgarles las Órdenes Sagradas, les daban también el carisma de la castidad que es el amor a los feos y repugnantes, a los falsos y perversos, a los enemigos y traidores. No hay duda de que han existido y existen personas dotadas de la castidad necesaria para ejercer la caridad católica o amor universal a todos por igual, pero tampoco hay duda de la escasez o rareza de tales gentes. Son las autoridades de Eureka de la Orden Akrónica de Poder humillados hasta la degradación 22ª y más abajo, o los esclavos voluntarios por amor, los que han recibido el don de entregarse totalmente a los demás olvidándose de ellos mismos y recibiendo íntegramente el Espíritu Santo o el Amor Integral Infinito Instantáneo, Inagotable, Incognoscible, Inalcanzable...

Los jerarcas —algunos, alguna vez— creyeron que Dios haría lo que ellos decidirían y así forzaron a la castidad a muchos ordenados y clérigos que no habían recibido el don o carisma necesario. El resultado fue la alienación de unos, la violencia de las órdenes

religiosas guerreras que empezaron matando al prójimo y acabaron, como los Templarios, negando a Jesucristo. Y los que no cayeron ni en la violencia ni en
la locura corrompieron las costumbres eclesiásticas
y prepararon la justificación de la Reforma y las subsiguientes guerras civiles de la Cristiandad...

Q — Sin embargo, la Iglesia todavía subsiste y se renueva
constantemente a cada comunión verdadera con la
Carne y con la Sangre de Jesucristo.

N — Gracias a los que se humillan hasta hacerse esclavos
voluntarios de Jesucristo, o el Amor encarnado.

B — Ese proceso evolutivo que empieza cada vez que se
revive hiperbólicamente la comunión espontánea y
gratuita con La Verdad Total, La Bondad Pura, La
Belleza Perfecta, luego desciende parabólicamente
tanto en la ontogenia como en la filogenia, por etapas
descritas por Comte (teológica, metafísica y positiva) y
completadas por Pitirim Sorokin con las de descenso
o pseudo-positiva o pseudo-sensata = insensata, fideísta o pseudo-idealista y crítica o pseudo ideacio-
nal desembocando en la subversión y revolución que
originan un nuevo proceso evolutivo-degenerativo.
Esos son expresiones paralelas a las de Tao-Te-King;
a la desaparición de Tao queda la virtud y a la desaparición de la virtud queda la justicia y a la desaparición de la justicia queda la etiqueta o ética pequeña
o ética de las apariencias y ficciones jurídicas que de-
semboca en la decadencia, descomposición, perversión, desintegración e inversión.
Son esas formas distintas de expresar el mismo proceso evolutivo-devolutivo semejante al de la trayec-
toria de la parábola. Otra manera de expresar lo
mismo es referirlo a la evolución y estultificación
de la Cristiandad. A la vida y muerte de Jesús siguió
la fe en su resurrección con la práctica de la virtud
de los cristianos primitivos. Cuando las virtuosas
comunidades cristianas desaparecieron, apareció la
fe en el dogma, o sea, la justicia. En el momento en
que el Emperador de Roma se hace cristiano y las autoridades y jerarquías se valen de la fuerza para imponer la fe, la Cristiandad está ya en el proceso de
estultificación: la Sangre de Cristo se coagula en las
venas jerárquicas y burocráticas. De perseguidos,

los cristianos se convierten en perseguidores. De adoradores del camino de la Verdad y de la Vida, se han convertido en adoradores de la guerra, de la quema de libros y gritan: «¡Viva la Muerte!» y «¡Muera la inteligencia!»

Como dijo Péguy, todo empieza con una mística y termina con una política. El martirio de los cristianos es la prueba de su amor por Jesús y su fe, la resurrección. Pero luego los llamados «cristianos» engañan, oprimen, explotan, bombardean, queman a los demás con el pretexto de que los medios están justificados por los fines.

....

El proceso degenerativo de perversión culmina con la inversión; v. g.: el cristiano que bombardea a los niños es un cristiano invertido. Los medios empleados han acabado imponiéndose al fin perseguido.

La fe de los hippies en el amor carnal o deseo y su intento de reivindicarlo, redimirlo y consagrarlo ha envejecido precozmente llegando a la degeneración senil por la decrepitud de las enfermedades venéreas, a la perversión embrutecedora por los estupefacientes y a la inversión del amor por la pugnacidad, rivalidad y hostilidad violentas.

N— Pero en su origen, la fe y el movimiento de los hippies, el Nuevo Culto a Afrodita y a Psiquis es la manifestación masiva de la corriente que a través de D. H. Lawrence, L. F. Céline, Henry Miller, Artaud, etc., y los estudios de Wilhem Reich, Claude Lévi-Strauss y Jacques Lacan culminan en el esquizoanálisis de Guilles Deleuze y Félix Guatarri, que liquida y disuelve los modelos capitalistas despolitizados creados por el psicoanálisis, que en su tiempo había liquidado y disuelto las supersticiones que investían a la familia judeo-cristiana con el carácter eterno y absoluto de célula social única y exclusiva que encerraba a la mujer sin dejarle más alternativas que el encierro en el matrimonio, en el convento o en el prostíbulo y haciendo depender el honor del varón de la virginidad o castidad de su mujer, su madre, su hija, su hermana... Todas estas estructuras o creencias no son más que maquinaciones urdidas inconscientemente por los alienados, deliberadamente por los poetas y filósofos y aceptadas por las masas como verdades eternas inconmovibles.

Q — Luego el apostolado de Mariana de Pineda odiando el delito y compadeciendo al delicuente; y el de Segismundo Freud odiando el pecado alienador y compadeciendo al pecador alienado, culmina en el apostolado hippy de Leonora Kandel enseñando hasta a los policías y a los jueces (pintados por Rouault) que son hermosos. El apostolado hippy hecho de flores, ternura y cariño trataba de convencer a todos los hombres de que son bellos, hermosos, guapos y lo son todos y cada uno de sus miembros y partes de sus cuerpos, reivindicando el derecho a amar en todos sus aspectos como Freud redimía al pecador y Mariana de Pineda regeneraba al delincuente.

B — Estos autores y otros akrónicos contribuyen a formar la teoría que pone en práctica la OMAG que no fracasa como tantas comunidades hippies precipitadas que creían bastaba desearlo para tener el poder de hacer gozar a los hombres, como hicieron Marilyn Monroe, Brigite Bardot, Sofía Loren o antaño Marlene Dietrich, Jean Harlow, la Bella Chelito y Ninón de Lenclos con sus correspondientes réplicas varoniles.

N — No basta querer para comprender las teorías de la relatividad o la de los «quanta». Hay que tener la necesaria inteligencia y estudiar mucho. Parecidamente no basta querer para despertar, estimular, erigir, abrir, satisfacer y culminar plenamente el goce de los seres humanos adormeciendo en ellos la bestia como hacía Orfeo. Venus Afrodita emerge desnuda de entre las aguas como el falo luminoso de Neptuno-Poseidón. La virilidad y la feminidad surgen el uno de la otra y viceversa: el Lingham del Yoni y el Yoni del Lingham el Yen en el centro del Yang y el Yang en el centro del Yen. Lo positivo en el centro de lo negativo y lo negativo en el centro de lo positivo.

B — El caso es que los Hogares, los Mansos y los Conventos Orficos ofrecen solaz y recreo, goce y placer, consuelo y esperanza a muchos desgraciados eróticos o anafrodisíacos de este mundo, gracias a la donación y pobreza totales de los siervos órficos de las degradaciones 19.ª, 20.ª y 21.ª.

Cada sierva 19.ª sirve a 64 participantes visitantes

ayudada por 8 estudiantes o catecúmenos. Cada sexo se compone de una sección de 64 socios estimulados por 8 katecúmenos del sexo opuesto y un siervo órfico de la 19.ª humillación. Reunidas las dos secciones forman una Compañía Hogar de 128 servidos, 16 estudiantes y 2 humildes de la 19.ª.

75
VISITA A UN HOGAR ORFICO

Estoy en la Metrópolis. Cojo el metro y bajo en el centro. Voy andando por una calle céntrica bastante concurrida este sábado por la mañana. Entro en el Gran Hotel y paso por el café donde mucha gente se desayuna. Tomo el ascensor. Subo al último piso, local de un escuadrón órfico metropolitano bajo el nombre de Artesa S. A., que oficialmente celebra una reunión de sus representantes del país y de todo el mundo. (De hecho, Artesa S. A. es la razón social de la empresa de una ciudad universitaria.)

Al salir del ascensor, el corredor está desierto. Las puertas de las habitaciones, de las salas de juntas y de los salones azul y rosa están cerradas por delante de una oficina que tiene un letrero que dice Información y Recepción y me dirijo a la habitación 28 del piso. Toco el timbre, largo pero una sola vez y espero un minuto y vuelvo a llamar de la misma manera. Entonces se abre la puerta y entro en un recibidor...

Q — Supongo que el número de la habitación, la forma de llamar y esperar y demás señas convenidas varían periódicamente, ¿verdad?

B — Claro que sí. Las señas convenidas para llamar y donde llamar varían según la fecha y el lugar. Los Escuadrones metropolitanos que suelen reunir más de mil personas suelen utilizar un piso de un gran hotel, propiedad de siervos akrónicos o de sus empresas, o una casa entera de una calle céntrica. Las Compañías que reúnen unas 150 personas suelen ocupar varios apartamentos contiguos de un inmueble con muchos inquilinos. Los Pelotones que reúnen unas 16 personas suelen ocupar casas de los suburbios.

En los pueblos pequeños hay Escuadras que reúnen un mínimo de seis parejas. Hay muchos hogares órficos en América y en Europa y algunos en las otras partes del mundo.

N — ¿Todos estos hogares son tu hogar?

B — Así es. A pesar de que tanto por mi edad como por mi vigor como por mi belleza no puedo ser más que un simple visitante socio. Mi Mayorcita, la Oneida (humillación 19.ª) de mi Compañía, me protege y garantiza o recomienda como humilde de tercera que procura hacer bien al prójimo, no hacer mal a nadie y confiar y creer a los esclavos y siervos akrónicos observando las reglas órficas. En ella confío, de ella dependo y ella es la que me ha dado las señas convenidas para entrar y asistir a la Fiesta Órfica que se celebra este sábado en el Escuadrón metropolitano...

Q — Continúa tu visita. Ya has entrado en el Hogar, ¿qué haces ahora?

B — Me encuentro en un recibidor con un armario donde dejo mi sombrero, mi abrigo y mis zapatos. Nadie ha aparecido todavía, pero mi abrigo y zapatos se van en el torno donde aparece una taza de tila mentosa, tibia y olorosa. Me quito el saco, el chaleco, los pantalones y los calcetines y deposito en un buzón el dinero que quiero dar al Escuadrón.

Q — ¿Cuánto das?

B — Cada uno da lo que quiere. Yo, personalmente, calculo lo que costaría para una pareja de turistas pasar dos o tres días en un gran hotel de la metrópoli, comidas en buenos restaurantes, espectáculos y cabarets. Eso es lo que doy. Doy unas veinte mil pesetas. Hay visitantes que dan diez veces más y otros diez veces menos. No importa. El caso es participar con un óbalo. En ningún Hogar Órfico se dejaría entrar a un visitante, por mucho dinero que regalara, si antes no se dejaba lavar los pies como yo lo hago ahora mientras bebo la tila. He puesto los pies al cubo y unas manos que aparecen en el torno me lavan los pies. Luego me he acabado de desnudar y he entrado, por el torno, en una especie de sala de dentista y una luz muy brillante me ciega. Abro los ojos y me examinan las pupilas verificando mi incipiente arterioesclerosis y demás circunstancias de salud que me hacen todavía apto para la fiesta. A continuación me examinan la boca, la garganta, la nariz, oído y demás orificios del cuerpo. Orino. Van a analizarla inmediatamente. Miran la presión arterial y se acaba el examen médico tomando un baño. El examen médico es satisfactorio.

Hasta ahora no he visto a nadie ni he dicho una palabra. No he visto más que manos, anteojos, un uniforme blanco como de cirujano. He oído escasas palabras: instrucciones del médico al examinarme. Muy tácito. Sé que puedo asistir a la Fiesta del Sábado Órfico porque me han entregado unas zapatillas de lana y un dominó azul oscuro con círculos blancos como los que llevan los varones visitantes, con un capuchón que me bajo hasta cubrirme los ojos.

Extiendo mis manos con las palmas hacia arriba y mi médico pone las suyas encima de las mías. Por el contacto me guía. Yo voy siguiendo sus manos, a ciegas. Empieza el ritual simbólico. Oigo una música muy suave y la voz firme, amable, cortés que me invita a distender los músculos de los dedos, de las manos, de los brazos, del cuello, del tórax, de la cara mientras manos y cuerpos me presionan y masajean. Respiro tranquilamente. Me confío. Unos cuerpos me presionan por delante y otros por detrás. Siento la tierra, el aire, el agua, el fuego, el abrazo del hombre y de la mujer. Luego el beso, otro beso y abro los ojos contemplando las facciones suaves, alegres, vigorosas, saludables, tiernas y atrayentes de la ninfa humilde, sierva de la degradación 19.ª que me acompaña hasta un salón a media luz con mucha gente sentada en alfombras y cojines como en una mezquita. Una música de Bach para órgano cubre el silencio de la gente quieta, tranquila, meditativa. Me siento detrás de un dominó rosa, al lado de otro dominó rosa. Otro dominó rosa se me sienta al otro lado y otro detrás. Pero no me fijo en los demás. Pienso en mí mismo. Hago examen de conciencia recordando todo lo malo que he hecho, dicho o deseado para alguien. Me entristezco. Entro en compunción. Compadezco a mis ofendidos y víctimas. Me prometo reparar todo lo que pueda y no volver, de ninguna forma, a hacer mal a nadie.

Ahora se ilumina una pantalla donde se puede leer casi lo mismo que yo pienso, mientras al unísono lo repite la Comendadora del Escuadrón (siervos de la degradación 20.ª). Luego todos juntos reconocemos haber faltado al prójimo ya sea de obra o de palabra o de pensamiento o de omisión. Y nuestras faltas le han hecho sufrir innecesariamente. Corremos peligro de que el que hemos ofendido se vengue ahora contra nosotros. La retaliación es un reflejo. Ese reflejo quedará condicionado y se establecerá el hábito de molestarnos, ofendernos, perjudicarnos mutuamente que paso a paso nos conducirá a la perdición. Tenemos que pedir perdón a todos y a cada uno de los ofendidos. Vicariamente pedimos perdón, piedad, paz a nuestros vecinos en escuadras de ocho. Pedimos perdón al de delante, al de atrás, al de la derecha, al de la izquierda y a los cuatro de las diagonales. La Pareja Comendadora nos pide perdón a todos. Luego piden perdón las ochos mayorcitas y los ocho mayorales: cada uno a sus respectivos visitantes. Luego los 128 katecúmenos o estudiantes: cada uno a sus ocho clientes visitantes. Así nos conocemos los del Escuadrón pidiéndonos perdón, ayuda, consuelo, piedad unos a otros.

Q — Todo eso supone una larga ceremonia con gestos, ¿verdad? ¿Pedís perdón de rodillas?

B — De rodillas y de pie. Los unos pidiendo y los otros otorgando. El que pide besa las manos y los pies. El que otorga impone las manos, abraza y besa en las mejillas.

Se van formando los grupos que se arrodillan, se levantan, se acuestan, se vuelven a sentar con movimientos rítmicos imitando los siervos y katecúmenos que quedan iluminados al compás de la música y las canciones de perdón (como tocata y fuga) que se van convirtiendo en canto de alabanza y agradecimiento mutuo y solidario por el perdón pedido y otorgado.

N — ¿Para quién es ese canto de alabanza? ¿Para el soldado desconocido o para Boris Vian?

B — Para la persona (conocida o desconocida) que encarna

el CAMBIO DE RELACIÓN humana del agravio y retaliación al perdón y recreación.

Q — ¿Alabanza al amor encarnado en una persona determinada?

B — Alabanza que es compasión por el afligido y por el desvalido. Por el que ayuda a éste y consuela a aquél. Por el que alberga al errabundo y ocupa al vagabundo; por el que abriga al friolento, sacía al hambriento y apaga la sed del sediento; por el que acompaña al solitario, recibe al extraño extranjero, cura y alivia al enfermo, visita al encarcelado y al carcelero, llora para consolar las penas ajenas y ríe para aumentar la alegría de otros; para el que protege al perseguido, echa los malos deseos del neurasténico y los peores temores del psicópata...

N — ¿Es un Canto de Alabanza que se convierte en Canto de Bienaventuranza?

B — La unidad del Escuadrón órfico, formada por la culpabilidad común y el perdón recíproco, se consolida, ahora, por el agradecimiento, alabanza, bienaventuranza, adoración a la Persona Viva que encarna la compasión, la misericordia, la piedad, la caridad, el ágape, el amor...

Q — ¿El Último de los Esclavos Voluntarios?

B — Y la persona concreta, de carne y sangre, huesos y nervios, que lo encarna en el Hogar...

N — La música ya me suena como una Gran Fuga de Bach, funeral de Pau Casals, con inserciones chinas de Toch a lo Anton Webern...

B — El canto ceremonial enmarca la procesión ritual al ritmo de la evolución danzante de los siervos, ninfas y faunos, nereidas y tritones, sílfides y arieles, vestales y genios. Paulatinamente se desvanece el sonido y el movimiento de una Salve a la Monteverdi y quedamos de nuevo sentados, tranquilos en el silencio y la quietud.

Q — ¿Es un largo silencio?

B — Largo y corto. No importa. Unido a los demás en el silencio, la tranquilidad y la vigilia en ayunas, uno pierde la noción del tiempo sumido en la plegaria mental y la reflexión espiritual.

N — ¿No hay interrupciones?

B — A veces unos pocos salen a satisfacer sus necesidades

al lavabo-cantina, pues hay alguno que no desea o no puede mantener por más tiempo el ayuno-vigilia-adoración y se retira a una celda individual a descansar después de comer, o se marcha.

Q — Luego, todavía continúas en ayunas, rogando y despertando tu alma-cuerpo.

B — Alguien habla en el silencio desde la profundidad de su Dios, de su existencia, de su experiencia, de su Nada...

Pausa después de su comunicación... Y otros le van siguiendo con acentos tendientes a lo gregoriano y a lo (del Bardo Todol) tibetano, como los quákeros primitivos y los modernos carismáticos pentacostalistas.

N — Y tú, ¿qué dices?

B — Yo digo lo de siempre: que nos amemos los unos a los otros ahora y aquí. Así todo el mundo sabrá quiénes somos, de dónde venimos y adónde vamos.

Q — ¿Hay también fenómenos de glosolalia...?

N — ¿Y mag-lev o levitación magnética?

Q — No te burles...

B — También aceptamos de buen grado las bromas como las del monje simpletón que no sabía adorar a la virgen más que bailando...

N — Así, en medio del silencio de la ADORACIÓN uno se sale por peteneras, canta una saeta como en Semana Santa de una Sevilla aturística, o baila un fandango...

B — Como David, el adúltero asesino traidor prevaricador, cuyo arrepentimiento tanto plujo a Yahvé... (El «Yo soy»).

N — Que ya se ve que hizo de la casa de David la más ilustre y de su espúreo y caliente hijo Salomón, el de los cientos de mujeres y concubinas, el más sabio de los hombres...

B — Y el más hombre de los sabios. Sí, amigos. En esta etapa intelectual o verbal de la Fiesta Órfica del Sábado, también salen a relucir los Testamentos, los Cambios y la Biblia del mundo, sin olvidar el Evangelio del Cuerpo-Alma que no pudo acabar de escribir el malogrado Albert Camus y el del Alma-Cuerpo o peso del cuerpo, pesadumbre, de Simona Weil, la comando pacifista-cristiano-ateísta-católico-obrerista.

N — Ya van saliendo vuestros santos...

B — Son aquellos que encarnan el amor vivo...

N — Relativamente...

B — Como San Pedro y San Pablo pues éste ya después de convertido, hizo ciego al mago Barjesús y se valió de sus influencias como ciudadano romano para apelar al César en un viaje jurídico-manipulador de un Ulises de «pà sucat amb oli» como dicen en Catalunya donde la enfermedad de «Sant Pau» es la epilepsia y se cree que vino a la Tarraconense donde se le describe «gran y gros com un talòs», mientras que el Greco le pinta como un Hernán Cortés de Diego Rivera quasi sifilítico y degenerado.

Q — Supongo que ese es un ejemplo de la fuga de ideas característica de vuestras meditaciones silenciosas. Explica porque amas a San Pablo... relativamente...

B — El 1973 es el año de la muerte de los grandes Pablos, todos amados más o menos relativamente: Pablo Picasso, Pablo Neruda, Pablo Casals y...

Q — Bueno, ¿por qué amas a San Pedro sólo relativamente?

B — Porque mató o no evitó la muerte de los pobres burgueses temerosos que no le entregaron todo el dinero sacado de la venta de sus propiedades.

Q — Con esta digresión hemos interrumpido vuestra Fiesta Órfica. Estabais hablando desde la profundidad del silencio con cantos gregorianos y tibetanos cuando el «rock-electric-pseudo-musical» de tus pensamientos voraginosos ha ensordecido tu alma y ha interrumpido tu adoración relativa... a los santos...

B — El caso es llegar a la adoración absoluta de la Persona que encarna el amor vivo. Unidos a Ella, quedamos unidos unos a otros como los sarmientos unidos a la vid. Eso se simboliza en la etapa subverbal que sigue a la verbal que culmina en el canto en coro de nuestra resucitada creencia absoluta en el amor completo, mutuo y solidario.

Ahora nos unimos todos dándonos las manos y formando una cadena indisoluble nos dirigimos al comedor del Ágape donde cada uno rompe el prolongado ayuno y come y bebe de la mano de su vecino de la izquierda mientras él alimenta al vecino de su derecha. Comemos en unas mesas muy largas y estrechas.

Enfrente de mí tengo dos dominós: rosa el de mi izquierda y azul el de mi derecha: el rosa me da de comer a mí, yo doy de comer al azul. La labor es lenta, pausada, tranquila, contenida, rigurosa, cuidadosa. Yo debo cuidarme de dar de comer al de mi derecha enfrente y el de mi izquierda enfrente me dé de comer a mí. El de mi lado derecho me da de beber y yo doy de beber al de mi lado izquierdo.

Q — ¿Es el simbolismo de la solidaridad?

B — Símbolo y realización. Yo sólo como y bebo de lo que me da alguien de quien yo no veo más que las manos que me alimentan y no entreveo más que unos ojos entre el capuchón del dominó sin forma. Por lo rosa más o menos pálido o por lo azul más o menos oscuro de su dominó supongo que representa una mujer o un varón. Ya no sé nada más de mis vecinos visitantes como yo. Veo evolucionar a los 128 katecúmenos, sobre todo a la caporala rosa de mi escuadra de ocho azules y a mi mayoreta de 64 compañeros míos a quien también oigo así como a la Pareja Comendadora. De los mil y pico de visitantes como yo que asisten a la Fiesta no sé nada, no oigo nada, no veo más que las manos que me sirven y las bocas de quienes yo sirvo. Yo dependo de unos y otros dependen de mí. No digo nada. Sigo instrucciones; sigo el ritmo de la comunidad, del Hogar, del Escuadrón: espero, doy de comer, espero, como, espero, doy de beber, espero, bebo... lentamente saboreando, salivando, deglutiendo...

N — ¿Cómo si la comida y la bebida de Marcelino fueran sagradas?

B — Lo son para el hambriento y el sediento. Son las cuatro y media de la tarde del sábado. Hace ya veinte horas que no he comido nada. No puedo comer más que lo que me dan, cuando me lo dan. Mis manos no me sirven para llevarme la comida a la boca; sólo me sirven para alimentar a otros. En estas condiciones, la comida se vuelve sagrada y trasunto fiel de la comida espiritual.

Q — No se trata de una toma y daca o doy para que dés.

B — Ni mucho menos: unos me dan a mí y yo doy a otros. No conozco ni a los unos ni a los otros. Si quiero continuar participando en la Fiesta yo doy de comer a los otros aunque no me lo den a mí. Misericordia es la economía del Hogar, nada de sacrificios estériles que no hacen más que fomentar la vanidad, el orgullo, la soberbia y el rencor.

N— Os hacéis hambrientos, sedientos y dependientes para gozar sibaríticamente comiendo, bebiendo y sirviendo a los demás.

B — Esa es la función de la Orden del Gozar. Gozar sobre todo en los niveles, planos o dimensiones sub-verbales: instrucciones tácitas de nuestros siervos y manifestaciones espontáneas de nuestra propia existencia-experiencia en el momento adecuado.

Después de la comida hay una media hora de descanso o paseo individual: gimnasio, lavabo, celda sin ningún contacto con otra persona. Luego empiezan los espectáculos de circo, pantomima, baile, teatro, canto de los siervos-actores y estudiantes comparsas. Yo me siento en primera fila encajonándome entre dos dominós, uno rosa y otro azul, me parece. Vemos a los actores pero no nos vemos las caras ni los cuerpos aunque estamos en contacto físico. Poco a poco participamos en el espectáculo. Primero nos damos las manos y nos transmitimos la corriente magnética con un apretón que vuelve y evoluciona cruzándose con otro en sentido contrario, por el círculo completo del escuadrón.

Se organiza un ruedo del escuadrón completo abrazando cada uno por la cintura a dos de color opuesto - complementario. Con música como de Haydin se forman dos ruedos: el interno rosa y el externo azul que ruedan en sentido opuesto, al compás de la música. Al marcar el tiempo nos paramos y bailamos con la persona de enfrente mientras en el centro del ruedo iluminado bailan los ciento veintiocho estudiantes, descubiertos de rostro y con túnicas ligeras, con 128 visitantes cubiertos con sus dominós. Y en el centro de todos, reflejados en un espejo del techo, bailan las ocho parejas de siervos. Eso se repite. Eso se repite entre inciensos gozando por el olfato, la vista, el oído y el tacto al abrazar a la pareja. Vuelven a formarse los grandes círculos y a rodar en sentido contrario hasta el alto. Nueve parejas abraza cada uno bailando. En una de ellas hay una estudiante de túnica rosa descubierta. Ella será la guía de nuestra escuadra de ocho azules. Ella nos dará instrucciones toda esta Noche del Sábado.

Con ella en el centro formamos un círculo de ocho azules. Nos transmite su magnetismo primero por las manos en ambos sentidos, de derecha a izquierda y de izquierda a derecha; luego, abrazados por la cintura; luego, por los flancos; luego, uno detrás de otro. Ella nos instruye, nos dirige, nos guía más con los contactos y presiones que con los gestos; más con los gestos que con las palabras.

Rodamos, incluyéndolo dentro del nuestro, un círculo de ocho rosas guiado por un estudiante de túnica azul. Por presiones y escritura en la espalda tratamos de comunicar con la rosa de enfrente.

Luego, cara a cara moldeándonos nuestra faz mutuamente. La pareja de estudiantes muestra en el centro lo que nosotros imitamos después con nuestra pareja de turno, siempre en completo silencio por parte de los dominós.

Ahora los estudiantes entran en el círculo respectivo. Nueve rosas cubiertos por nueve azules. Los estudiantes se abrazan, se besan, se acarician mutuamente y nosotros los imitamos con nuestra pareja de enfrente, siguiendo el compás de la música lenta. Al marcarlo la música cesamos de abrazarnos y los azules pasamos a un lugar hacia la izquierda y empiezan los abrazos, caricias y besos con otra pareja. Y así sucesivamente: cada dominó ha abrazado a ocho dominós complementarios y a la estudiante cuya túnica en el proceso se ha deshecho bastante y va mostrando sus encantos cada vez más. En el Escuadrón hay 64 pelotones de más de 18 personas cada uno, apelotonadas como nosotros. Se van descubriendo espejos en las paredes del Hogar y en el techo que reflejan a los grupos que evolucionan sobre las afelpadas alfombras reproduciéndonos indefinidamente como las columnas de la Mezquita de Córdoba. Gracias a la ARMONÍA, el goce es sereno, claro, magnífico a la vez que sencillo e inocente.

Ahora todos los azules acariciamos a nuestra caporala. Ahora ella nos acaricia a todos y a cada uno de nosotros.

Luego bailamos de cuatro parejas en cuatro parejas. Cada una preparada y desnudada por las otras tres antes de la consumación.

Luego bailamos al estilo de las Bodas de Virginia. La novia baila con los donceles uno después de otro que la van desnudando mientras bailan con ella, acariciándola, mimándola, besuqueándola por todas partes, mientras las doncellas hacen lo mismo con el Novio y ya a punto los dos consuman su comunión amorosa acariciados por los demás.

....

....

Ya es la hora del alba cuando duchados y desayunados nos dormimos abrazados uno detrás de otro.

Podría explicaros muchas más escenas y cuadros ya del Escuadrón en conjunto ya de sus pelotones y escuadras congregadas en el Hogar Órfico metropolitano esta Noche del Sábado. Basta decir que muy pocas palabras se pronuncian y ninguna mala palabra, ni mal gesto, ni grosería, ni molestia ocurre.

Q — Y en contraste cuantos matrimonios respetables puntales de la sociedad no cesan de disputar de la mañana a la noche...

N — Que tacharían de inmorales vuestros hogares y los prohibirían si pudieran.

B — Ni los fariseos, ni los escribas, ni los saduceos lo creerán nunca. Para su alma mutilada, el cuerpo es algo sucio. Esta es su condena. ¡Piedad para todos!

76
MILICIA UNIVERSAL DEL TRABAJO TERAPÉUTICO (MUTT)

B — El eje de la MUTT es la mayoreta o menorita y su complementario el mayoral o menoral (las Tyiades y los Hoisoi), siervos de la 19.ª degradación: órficos de la Orden del Gozar que SABEN HACER GOZAR AL PRÓJIMO. La disciplina militar así establecida por el goce como compensación, aliciente, consuelo y esperanza es lo que regenera al delincuente estimulándole para que observe la disciplina de trabajo en silencio, convivencia y tolerancia de sus compañeros en estado de peligrosidad ya sea por hábitos de delincuencia o por vagancia, dipsomanía, toxicomanía, disturbios mentales y emocionales.

N — La mayoreta cuida a los varones y el mayoral a las mujeres, ¿verdad?

B — Excepto en los estados de inversión sexual ya cristalizados. El caso es que la o el comandante atraiga la líbido del soldado o miliciano para aplicarle la bio-terapéutica orgónica.

N — Recuerdo que la revista pornográfica Calcuta presenta el cuadro de lo que piensan los hombres mientras se masturban, y resulta que la lubricidad más intensa se la provoca la imagen de John Wayne, la estrella de cine que representa el machote matador del Oeste. Como dice Jung, en todos los varones hay latente o manifiesta el «ánima» femenina, el deseo hacia el varón más potente que los domine y los subyugue. Algo todavía más complejo que el de Edipo, o sea, el deseo del niño por su padre. Y vice-versa, en toda mujer hay el «ánimo» de un hombre varón que desea un dardo priápico potente para dominar y penetrar a las mujeres; en la niña hay el deseo por su propia madre. Y compensándolo y/o complementándolo hay el deseo latente de la madre por su hijo y también el deseo por su hija; y el del padre por su hija y por su hijo. Deseos libidinosos secretos o manifiestos, latentes o actuales, homo o heterosexuales, incestuosos o exóticos forman el laberinto intrincadísimo de la psiquis humana, en la cual se desarrollan los impulsos, tendencias, propensidades, deseos, propósitos, afectos y repulsiones destructivos y creativos.

B — A menudo los estados de peligrosidad y de agresividad de un individuo contra sus semejantes son debidos al miedo y a la hostilidad originado en los celos y en la envidia de la persona favorecida por la amada que nos ha rechazado o engañado.

La Orden del Gozar, por medio de sus siervos órficos, limpia y disuelve la urdimbre de suciedades, disimulos, rencores, frustraciones y hostilidades acumuladas en el alma.

La peligrosidad del soldado se va disolviendo en los brazos ebúrneos, misericordiosos y tiernos de su co-

mandante amante que es a la vez su médico, psiquiatra, abogado defensor, consejero, tutor que le escucha, atiende, acaricia, cuida, cura, alivia, consuela y
hace gozar una vez al mes lunar si no ha faltado al
trabajo y disciplina correspondiente a su grado de
peligrosidad.

Q — Luego el castigo por las faltas cometidas consiste en
la privación del premio, ¿no es así?

B — También por cada falta cometida tiene que trabajar
un día más en el régimen de su estado de peligrosidad.
Y si acumula 28 puntos adversos o más en un mes,
queda exaltado a un grado superior de peligrosidad.
Pero sea como sea, el soldado de la MUTT tiene derecho a una entrevista con su comandante cada mes
lunar con consulta, examen, caricia manual y orgasmo. También continúan los contactos y ejercicios para
disolver las armaduras musculares que retienen el
ego y le impiden entregarse y gozar plenamente la
sensación del orgasmo con sus reflejos involuntarios
regeneradores.

El castigo sólo consiste en privarle de la caricia completa genital y labial o bucal. Si ha cometido faltas,
su comandante no puede entregarle sus genitales, ni
besarle, ni dejarse acariciar pues se lo impide la orden del Coronel de Regimiento, que es un esclavo
akrónico de sexo contrario al del comandante que
es su defensor (y del mismo sexo que el soldado
obrero).

Q — ¿Quién es el acusador?

B — El oficial que ha constatado la falta ya sea en el trabajo; ya en el dormitorio, lavabo, comedor o lugares
de recreo. Suele ser un siervo de otra OMA. Es casi
automático el proceso.

Q — En los ejércitos y armadas de los estados nacionalistas e imperialistas, los sargentos y suboficiales suelen
gritar mucho a los soldados o milicianos. Los someten
a una disciplina verbal de invectivas órdenes formán-
doles los reflejos al condicionarles a marchar al paso
y obedecer las órdenes automáticamente. Y las palabras son todavía más soeces y repugnantes en las
cárceles. Luego, los soldados y los presidiarios continúan entre ellos este dialecto de amenazas, grose-

rías, invectivas, juramentos, procacidades tan repugnantes y denigrantes.

B — Es una falta en la MUTT hablar en el trabajo, en el comedor y más grave todavía en el lavabo o en el dormitorio. Conversar es una recreación para gozar en los círculos y casinos. Y cada domingo en su iglesia o grupo. Hablar es una fiesta, sobre todo platicar con su comandante.

Las instrucciones son dadas por el ejemplo: la pantomima del brigadier mostrada en la T.V., en el cine y por el cabo instructor en la escuadra de trabajo. En los grados elevados, las escuadras de trabajo y los pelotones de la mesa están formados por grupos de ocho o diez y seis lenguas distintas. El silencio fuera de los lugares de recreo y el escuchar música, canto, recitación, noticias, información, etc., junto con el gran cambio de ambiente facilitan enormemente la regeneración y rehabilitación del que se halla en estado de peligrosidad...

N — ¿El orgasmo es el eje central de la MUTT...?

B — El respeto personal y la ternura colectiva, también. Dice la MUTT como también dice la PPUPP: ¡Viva el amor que hace de todos los cuerpos un solo cuerpo! ¡De todas las almas, una sola alma! ¡De todos los existentes, un solo SER! ¡De Todo, Uno; y de Uno, Todo sin dejar nada!...

N — Galí Matías...

Q — Dalí's manías o las manías de Dalí...

B — Gaudí, el curváceo, con apostillas de Bela Bartock. Las interpretaciones son múltiples. La MMUTT como la PPUPP es polisémica.
(MILICIA MAMAL MORAL UNIVERSAL DEL TRABAJO TERAPÉUTICO).

Q — ¿Y si el soldado en cuestión es casto, fiel o/y amante exclusivo?

B — La mayoreta o mayoral que elige y/o acepta es una persona de edad avanzada con la que no tiene contacto físico erótico pero conserva su función de amigo, consultor, consejero, defensor y médico general y psiquiatra. Hay casos especiales, pero la mayoría es de erotismo normal. Generales o reclutas, casados o solteros, todos los hombres, especialmente los soldados evolucionan alrededor de su vida erótica.

N— En efecto, los aviadores americanos convirtieron Saigón y ahora Tailandia en un burdel... Los puritanos americano-capitalistas de acuerdo con los puritanos ruso-comunistas abolieron las Casas de Tolerancia en Europa y ahora los compromisarios las vuelven a introducir como salones de masaje...

B — Lo malo es que el erotismo de los guerreros suele ser sucio; grosero; vergonzante; que injuria, desprecia y envilece a la mujer. El erotismo pacifista que es el eje de la MMUTT, por el contrario, es un canto de amor cortés, limpio, sano y generoso que ennoblece el sexo, dignifica al varón, adora a la mujer.

¡Cuántos celos, cuántas envidias, cuántos complejos, cuántos conflictos, cuántos problemas, cuántos duelos y quebrantos se evitan con sólo hacer el amor con franqueza, honradez y publicidad!

Todos 512 saben que su mayoreta los va a coger por su cuenta uno después de otro... Quizá tres por hora, doce horas al día, 32 cada día durante 16 días de los 28 que tiene el mes lunar, quedándole a la sierva órfica sólo 4 días de descanso, 4 de entrenamiento y recreación y otros 4 para casos de emergencia. Pero de hecho cada momento es de recreación para la mayoreta que se recrea consolando, rehabilitando, haciendo gozar a sus soldados que la contemplan en la pantalla de la T.V., en el techo, mientras, acostados cara arriba saben que ella es de todo y todos son de ella y que al final de un mes de trabajo silencioso y sin falta, la gozarán plenamente.

N— Parece extraño que una sola mujer, por vigorosa y experta que sea, pueda satisfacer a 512 varones...

B — Tiene ocho ayudantes, estudiantes órficas que visitan a los milicianos en su cama y los estimulan con caricias al trabajo y disciplina regeneradores y disuelven sus armaduras muscular-avariciosas que les impiden el darse completamente. La aparición nocturna de esas damas cortesanas se intensifica a medida que bajan los grados de peligrosidad.

Para los grados más exaltados de la peligrosidad, los de los homicidas y asimilados, no hay visitas de cortesanas. No hay más que la consulta mensual con la mayoreta y sus apariciones en la T.V. de la cama, como ya se ha dicho.

Q — ¿Esos grados son:

el 32.º está en peligro de cometer asesinato agravado

el 30.º está en peligro de cometer asesinato

el 28.º está en peligro de cometer homicidio

el 26.º está en peligro de cometer homicidio por negligencia inexcusable y sus asimilados?

B — Eso es a grosso modo en Humania hoy en día y lo será en todas partes después del DUD (Desarme Universal Definitivo). La MUTT practica las técnicas elaboradas por la AKADEMIA Akrónica que ha desarrollado las de Oriente y Occidente integrándolas en la terapéutica del orgasmo cuyo iniciador fue el malogrado Wilhelm Reich.

La pena, con sus ancestrales resabios de venganzas, ha desaparecido de Humania. Las teorías del ilustre y malogrado Quintiliano Saldaña y de la Escuela de París ya sustituían la pena por la medida de seguridad.

N— Ningún hombre ni grupo de hombres tiene derecho a juzgar a otro hombre.

Q — Pero la sociedad tiene que defender a la gente y prevenir el crimen.

B — Esa es la función de la MUTT, que no juzga ni condena a nadie sino que previene y evita los crímenes aislando a aquéllos que se hallen en estado de peligrosidad. Así como los estados nacionalistas reclutan a los jóvenes para el servicio militar obligatorio, EUREKA reclutará (ya se hace así en Humania) a los delincuentes y personas que se hallen en estados de peligrosidad. Esas personas permanecerán en la MUTT mientras tanto dure su peligrosidad según el dictamen del equipo técnico-médico-jurídico-social competente y adecuado. Entre tanto gozarán del tratamiento de la MUTT conviviendo, regimentados, con aquellos otros peligrosos involuntarios: los enfermos, deficientes e infectados mentales y con los toxicómanos, dipsómanos y «gamberros».

Q — Los más peligrosos son los que atentan contra la vida humana, ¿verdad?

B — Sí. Los que moran en los grados más exaltados (del 18 al 32 entre los peligrosos voluntarios) están inclinados a resolver sus problemas individuales y colectivos atentando contra la vida de sus semejantes.

Los regimientos de los exaltados a los grados del 26 al 32 han mostrado su peligrosidad cometiendo homicidio ya sea por negligencia inexcusable (grado 26) como los que matan con un automóvil conducido ilegalmente, ya sea cometiendo un asesinato a traición o con abuso de confianza (grado 32). También hay otros síntomas que muestran la peligrosidad del individuo tales como la reiterada reincidencia en atacar a sus compañeros de regimiento.

Q — Danos una idea de los diagnósticos de los grados de exaltación del 18 al 24.

B — Generalmente se hallan en esos estados de peligrosidad los que poseen armas mortíferas. Por ejemplo:

En el estado o morada 18 se hallan los guerreros que hacen el servicio militar obligatorio.

En el estado o morada 20 se hallan los guerreros voluntarios y clases de tropa.

En el estado o morada 22 se hallan los guerreros oficiales y jefes de las fuerzas armadas.

En el estado o morada 24 se hallan los guerreros mandamases, jerarcas, magnates, generales, almirantes y similares.

Q — Y los otros grados, ¿qué estados representan?

B — Del grado 10 al 16 representan peligro contra el honor, la dignidad y la integridad humanas. La calumnia, por ejemplo, muestra una grave peligrosidad (16). Y el engaño (14) también demuestra un estado grave de peligrosidad.

Q — Y los grados menos exaltados, ¿qué representan?

B — La peligrosidad contra la propiedad. La exaltación al 2.º grado es característica de los que no pagan sus deudas, incluyendo a los banqueros y financieros. Su estancia en el regimiento de la MUTT dura hasta que han trabajado bastante tiempo para pagar todas sus deudas y gastos y perjuicios causados.

N — Por una parte, parece que en Humania ha regresado la prisión por deudas y por otra parte parece que esta medida elimina radicalmente a los agiotistas y estafadores, como los de Matesa.

Q — La MUTT en Humania debe de estar acelerando su preparación para hacerse cargo de los millones y millones de militares de los estados nacionalistas después de la proclamación de Eureka.

N— De otra forma, esos millones de guerreros sin trabajo crearían un problema económico insoluble.

B — El DDUD (Día del Desarme Universal Definitivo), los aviones de guerra servirán para transportar a los reclutas de la MUTT que llevarán a los ocho millones de ex-guerreros americanos, rusos, chinos y demás, y a varios millones de la población penal de los estados nacionalistas que se los entregarán a Eureka con la condición de que no volverán a su lugar de origen hasta que haya transcurrido el plazo de su condena. Los condenados a muerte deben todos ser entregados a la MUTT que los regenerará y garantizará que no regresarán al lugar de sus víctimas. Además la MUTT irá aceptando como voluntarios a los más hambrientos y desvalidos que lo soliciten a medida que tenga los funcionarios (siervos órficos, sobre todo) que precisa la organización y el funcionamiento de sus regimientos y batallones.

N— Y el sitio para sus cuarteles, supongo.

B — El problema de los cuarteles es más fácil de solucionar pues con todos los barcos de guerra de las Grandes Potencias y las islas como la de Guam que habrán dejado de ser bases militares, se pueden colocar varios millones en las brigadas del Sindicato de Maricultura donde los de los grados más peligrosos están perfectamente controlados electrónicamente. Y con las técnicas akrónicas y la energía atómica de que disponen pueden cultivar las selvas tropicales como las del Amazonas, e irrigar estepas y desiertos convirtiéndolos en huertos fecundos. Eureka posee la técnica, la organización y los lugares en el mar, en Sudamérica, en África, en Australia y en el Canadá para colocar muchos millones en la MUTT, pero de momento no podrá disponer para la MUTT más que de la mitad de sus siervos órficos de la degradación 19ª (la otra mitad se necesita para los hogares órficos esparcidos por todo el mundo). Así, con 32.000 siervos de la 19.ª, no puede soportar más que unos 16 millones de milicianos...

La mayoreta y su complementario masculino o mayoral son absolutamente necesarios para la MUTT. Sin ellos se convertiría en algo soez y repugnante como las cárceles, presidios y cuarteles de los estados nacionalistas e imperialistas. Su proceso regenerativo regresaría a proceso degenerativo.

La mayoreta personifica, dignifica y deleita; consuela, alivia y da esperanza.

N — Quiere decirse que los voluntarios de la MUTT estarán mucho mejor que las tres cuartas partes de la población mundial... los generales, jefes y oficiales de los ejércitos de tierra, mar y aire volverán a encontrarse en situación privilegiada...

Q — Compartida con la de los excriminales y los más desheredados de la tierra. Los últimos serán los primeros...

B — Siempre habrá algunos que volverán a recaer en la peligrosidad y a ser reexaltados a los grados más peligrosos donde tienen que trabajar mucho y guardar mucho silencio...

N — Pero siempre les quedará la mayoreta que les cuidará, les perdonará, les defenderá, les protegerá y les amará. Mientras que millones de desventurados continuarán pasando hambre y masturbándose y cayendo en la ciénaga de la prostitución o en la lucha sorda, vindicativa, inhumana de tantos matrimonios y tantos negocios y profesiones de las sociedades de los países desarrollados.

Q — ¡Qué lástima! ¡Más de cuatro mil millones en el mundo y sólo 128.000 de la humillación 19.ª; 16.000 de la 20.ª y 2.000 de la 21.ª!

B — Más de la mitad se han formado en Humania.

Q — Los desvalidos y hambrientos ingresarán en la MUTT como voluntarios y estarán mil veces mejor que las dos terceras partes de los habitantes de la tierra, ¿verdad?

B — Los que puedan y a medida que se pueda gozarán, si quieren, de las ventajas de la MUTT como exaltados de grado primero.

Los voluntarios sólo trabajan 8 horas cada día, cinco días a la semana; comen bien; gozan de 17 clases de recreaciones: 1) Iglesia y similares. 2) Correspondencia activa. 3) Correspondencia pasiva. 4) Estado. 5) Cine instructivo. 6) Gimnasio. 7) Biblioteca. 8) Cine informativo. 9) Conferencias. 10) Casino con juegos parlantes. 11) Cine a elegir. 12) Juegos de equipo.

13) Círculo tertulia. 14) Teatro. 15) Bataclán. 16) Clases. 17) Iris o danza.

Como los del grado primero de exaltación tienen también derecho a dormitorio doble o familiar que pueden compartir con su pareja y sus hijos, la vida de familia no se interrumpe ni se contraria en absoluto. En estas condiciones habrá muy pocos que deseen cambiar esa vida de bienestar, comunidad, seguridad, higiene y sanidad por la vida de luchas, rivalidades, preocupaciones, molestias, suciedad y sinsabores que reina en las metrópolis modernas.

77
RECAPITULACIÓN

Q — El desarrollo óptimo individual lo consigue el siervo en la sexta humillación que además de SABER PENSAR LO QUE NO QUIERE (4.ª) Y SABER PENSAR LO QUE QUIERE (5.ª), ha profundizado su mente hasta SABER ENSEÑAR A NO PENSAR LO QUE UNO NO QUIERE.

B — En efecto, ésa es la óptima evolución mental individual o la ciencia y las técnicas mentales que profundizando en lo inmanente acaban trascendiéndose.

Q — Y hay niños óptimamente desarrollados que realizan esa maravillosa evolución mental ya a los seis años de edad aproximadamente...

B — Si no hay lesiones, ni defectos, ni enquistes, ni anquilosamientos, ni fijaciones, ni deformaciones, ni inversiones, ni regresiones, ni...

N — Ya sabemos que la mente-cerebro de la inmensa mayoría ha sido dañada ya desde la concepción por culpa de los padres (o pecado original); o por el ammiente (pecado social); o por su propia culpa (pecado personal) y por lo tanto la mayoría pensamos lo que no queremos...

Q — O sea que estamos llenos de temores, inquietudes, ansiedades, preocupaciones, prejuicios, supersticiones, fanatismos, etc.

Pero volvamos a mi resumen.

El desarrollo óptimo individual en lo físico lo consi-

gue el siervo de la 9.ª degradación que SABE ENSE-
ÑAR A SENTIR LO QUE UNO QUIERE. Es decir,
enseña a los naturistas, gimnastas, atletas, acróbatas,
malabaristas, equilibristas, trapecistas, o sea a los
olímpicos de la humillación 7.ª. Y también posee
como siervo de la 8.ª las habilidades de no sentir
dolor como los faquires, pues el 8.º SABE NO SENTIR
LO QUE NO QUIERE SENTIR, domina sus sensaciones.

B — Y llega al bajar a la 9.ª, a la profundidad trascendental del supremo artista de su propio cuerpo: Nijinski-
Pavlova-Argentinita que con su baile nos hace sentir
como queremos: el deleite, la felicidad de contemplar la belleza del cuerpo humano en maravillosa
evolución.

Q — Continuando mi resumen: si el siervo de la 6.ª humillación realiza el desarrollo mental óptimo y el
siervo de la 9.ª el desarrollo físico óptimo en su aspecto personal, el de la 12.ª realiza plenamente sus
personalidad social puesto que ENSEÑA A NO DE-
CIR LO QUE UNO NO QUIERE. Es decir, domina el
idioma que es el instrumento social básico en lugar
de ser dominado por las enfermedades lingüísticas y
sociales, los anquilosamientos, atrofias, deformaciones, perversiones, identificaciones, objetivaciones y demás vicios socio-lingüístico-culturales.

N — Con el idioma enfermo, como dice Alberto Moravia,
nos hacemos mucho daño tanto en nuestras relaciones personales como en las políticas. La lengua se
usa para hacer daño cada día más y más: amenazar,
endoctrinar, engañar, mentir, injuriar, calumniar...

Q — El colmo es el caso del pobre señor Ricardo M. Nixon que con sus compinches, Erlichmann y Haldemann, acabó siendo atrapado en la misma trampa lingüística que ellos pararon para atrapar a sus adversarios. Grabar la palabra hablada se utiliza tanto por
el médico-psiquiatra para hacer el diagnóstico, como
por el jefe para atrapar a sus empleados y solicitantes, como para espiar...

B — SABER CALLAR, como el siervo de la 10.ª; SABER
HABLAR, como el de la 11.ª y SABER ENSEÑAR
A CALLAR como el de la 12.ª son los óptimos desarro-
llos político-sociales de una persona. O sea que el

siervo de la 12.ª realiza el desarrollo óptimo de su personalidad político-social: SABER CALLAR = SABER HABLAR = SABER ENSEÑAR A CALLAR.
Al fin y al cabo, el Gran Jefe político-militar es el que nos hace callar.

N — Y luego interpreta nuestro silencio como consentimiento.

Q — Siguiendo mi resumen, el óptimo desarrollo de la personalidad humana es el de los siervos de la 15.ª humillación, las madres y los padres akrónicos, o sea, los padres que ENSEÑAN A SUS HIJOS A AMAR A QUIEN DESEAN.

B — En efecto, el desarrollo óptimo del carácter y la personalidad es el de la persona que SABE AMAR A LA PERSONA QUE DESEA, el siervo de la 13.ª o amante integral que conserva unidos alma y cuerpo y que respeta, estima, admira, venera, adora a la persona que desea y con quien hace el amor. La personalidad humana, cuando las circunstancias tanto congénitas como ambientales son perfectas, puede alcanzar su máximo desarrollo a los 13 años de edad aproximadamente o a la pubertad. Es en la cópula o comunión sexual de alma-cuerpo que se realiza íntegramente la personalidad humana...

N — Y la felicidad si este amor-deseo o deseo-amor es correspondido.

Q — Y si lo es debe mantenerse muy secreto, pues como es tan caro, cuando el mundo envidioso se entera lo destruye como en el caso de Romeo y Julieta, Abelardo y Eloísa, etc...
Pero todavía llega a más profundidad el humilde siervo de la degradación 14.ª que SABE DESEAR A LA QUE AMA exclusiva y perpetuamente, como la monja portuguesa y el caballero Des Grieux.

N — Pero hay muy pocos matrimonios así. Aunque hay muchos de fidelidad femenina y hasta algunos de fidelidad masculina. Los cónyuges, aunque se amen, ya no se desean...

B — Hay casos aislados de un marido o de una mujer que durante muchos años ha amado y deseado a su cónyuge. Lo que ocurre es que no nos llaman la atención más que las infidelidades, engaños y deslealtades. El amor mutuo es el cielo; el odio o desprecio mutuo

es el infierno. Aquí estamos cabalgando. Generalmente tenemos una pierna a cada lado. Las instituciones de Akronia, las OMA, son ensayos, tentativas,
esfuerzos para disminuir el infierno y aumentar el
cielo en este mundo.

En la humillación 14.ª, la personalidad individual se
integra en la de la Pareja o Matrimonio y en la 15.ª,
la personalidad y el nombre individual y familiar se
perpetúa en los hijos.

En las humillaciones más profundas —las herméticas (16.ª, 17.ª y 18.ª) y las órficas (19.ª, 20.ª y 21.ª)—
el nombre y la personalidad se funden integrándose
en el conjunto de la humanidad.

78
REIVINDICACIÓN DEL SEXO

N — Las iglesias llamadas cristianas han vivificado y vilipendiado el sexo durante siglos. Las mujeres se hallan en situación de manifiesta inferioridad. No pueden llegar al obispado ni siquiera al sacerdocio.

Q — Quizá por eso las mujeres suelen ser más devotas:
por ser más despreciadas.

N — «La dimensión sexual es algo que está en las entre-
telas del ser humano, desde que está en el útero
materno hasta que se muere. Si esto es en sí "malo",
el hombre o se entrega al mal o se vuelve loco tratando de negar una dimensión de su propio ser» (José
María Díez Alegría, pág. 169).

Q — ¿Es por eso que la OMAG (la Orden Militar Akrónica
del Gozar) es una especie de Kama Yoga o Kamasutra?

B — Científica de base y de eficacia técnica perfeccionán-
dose.

La OMAG hace de la dimensión sexual algo limpio,
sencillo, puro, modesto, respetuoso, amable, tierno.

La OMAG es el eje de la MUTT (Milicia Universal del
Trabajo Terapéutico). Los siervos órficos gozan haciendo gozar. Y la del gozo es la principal disciplina
y la mejor terapéutica para las enfermedades mentales.

Si los de la degradación 19.ª saben hacer gozar al

prójimo, los de la 20.ª saben curar, aliviar y/o consolar el dolor. Los más bajos de todos los siervos, que ya no les falta más que recibir y aceptar el carisma de la castidad para negarse a sí mismos enteramente y hacerse esclavos de los prójimos por amor, los de la degradación 21.ª, saben enseñar a hacer gozar.

La OMAG es también la posada, el albergue, el HOGAR de los desamparados, fustrados y afligidos que nos hallamos en su compañía. En la higiene, la seguridad, la cortesía, la amabilidad, la compasión y la ternura. KUMBAYÁ que cura, consuela y da esperanza hasta llegar a fundir egoísmo, egotismo y egolatría en el crisol sexual inspirado por el amor que hace de todos los cuerpos un solo cuerpo y de todos los seres un solo ser.

Q — ¿El Cuerpo de la Vía Láctea, o el Sistema Solar o sólo el de la Tierra?

B — Todo el del Universo desquiciado por la rebelión de Lucifer y su influencia en este pequeño planeta que ocasionó la veleidad de Eva y su desobediencia con Adán seguida por las luchas fratricidas de Caín contra Abel. Somos hijos de Caín y tenemos miedo de perder nuestras propiedades, nuestra mujer con la cual nos torturamos con los celos, rencores y resentimientos.

El fustrado, despreciado, burlado, traicionado sexual encuentra en el Hogar órfico a la persona (siervo o sierva 19.ª) hermosa, sabia y buena a quien amar y que le ama. Se halla unido a los demás que aman a la misma persona, como hermanos unidos por ser hijos de los mismos padres, o mejor..., como si Abelardo y Eloísa hubiesen resucitado glorificados y liberados de supersticiones y fanatismos sexuales como adulterios, engaños, burlas, desprecios, frigidez, impotencia y manifestaciones sado-masoquistas.

N — Lo peor de la cultura sexual judeo-cristiana es que considera a la mujer como un objeto que se compra casándose; o se alquila, ya sea por una temporada o por un ratito. De todas maneras, la mujer es considerada como un objeto de propiedad intocable bajo pena de muerte: «del rey abajo ninguno» me la puede tocar a mi mujer como dijo el uno en nombre del honor moro a la española, o si la dejo coquetear es porque «cela me rapporte», como dijo el otro más gálico y razonable.

Sea como sea, la carne de mujer es una mercancía para el hombre judeo-moro-cristiano desde el llamado hombre de honor que desafía en duelo a muerte al que se atreve a seducir a su mujer, al llamado tratante de blancas «maquereaux» o rufián.

Q — Es natural, por tanto, que haya tantas mujeres que se venguen de los hombres en general y engañándoles, poniéndoles en ridículo y humillando su virilidad. Lo malo es que, con frecuencia, pagan los justos o «los buenos» por los burladores, explotadores y castigadores.

N — Es verdad que hay mujeres y también hombres que se enamoran del que las castiga. Quizá sea porque durante su niñez sus padres las castigaban.

Q — Lo curioso es que por lo general los invertidos buscan la compañía de las mujeres de edad y las invertidas, de los ancianos. En los invertidos debe de haberse producido una identificación infantil con la madre, en lugar de producirse con el padre y en las invertidas la identificación con el padre, en lugar de producirse con la madre. Y eso en la edad genital, de los tres o los cinco años, más o menos.

B — En el Hogar órfico estos problemas, desde los celos a la vergüenza pasando por los diversos impulsos de agresión y hostilidad, subsisten, claro está pero minimizados. Quiero decir que hay sufrimiento pero es mínimo comparado con lo que ocurre en muchas familias respetables de la sociedad tanto latina como anglosajona y germánica.

N — Hay varias clases de esposos. La más frecuente es la de aquellos matrimonios en que un esposo es la víctima y el otro el verdugo. Y la proporción me parece que se aproxima al cincuenta por ciento de víctimas y de verdugos en cada sexo. Hay maridos verdugos y mujeres víctimas, y hay maridos víctimas y mujeres verdugos.

Q — Eso es cierto en los matrimonios mal avenidos o que se divorcian o separan. La víctima es el que ama y el verdugo el que no ama.

N — Si no ama ni el uno ni el otro, lo mejor para los hijos y para ellos mismos es que se separen pues de lo contrario acaban mal; la convivencia no tolera la indiferencia. Hay fricciones, molestias, conflictos por menudencias y minucias cuya importancia se agranda hasta convertir la cortés indiferencia mutua en enemistad y odio sordo como ocurre cuando los cónyuges entran en la menopausia, sobre todo entre los anglosajones...

Q — Por eso hay tantos anglo-sajones que antes de que llegue el momento de la menopausia comparten su mujer con otros varones y viceversa... Lo que creo llamaban «cambiazo» y ahora llaman balanceo.

Creo que es mejor cambiar esposos y balancearse, que adulterar y fornicar que es hacer el amor carnal sin ninguna estimación ni respeto ni consideración personal por la persona deseada que así queda reducida a un objeto.

Vale más el balanceo que el adulterio; el engaño, que la fidelidad por obligación o deber. Pero vale muchísimo más el matrimonio real y verdadero, que es un carisma o sacramento como os he explicado al hablar de la Orden del Estimar.

No confundir la ORDEN DEL ESTIMAR o del amor exclusivo, donde el hombre alcanza la máxima perfección de su ser personal y se trasciende por la Pareja (13.ª) de amantes, de (14.ª) esposos y por los hijos (15.ª), con la Orden del Gozar en que la personalidad, paradójicamente, alcanza su máximo esplendor y está a punto de desvanecerse en la pobreza completa y el amor del siervo órfico es inclusivo: se da, se entrega, acepta y recibe tanto a los bellos, fuertes y jóvenes como a los que no lo son (19.ª) y llega hasta a amar carnalmente a los enfermos y repugnantes (20.ª).

Q — ¿Dónde está la paradoja?

B — En que el siervo órfico no busca su placer, goce y alegría sino los de su prójimo y no posee nada sino que se entrega totalmente incluyendo su cuerpo y, al hacerlo, paradójicamente recibe el máximo goce, placer y alegría.

Además, al degradarse, por amor al prójimo, hasta la profesión que la cultura occidental considera más infame y vergonzante, obtiene el máximo prestigio entre todos los desgraciados, fracasados, tristes y solitarios que ella consuela y da goce y alegría.

Q — Tal como lo pintas, parece que habrá aglomeraciones a la puerta de los Hogares Órficos en cuanto se sepa de su existencia.

B — La entrada a los Hogares Órficos es por la humillación 3.ª o más baja. Es decir que el compañero, socio o visitante a un Hogar Órfico debe hallarse en condición o estado: 1.º, de querer firmemente hacer el bien al prójimo; 2.º, de no querer hacer mal a nadie, o sea de perdonar a todos los que le han perjudicado u ofendido; y 3.º, de querer confiar en la Pareja Órfica de la 19.ª degración. Quedan automáticamente fuera de los Hogares Órficos la lujuria, la suciedad, las enfermedades venéreas y mentales, las drogas, la grosería, la maledicencia (pues la verborrea es casi tan mala como la gonorrea), la mala educación y cuantas costumbres viciosas y nefastas contaminan y pervierten la suprema belleza del amor carnal inclusivo que hace de todos los cuerpos un solo cuerpo.

Q — ¿No has dicho que los siervos órficos se preocupan también de servir a los enfermos repugnantes aunque no quieran humillarse?

B — Se ocupan de ellos los órficos de la degradación 20.ª que SABEN CURAR, CONSOLAR, ALIVIAR el DOLOR DEL PRÓJIMO. Los Hogares Órficos no podrían funcionar con compañeros que molestan, ofenden o desprecian a los demás, o los ignoran. No se produciría la solidaridad carnal de la fiesta órfica. Para los desgraciados que no se quieren humillar hay los sanatorios órficos en Humania y en las ciudades universitarias akrónicas esparcidas por todo el mundo.

N — Claro. No hay bastantes médicos siervos órficos para tantos como los necesitan y nos hallamos como al hablar de la MUTT en que resulta un privilegio de unos cuantos afortunados que se benefician mientras que la inmensa mayoría de los seres humanos sufre hambre, desamparo y ansiedad...

B — Akronia hace lo que puede ahora y aquí... edificando EUREKA que será el futuro de la Humanidad...

N — Un futuro polisémico o de varios significados...

Q — ¡Ya lo encontré!

B — Ese es un significado.

Q — Estado Universal de Reconciliación... ¿Ecuménica?

B — Con tal de que no se limite el ecumenismo a las creencias cristianas sino que comprenda a todas incluso a las de los que creen que no creen.

Q — La K sí que tiene muchos significados: Karisma, Kanarak, Kumbayá, Katarsis.

N — Konarak es el templo del león hindú sobre el elefante búdico que partiendo de la escultura figurativa sexual la va sublimando hasta la abstracción...

79
20.ª HUMILLACIÓN

Q — Nos has explicado varias de las funciones de los siervos órficos o afrodisíacos de la humillación 19.ª a quienes llamas por varios nombres: ninfas y tritones, oneidas y faunos, sílfides y arieles, tyiadas y hosioi. Son las mayoretas y los mayorales eje del tratamiento de la MUTT. Son la base de los hogares órficos (especie de grupos o congregaciones afrodisíacas de humildes de la degradación 3.ª o más baja que no poseen los requisitos necesarios para profesar en la Orden Militar Akrónica del Gozar pero que se congregan y comulgan sobre la base de una pareja de siervos de la 19.ª). Son los «Didots» y las «Didas» que inician a los púberes que lo solicitan. En edad avanzada, los abuelos y abuelas heterosexuales son los maestros de la edad genital. Son artistas y maestros afrodisíacos y eróticos. Son sacerdotes y sacerdotisas del Templo de Venus: bacantes, geishas, bayaderas, odaliscas, huríes y demás nobles y cortesanas: lords y ladies, baronesas, condesas, marquesas akrónicas... De todo esto nos has hablado bastante. Pero no nos has hablado de la degradación 20.ª

B — Los siervos de la 20.ª degradación son licenciados en medicina integral akrónica. Saben aliviar el dolor del prójimo y curarle en muchos casos. Además de los conocimientos científicos integrales tienen el poder magético-mental-electro-psíquico-bio-orgánico de aliviar el dolor y, a menudo, de curar algunas enfermedades, incluyendo las que no se consideraban psicosomáticas.

N — ¿Se llaman duquesas y príncipes akrónicos?

B — Eso es. También se llaman vestales y esculapios. Cada servidumbre tiene varios nombres orientales y occidentales según la cultura y el simbolismo.

N — Ahora se han vuelto a poner de moda los exhorcistas...

Q — Y los pentacostalistas o carismáticos...

B — El hábito no hace al monje ni el nombre hace la cosa. La realidad es el dolor del paciente y el alivio de la cura que la voluntad acrisolada y sublimada del siervo esculapio le aporta ya sea con la imposición de manos, con la mirada, con la palabra, con la plegaria, con la intención de dirigir el efluvio psíquico hacia la parte dolorida y curarla, y con la terapéutica del orgasmo.

Q — ¿Es la lepra una enfermedad psicosomática?

B — Yo no lo sé. Entiendo muy poco aunque procuro enterarme de los descubrimientos de la ciencia moderna y ultramoderna o akrónica. Las investigaciones de la medicina preventiva de la UNESCO en la India parecen demostrar que la lepra no es una enfermedad contagiosa, generalmente. El proceso de la lepra ha sido arrestado en varios casos. Una de las treinta y tres islas de Humania está poblada exclusivamente de leprosos cuya enfermedad ya no progresa.

Q — Curar a los tullidos y lisiados ya me parece más factible. También, detener las pérdidas de sangre. Pero curar a los sordomudos y a los ciegos por la imposición de manos no me parece hacedero.

N — Dicen que los reumáticos dejan de padecer momentáneamente, pero el ácido úrico continúa atenazándolos. Los tísicos dejan de toser, pero mueren tísicos. Los cancerosos dejan de quejarse, pero mueren del cáncer.

B — Sea como sea, el caso es que la intervención de los siervos esculapios y vestales órficos de la degradación 20.ª evita o alivia el dolor de los enfermos. Generalmente la intervención órfica es más eficaz y de efectos más duraderos que las intervenciones quirúrgicas y las químicas. Las cinco técnicas fundamentales de la medicina akrónica no se excluyen sino que cooperan y se integran.

Q — ¿Cuáles son estas cinco técnicas? ¿La psico-terapia,

la cirugía, la hormónica y químico-farmacéutica, el electro-magnetismo, la sofrología y la bio-orgónica?

B — Esas terapéuticas y otras desarrolladas e integradas por la medicina akrónica son aplicadas por los siervos de la 20.ª degradación. Las neurosis y las psicosis no se tratan ni con brutales descargas eléctricas ni con lobotomías criminales y salvajes. El respeto a la dignidad humana y a la consideración personal son esenciales para el servicio de los esculapios y vestales órficos de la humillación 20.ª

N — ¿Y los demonios inmundos?

B — Por la palabra «demonio», «diablo», «ángel» entendemos un espíritu. No un cuerpo, ni una imagen. Los demonios son espíritus del mal que a veces se apoderan de la voluntad o alma de una persona.

Generalmente se da el nombre de Luzbel o Lucifer al rey de los demonios: el demonio de la soberbia. Es el espíritu que se ha posesionado del hombre que quiere ser tanto como Dios, que quiere ser Dios y más que el prójimo. La miseria horrenda, espantosa y pavorosa de la India es el fruto de la posesión que Lucifer tomó de algunos elevados místicos hindúes que quisieron ser iguales a Dios.

Lucifer o el espíritu de la soberbia también se apoderó de grandes jefes hispanos y mahometanos produciendo como fruto los taifas tanto del Islam como de la Hispanidad con sus sangrientas luchas intestinas, disgregaciones, revoluciones, rebeliones, sediciones, envidiosas separaciones, impotentes rencores y ridículos orgullos. El demonio de la envidia, que podríamos llamar Belcebú se apoderó de los jefes mahometanos y de los jefes hispanos, los cuales también suelen estar poseídos por Satán, el adversario, espíritu de la ira. Para mí esos tres son los peores espíritus o diablos. Los que más temo. Y el caso es que la influencia benéfica de un siervo de la humillación 20.ª me exhorcisa o expulsa de mí esos espíritus que a veces me han poseído, torturado y dominado forzándome a hacer daño a mis prójimos sin quererlo. Cuando hago daño a alguien sin querer es que un diablo o espíritu maligno ha entrado en mí.

N — También te poseen el espíritu de la avaricia, la codicia, la gula, la lujuria, la pereza... ¿verdad?

B — Claro que sí. Como a cada quisque. Moloch, Leviatan, Asmodeo, Belial, Astaroth, Mammon...

Q — Pero ésos son nombres de dioses de otros pueblos...

N — Los dioses o los ángeles son igualmente espíritus inmateriales. Son dos expresiones que corresponden a dos culturas y simbologías distintas, pero su significado es equivalente. Es como la palabra «maduixa» en catalán, equivalente a la palabra «fresa» en español o «frèse» en francés. La palabra «ángel» en cristiano equivale a la palabra «dios» en otras religiones orientales. Belzebuth, Astaroth, Moloch, Leviathan, Belial, etc., son dioses destronados o ángeles caídos.

B — Es decir, son demonios o diablos. Son espíritus del mal que a veces se apoderan de uno.

Q — Pero el vulgo los confunde con seres materiales...

N — Es que las alegorías los materializan y luego el positivismo niega su existencia material.

B — Claro. No tienen cuerpo porque son incorporales. Utilizan nuestro cuerpo.

Q — Dante, en su infierno, nos los pinta con un cuerpo de puerco o jabalí armado de largos colmillos como Ciriato Samnito. Con un cuerpo de perro que muerde y despedaza, como Grassicane. Como Farfarello, ligero y chacarrero. Rubicante, rojo, inflamado de cólera, furioso. Dragnignazzo tiene el veneno del dragón. Libicoco es el deseo desenfrenado. Barbariccia,. el colérico cruel, lleva la barba cerrada como un erizo. Scarmigliones despedaza y arranca los cabellos. Calcobrina desdeña la gracia divina, Etc...

80
AUM

B — La asamblea de la congregación órfica es subverbal y submental ya sea en los «mansos» como modo de vida permanente, ya en los «conventos» de las universidades akrónicas (dormitorios), ya en los hogares y albergues órficos. Estos suelen ser compañías de unos 128 compañeros más 16 catecúmenos. También hay congregaciones órficas, llamadas logos, de unos 32 compañeros. Hay albergues para viajeros akrónicos de número reducido de congregados. También se congregan los órficos en las «amfitectonías» de las metrópolis. Las congregaciones plenarias reúnen a unos 1.168 órficos.

Dondequiera que se celebran las congregaciones órficas son silenciosas. Los compañeros no hablan. Cantan, respiran OM, AUM (Afrodita Universal Misericordiosa). Suspiran pero no se comunican unos con otros por medio de la palabra, sino por el tacto. Las instrucciones y avisos para participar en las ceremonias las reciben visualmente por el modelo y ejemplo de los estudiantes postulantes, bellos jóvenes graciosos que aspiran a bajar a la humillación 19.ª (saber hacer gozar al prójimo) y observar la pobreza total. También se reciben instrucciones del altavoz, de los cantos de los letreros que aparecen reflejados en el espejo-pantalla que suele cubrir el techo del hogar órfico. Los únicos que hablan individualmente a cada uno de los congregados son los siervos órficos ya ordenados y su hablar es como una caricia, un bálsamo que comunica ternura, amabilidad, cariño...

Q — Evitando las habladurías se deben evitar muchos males que vienen de las discrepancias, divergencias, disparidades en ideas, creencias, intereses, gustos, órdenes, súplicas, halagos, amenazas, distorsiones, ofensas, mentiras, injurias, engaños, calumnias, insultos y demás. El silencio liquida y disuelve las pretensiones. Nos libera de la ardua, inacabable tarea de tener que demostrar que nosotros tenemos razón y ellos tienen la culpa. Nos libera de la sinrazón de la razón. Eso es lo que hacen en las órdenes de monjes cuya única salutación es el «—morir habemos», contestado por el «—ya lo sabemos». Al eliminar la comunicación —estimulación verbal— intelectual, se puede concentrar la voluntad en el alma, en la vida espiritual... ¡y en la sensación!

N — Hay casos excepcionales de superdotados como Bernardo de Clairvaux, el cual, sin embargo, cuando se puso a predicar también cayó en la tentación diabólica de la segunda cruzada que se valió del Nombre Cristo para ir a matar y a robar a la gente que vivía en los lugares llamados santos.

B — La palabra es un arma de dos filos: sirve a la Verdad, a la Bondad, a la Belleza y a sus contrarios. Por eso los hogares órficos son silenciosos. No hay intercambio verbal-intelectual.

N — Cuando varias personas viven juntas sin hablarse, las que no están superdotadas corren peligro de alinearse, desgraciarse o acumular resentimientos, rencores y hostilidades sin fin. El estar incomunicado es una tortura para la inmensa mayoría.

B — En los hogares órficos la comunicación es mucho más intensa, más íntima, más franca. No hay intercambio verbal, pero hay intercambio táctil sobre todo con acompañamiento adecuado de los demás sentidos. En cualquier reunión parlante es muy difícil evitar que los contertulios se molesten unos a otros: de las bromas pasan a las burlas; del aprecio al desprecio; de la galantería a la maledicencia, de la información a la distorsión; de la instrucción al engaño.

En cambio, los exámenes médicos, análisis de orina y de sangre si procede, las medicinas higiénicas por las que pasa cada compañero antes de congregarse eliminan los peligros de infecciones y disgustos, los malos olores, así como el silencio elimina las infecciones hostiles, combativas, argumentativas, polémicas, envidiosas, orgullosas, iracundas. O las pone de manifiesto permitiendo su curación.

La diferencia entre una caricia y un golpe, entre un abrazo y una patada, entre un beso y un mordisco es tan clara y neta que pone en evidencia inmediatamente al enfermo sado-masoquista eliminándolo *ipso facto* de las asambleas órficas, que son lo contrario de las saturnales y orgías violentas.

Q — Así, las congregaciones órficas son lo contrario de las comunidades sexuales con sus estupefacientes, disputas inacabables, insultos, palabrotas y violencias. ¿Verdad?

B — Exactamente. Todo congregado en una asamblea órfica se ha rebajado o humillado hasta la tercera degradación por lo menos. Es decir: 1.º, quiere hacer el bien al prójimo; 2.º, no quiere hacer mal a nadie, y 3.º, quiere para el prójimo lo mismo que quiere para él, o sea, quiere confiar en el prójimo. Concretamente, el compañero órfico lo es en virtud de la confianza plena que tiene en la persona adorada que sabe hacerle gozar plenamente: la sierva o siervo órfico que se ha rebajado hasta la 19.ª degradación. Es el cuerpo-alma de la sierva o siervo de la 19.ª (ninfa o fauno, oneida o tritón, sirena, ondina, nereida, sílfide o ariel y demás) el lazo de unión de los compañeros. Por ejemplo, en una Compañía Órfica se congregan 64 varones que adoran a una Ninfa (sierva 19.ª). La Ninfa unida a los 64 varones y el Fauno unido a las 64 mujeres están unidos entre sí y su unión se propaga y se hace solidaria entre todos los compañeros y compañeras. De manera que en una asamblea de 128 compañeros, 16 postulantes y la Ninfa y el Fauno se celebran los intercambios corporales de cada uno con todos y todos con cada uno.

Varias son las ceremonias órficas: bailes, danzas, juegos, pantomimas, pero cada uno de los congregados abraza, acaricia y besa plenamente a todos los demás.

N— Pareces describir una especie de teatro líquido de Los Ángeles, pero ya perfeccionado, intensificado, desarrollado.

B — Organizado, sistematizado y libre de lo desagradable: ruidos, palabrotas, fealdades como la de la ropa y la de los defectos.

Q — En eso las reuniones órficas parecen contrarias a las «boites» tan ruidosas del rock.

B — Hay ceremonias silenciosas; las hay con música y canto, pero no con ruidos, ni hedores, ni palabrotas, ni groserías. Hay gran diversidad de música desde los minuetos de Mozart hasta la de los doce tonos.

Q — Así los compañeros órficos, como tú, sois los akrónicos de la 3.ª humillación o más bajos que carecéis de la edad, la belleza, el vigor y la gracia necesarias para bajar a la 19.ª humillación.

B — Eso es. Tampoco poseemos la gracia o carisma necesarios para practicar la pobreza integral de los siervos órficos.

Q — Dices que elimináis la fealdad de la ropa y de vuestros cuerpos y caras, ¿cómo?

B — La de la ropa, la eliminamos quitándonosla. Lo primero que hacemos al entrar en un hogar órfico es descalzarnos, como los civilizados japoneses. Luego nos quitamos la ropa para bañarnos y para el examen médico completo. Luego nos cubrimos con un dominó impersonal como en los bailes de carnaval y cuando llega el momento de quitárnoslo y quedar completamente desnudos nos mantenemos en la oscuridad mientras los focos de la luz iluminan las bellas parejas de postulantes que son nuestros modelos cuya pantomima y juegos procuramos imitar unos con otros. Muchas son las ceremonias y combinaciones, pero siempre armoniosas, melódicas, rítmicas hasta en el silencio y la quietud. El intercambio es continuo: formamos parejas y las cambiamos constantemente. En la congregación órfica todos pertenecemos a cada uno y cada uno pertenece a todos. Los exclusivismos son de otra OMA, la del Estimar.

Q — ¿Cómo te sientes en las asambleas órficas? ¿Perdido en la masa amorfa?

B — Todo lo contrario: me encuentro a mí mismo, libre de los fingimientos, pretensiones, simulaciones pertenecientes no a mí sino al personaje teatral que pretendía representar o que los demás quieren que represente. Me siento profundamente igual a todos mis compañeros y unido a ellos por la adoración-confianza que todos tenemos por la pareja Ninfa-Fauno y por su belleza, gracia y arte que a todos nos deleita, encanta, consuela, alivia sin despertar celos ni rencores, ni comparaciones envidiosas y odiosas.

Me siento libre. Ya no tengo que fingir que soy mejor de lo que parezco. Todos mis compañeros me conocen íntimamente y me abrazan, acarician y besan tal como soy. Estoy gozando y haciendo gozar a todos mis compañeros. He regresado al Paraiso Corporal: o sea, terrenal.

N — Todo lo cual no es posible más que por el sacrificio de los siervos degradados a la 19.ª con su pobreza integral, que lo dan todo incluso su cuerpo, su mente y su alma para que vosotros gocéis.

Q — Sería muy utópico pensar que se puede hacer el bien sin sacrificarse.

B — Para el amor no es sacrificio la abnegación, ni la devoción y entrega total a la persona amada. El siervo amante (humilde 13.ª) lo da todo a su amada y este darse es un placer que se corresponde en lo corporal con el placer del orgasmo al entregar el semen a lo más íntimo de uno. El siervo órfico (humilde 19.ª) es el amante corporal de todos incluyendo los que no somos ni bellos, ni jóvenes, ni fuertes. Para los órficos no es un sacrificio; es un don, un carisma saber hacer gozar, gustar a los demás.

Q — Entonces, ¿por qué se suicidó Marilyn Monroe?

N — La sociedad de consumo la había convertido en capital, en objeto; ¡la había despersonalizado!

Q — ¡Una mujer que podía dar placer! ¡Tanto y tanto placer a tantos desgraciados y eróticos miserables!

N — Nadie sabe nada de nadie. Ni su ex esposo Arthur Miller, el insigne dramaturgo, ni el ingenuo fachendoso Normal Mailer han conseguido retratar la espontaneidad de Marilyn Monroe, la mujer sencilla cuyos meneos tenían el don de levantar la virilidad ya mustia de una sociedad decadente presa de decrepitud precoz...

81
DESNUDEZ

Q — Las consecuencias del pecado original en los tiempos modernos se manifiestan en la eficacia caótica de la organización quasi perfecta de la barbarie y el vandalismo desastrosos y catastróficos.

N — La consecuencia inmediata del pecado original (como dice Lanza del Vasto) es el vestido. Adán y Eva se avergüenzan y se cubren sus respectivos genitales con la hoja de parra. Por lo tanto, la vuelta al Paraíso Terrenal supone la Desnudez Total.

B — Es la desnudez silenciosa, serena, sublime y deleitosa, profiláctica y terapéutica de los compañeros y siervos de la OMAG = Orden Militar Akrónica del Gozar. De forma sencilla, semántica, seductora, silenciosa se va desnudando la órfica compañía hasta quedarse como en el paraíso terrenal amándose unos a otros sin vergüenza, sin celos, sin envidias, sin tapujos ni disimulos; en una palabra, amándose sin pecado.
Pero para ello es necesaria la purgación lingüística, semántica, parasemántica y metasemántica, pues sobre el amor carnal pesan siglos de insultos, injurias y calumnias y las lenguas europeas están prisioneras de términos ofensivos, odiosos, despreciativos contra el amor carnal y casi todos los adultos han olvidado que hacer el amor es hacer el mayor honor.

Además del silencio se precisa la semi-oscuridad. Los siervos y postulantes órficos, adornados de belleza y seducción, se exhiben a la luz de las candilejas y reflectores del Hogar Órfico, pero los compañeros o socios carentes de juventud y de belleza somos espectadores y auditores aunque somos también actores participantes en lo táctil y lo gustativo. Además, las técnicas akrónicas eliminan los malos olores y los ruidos facilitando el sosiego secreto, seguro y deleitoso.

82
REAL AKADEMIA SEXUAL

B — La OMAG limpia, fija y da esplendor... al sexo.
N — Parece la Real Academia de la Sexología Sacralizada y Sacramentalizada que ha institucionalizado universalmente el «slogan»: «No guerrear sino amar».
Q — ¡No luchar sino amar! ¡Tantos y tantos matrimonios que luchan casi siempre y educan a sus hijos para la lucha, para la guerra fraternal y profesional, cultural y religiosa, racial y nacional...!
N — Lucha que suele ser más cruel y efectiva para crear malos sentimientos porque se manifiesta verbalmente por la chismorrería, la maledicencia, los engaños, las burlas, los desprecios.
Q — La soberbia de querer saber tanto como Dios causa la caída de los ángeles y de los hombres, cuyo primer fruto es engendrar la rivalidad fraternal entre los hombres. Caín y Abel tienen que pagar por el pecado de Adán y Eva, sin que ellos hubieran cometido más delito que el nacer. Ya desde entonces, todos cuantos nacemos en este mundo estamos condenados a la rivalidad con nuestros contemporáneos debido a los pecados de nuestros antepasados. Como los hijos nuestros pagarán por el mal que nosotros continuamos haciendo dominados por la RIVALIDAD dueña del Mundo.
B — Aunque nos humillemos para servir al prójimo (degradación akrónica primera) y para no hacer daño a nadie (degradación segunda) y para confiarnos en el prójimo (degradación tercera), nos encontramos en un mundo rodeados de prójimos que, a menudo, interpretan lo que hacemos por su bien como tontería

nuestra e inteligencia suya. Asimismo interpretan nuestra abstención de dañarles como debilidad nuestra y fortaleza suya resultando que nos usan, nos abusan, nos engañan y después se burlan de nosotros. Nos tratan a patadas o nos halagan de forma rastrera y repugnante...

Nosotros mismos les damos la razón pues, con frecuencia, hacemos el mal que no queremos y no hacemos el bien que queremos. Los que todavía no hemos conseguido rebajar nuestro egocentrismo ya sea en su manifestación egoísta, o en la egotista (equivalentes a la gratificación o al engrandecimiento del yo personal), aunque queramos no podemos hacer el bien ni evitar hacer el mal. El poder de hacer el bien y el de evitar hacer el mal no están en nuestras manos sino en las del prójimo. Para hacer el bien, primero tenemos que poner nuestra confianza en el prójimo. Si éste es un siervo akrónico (o que se halla actualmente en estado de humildad) nos recompensará con creces todo el bien que pensamos hacerle: Nos enseñará a no pensar mal, a sentirnos bien, a no hablar mal, a amar a la persona que deseamos, a no hacer el daño que no queremos, a hacer gozar al prójimo si su degradación actual se halla en las 6.ª, 9.ª, 12.ª, 15.ª, 18.ª, 21.ª humillaciones respectivamente. Y si nuestro prójimo en cuestión se halla actualmente en estado de esclavitud akrónica o voluntaria, nuestro premio por haber confiado en él y haberle querido hacer el bien colmará nuestras esperanzas.

N — Parece lo de los cuentos de Andersen: el hada madrina disfrazada de anciana mendiga, que premia a las niñas buenas y las cambia en princesas.

B — «I CHING» = el cambio o arrepentimiento operado por la gracia del esclavo voluntario o akrónico.

Q — ¿Y si tu prójimo a quien persigues es el Mismo Esclavo Voluntario Integral, Jesucristo?

N — Entonces ya hemos visto lo que les pasó a San Pablo y a San Francisco de Asís. Ellos mismos se hacen esclavos de la voluntad de Cristo...

B — Sea como sea, nosotros, los desventurados malqueridos servidores akrónicos que no hemos profundizado más abajo de la degradación 3.ª, recibimos alivio, consuelo, goce, paz, tranquilidad, alegría y estímulo de la persona sierva órfica de la degradación 19.ª a la que adoramos sin celos, ni envidia, ni exclusividad sino todo lo contrario. Sus favores a otros como nosotros nos unen a todos solidariamente y su unión con la persona sierva órfica del sexo contrario completa nuestra congregación amorosa.

Q — Perdona Blan mis dudas y reticencias ancestrales, pero a nosotros, que pertenecemos a la Iglesia, esa sacralización del sexo nos suena a reminiscencias de magia, misas negras y endemoniados.

N — Me parece Quer que la Cristiandad —tanto la católica o universal como la nacional o parroquial— ha caído en poder del demonio precisamente cuando ha justificado, honrado y glorificado al matador de enemigos infieles, sarracenos, herejes, «gugks», «japs», rojo - separatistas - judeo - masónicos, etc.

¡Una Cristiandad que envilece el amor y glorifica el homicidio no puede venir de Jesucristo, de ninguna manera! Viene de los Príncipes, Poderes y Dominaciones de este mundo que no podrán traer otra paz que la de los sepulcros, de la sumisión y de la indiferencia.

Q — En efecto, es muy fácil guardar la calma, la serenidad, la paz cuando somos indiferentes al sufrimiento ajeno.

N — Es un nirvana en el cual ningún buda ni bodisatva ha permanecido, pues la esencia de la realidad es el Verbo Transitivo de la Plenitud de la Acción y la Pasión: El Verbo Amar.

Q — Por eso, como fuera del Ser no hay nada, el Ser ama a la Nada...

N — De donde sale todo...

B — Incluso Akronia, el Presente actual y sus Órdenes Militares o Morales desde el país humano llamado Humania del Pacífico se propagan por toda la Tierra y pronto realizarán el Desarme Universal y establecerán EUREKA: El estado universal de reconciliación ecuménica kumbayá afrodisíaco.

83
SACRALIZACIÓN SEXUAL

N — La sacralización sexual eliminaría los celos. Y la eliminación de los celos suprime más del noventa por ciento de la literatura. Es el fin de la historia y de las historias, pues los hombres felices así como los pueblos felices no tienen historia.

Q — Y en teología mística, base de las matemáticas o abstracciones, el cero es igual que el infinito. Todo sale de la Nada y ésta sale del Todo. Yin-Yang... El cambio, la relación es lo que importa.

B — Volvamos a nuestra Orden Militar (Moral) Akrónica del Gozar. No elimina los celos, ni la envidia, ni ninguno de los vicios humanos causantes de nuestros sufrimientos, disparates y catástrofes. La soberbia, la envidia, la avaricia, la cólera, la gula, la lujuria y la pereza continúan tentando, con su corte infernal, a cuantos seres humanos nacen en este Valle de Lágrimas... y risas, pues ellos son el reverso de la Corte Celestial: el País del Sol entre las Nieves Incandescentes, de miel y requesón, de besos y abrazos, de cantos puros y bailes sublimes...

Q — Luego, ni Humania ni Eureka no son el Reino de los Cielos, ni pretenden serlo.

B — Sólo aspiran a disminuir los males sociales, económicos y políticos que facilitan, fomentan y estimulan el egoísmo, egotismo y egolatría de los hombres. Lo conseguirán con la expiación y sacrificio de los esclavos voluntarios por amor al prójimo que constituyen las autoridades de Eureka, base de las funciones ejecutadas por los siervos akrónicos mientras tanto posean el saber o técnica, personalidad, carácter y conducta adecuados a su función y legislados por la Akademia Akrónica estructurando eficazmente la voluntad del pueblo universal manifestada libre, concreta y constantemente en la Akrópolis de la Ciotat de Humania y en sus sucursales de correos esparcidas por todo el mundo.

Con el Desarme Universal y la PUPP (Policía Universal Psicoelectrotécnica para la Paz) quedan eliminadas las guerras internacionales y sofocadas urgentemente las rebeliones y revoluciones violentas. Eureka significa que el Poder está sometido a la Justicia.

Con la MUTT (Milicia Universal del Trabajo Terapéutico) irá disminuyendo progresivamente la miseria, la infección y la delincuencia.

Ante las Universidades Akrónicas esparciéndose por

todo el globo, retrocederán paulatinamente la ignorancia, la superstición y el fanatismo.

Con todo quizá no disminuya la «cantidad» de sufrimiento humano que me parece proporcional a la del gozo. Pero cultural, social, económica y políticamente el hombre tendrá más posibilidades de realizarse. Se dará cuenta que el sufrimiento y sacrificio por amor tiene un sentido positivo esencial para la cualidad humana de la vida. La sociedad sin amor revierte a lo bestial tanto más monstruoso cuanto más inteligente y eficaz sea su técnica.

N— Al fin y al cabo propagan una doctrina..., que aunque no sea religiosa y pueda coexistir con muchas religiones, sí es sub-religiosa, y que si bien no es filosófica, sí es metafilosófica o metametafísica en el sentido de una lógica metaaristotélica que hace preguntas a La Nada a la manera de Heidegger y San Juan de la Cruz...

Q— Que considera la Ciencia como una ridiculez...

N— «Que se queda no sabiendo, toda ciencia trascendiendo».

B— En lo fundamental, Akronia es la plenitud de la vida humana en todas sus dimensiones ahora y aquí.

De esta vivencia emana la sumisión de la Ciencia a la Sabiduría o, dicho en otras palabras, de la teoría sometida a la práctica de la conducta humana.

Poner la ciencia al servicio de la conciencia es lo que hacen las OMA = ÓRDENES MILITARES MORALES AKRÓNICAS tanto en sus centrales en Humania como en sus sucursales en las Universidades, los Mansos, las Compañías, las Congregaciones (32), los Hogares, las Quadras y Manzanas Amfitectónicas Akrónicas.

Y de la labor de estas OMMA al servicio del hombre en particular y de la Humanidad en general, surgirá el Desarme Universal y la proclamación, establecimiento y gobierno de Eureka que significa el sometimiento del Poder a la Justicia...

N— en lugar de someter la Justicia al Poder como hacen los estados soberanos nacionales e imperiales que someten a todos los hombres y a la humanidad en general al politeísmo nacionalista que no puede subsistir más que por los sacrificios humanos de los mejores que están dispuestos a morir matando por una vampiresca y sacrosanta invención llamada patria nacional (de cada cual).

Los hombres del pueblo gobernado debemos unirnos unos a otros, por debajo de nuestros gobernantes, para librarnos todos juntos y unidos de los vampiros impersonales y transpersonales que viven de la sangre de nuestros hijos, endoctrinándolos, condicionándolos, regimentándolos desde su niñez para obedecer la voz de mando que les lleve al campo de batalla a matarse unos a otros en nombre de unas abstracciones que no existen más que en su imaginación.

Q — Caín ya mató a Abel por envidia sin que el Estado Soberano se lo enseñara. Se dice que desde entonces los descendientes de Caín y de sus hijas casadas con los ángeles caídos llamados Poderes, Tronos y Denominaciones; Héroes, Sabios y Genios son los constructores de Henock, Gog y Magog y de las fuerzas guerreras destructoras de tierra, mar y aire, átomo-bioquímicas (ABC) que acabarán por destruirlo todo y matarnos a todos menos a los descendientes de Abel que son los pastores pacifistas que se albergan en el Arca de Noé. ,

B — Me parece a mí que, en realidad, Caín y Abel están ambos en cada hombre mientras vive, sin poder separarse el uno del otro, como sabía muy bien Unamuno que quizá tenía sus razones para saberlo.

Q — Vivir como cristiano es luchar constantemente para defender el bien en el prójimo contra el mal que existe en mí.

En cada hombre hay el principio del bien: la imagen o semejanza de Dios en su alma o espejo de su conciencia. Pero la caída en la ciénaga de la corrupción mundanal le ha cubierto su alma de suciedad y ya no puede reflejar a Dios. Pero a mí, en cuanto soy cristiano, Cristo me ha redimido; me ha dado la mano para que me levante. Cogido de la mano de Cristo, puedo con la otra mano acariciar a mi prójimo, tratar de aliviar su dolor, consolarle y limpiar su alma...

B — Tratando de hacer el bien al prójimo y de no hacer mal a nadie es como mejor nuestra propia alma se limpia. El bien en mí y el bien en mi prójimo cooperan armoniosamente y crean. El mal en mí y el mal en mi prójimo luchan incesante, cruel, irremediablemente y acaban por destruirnos mutuamente.

84
LENGUAJE UNIVERSAL

N — Pero desde que intentaron construir la Torre de Babel los hombres no se entienden unos a otros pues hablan lenguajes diferentes que se van fraccionando en dialectos, acentos y significados distintos dando lugar a toda suerte de malentendidos. Hace falta un lenguaje universal de significado claro y preciso.

B — Ya existe en Akronia = ahora = ...

N — Triple redundancia...: «ya», «akronia», «ahora».

Q — ¿Cuál es este lenguaje claro y preciso que no deja lugar a dudas y todos los hombres entienden?

B — El que se practica en los hogares «conventos» y «mansos» órficos: la actitud, los gestos (pantomima), el silencio. Todo el mundo entiende los golpes y los abrazos, las caricias y los arañazos, el morder y el besar. La mirada a los ojos en silencio es la más elocuente de las comunicaciones y la más fácil.

La más profunda de las servidumbres es la de los órficos akrónicos (degradaciones 19.ª, 20.ª y 21.ª). Más abajo ya hay el dulce y sublime silencio, plegaria de amor de los esclavos voluntarios.

Al hallarse en una Congregación de la OMAG, se siente uno libre del malhablar y de las enfermedades del lenguaje.

En el Hogar Órfico soy un hombre libre, igual a todos los congregados y me siento unido a ellos fraternalmente.

En el Occidente intelectualizado y verbalizado, el silencio es una liberación fenomenal. Suave, dulce, paulatinamente siento crecer en mí el respeto, la tolerancia, el afecto, la comprensión y el perdón hacia mis hermanos congregados y hasta para con los ausentes. Mis resquemores, resentimientos, rencores se van apaciguando, sedimentando, disolviendo bajo la influencia magnética de las ondas de simpatía que me mandan mis compañeros congregados. Me siento unido a ellos física y espiritualmente como parte personal inconfundible de un todo muy superior a la suma de todos nosotros.

Nos desnudamos, nos acariciamos y renacemos a la inocencia de la infancia cuando los conflictos se resuelven con caricias y los problemas se solucionan con besos.

85
LA MISERIA

B — Realizado el Desarme Universal y establecido Eureka, el Orden Público Internacional se irá afianzando a medida que la PPUPP (integrada principalmente por siervos de la Orden del Mandar, ordenar, obrar u obedecer) aísle los focos de conflicto o infección (Indochina, Tierra Santa u Oriente Medio, Ulsters, etc.), adormezca o deje estupefactos a los cuerpos, los desarme y los reclute en la MUTT rehabilitándolos. El Orden público en el interior de las naciones también mejorará considerablemente a consecuencia del desarme individual que la PPUPP y la policía municipal correspondiente irán haciendo con la cooperación de las policías estatales y demás fuerzas de orden. Poco a poco las armas de fuego y explosivos irán desapareciendo de la circulación.

N — El crimen regresará a las cuchilladas, martillazos, pedradas y bastonazos, con lo cual no hay duda que se dificultará la labor de las organizaciones criminales profesionales...

Q — Que además carece de objetivo en Humania, ya que en el Monte Zeus de la Ciotat todo está permitido dentro de la higiene y la urbanidad.

B — El problema crucial de Eureka será entonces el hambre del mundo.

Q — Cientos de miles de personas se mueren de hambre en África, India, Indonesia, Filipinas, Iberoamérica...

B — Eureka contará con los presupuestos de guerra o defensa nacional de todo el mundo, desde la USA y la URSS hasta los de las tribus africanas y los estados neo-taifas hispanoamericanos. El dinero dedicado al armamento se dedicará a dar de comer al hambriento, limpiar al mugriento, cuidar al macilento y aislar al truculento.

Eureka tendrá el dinero y la técnica para cultivar las selvas tropicales, irrigar las estepas y desiertos, aprovechar el fondo del mar y multiplicar la producción de los fangos saneados.

Son los siervos órficos principalmente los encargados de esta lucha colosal contra la miseria tanto en las ambulancias y hospitales de emergencia como en la MUTT: La Milicia Universal del Trabajo Terapéutico.

Q — ¿Es la misma milicia encargada de regimentar, rehabilitar y custodiar a los peligrosos?

B — Sí. Sólo con los guerreros y los condenados o población penal de las naciones, ya subirán a varios millones.

Con los aviones de todas las fuerzas armadas del mundo se transportarán rápidamente ayudados por los barcos, que también servirán de cuarteles residencias. La MUTT empezará con cuatro sindicatos con capacidad para dar trabajo-sustento a unos ocho millones de personas.

Q — ¿Calculas que habrá 32 millones de milicianos en los regimientos de la MUTT para 1984?

N — ¿Y los cuatro sindicatos tendrán su sede en el Pacífico, Sudamérica, África Central y Australia?

B — Eso es, más o menos. Lo que producirán de alimentos los milicianos de la MUTT y las Universidades Akrónicas será suficiente para mantener a la población hambrienta del mundo.

Se establecerán Universidades Akrónicas en la India, en Indonesia, en África y dondequiera que haya población depauperada. La MUTT y las Universidades Akrónicas son simbólicas, como lo es el trabajo y el estudio, la recreación y la disciplina: obrero-soldado-estudiante-campesino son aspectos o dimensiones de cada akrónico ya sea exaltado a los grados de peligrosidad o degradado a la servidumbre.

Q — ¿En los hospitales y asilos de las universidades akrónicas se da de comer gratuitamente a los necesitados de la región?

B — Gratuitamente tan sólo si están enfermos o incapacitados. Pero todos los demás tienen que trabajar de acuerdo con su capacidad. Para el niño sano, el trabajo, imitando a sus mayores, es el juego más divertido que hay. Para el anciano, el trabajo que hace para ser útil a los demás es el mejor antídoto contra la decrepitud. Para el intelectual, el trabajo manual es un deporte muy interesante. Para el morón, el trabajo más sencillo es una labor intelectual muy significativa.

Los estudiantes de las universidades akrónicas, cualquiera que sea su edad (pues la Universidad Akrónica contiene todas las escuelas desde las de maternidad y de párvulos hasta las escuelas superiores de agregación y doctorado), son también soldados-obreros de la MUTT que trabajan manualmente una cantidad de horas semanales inversamente proporcionales a su capacidad para asimilar los estudios. Ser estudiante akrónico (o en una institución akrónica) es ser también obrero. Con lo que trabaja manualmente paga sus estudios y la satisfacción de sus necesidades. A su vez, los regimientos de la MUTT del grado 1.º o voluntarios tienen entre sus recreaciones la de estudiar de acuerdo con su aptitud y vocación.

N — Claro que en las horas perdidas en las modernas metrópolis yendo del lugar de la vivienda al del trabajo y viceversa, podría un obrero estudiar, jugar, bailar, cantar y solazarse como quisiera.

B — La libertad u horas libres de uno que trabaje regimentado en la MUTT es muy superior a la del ciudadano «libre» que trabaja en la metrópoli y vive en los suburbios; tiene que pagar sus impuestos y contribuciones, gasolina, hipotecas y cartas de crédito, teniendo que precipitarse para no llegar tarde a las comidas de su «amistoso» superior y a sus múltiples deberes sociales...

El soldado general o de grado 1.º de la MUTT trabaja cuarenta horas semanales; come buena comida tanto como quiere; duerme en su cama solo o con su compañera; asiste a la iglesia que quiere, al estadio, al gimnasio, a la biblioteca, al cine (informativo, educativo, selectivo y sicalíptico), al teatro, al baile, a las conferencias, y tiene derecho, después de un mes de trabajo regular y sin falta, a una entrevista con su tutora o tutor-médico, mayoreta o mayoral.

Q — Creo que la inmensa mayoría de los trabajadores del mundo (no sólo los que pasan hambre y están sin trabajo) querrían ingresar en la MUTT y tener a sus hijos en universidades akrónicas.

Tienen más horas de libertad para divertirse o recrearse. Tienen más seguridad, más dignidad, puesto que quien les manda es su siervo o inferior. Lo único que no tienen es dinero, competencia y rivalidad institucional. En el MUTT hay más oportunidades para divertirse, para estudiar, para desarrollarse y realizarse. Cuando se sepa, todo el mundo querrá ingresar en la MUTT.

86
TERAPÉUTICA

Q — ¿Por qué no habrá más que 32 millones de soldados en la MUTT hasta 1984?

B — Porque sólo hay 64.000 mayoretas y mayorales, siervos órficos de la degradación 19.ª, que son las hadas y los magos que metamorfosean las cárceles y cuarteles armados del mundo nacionalista y partidista en las ordenadas, cómodas y placenteras viviendas de la MUTT.

Cada mayoreta puede ocuparse, como máximo, de 512 soldados. La mayoreta (o mayoral para milicianas y sodomitas) es el núcleo de la disciplina militar gracias a la cual la MUTT es un microcosmos. Sin los siervos órficos, la MUTT sería un caos, un presidio, un campo de concentración.

N — Pero todo organismo militar requiere la formación de los reflejos a la Pavlov y de los operantes de Skinner. De ahí las instrucciones de los sargentos brutales de la instrucción militar para que se condicionen los reflejos y obedezcan automáticamente a la voz de mando.

B — En la PPUPP estos reflejos se crean por medios narcohipnóticos de sugestión, magnetismo y fascinación.

En la MUTT se crean por la devoción que los soldados tienen a su Mayoreta o sierva akrónica...

En la MUTT el vínculo que crea la devoción es esencialmente sexual.

Es, sencillamente, la devoción que engendra en los varones la mujer que satisface plenamente sus necesidades sexuales. (Y viceversa, en las mujeres el varón que las satisface.)

N — Ahora comprendo por qué los órficos son los siervos más bajos. La sociedad considera la más degradada la profesión de hacer gozar. La sociedad reserva sus epítetos más virulentos y despreciativos para la mujer que hace gozar a los hombres desgraciados: la «fille de joie».

B — Pues gracias a ella se dará de comer a los hambrientos, se rehabilitarán los delincuentes y aliviará, curará y consolará a los enfermos, se acompañará a los solitarios y extraños, se albergará a los perseguidos, se dará esperanza a los infortunados...

Las Desarmadas, ejércitos, regimientos de la MUTT son la imagen reverso (lo de fuera dentro y lo de dentro fuera) de las Armadas, ejércitos y regimientos guerreros. El guerrero suele despreciar, maltratar, vituperar y motejar a las hetairas y cantineras que les proporcionan un «ersats» o sucedáneo de erotismo. El soldado-obrero de la MUTT respeta, admira, venera, adora a su sierva o tutora que es también su abogado defensora, su médico y su profesora.

Q — Pero si cada mayoreta tiene que servir a más de quinientos soldados-obreros, no los satisfacerá muy a menudo...

B — Da a cada uno satisfacción completa una vez al mes (mes lunar o 28 días).

N — Una vez al mes, poco es...

B — La memoria y la imaginación; el recuerdo y la esperanza prolonga la ilusión y la devoción, acuciadas además por la imagen en la televisión, la voz en la almohada, las visitas rápidas semanales, las de emergencias y las de premio especial, sobre todo. El caso es que el soldado-obrero está vinculado a la MUTT por su devoción a la mayoreta.

En la dimensión de dar placer y evitar dolor, los siervos órficos de la Orden del Gozar saben cómo hacer bien al prójimo sin hacer mal a nadie. Saben gozar haciendo gozar (— 19.ª). Saben realizarse curando a los prójimos (— 20.ª). Pero son pobres de solemnidad. Alegres, contentos y confiados en su pobreza. No tienen nada suyo. Todo lo dan, incluso su cuerpo, espacio y tiempo.

Q — ¿Quieres decir que trabajan todas las horas del día?

B — Para los siervos órficos trabajar es un placer porque es servir.

Q — Su horario debe dejarles apenas tiempo para dormir y comer.

B — También tienen, como todos los siervos y esclavos akrónicos, sus ejercicios físicos (Hatha), mentales, plegarias y contemplaciones solos y reunidos con sus compañeros siervos sobre los esclavos pedagogos.

Q — Descríbenos una jornada de trabajo de una mayoreta.

B — Es muy ordenada, pero compleja y variada. Tiene flexibilidad para adaptarse a las circunstancias. No la conozco con detalle pero a grosso modo, de cada mes de 28 días dedica 16 días a dar satisfacción ordinaria completa a 32 soldados-obreros cada día. Lo cual hace 512 soldobreros o milicianos (que es el batallón) a quienes sirve.

N — Si satisface a cuatro en cada hora, en ocho horas habrá satisfecho a los 32. Supone 15 minutos a cada uno.

B — En quince minutos de comunión plena y desnuda, hay tiempo de sobra para llegar al éxtasis inolvidable de vitaminas disciplinarias del mes y tratar de recondicionar y liberar los reflejos autónomos que acompañan al orgasmo sano y completo.

Hay que tener en cuenta que los quince minutos íntegros son de comunicación total. El miliciano ya está desnudo, lavado y caliente en la cama cuando entra la mayoreta a abrazarle, besarle, acariciarle y gozarle...

Q — ¿Se ha preparado el miliciano con imágenes y lecturas lascivas, lúbricas y licenciosas?

B — Cada hombre es distinto. La mayoría nos preparamos mejor con la mente concentrada en otras cosas no-libidinosas. Lo sentimental, lo romántico, lo poético, sobre todo, nos preparan mejor para hacer el amor que los espectáculos lúbricos, que mayormente estimulan el onanismo... y dificultan, por lo tanto, la conjugación sexual.

Desde luego, para hacer el amor lo mejor es no pensar en nada; sencillamente, amar.

N — Después de hacer el amor, lo mejor es hacer como el gallo: cantar.

Q — Hay quien prefiere hablar; hacer sus confidencias. Lo que se dice después del orgasmo es el plan de vida más franco y menos deficiente.

B — Además de las ocho horas de yogar, la sierva mayorita o menorita tiene cuatro horas más para escuchar y aconsejar...

N — Lo cual hace quince minutos para yogar, cinco para escuchar y dos para aconsejar a cada uno.

B — «Siempre se hace de más y de menos», según las necesidades de cada cual, pero todos los del batallón quedan servidos. Bastantes prefieren rogar en lugar de charlar después del orgasmo. El miliciano ruega por su sierva; su sierva ruega por su miliciano; los dos juntos ruegan por los siervos y milicianos.

Q — ¿Nuevo culto a Venus Afrodita? ¿La sacralización de la vida sexual?

B — Sencillamente, hacer bien al prójimo y no hacer mal a nadie.

N — Repito que una vez al mes, poco es.

B — Una vez a la semana la sierva hace una visita momentánea —un minuto— con un par de besos cariñosos y amables caricias a las cabecitas colgantes y falo emergente..., en anticipación de lo de final del mes o del premio extraordinario, para el otorgamiento de los cuales y demás servicios le quedan al siervo órfico doce días de cada 28.

Q — ¿Qué quieres decir con la caricia a las cabecitas?

B — Paul Valéry nos habla de M. Teste, que es la cabeza. Y las cabezas pequeñas o cabecitas son los testículos.

Q — ¿Qué tiene que ver Paul Valéry con los testículos?

B — Todos tenemos algo que ver con los testículos y Paul Valéry tiene que ver con todo... y con nada.

N — Aunque Paul Valéry se acercara a la nada... rítmicamente, la sierva órfica, humildemente, se entrega a todo el que la desea y ejerce su profesión sagrada más allá de las literaturas, las metafísicas y las religiones y ejerce la más espiritual de las funciones humanas, la que no demuestra, ni prueba, ni representa nada de nada...

Q — ¿«el poder verbal de combinar las ideas que nacen de las palabras»?

B — Y de los gestos. El poder de combinar las ideas que nacen de las palabras, es poesía. El saber combinar los gestos de los que nace el amor, es vida.

Durante más de doce horas al día los siervos órficos dan vida.

N — Serán los minoritas (o mayorales) los varones que fecundan a las milicianas. Pero no a todas porque evidentemente no se pueden hacer 512 inseminaciones naturales o eyaculaciones al mes.

B — Un órfico minorita sabe estar ocho horas al día con el carajo, polla, falo o priapo tieso, erguido y su introducción sucesiva a 64 milicianas al día hace que en ocho días de servicio intensivo, promueva el orgasmo y éxtasis de las 512 milicianas de su batallón. A las mujeres, al revés de los varones, la visión y observación del orgasmo integral de sus compañeras, las preparar y estimula por mimentismo. Le quedan entonces al siervo órfico minorita, ya sea fauno, tritón o ariel unos veinte días al mes lunar para escuchar charlas, motivar y premiar extraordinariamente a las milicianas de su batallón y para acariciar y besar dulcemente a sus milicianas dos veces a la semana. Efectúa sólo un promedio de unas 16 eyaculaciones mensuales, no todas inseminadoras puesto que cada miliciana toma o no sus medidas contraconceptivas oído su médico menorita y facultativos competentes. En el fondo, cada miliciana decide libremente si quiere o no intentar tener un hijo. Las excepciones son las de las enfermedades infecciosas y degenerativas cuyas afectadas son esterilizadas en su mayoría, previo su consentimiento.

Q — Así, en tres años aproximadamente, un fauno siervo de la 19.ª degradación fertilizaría a las 512 milicianas de su batallón.

B — Siempre y cuando supongamos que las milicianas en cuestión están en edad propicia a la fertilización y generación. La mayoría de las milicianas, sin embargo, no quieren o no pueden ser madres. Se hallan frustradas como mujeres así como los milicianos se hallan frustrados como varones. Por eso necesitan las siervas y los siervos ninfas y faunos, oneidas y tritones, sílfides y arieles según sea su estado.

N— Ya sabemos que una pareja feliz con amor correspondido, mutuo y solidario, no sería de milicianos de la MUTT, sino de siervos de la Orden del Desear o Estimar (13.ª degradación).

B — En la práctica hay muchas parejas y matrimonios que viven juntos debido a la costumbre y a la etiqueta y también porque, a pesar de todo, los cónyuges se quieren. Será mejor en este caso que no se exalten a los grados de la MUTT. Pueden ingresar en alguna fábrica o empresa akrónica agrícola rebajándose a servidores de la 1.ª degradación, por lo menos: De los que quieren hacer el bien al prójimo y librarse de la competencia, del dinero o afán de lucro, de las pretensiones, vicios y rivalidades que caracterizan a las empresas capitalistas y marxistas con sus nacionalismos, partidismos y fideísmos basados en la ignorancia, la superstición y el fanatismo.

B — Las instituciones akrónicas (MUTT, PPUPP, Órdenes Militares Akrónicas y sus universidades, «mansos», cuadras y fraternidades) se basan siempre en estos tres principios tantas veces repetidos:

1.º Hacer el bien al prójimo.
2.º No hacer mal a nadie.
3.º Confiar en el triunfo final del bien en todos los hombres.

Los medios son:

1.º Autoridad última de los esclavos voluntarios por amor al prójimo.
2.º Función científico-técnica eficaz de los siervos.
3.º Investigación, revisión y verificación científicas de los procedimientos utilizados.
4.º Servicio Seguro Sereno de los esclavos a los siervos y de los siervos a sus clientes.
5.º Devoción de los siervos a los esclavos akrónicos que son sus bases.
6.º Devoción de los clientes a sus siervos.

En resumen, la base de la organización akrónica es la confianza en el socialmente inferior que moralmente es más responsable, más seguro, más eficaz que su superior, social y políticamente.

N— Eso es lo mismo que ocurre en los países dominados

por el nacionalismo y el partidismo. ¡Quién duda de que los Haldeman, Ehrlichman, Mitchell, Stan y compañía son mucho más honrados y decentes que su superior Nixon por quien se sacrifican!

Q — Ya tenía razón Don Quijote. La justicia, la protección del huérfano y de la viuda la hacen en este mundo los Caballeros Andantes o Siervos Akrónicos que el vulgo considera locos y risibles.

B — Akronia es, pues, sencillamente, la organización complejísima, científica, militar y politizada de la Caballería Andante que, a pesar de toda su ridiculez aparente, subsiste y subsistirá mientras exista... un hombre.

Q — Ese vínculo de servicio y devoción de los siervos a los ciudadanos libres y de éstos a los siervos parecen ser la base de la organización akrónica que origina Humania, la PPUPP, la MUTT y conseguirá el Desarme Universal y el establecimiento de Eureka.

B — En efecto: es la institución anti-hegeliana amo-esclavo la que informa a las instituciones akrónicas. El amo es social, política y económicamente superior, y se aprovecha del servicio de su siervo que realmente es su superior, moral, intelectual y físicamente.

Los esclavos akrónicos son los ARISTÓCRATAS: los mejores de los hombres que, por amor al prójimo y a fin de servirle eficazmente tienen que degradar su ego de una forma semejante y aproximativa a como Jesús de Nazaret tuvo que degradarse hasta el Inri y la crucifixión para salvar incluso a sus enemigos traficantes y sadúceos (políticos y financieros), incluyendo a los peores (fariseos y escribas) leguleyos que utilizan el conocimiento de la ley —de la letra de la ley— para burlar su espíritu y los soberbios espiritualmente que se pretenden justos y condenan a los que no les obedecen.

El siervo va negando y sacrificando alguno de sus deseos (posesiones, pretensiones o aficiones) y temores (miedos de carecer y de perder, del dolor y de la pena, de la vergüenza y de la culpa) y va librándose de sus ignorancias, supersticiones y fanatismos, hasta que llega a degradarse hasta la esclavitud akrónica del que se niega totalmente a sí mismo, cumple con el deber que las circunstancias le señalan y sigue a la caridad —amor integral— personificada. Cumple con su deber por penoso que sea (Arjuna) y espera confiado...

Y sobre el esclavo descansa el edificio akrónico, empezando por las fraternidades y profundizando hasta el logos... y su triángulo inferior, el Nadir.

Q — Akronia es una agrupación de comunidades basadas en sus esclavos, siervos y servidores, que se sacrifican para que sus prójimos gocen de libertad económica, social y política, ¿verdad?

B — Sí. Es verdad. Con la aclaración de que es un sacrificio voluntario, placentero, significativo, puesto que está hecho por amor. En realidad, paradójicamente, los esclavos, siervos y servidores akrónicos suelen ser la gente más feliz, alegre y tranquila de este mundo.

N — Parece que cuanto más se profundiza, más íntima, más completa es la comunidad de los socios que la forman.

B — La comunidad de los esclavos es casi etérea, incorpórea, sublimada. Meditan, ruegan, comulgan, contemplan, reflexionan, expían juntos, pero sus cuerpos ya no comulgan como los de los siervos órficos que, de hecho, forman un solo cuerpo en el éxtasis unánime. Todo es común en los «conventos» y «mansos» órficos, como en los hogares órficos mientras dura la función, o mientras estamos juntos. Cada uno se da, se entrega a todos y todos se entregan a cada uno.

Cantos y bailes; besos y caricias de todas clases forman un conjunto, un todo unido, armónico, gracioso.

Q — Pero no hay coloquios, ni charlas, ni discusiones, ¿verdad?

B — Hay plegarias, lecturas, advertencias, informaciones, recordatorios en voz alta. Comemos, bebemos, dormimos, amamos juntos, pero no discutimos en los hogares ni en los conventos órficos.

La órfica es una comunidad subverbal y en los hogares es también, en parte, subvisual: de una compañía de 146 sólo los 16 catecúmenos y los dos siervos permanecen en la luz. Los asociados o miembros que no tenemos edad ni belleza para ser postulantes órficos permanecemos, casi siempre, en la oscuridad o semi-oscuridad.

Para hablar ya hay los conventos semánticos o de la Orden del Decir...

Q — ¿Y la Orden del Mandar-obedecer-ordenar-obrar-obligar... no constituye agrupaciones?

B — Los herméticos viven en celdas individuales en comunicación constante con el esclavo pedagogo que les estrena, guía y recrea.

O — Hay también mansos familiares, ¿verdad?

B — Sí. Supone separación de cuerpos entre las distintas parejas y familias y comunidad de bienes de producción y consumo... Se basan en la comunidad de bienes de producción y de consumo eliminando la competencia por el lucro o provecho. Funcionan con dos condiciones: 1.ª Que las parejas, matrimonios y familias sean integradas, o sea, de la Orden del Desear-Estimar. 2.ª Que tengan un esclavo akrónico con autoridad para guiarles. Si falta la primera condición, caen en los celos, sospechas, deslealtades, resquemores y resentimientos. Si falta la segunda, caen en las rivalidades, intrigas, rencillas y querellas.

Sólo los Mansos mixtos y combinados, como el de Roger, con autoridad simbólica del «Pater Familias» —y servicio humilde de varios hijos y asociados— se libran de la desintegración.

En cambio, en las comunidades órficas no suelen haber celos ni rivalidades pues ya todos saben que el siervo y la sierva, ninfas y faunos, oneidas y tritones, sílfides y arieles se entregan a todos con igual amor y a cada uno según necesita. Y todos dependen de sus siervos y de la tolerancia, respeto y cariño mutuo y solidario.

87
GRADOS DE PELIGROSIDAD EN LA MUTT

Q — La MUTT rehabilitará y custodiará a los ex-guerreros ya desarmados. La MUTT alimentará, albergará y regenerará a millones de desgraciados y desvalidos.

La MUTT admitirá a los condenados por los tribunales de los estados nacionalistas, intentando su rehabilitación y garantizando que no regresarán al país de su origen hasta que hayan transcurrido los años de su condena.

La MUTT se cuidará asimismo de los subnormales, dipsómanos, toxicómanos y demás enfermos mentales.

En resumen, la MUTT hace los oficios que los ejércitos, las cárceles y penitenciarías, los sindicatos y brigadas de trabajo, los manicomios y correccionales hacen en los países nacionalistas. ¿Cómo puede combinarlo todo: medicina, militancia, trabajo, penalogía?

B — Humania sirve de experimento y modelo en miniatura para lo que será la MUTT a la escala universal.

Q — Pero dices que la MUTT servirá a unos 32 ó 33 millones de personas en 1984, mientras que todos los habitantes de Humania no llegan ni a 48 millones.

B — En Humania la MUTT se nutre mayormente de estudiantes-obreros por lo que se refiere al trabajo de los cuatro principales Sindicatos: construcción, marino, industrial y terrestre. Es la simbiosis de la Universidad Akrónica y de la MUTT; del estudio-trabajo-higiene-disciplina-recreación.

N — Son el trabajo, el juego y el estudio integrados por la disciplina militar afrodisíaca. La cosa es muy complicada. Y la complicación se multiplica al mezclar los estudiantes-soldados-obreros-jugadores-deportistas con los delincuentes, alienados, adictos, subnormales e indigentes. ¿Cómo puede funcionar toda esta mezcla?

B — Por lo poco que yo sé, el cálculo diferencial se alterna con el cálculo integral como si fueran la sístole y la diástole de la MUTT.

Se afirma, fomenta y desarrolla la identidad de cada miliciano, diferenciándolo de todos los demás y ayudándole a realizar su personalidad única.

N — Pero esto produciría el caos en las cárceles, cuarteles, asilos y reformatorios de los estados nacionalistas donde la personalidad desaparece y es sustituida por un número. El individuo cuenta muy poco en comparación de la clase, que es lo principal. Sin clasificación no puede haber orden ni disciplina.

Q — El dilema es terrible: O impera la clase sobre el individuo, en cuyo caso hay orden pero se imposibilita la rehabilitación al aniquilar la personalidad individual, o bien se fomenta ésta y se produce el caos.

B — Creo que en la MUTT lo resuelven por medio de la clasificación y regimentación consiguiente en múltiples dimensiones, de manera que cada miliciano es miembro de diversos grupos.

Q — ¿Qué quieres decir?

B — Por ejemplo: Pedro, Pablo, Juan, Jaime, Andrés, Matías pertenecen al mismo Regimiento por hallarse los seis exaltados al grado 26.º de la peligrosidad. Su negligencia o su imprudencia ha causado la muerte de una persona.

N — ¿Violaron las leyes del tráfico y tuvieron un accidente que causó la muerte de otro?

B — Eso es. Se trata por lo tanto de rehabilitarlos, de reeducarlos para que estén alerta y sean prudentes. Para los seis el tratamiento requiere un trabajo de 17 horas y media cada día por un mínimo de dos meses al cabo de los cuales bajarán al grado 24.º donde sólo trabajarán diecisiete horas diarias.

Q — ¿Y si cometen faltas de disciplina o aflojan en el trabajo o molestan a sus compañeros?

B — Cada caso es distinto. En términos generales cada falta aumenta los días de servicio en su regimiento o grado y pospone la entrevista con su seductora mayoreta. Al cabo de dos meses, por ejemplo, Pedro y Pablo habrán bajado al grado 24.º y ya habrán pasado a otro regimiento, mientras que Juan y Jaime habrán acumulado retrasos de diez y veinte días respectivamente, Andrés por sus faltas se habrá exaltado al grado 28.º y trabajará dieciocho horas diarias y Matías se habrá exaltado hasta el grado 30.º.

N — Veo que el régimen es dinámico y que cada uno pasa de un régimen o regimiento a otro según su comportamiento personal.

B — Eso es. Cada uno es un caso distinto. Los hay que se exaltan a grados superiores; los hay que, aún sin exaltarse, van acumulando retrasos y permanecen meses y meses en el mismo regimiento o grado; la mayoría suele rebajarse y pasa a trabajar menos horas y a disfrutar de más descanso, más recreaciones y mejor comida. Así la clasificación existe pero cambia de acuerdo con el comportamiento de cada cual.

Q — ¿Quién es el jefe del Regimiento?

B — El coronel, un esclavo akrónico que decide cada caso visto el informe del capitán de trabajo, el del teniente del comedor, el del alférez del dormitorio y lavatorio, el de los oficiales de los lugares de recreo donde asiste y, sobre todo, la defensa de su mayoreta médico asesora.

Si hoy Pedro, Pablo, Juan, Jaime, Andrés, Matías forman parte del mismo regimiento y tienen el mismo coronel y en eso son compañeros de regimiento, en cambio, tienen distintas mayoretas. Los seis pertenecen al mismo regimiento, pero a batallones distintos, cada uno adora a una mayoreta seductora distinta.

Q — ¿Quieres decir que el Regimiento en cuestión tiene seis batallones?

B — No. Quiero decir que el regimiento es de una dimensión distinta que la del batallón. El coronel decide cuando el miliciano ha de cambiar de regimiento ya sea exaltándose ya rebajándose de grado. Pero el miliciano, si gusta, conserva la misma mayoreta que lo encanta y seduce.

N — ¿Y si quiere, la cambia por otra?

B — Sí. El caso es que mientras en el ejército nacionalista no hay categorías sino jerarquías, en la MUTT hay categorías o dimensiones distintas relacionadas unas con otras pero no subordinadas unas a otras. Así los compañeros de un miliciano son distintos en el regimiento; en el batallón de recreo, dependiente de la mayoreta (o mayoral); en la brigada de trabajo, dependiente del mismo brigadier; en el comedor, dependiente del mismo teniente; en el dormitorio, dependiente del mismo capitán; en los lugares de recreación, dependiente de sus respectivos alféreces.

Q — Los seis milicianos dichos tienen el mismo coronel, pero cada uno tiene una mayoreta distinta. También tienen distinto brigadier de trabajo, alférez de comedor, capitán de dormitorio-lavatorio y distinto teniente de recreación por cada lugar de recreo a que asisten. ¡Ya entiendo! Sus compañeros de regimiento no son los mismos que sus compañeros de dormitorio y éstos no son los mismos que sus compañeros de comedor y éstos son distintos de los demás.

B — La celda o cubículo donde duerme es individual, incomunicada excepto por la radio de la almohada (radio transitor) y por la pantalla de televisión del techo.

Al lavatorio también van solos, uno después de otro. Hay un lavatorio para cada 16 celdas. En un escuadrón de 256 milicianos habrá 16 lavatorios conectados cada uno con su retrete-comedor. Así, por intervalos de 15 minutos salen pelotones de 16 milicianos que se integran a su brigada de trabajo que empieza a esa hora.

Q — ¿Cada brigada empieza a trabajar a horas distintas, con intervalos de quince minutos?

B — Sí. La hora en que cada miliciano se levanta, lava y desayuna también determina la brigada de trabajo a que pertenece. Claro está que el criterio principal para determinar eso es la aptitud de cada cual: sus facultades físicas y mentales, su preparación y entrenamiento se acoplan al trabajo de la División.

N — ¿También hay generales de división?

B — O administradores generales de la división. Son ingenieros. Pero el cargo, como no tiene mucho trato personal con los milicianos no requiere esclavitud ni servidumbre. Basta que sea servidor de la humillación tercera.

Los compañeros de cada escuadra o grupo de trabajo (o grupo de ocho) vienen determinados por el régimen o grado y otras consideraciones terapéuticas. En los grados más exaltados, el 32.º, 30.º, 28.º, 26.º, cuatro homicidas voluntarios o normales suelen trabajar con cuatro psicóticos homicidas, de los grados 25.º, 27.º, 29.º y 31.º.

Los de los grados 24.º, 22.º, 20.º y 18.º suelen trabajar con los de los 23.º, 21.º, 19.º y 17.º que son deprimidos, dipsómanos y toxicómanos; y cuidar de los catatónicos.

Los del 16.º, 14.º, 12.º y 10.º suelen trabajar con los subnormales tontos, morones, imbéciles e idiotas: 9.º, 11.º, 13.º y 15.º.

Los del 2.º (deudas) suelen trabajar diez horas al día con los voluntarios del primer grado que sólo trabajan ocho horas al día, cinco días a la semana (40 horas, comparadas con las 60 de los deudores y rebajados al 2.º grado).

Los del 4.º (hurtos) trabajan en la misma escuadra

con indigentes (3.º) que son los que exhiben su miseria en las ciudades de Humania. Como en Humania los que no tienen medios de subsistencia ingresan de voluntarios (1.º) en la MUTT, la miseria de los ciudadanos de Humania no puede ser real sino sólo imaginaria o mental y por eso los que apestan, duermen en la calle y exhiben su miseria se consideran peligrosos como enfermos mentales y como medida de seguridad se internan en la MUTT con el grado 3.º. Los que además de exhibicionistas son escandalosos, ruidosos y molestan a los vecinos y transeúntes se les interna en la MUTT con el grado 5.º. Y si además practican la mendicidad morbosa, se les interna con el grado 7.º y trabajan con los estafadores (grado 8.º) y los rebajados a ese nivel. Los escandalosos (5.º) trabajan en la misma escuadra con los ladrones (6.º).

N — Pero la aplicación de la medida de seguridad a los indigentes, escandalosos y mendigos que no han cometido ningún delito es injusta.

B — En efecto, lo sería en los estados nacionalistas perseguir a los pobres y menesterosos, que por cierto hay tantos, que constituyen la mayoría de la población mundial de Bangladesh a Biafra y de New York a Calcuta. Pero en Humania hay comida y albergue, agua y jabón para todos. La indigencia, la suciedad y la mendicidad son en Humania estados morbosos que molestan y ofenden a los ciudadanos tanto como el defecarse y orinarse en la calle ofende a los civilizados de Occidente.

Q — Luego la MUTT junta al deudor (2.º) con el miliciano voluntario (1.º) que paga sus gastos de sustento, recreación y educación con su trabajo.
Junta a los rateros (4.º) con los indigentes (3.º); a los escandalosos (5.º) con los ladrones, y a los mendigos (7.º) con los estafadores (8.º), considerando que los indigentes, escandalosos y mendigos en Humania tienen que sufrir una neurosis perjudicial tanto para ellos mismos como para la sociedad que les rodea.

N — «Simila similibus curantur.» Por contraste y similitud, los mendigos, los escandalosos e exhibicionistas, los indigentes y los que prefieren la seguridad económica a la aventura de la libertad, curan a los estafadores, ladrones, rateros y deudores, y viceversa.

B — Los que amenazan y aterrorizan (10.º) se colocan con los tontos (9.º) o subnormales y se asimilan a los que hacen el servicio militar obligatorio en un estado nacionalista.

Los secuestradores (12.º) se juntan con los morones (IQ: menos de 70) y se asimilan a los armados voluntarios y suboficiales.

Los que pegan y asaltan (14.º) se juntan con los imbéciles (IQ: menos de 50) y se asimilan a los jefes y oficiales de las fuerzas armadas nacionalistas y partidistas.

Los pistoleros, espadachines, incendiarios, conductores, temerarios, vendedores de comida venenosa (16.º) se juntan con los idiotas (IQ de menos de 25) que deben cuidar, y se asimilan a los generales y almirantes con mando armado de las fuerzas nacionalistas y terroristas.

Los que envenenan y contaminan (18.º), infectan las fuentes de la vida y el goce (20.º), calumnian (22.º), violan y corrompen (24.º) a los niños se juntan en la escuadra de trabajo con los deprimidos (17.º), los dipsómanos (19.º), los toxicómanos (21.º) y los catatónicos (23.º) a los que cuidan. Y se asimilan a los que en Humania o en el mundo entero una vez realizado el Desarme Universal Definitivo y proclamado EUREKA, continúan en posesión de armas mortíferas una vez cumplidos los plazos para el desarme general establecido por la ley de Eureka. (Con la excepción de la policía municipal y demás fuerzas de orden público controladas por la PPUPP.)

Q — ¡Eso equivale a decir que la simple posesión de un arma mortífera, aunque sea una escopeta de caza, acarreará «ipso facto» el internamiento y trabajos forzados en la MUTT por un mínimo de 18 meses!

B — Antes de 1984, todas las personas decentes habrán entregado sus armas incluidas las bombas, escopetas, rifles, pistolas, revólveres, motocicletas y automóviles con velocidades horrendas, catastróficas y desastrosas y demás armas que la ley y sus reglamentos determinarán.

El que hagan uso de un arma mortífera quedará asimilado al infeccioso o pestilente (20.º), aunque sea para cazar, tirar al blanco o presumir de velocidad.

N— Cazar, el deporte de los reyes y de la nobleza, se considera un grave delito en Humania, ¿verdad?

B — En Humania no hay delitos ni penas, ni juicios, ni condenas ni absoluciones sino estados de peligrosidad con sus correspondientes medidas de seguridad y terapéuticas para la rehabilitación.

Cada cultura tiene sus características. En Humania se prohíbe matar tanto o más de lo que en la llamada Cristiandad se prohíbe yogar fuera del matrimonio.

En Humania y mañana en el mundo entero, fuera de la policía y de la guardia civil nadie puede tener ni usar armas. Y en cambio los magníficos palacios del Canal del Lujo son templos donde se hace el amor.

El que vende armas, dirige a los armados o les induce a armarse o trata de usarlas contra una persona, queda asimilado al 22.º, o calumniador. Y el homicidio fustrado equivale al 24.º.

Nos resta hablar de los homicidas o en peligro de cometer homicidio. Ya sea los psicóticos en peligro de matar a alguien (los 25.º, 27.º, 29.º y 31.º) según se agudiza su estado de peligrosidad. Ya sea de los exaltados a los grados 26.º (homicidio por imprudencia y negligencia), 28.º (homicidio con circunstancias atenuantes), 30.º (homicidio con premeditación y alevosia), y 32.º (homicidio a traición o abuso de confianza).

Q — Pero si no hay instrucción, procesamiento ni juicio, ¿quién decide el estado de peligrosidad?

B — El coronel esclavo del regimiento que corresponda, visto el atestado de los hechos y los informes facultativos adecuados.

Como no hay condenas ni penas sino medidas de seguridad y de higiene social y mental dinámicas, el dictamen (que no sentencia) siempre puede revisarse en cualquier momento que aparezcan nuevos hechos. No se trata de juicios, sentencias y penas sino de exámenes, diagnosis y tratamientos.

N— Así no se dan casos como en Occidente de que hay criminales peligrosos que se hallan en libertad bajo fianza, o en libertad condicional, o sean absueltos por falta de pruebas debido a que tienen mucho dinero y excelentes abogados mientras que los pobres indefensos son pervertidos y corrompidos en penales asquerosos y correccionales juveniles que en realidad son fábricas de criminales y pervertidos.

Q — Pero puede darse el caso en Humania que un múltiple asesino, atracador, terrorista (grado 30.º de peligrosidad) después de pasar treinta meses en la MUTT salga libre y dispuesto a empezar otra vez sus crímenes.

B — Todo es posible, pero es mucho menos probable de que esto ocurra en Humania que en los estados del llamado Mundo Libre en que los Al Capone, Anastasia, y congéneres campean libremente; comercian y se asocian con los fabricantes de armamentos cuya venta al público es todavía libre en los USA.

En cambio en la MUTT es muy difícil que un asesino vuelva a las andadas. A grosso modo, se aprecia que hay un 43 % de probabilidades de que el que ha cometido un asesinato se demore en la morada 30.ª, se retrase luego en las más bajas, se exalte y vuelva a subir a los grados más elevados antes de bajar al primero y luego licenciarse. Sus instintos criminales, controlados por su deseo de liberarse de la MUTT, vuelven a aparecer invencibles en cuanto disminuyen las horas de trabajo, mejora la comida, aumentan las oportunidades de divertirse y, sobre todo, conversa con otros milicianos a partir del grado 16.º para abajo. Los hay en Humania que han bajado desde el 32.º hasta el grado 1.º de la MUTT y allí han amenazado, asaltado, herido, mutilado —hasta alguno matado— o que de otra manera se hayan exaltado a los grados elevados donde permanecen meses y años y más años hasta que, cuando vuelven a bajar al grado 1.º se regocijan, refocilan y contentan con la vida segura y regalada de los voluntarios que no tienen por qué temer los vejámenes, vergüenzas, pérdidas, fracasos, penas y dolores que amenazan a los del mundo de la empresa privada con su afán de lucro, de fama y de poder.

Hay otro 51 % que baja a los voluntarios del grado 1.º en menos de cuatro años y allí permanecen indefinidamente o todavía se rebajan más pasando a estudiantes-obreros (grado 0) —un 10 %— y hasta algunos (3 %) se han rebajado hasta los humildes servidores, siervos y esclavos.

El 6 % restante se ha reintegrado a la sociedad libre y competitiva. De ellos sólo la décima parte o el 0,6 % ha regresado a la MUTT en estado de peligrosidad. Compárese estas recaídas (0,6 %) con el porcentaje de reincidencia en los estados nacionalistas.

N— En resumen, el tratamiento, sobre la base de la mayoreta, abogada defensora y médico-asesora, es la integración de la neuro-psiquiatría con la criminología en la sexología. Pero todos contribuyen al tratamiento para la rehabilitación:

El coronel-esclavo que actúa de juez en el regimiento.

El brigadier-siervo (— 4.ª degradación) del trabajo con sus capataces.

El capitán del lavatorio-retretes (siervo).

El alférez del comedor (siervo).

Los tenientes de los lugares de recreo. Por lo menos dos: el de los actores y el de los espectadores.

Cada esclavo tiene relación de dependencia con seis akrónicos por lo menos.

El esclavo-coronel del regimiento, juzga.

La sierva (o siervo) afrodisíaca de la 19.ª degradación, defiende, asesora, consuela, alivia, aconseja, da placer y esperanza.

Los demás siervos atestiguan, constatan, testifican sobre la conducta del miliciano.

B— Pero esta relación es lo contrario, casi, de la que existe entre el soldado y su cabo, su sargento, su oficial, su capitán, su jefe y su general en los cuerpos armados de los estados nacionalistas.

La terapéutica o tratamiento del miliciano incluye lo siguiente:

Los consuelos y consejos por la televisión y la radio mientras están en la cama, al dormirse y al despertar.

Los altavoces, los boletines, las pancartas, las campanas, las melodías, los ritmos y sobre todo el ejemplo del cabo en la escuadra de trabajo, del sargento en la mesa y del oficial en los lugares de recreo sustituye el salvajismo, la violencia y la grosería verbales que inundan las fuerzas armadas, las cárceles y los reformatorios de los países nacionalistas.

Cuando el miliciano comete una falta, un retraso, una molestia, una ofensa, se le confronta por el altavoz.

Si la violencia pasa a los hechos, queda aislado electro-magnéticamente y narcotizado químicamente ipso facto.

Q — ¿Es de rigor el silencio?

B — Sí. Ese punto es importantísimo para la terapéutica. Ya he dicho que los dormitorios, lavatorios y retretes están incomunicados.

En la escuadra del trabajo y en el pelotón del comedor hay que guardar silencio y escuchar el altavoz. Además, en las escuadras de los grados más elevados —y a partir del 10.º— suele haber milicianos de lengua y cultura diversa. Las escuadras de ex guerreros se formarán con americanos, rusos, chinos y otros de distintas lenguas.

La PALABRA es esencial. Es un arma de dos filos. La palabra violenta suscita la violencia. La palabra paciente suscita la paciencia.

El mayoral y la mayoreta saben escuchar la palabra de sus milicianos pacientes y clientes. Escuchar es terapéutica excelente para casi todas las enfermedades.

N — Pero el miliciano no habla con la mayoreta más que una vez al mes, que poco es.

B — En casos de emergencia, encuentra tiempo extra para escucharle.

Cada domingo puede hablar con sus correligionarios en la iglesia o reunión de los que creen que no creen o creen otras cosas. Cada miliciano, incluyendo los exaltados al grado 32.º tienen derecho a reunirse con sus correligionarios el domingo: católicos, apostólicos, ortodoxos, romanos, hispanos, rumanos, anglicanos, hinduistas, budistas, taoístas, metodistas, marxistas, ateístas, luteranos, confusionistas, escépticos, agnósticos, cientistas, positivistas, materialistas, presbiterianos, vegeterianos, trotskistas, unitarios, adventistas, mormones, mahometanos, gitanos, tucumanos, hermanos, fulanos, zutanos y toda la gama de creyentes, increyentes e indiferentes. Los milicianos tienen derecho a reunirse cada domingo con su grupo o con el más afín a sus creencias y allí confesarse, cantar, rezar, discutir, charlar y todo cuanto permita su rito.

N — Ya he dicho que una vez al mes conversar con la

343

mayoreta, poco es. En cambio conversar con el sacerdote, ministro, gurú o líder una vez a la semana es cosa sana. Pero no es bastante. ¿No hablan con sus compañeros nunca?

B — Del grado 16.º abajo pueden conversar en el CÍRCULO de sus paisanos o coparlantes.

N— Pero los del grado o regimiento 16.º trabajan 15 horas diarias, de manera que no les queda tiempo más que para dormir y comer.

B — Tienen el sábado por la noche o el domingo por la tarde. Del 8.º abajo que ya no trabajan más que trece horas, tienen derecho a asistir a dos reuniones semanales del Círculo lingüístico que les corresponda.

Los voluntarios (grado 1.º) gozan además del derecho de asistir y hablar en el Agora de la División, de todo cuanto quieran e intentar convencer y persuadir a sus oyentes.

Q — ¿Y escribir? ¿Es que los soldados ex armados y demás milicianos estarán aislados del mundo?

B — Cada domingo, en su iglesia, pueden escribir a quien quieran de lo que quieran y recibir la correspondencia de sus familiares y amigos.

También pueden escribir en la Biblioteca a la cual tienen derecho a ir desde el grado 24.º abajo.

Pero además de las recreaciones por derecho, hay las recreaciones por prescripción facultativa. La MUTT no es rígida sino flexible, dinámica, adaptable a las circunstancias.

Las recreaciones son derechos y también terapéuticas. Como derechos dependen de la rebaja de los grados de peligrosidad. Los del grado 32.º tienen derecho a un tipo de recreación: la reunión dominicana en su iglesia y club con la práctica de sus conversaciones, ceremonias y ritos y al despacho de la correspondencia.

Los del grado 2.º tienen derecho a 16 tipos de recreación. Y los del 1.º a veinte.

Q — Además del AYUNTAMIENTO mensual con su comandante (mayoreta o mayoral) por supuesto. ¿Cuáles son estas veinte clases de recreaciones?

B — Ya te he dicho que los del 32.º tienen derecho a la correspondencia y a la reunión dominical con sus correligionarios. A cada grado que bajan se añade el derecho a otra recreación y se aumenta el tiempo que puede dedicarse a las ya conseguidas.

Los del grado 30.º añaden la recreación del Cinema Informativo.

Los del grado 28.º añaden los deportes del Estadio en la T. V.

Los del grado 26.º añaden la Biblioteca.

Los del grado 24.º añaden los juegos solitarios del «pin-ball» y demás.

Los del grado 22.º añaden la práctica semanal, en el gimnasio, de un deporte individual.

Los del grado 20.º añaden una película semanal a escoger o cinema selectivo.

Los del grado 18.º añaden una revista musical de gran espectáculo.

Los del grado 16.º añaden el Círculo de conversación con coparlantes.

Los del grado 14.º añaden un espectáculo de Variedades.

Los del grado 12.º añaden el Cinema educativo, según la vocación: historia, artesanía, ciencia, deportes, oficios, agricultura, etc.

Los del grado 10.º tienen también derecho a una función de teatro semanal en su lengua.

Los del grado 8.º tienen también derecho a una sesión de cinema galante o sicalíptico.

Los del grado 6.º tienen también derecho a una conferencia instructiva.

Los del grado 4.º tienen también derecho a tomar parte en un deporte de equipo.

Los del grado 2.º tienen también derecho a una función de Bataclán.

Los del grado 1.º además añaden Clases, Orfeón o canto en coro, Iris o baile agarrado y Agora con discursos libres sobre todo lo que quieran decir.

Q — Realmente la vida del voluntario en la MUTT aparece enormemente atractiva: seguridad para él, para su mujer y para sus hijos si los tiene; respeto de sus vecinos y estimación de sus directores; albergue limpio y confortable; comida sana, nutritiva, gustosa y abundante; asistencia médica y facultativa competente; derecho a veinte recreaciones...; oportunidades para educarse, instruirse, progresar, realizarse... No me imagino que nadie quiera irse al mundo de la competencia, la rivalidad, la lucha, el engaño, la maniobra, la intriga sin otra alternativa que explotar o ser explotado, oprimir o ser oprimido, engañar o ser engañado...

N — En efecto, la MUTT ofrece dignidad personal, seguridad económica y satisfacción sexual óptima para las circunstancias de cada uno.

B — Pero no circula el dinero y nadie se hace rico en la MUTT.

Nadie se hace poderoso puesto que todos dependen de los siervos y esclavos akrónicos.

Nadie puede ofender, ni burlarse de su prójimo, ni engañarle, ni herirle, ni molestarle, ni perjudicarle impunemente.

En cuanto se exaltan el egoísmo, el egotismo, la egolatría, se aumentan automáticamente las horas de trabajo, disminuyen las de descanso y recreaciones y se pospone y retrasa el ayuntamiento con la sierva afrodita.

Q — La MUTT es el lugar ideal para el que no quiere luchar con su prójimo.

N — Y es la preparación óptima para humillarse y rebajarse al servicio, a la servidumbre y a la esclavitud por amor al prójimo.

B — Pero es un martirio para el que quiere ganar al prójimo, tener más que los demás, valer más que los otros, vencer a sus enemigos, ser superior a los demás, dominarlos, explotarlos y burlarse de ellos.

Q — Es curioso. Los ejércitos y demás milicias armadas son excelentes para los que quieren mandar, dominar y acrecentar su poder.

En cambio, en la MUTT o Milicia Universal del Trabajo es al revés. Es el lugar ideal para los que no quieren mandar, dominar ni explotar a nadie.

N — Comprendo que los de los grados bajos no quieran escaparse pero los recalcitrantes y rebeldes más exaltados, se deben escapar.

B — Los grados más altos o exaltados duermen en un barco en alta mar y trabajan en el fondo del mar siendo, por tanto, imposible escaparse. O trabajan en las minas bajo tierra y duermen en pasajes subterráneos.

La dinámica de los lugares de trabajo y dormitorios es parte de la terapéutica. Los que intentan escaparse son los que más procuran cumplir para rebajarse a grados inferiores y ser trasladados a otros lugares donde tengan posibilidades de evasión, la cual es imposible en los grados de los homicidas. La compañía de paranoicos homicidas fomenta sus deseos de bajar de grado y, a su vez, ayuda a los alienados.

N — Los locos criminales ayudan a los criminales locos y viceversa.

Q — Lo que más me gusta de la MUTT es que en ella hay esperanza para todos.

B — Gracias a los siervos que los sirven y a los esclavos que los sostienen.

Q — Los siervos de la degradación 4.ª que sirven de brigadiers de trabajo, capitanes de dormitorio-lavatorio, alféreces de comedor, tenientes de recreaciones...

B — los esclavos de la 23.ª degradación que sirven de coroneles-jueces de regimiento...

N — y, sobre todo, las ninfas y los faunos, las oneidas y tritones, sílfides y arieles...

88
ESTADÍSTICAS DE LA MUTT

Q — Luego, los 64.000 siervos órficos menores con el cuidado cada uno de un batallón de 512 peligrosos y miserables podrán cuidarse aproximadamente de treinta y dos millones de soldados-obreros de la MUTT en cuanto se realice el Desarme Universal. La MUTT acogerá en sus cuarteles ya en construcción y organización a los ex guerreros desarmados y adormecidos para rehabilitarlos y devolverlos a sus respectivos países en cuanto se regeneren renunciando a matar a nadie y a respetar las leyes humanas universales por encima de las nacionales y partidistas que les pidan homicidios, engaños, explotaciones y opresiones.

N — Pero para eso tardarán por lo menos 18 meses los que estén haciendo el servicio militar obligatorio; los voluntarios y suboficiales 20 meses por lo menos; los jefes y oficiales 22 meses; y los oficiales generales

24 meses, por lo menos, pues las faltas de disciplina y trabajo acarrearán más tiempo automáticamente... No sé qué decirte... Pero tal como nos lo has explicado me parece que los ex guerreros tendrán más dificultades en civilizarse y aprender a respetar la vida, dignidad y libertad de sus prójimos que los ex presidiarios y los psicópatas...

B — Probablemente, puesto que los guerreros creen que ellos son los justos y los benefactores de su patria. Suelen estar tan seguros de que ellos tienen razón puesto que tienen el poder, el mando, que están casi ciegos para ver la razón de los demás. Sin embargo, cada persona es distinta de todas las demás. Los militares en general son gente de fiar, leales y abnegados, valientes y dispuestos a luchar por la justicia. En cuanto se den cuenta de la realidad humana y dediquen su lealtad, devoción y abnegación a la Humanidad en su conjunto, veremos que los mejores de ellos, que estaban intoxicados por la gloria guerrera, se normalizan, rebajan su orgullo y saben humillarse hasta integrar las Órdenes Militares Akrónicas como siervos voluntarios para servir al prójimo en particular y a la humanidad en general.

Al fin y al cabo las OMA son órdenes *militares*. La diferencia es que en vez de dedicarse a matar a los enemigos se dedican a reconciliarse con ellos para lo cual se necesita mucho más valor y correr peligros todavía mayores que en la guerra, pues el pacifista de verdad (ahimsa-satyagrafa) corre tanto o más peligro de que le maten que el guerrero. Se precisa mucho más valor, inteligencia, audacia para perdonar que para vengarse; para ayudar a los malvados y malhechores que para eliminarlos; para padecer por los hipócritas y los falsos que para castigarlos...

El pacifismo (ahimsa-satyagrafa) regenerativo que practica la MUTT entusiasmará a muchos militares, gente de honor, en cuanto lo entiendan. De manera que, de su exaltación a los grados veinte y tantos de la peligrosidad, irán rebajándose, degradando su egoísmo, egolatría y egotismo hasta que bajen a los grados de servicio y a la servidumbre voluntaria.

N — Otros en cambio, creo que serán recalcitrantes, reincidentes e irán exaltando su egolatría violando las leyes y reglamentos hasta exaltarse a los altos grados de la peligrosidad...

B — Desde luego hay la posibilidad de que algunos reaccionen incrementando su hostilidad, envidia y odio más que si estuvieran en Siberia, en Dachau o en los presidios de los estados nacionalistas y las checas partidistas. Pero la inmensa mayoría se irá apaciguando con el ambiente pacífico, disciplinado, higiénico y cariñoso de la MUTT.

Q — Si 64.000 siervos afrodisíacos u órficos saben cuidar a más de 32 millones de milicianos peligrosos y miserables, los 36.000 siervos afrodisíacos destinados a los Hogares Akrónicos se cuidarán de más de dos millones trescientos mil desventurados eróticos en los Hogares Órficos, a razón de 64 por ninfa o fauno de la degradación 19.ª, ¿verdad?

89
POLÍTICA

B — Es un cálculo aproximado, aunque la proporción no es la misma en todo el mundo. Las sociedades tribales —la mayoría de las africanas y otras del llamado tercer mundo— se irán adaptando a Eureka por sus cauces culturales que son muy distintos de los del mundo occidental. En Occidente podemos decir a grosso modo que en 1976, el uno por mil de la población goza, se consuela y recrea en Hogares Órficos.

Q — Son casi dos millones y medio de personas que ya no son desventurados eróticos gracias a la Orden del Gozar... Parece una secta pansexualista o neo-pagana...

B — basada en los tres quereres fundamentales akrónicos: 1.º Hacer bien al prójimo. 2.º No hacer daño a nadie. 3.º Confiar en el triunfo final del bien en cada uno. Son las tres primeras humillaciones, llamadas simbólicas porque son quereres. En la Orden Simbólica o del querer se profundiza en un saber-poder como el querer tocar el piano y el saber tocarlo. Las tres humillaciones de la Orden del Querer constituyen la entrada o requisitos para postular a todas y a cada una de las Órdenes del Saber, cuyos grados más bajos (6.º, 9.º, 12.º, 15.º, 18.º, 21.º) son, a su vez, las puertas para bajar a la esclavitud akrónica o a la realización afectiva de aquellos quereres simbólicos. El símbolo se transforma, a través de la servidumbre, en realidad afectiva que ya es al llegar a la esclavitud.

Q — Así el esclavo akrónico es el que real y efectivamente no hace daño a nadie, hace bien al prójimo y fomenta, motiva y estimula el principio del bien y la justicia en todos cuantos trata.

B — Eso es.

Q — A pesar de todo, a los cristianos nos parece todo eso de Akronia y sus Órdenes Militares una gran herejía, pues si el mismo Hijo de Dios fue traicionado, negado y abandonado por sus mismos discípulos, ¿cómo van la OMA, Eureka, la PPUPP y la MUTT a perdurar?

B — Ya he dicho y repetido que Akronia y sus instituciones no son una religión sino una POLÍTICA. Por lo tanto Akronia es compatible con todas las religiones y con la ausencia de religión.

Akronia es incompatible con las plagas CRÓNICAS de la guerra y el terrorismo y trata de subordinar los nacionalismos y partidismos a la política humanista que propugna... y que conseguirá antes de 1984 el Desarme Universal y el establecimiento de Eureka con la consiguiente disminución de la miseria, la matanza de seres humanos, la inseguridad, el caos y la delincuencia internacional.

Mientras dure Eureka y no se fosilice, la coacción del hombre sobre el hombre será mínima y el orden internacional máximo.

Kronos es el tiempo. A-kronia quiere decir fuera del tiempo. AHORA.

Q — ¿Qué política hay que hacer ahora?

B — La paz.

Q — ¿La de la paz americana? ¿la de la paz soviética?, ¿la de la paz china?, ¿o qué otra paz?

B — La definida en el MANIFIESTO DE LA PAZ, según Francisco de Asís.

Q — ¿Poner el amor donde hay odio?

B — Es lo que hacen los esclavos akrónicos especialmente.

Q — ¿Poner alegría donde hay tristeza?

B — Es lo que hace la Orden Militar Akrónica del Gozar; sobre todo los de la degradación 19.ª.

Q — ¿Es la MUTT el resultado práctico de las teorías de Mariana de Pineda, Becaria, Quintiliano Saldaña, o sea, abolición de la pena y su sustitución por la medida de seguridad y la rehabilitación del delincuente?

B — Esa precisamente es la política akrónica: donde ha habido ofensa pone el perdón. Todos los siervos y esclavos akrónicos la realizan; sobre todo los de la degradación 20.ª.

O — ¿Y dónde hay desesperación, ponen la esperanza?

B — Para esta misión se preparan, sobre todo, los siervos más degradados; los de la 21.ª: las hadas y los magos.

Q — Los que ponen la unión donde hay la discordia deben ser los siervos de la Orden del Decir, ¿verdad?

B — Sobre todo los tridimensionales o maestros de la degradación 12.ª que saben enseñar a no decir lo que uno quiere.

Q — ¿Qué OMA se especializa en poner la fe donde hay la duda?

B — Evidentemente los que saben enseñar a sus hijos a querer, amar, estimar a la persona que quieren: los tridimensionales de la degradación 15.ª y los esclavos de la 22.ª.

N — ¿Supones que la fe nos la dan nuestros padres? ¿Es el bautismo? ¿«Opera operare»?

B — Los padres que saben hacerse querer de verdad por sus hijos, les inculcan la fe.

Q — En la Cristiandad los hijos que aman a su madre suelen creer de mayores en la Virgen María. Y los hijos que aman a su padre suelen inclinarse más fácilmente a amar a Nuestro Padre cuando ya son mayores...

N — ¿Y los padres que quieren de verdad a sus hijos suelen creer con más facilidad en el Hijo?

Q — Creo que sí. Pero siguiendo la «política akrónica» o de San Francisco de Asís, falta que nos digas qué OMMA se especializa en poner la luz donde hay las tinieblas.

B — Los siervos de la Orden del Mandar y los esclavos estupefacientes ocultistas, hacen la luz donde hay tinieblas. O sea, iluminan con la luz de la razón a los comandantes generales y poderosísimos jefes de las Poderosísimas Potencias Armas que están a punto de sumir al mundo en el caos más espantoso y en las tinieblas más horribles con su insensata carrera de armamentos que ni los mismos jefes supremos pueden controlar. ¡Unos y otros poseen ya un armamento más de diez veces superior al que necesitan para destruir a toda la humanidad! ¡Y continúan construyendo más y más armamento y diseminándolo entre sus clientes esparcidos por todos los continentes.

En estas tinieblas se apercibe la lucecita del Desarme Universal Definitivo seguido de la proclamación y establecimiento de Eureka.

Q — Entonces, gracias a los siervos herméticos o estupefacientes, los PIP (poderosos importantes personajes) no harán lo que no quieren hacer: NO HARÁN LA GUERRA.

N — La guerra que hacen los PIP sin querer puesto que están en las tinieblas, ofuscados por la idolatría nacionalista, y no ven nada más importante que la defensa nacional por medio del incremento de su armamento.

B — Se precisa la narco-hipnosis por sus siervos estupefacientes para liberar a los PIP de las tinieblas de su ignorancia, superstición y fanatismos y para que vean la LUZ.

La Humanidad en su conjunto es más importante que una nación, sea la que sea.

Los gobiernos nacionales son incapaces, por su propia naturaleza, de anteponer nada, sea lo que sea, al interés absolutamente soberano de su nación.

Ergo, El Estado Universal debe proclamarse por los gobernados por debajo de los gobernantes sometiendo la ciencia a la conciencia, el poder a la justicia, los estados nacionales al Estado Universal.

Q — ¿Y la política que ha de conducirnos a ella es la de San Francisco de Asís?

B — Dirigidos por los que actual y verdaderamente la practiquen, que son los que hemos llamado esclavos y siervos akrónicos.

90
MANSOS ÓRFICOS

Q — Hemos visto que los siervos akrónicos de la Orden del Gozar cuidan a los enfermos, a los peligrosos (exdelincuentes, ex-armados guerreros y terroristas homicidas) y a los hambrientos, mugrientos y truculentos en la MUTT.

También nos has dicho algo del goce que dan en los Hogares Órficos a los humildes de la degradación 3.ª e inferiores que podríamos llamar desventurados eróticos, o sea que no consiguen hacerse amar por la persona que desean ni desear a la persona que aman.

B — Eso es. Los humildes de la 3.ª, que son los que quieren hacer el bien al prójimo (1.ª), no hacer mal a nadie (2.ª) y confiar en el triunfo del bien en cada hombre (3.ª) que aman y son correspondidos, son actualmente siervos de la degradación 13.ª si aman a la persona que desean; de la 14.ª, si además desean a la persona que aman, y de la 15.ª, si además saben enseñar a amar a la persona que desean. Les hemos llamado amantes (13.ª), esposos (14.ª) y padres (15.ª). Gracias a su felicidad no necesitan los Hogares Órficos y la exclusividad de su erotismo es incompatible con la función afrodisíaca y erótica inclusivas en los siervos órficos de las más bajas degradaciones (19.ª, 20.ª y 21.ª).

Q — Después de habernos hablado de la MUTT y de los Hogares afrodisíacos, háblanos ahora de los conventos, seminarios o mansos donde se forman los siervos que, además de estar rebajados a la 3.ª humillación, tienen la belleza afrodisíaca, la seducción erótica y la fuerza viril y femenil requeridas para rebajarse. ¿Cómo es un manso de esta Orden del Gozar?

B — Está edificado sobre un esclavo akrónico...

N — ¿Un esclavo akrónico que es casto como base de la Orden erótica, afrodisíaca y órfica del Gozar?

B — Los esclavos akrónicos han recibido el carisma de la castidad graciosa, alegre y confiada como su laboriosidad. La labor del esclavo es la menos agradable o más molesta; limpiar la suciedad tanto física (mierda, basura, etc.), como moral (fricciones y rencillas).

N — ¿Es una especie de confesor y amigable componedor duplicado de barrendero, basurero y alcantarillero?

B — Eso es. En toda comunidad tiene que haber alguien que se sacrifique por los demás: el último mono; el esclavo akrónico; etc.

Los siervos de la Orden del Gozar = los seductores = se apoyan (como los demás siervos akrónicos) en el esclavo que los sostiene. La RELACIÓN o comunión personal de los siervos con el esclavo y del esclavo con los siervos es lo principal.

N— Si la dependencia personal de un esclavo que encarne actualmente el amor integral es la técnica operativa o «praxis», ¿cuál es el principal principio doctrinal?

B — El erotismo es lo contrario de la «putería» o prostitución profanadora, blasfema y obscena. El hogar afrodisíaco es lo contrario del prostíbulo...

N— Me parece estar leyendo a Mossèn Dalmau cuando escribe que el sacramento, misterio o juramento verdadero es lo contrario del signo fideísta, arrogante y falsificado del escriba y del fariseo.

B — Una puta o un puto es el equivalente en lo erótico y afrodisíaco de lo que el arzobispo que bendijo los homicidios de Mallorca, Toledo o Badajoz es a la caridad cristiana.

Q — La cosa está muy clara. La propaganda del homicidio (aunque sea por las guerras santas, justas y «soi disant» necesarias) es la prostitución de la caridad...

N— por mucho que Péguy diga que Francia es rica en caridad precisamente porque predicó las cruzadas.

B — La perspectiva de Carlos Péguy es la del que da la vida por Jesucristo o la encarnación del amor. Péguy no se fijaba en que el guerrero no sólo daba su propia vida sino que quitaba la de los infieles, herejes, paganos y demás.

N— Péguy santificó la Juana de Arco de Michelet, que es la santa nacionalista por excelencia.

Q — Péguy echó por la borda a las Juanas de Arco racionalistas de Voltaire, Bernard Shaw y compañía, santificando a Francia en Juana de Arco y a Juana en Francia. Fue el canto del cisne del nacionalismo cristiano...

B — o pseudo-cristiano...

N— En efecto, no puede decirse que hay nacionalismos cristianos (a pesar del nacional-catolicismo......... y los cristeros masoquistas de Nuevo Méjico). Cristo termina con el nacionalismo homicida, soberbio y soberano absoluto al apreciar al samaritano, a la samaritana y a los publicanos pecadores y proclamar la adoración de la Verdad y el Espíritu en espíritu y en verdad. Reconoció que la salvación venía de los judíos, pero como los judíos traficantes (mercaderes del templo), saduceos (ricos y poderosos de este mundo, indiferentes a la supervivencia y al alma), escribas (letrados que saben servirse de la letra de la ley para burlar su espíritu) y fariseos (que pretenden ser justos y salvarse condenando a los demás) se habían materializado, calcinado y fosilado espiritualmente confundiendo el reino del ego y superego (Israel) con el Reino del Amor, Jesús de Nazareth, seguido por el ex fariseo Simón o Pablo de Tarso, proclamó la trascendencia del nacionalismo, la venganza y los ejércitos armados, por el humanismo, el perdón y el pacifismo (ahimsa-satyagrafa) capaz de transformar al enemigo en amigo.

Q — Me inclino a creer que Akronia, sobre todo la Orden del Gozar, trata de realizar lo del «Padre Nuestro, SANTIFICADO sea Tu Nombre». Akronia trata de SANTIFICAR EL AMOR (puesto que Dios es Amor), incluyendo al amor carnal, ¿verdad?

B — Eso mismo entiendo yo. Akronia en todas sus órdenes trata de santificar el amor incluyendo al amor más vilificado y socialmente desprestigiado, el amor carnal, sensual y sexual. La misión de «santificarlo» corresponde a los siervos seductores de la Orden del Gozar: (21.ª) orfeos o hadas y magos; (20.ª), vestales y esculapios; (19.ª) ninfas y faunos, oneidas y tritones, silfides y arieles...

Q — Ya vemos que la organización akrónica es de una extraordinaria complejidad. Ya nos has hablado:
1) de la dependencia que los siervos seductores (eróticas y afrodisíacos) tienen del casto, alegre y confiado esclavo akrónico que les sirve;
2) de la teoría reivindicadora, regeneradora y santificadora del amor carnal (y una buena teoría es la mejor práctica, como decía Lenin);
Ahora explícanos algo más de la vida diaria en un seminario, convento o manso órfico...

B — En un Manso Órfico todos los siervos, postulantes y catecúmenos duermen juntos, si se encuentran en buen estado de salud física, mental y moral. Hay celdas individuales en la enfermería y hay el lavabo o excusado con sus gabinetes privados. Pero, todos los que se hallan bien duermen juntos y desnudos en el Templo aclimatizado (temperatura y oxígeno regulados electrónica y eficazmente).

Cada uno hace el amor a todos los demás. El número óptimo en un Templo Órfico es de 64. Cada uno con su personalidad inconfundible, insustituible. Simbólicamente corresponden con los 64 exagramas del «I Xing» ordenados u organizados a lo «Fu Hsi», a lo «Rey Wen» y demás que los estudios antropológicos akrónicos van probando, revisando y verificando. El caso es que cada uno de los congregados es único, inconfundible con los demás. Desde luego hay muchas clases: ying-yang, femenino-masculino; orfeos-eunices (21.ª), esculapios-caritas (20.ª); eróticas-afrodisíacos (19.ª); catecúmenos-postulantes, visitantes, etc., etc., pero la persona individual, como tal, prevalece sobre la clase.

Hay muchas ceremonias, fiestas y celebraciones casi todos celebradas en el nivel o dimensión subverbal, subdiscursivo, subintelectual.

Q — No hablan y se entienden. La gente cree que hablando se entiende la gente...

B — Eso es cierto en el plano o dimensión de la Orden del Decir, pero en la Orden del Gozar la gente no se entiendo hablando, puesto que el erotismo verbal se halla prisionero de la obscenidad, de la maledicencia, de la vilifación y de otras enfermedades del lenguaje del siglo XX (Alberto Moravia). Es con abrazos, besos, caricias, himeneos-connubios, conjugaciones, fruiciones, y, sobre todo, con el YOGAR o AYUNTAMIENTO como comulgan los congregados y realizan su comunidad que irradía luego en los servicios que los siervos afrodisíacos prestan en los hospitales akrónicos, en la MUTT y en los Hogares órficos... La función del orgasmo y el éxtasis comunitario —que se intensifica a medida que se amplifica— va precedida y seguida por la oración-adoración del amor, la meditación trascendental y la contemplación del grupo en grupo, contemplación orgiástica. El centro de todo es el amor; su realización o integración de la intención con la acción.

Se aman primero en la quietud dirigiendo sus intenciones en silencio empezando por los vecinos, derecha, izquierda; delante, atrás; encima, debajo. Luego en el ceremonial del canto en que culmina la música; luego en el baile que va completándose hasta formar un solo cuerpo físico-espiritual de todos los congregados, lo mismo que al cantar en coro surge una sola voz de todas las voces armonizadas.

Esa armonía se realiza en el baile y la mímica de caricias, besos y conjugaciones tendientes a producir el orgasmo con los espasmos de la danza culminando en el YOGAR y en el ÉXTASIS colectivo. Todo esto se realiza en el Templo afrodisíaco que es como un escenario ultramoderno con juego de luces, espejos y tramoyas.

Luego, dormir.

Luego, comer y todos comen juntos en la misma cazuela o fuente poniéndose la comida en la boca unos a otros. Con la cuchara akrónica cada uno da de comer al vecino de la izquierda y con el porrón akrónico da de beber al vecino de la derecha. La comida del grupo es algo rítmico, lento, lleno de significado...

N — Ensalada de «maná» con «prana» y bebida de néctar y ambrosía...

Q — ¿«Mel i mató»? Pero debe llevar mucho tiempo, ¿verdad?

B — Las cosas de palacio van despacio. Pero lo mismo que hay celdas aisladas para cuando uno siente la necesidad o la preferencia de dormir solo y excusados donde uno se lava sin interferencias, también hay retretes privados donde uno puede comer y beber sin intervención. Las celdas, excusados y retretes individuales son como el catabolismo, mientras que el templo afrodisíaco dinámico que pasa de dormitorio a piscina de baños, a templo-oratorio, a escenario y a salón de baile espectacular kaleidoscópico y psicadélico es como el anabolismo del metabolismo órfico.

Q — ¿Llamas catabolismo erótico al deseo de estar solo, a la acedia, a la depresión, a la «murria», al malhumor...?

B — Sí. Conjuntamente con el defecar, orinar, eruptar, roncar, renegar, estornudar y los demás funciones antisociales y anafrodisíacas propias de la condición humana.

El siervo erótico u órfico se lava los pies, los sobacos, el culo y la boca y cuando no se encuentra bien o no goza de buen humor se retira a sus celdas, excusados y retretes particulares para librarse del hedor tanto físico como espiritual que se ha acumulado en su cuerpo y en su mente y se confía al esclavo pedagogo-cirujano que es su base. De esta forma se limpia del mal que se ha acumulado en él y, ya purgado, aporta todo lo mejor que tiene a la congregación o comunidad afrodisíaca, al AYUNTAMIENTO ÓRFICO.

Q — Ya nos has dicho que la función central de la Orden del Gozar es la santificación del amor o sacralización del YOGAR psico-físico o del alma y el cuerpo reconciliados. Sabemos que en los mansos afrodisíacos y órficos, cuando uno está de buen humor es común el baño, la comida, la ceremonia con el coro, el baile y el Yogar del Orfeón o congregación en pleno.

Dinos ahora si se separan para trabajar y para estudiar.

B — Lavarse, comer, jugar, yogar y dormir se hace en común en un convento órfico ya sea de una universidad akrónica o de un manso. Gran parte del entrenamiento o catequesis se puede recibir trabajando y estudiando con siervos de otras órdenes, libres o peligrosos. Pero para la recreación y confirmación de los siervos también trabajan, estudian y parlamentan juntos con otros siervos órficos basados en el esclavo y los subesclavos correspondientes.

Sus trabajos manuales y administrativos están marcados diariamente en el boletín, así como la asistencia a clases, conferencias y películas instructivas y las lecturas asignadas.

He estado en un manso órfico en que todo marchaba como una seda: trabajos, estudios, banquetes, juegos, adoraciones y descansos.

N — Eso supone muy buena salud física y mental de los congregados, pues de lo contrario la comunidad se desintegra. En toda comunidad surgen las rencillas, los celos, el afán de lucro o provecho, la apetencia de poder y dominio del uno sobre el otro y la dejadez, la abulia, el cansancio, el aburrimiento sobre todo con la saciedad, la seguridad y la tranquilidad que los mansos akrónicos, sobre todo los órficos, proporcionan. Cuando todo le va bien el hombre no tiene ganas de nada y... se aburre, como Baudelaire.

B — Bueno, bueno. No voy a entrar en eso ahora.

91

MANSO BERENGUER

Q — ¿Dónde están los «mansos akrónicos»?

B — Como ya dije, los «mansos akrónicos» se hallan en lugares aislados, inconspicuos, disimulados, casi incógnitos, incomunicados, inaccesibles para el tránsito rodado. No hay más que sendas de carbonero y de pastor por donde los mansos o siervos akrónicos van y vienen a pie escalando la sierra y los montes y descendiendo por barrancos y cañadas. Los transportes rápidos y los pesados se realizan por medio de «ciervos volantes akrónicos» cuya apariencia es similar a los helicópteros pero son mucho más potentes y eficaces. Se mueven por medio de energía químico-electro-magnética acumulada.

Cada «manso akrónico» es autártico o económicamente autosuficiente: tiene agua pura de manantial; tiene medios para producir el calor, energía y fuego necesarios para la comida y el albergue cómodos y satisfactorios; tiene comida buena, abundante y variada: cereales, frutas de todas clases, legumbres, verduras, huevos, leche, miel, carne de ternera, de vaca, de buey, de carnero, de puerco, pollos, gallinas, conejos, liebres y otros animales incluyendo pescado en muchos de ellos. Además los «mansos» intercambian sus productos entre ellos, con las «universidades akrónicas» y con Humania. No dependen de la economía del país donde radican. Pero la favorecen alimentando a las metrópolis con los sobrantes de su producción, que provee las «amfltectonías akrónicas», metropolitanas o «quadras». El caso es que el DINE-RO no circula en los mansos ni entre los mansos. Cada manso (residente en un «manso akrónico») consume lo que necesita y produce lo que puede, tal y como se hacía en las primitivas comunidades cristianas y otras por el estilo.

Q — ¿Llamas «mansos» a la tierra que cultivan, al monasterio o caserío que habitan o bien a los habitantes y cultivadores?

B — La palabra «manso» tiene estos tres significados y varios más. «Manso» es la heredad o la tierra que cultivan y designa también a los que la cultivan y practican un modo de vida caracterizado por la mansedumbre...

N — Los mansos heredarán la tierra...

Q — Y también heredarán las estrellas como el Pequeño Príncipe de Saint-Exupéry.

B — Mansos son también los siervos que saben «apprivoiser», domesticar y asimismo son los domesticados: los que no muerden, ni perjudican, ni espantan a nadie.

Los mansos amansan y disuelven la costra del egocentrismo, egotismo, egoísmo, egolatría que nos domina preparándonos para servir al prójimo y no hacer mal a nadie. La preparación y entrenamiento se hacen siguiendo la técnica científica de las Órdenes Militares Morales Akrónicas científicas del Pensar, del Sentir, del Decir, del Estimar-desear, del Mandar-obedecer, del Gozar-curar...

N — Si todos los mansos amansan, ¿cuál es el manso que más amansa?

Q — El de Orfeo que amansa a las fieras, ¿verdad? Danos un ejemplo de un manso órfico.

B — En el Manso Berenguer los mansos cuidan y educan a los niños sanos durante la edad genital; preparan y entrenan a los postulantes a la humillación 19.ª; hacen gozar a los socios de la OMAG (los que han bajado a la humillación 3.ª, por lo menos, pero no tienen los demás requisitos necesarios para postular)...

Q — ¿Qué hacen además de practicar el amor y la mansedumbre?

B — a) Cultivan la tierra mansa y amorosamente.

b) Ejercen una profesión: pedagogía, ingeniería, medicina, economía, publicación, derecho y sociología.

c) Estudian e investigan en disciplinas relacionadas con la profesión que ejercen.

d) Practican un arte u oficio manual: carpinteros, albañiles, mecánicos, pintores, escultores, etc.

e) Se ocupan de los quehaceres domésticos.

f) Cantan, bailan y/o tocan un instrumento musical. Casi todos los mansos dedican parte de su tiempo a cada una de las seis actividades mencionadas.

Q — ¿Permanecen en el manso durante todo el año?

B — Los hay que sí y los hay que pasan varios meses fuera ejerciendo su profesión y/o su oficio.

Hay previsión, orden, organización pero también hay libertad, espontaneidad, improvisación.

Q — Aunque el número de mansos que viven en Manso Berenguer varíe, danos una idea aproximada del número de residentes.

B — Fijos hay dos esclavos akrónicos que hacen las labores más desagradables y trabajan, ruegan y meditan mientras los demás gozan.

Hay cuatro siervos de la humillación 21.ª o pedagogos que enseñan a unos 128 postulantes y a unos 256 niños de la edad genital.

Hay unos 128 siervos de la humillación 19.ª que se recrean, sirven de modelo a los postulantes, educan a los 256 niños y hacen gozar a los socios o compañeros órficos de la OMAG: unos 512 que residen casi todo el año en Manso Berenguer y otros tantos que van allí a pasar novenas, cuaresmas y trimestres. En resumen, hay casi siempre más de mil personas que viven en el Manso Berenguer; y, casi nunca, hay más de dos mil.

Q — ¡Qué lástima que haya que humillarse tanto para llegar a ser admitido en una compañía órfica! ¡A mí me gustaría ser compañero manso en Manso Berenguer!

N — ¡A mí me gustaría ser compañera!

B — ¡Llegar a ser compañero! ¡Estar acompañado y acompañar a los demás! ¡La alegría del compañerismo y el goce excelso de la compañía! ¡Sentirse persona individual completa siendo sólo una pequeña, minúscula parte de una persona colectiva viva y total, física y moral!

¡Recibir las caricias, besos y abrazos de nuestra sierva Pareja y transmitirlos silenciosamente a nuestros vecinos que van cambiando a medida que van recibiendo nuestra ternura y cariño y devolviéndonoslo con creces sintiendo así crecer en nosotros nuestra riqueza sentimental-sensacional a medida que se consuma la unión del espíritu y la carne en el connubio de la Organización Órfica que va tomando vida propia, organizada, cuando las células silenciosas, calladas, amorosas, dulces y tiernas se conjugan, permutan y combinan unas con otras formando un órgano consciente de su participación orgánica en el Cuerpo Universal cuya alma o centro orgánico es siempre El Mismo!!!

Q — ¿Quieres decir que en una fiesta órfica akrónica te sientes satisfecho no siendo más que parte de una persona colectiva sin menoscabo de tu integridad como persona individual?

B — Esa es la experiencia cardinal de la sacralización sexual: la unión mística del alma con el cuerpo y de la carne con el espíritu, o, en términos más imprecisos la unión del Id con el Superego cuando el Ego está callado, silencioso, adormecido.

N — El Ego es intelectual y por lo tanto verbal. Se encalabrina con la polémica. Separa los unos de los otros, los nacionales de los extranjeros, los correligionarios de los adversarios, los amigos de los enemigos, los buenos de los malos y, en resumen, no se puede razonar sin separar los conceptos que luego se proyectan sobre los individuos separando los unos de los otros.

Q — Quizá por eso la juventud moderna ha puesto de moda el ensordecer el cerebro con esos horrendos ruidos estruendosos que llaman «rock-musicals»...

N — Sí. Y también se abandona al vértigo de la velocidad y devora estupefacientes para quedarse estupefacta y no razonar ni buscar más la razón de la sinrazón que a la razón de la juventud hacen los idólatras del mundo adorando esos falsos dioses llamados «Ideologías» y «Naciones» que, dominadas por sus vampiros llamados Partidos y Estados Soberanos, se nutren de la sangre de la juventud a la que sacrifican endoctriándola ya desde la niñez para odiar a los enemigos y morir matándolos.

B — Por eso la polémica se deja fuera del Hogar Órfico con los zapatos sucios de la porquería de la calle. Y con el baño y el examen profiláctico se dejan las rivalidades. Y entonces con los cantos, bailes y silencios colectivos se relajan los músculos, se diluyen las tensiones, se disipan las ansiedades... hasta que con los abrazos, besos y caricias de los siervos órficos se acalla la hostilidad y se pierde el miedo.

Por viejo y solo que uno sea, ya no se siente solo ni desamparado. Lo aceptan, lo aprecian y lo quieren tal como es; primero las Ninfas y los Faunos, las Oneidas y los Tritones, las Sílfides y los Arieles, las Vestales y los Adonis; luego le recrean los sentidos los bellos y jóvenes estudiantes, seminaristas, novicios órficos; mientras tanto en silencio y en la oscuridad abraza, besa y acaricia a sus vecinos como los siervos le han hecho antes a él.

Q — Comprendo que los siervos órficos deben ser jóvenes sanos, bellos, vigorosos, inteligentes y que deben realizar un profundo e intenso entrenamiento antes de profesar y bajar a la humillación 19.ª para ejercer sus funciones maravillosas en favor de los desventurados socios o compañeros de la Orden Militar del Gozar. Pero, ¿por qué no se admiten como socios más que a los que ya se han humillado a la 3.ª degradación, por lo menos?

B — Sencillamente, porque si uno no se humilla hasta la 3.ª degradación no puede recibir la ternura y el cariño que le dan los siervos de la 19.ª ya que desconfía de ellos, y la desconfianza repele los favores que nos hacen nuestros prójimos. Si desconfiamos del prójimo, sospechamos que sus favores son interesados y tienen un motivo ulterior perjudicial para nosotros. Esta es la situación normal y corriente en nuestra sociedad. Si nos dan algo creemos que es para recibir algo que vale más. Es inconcebible para nuestra sociedad que una joven bella (o un joven guapo) haga el amor a uno que no es ni joven ni bello desinteresadamente, como la Benigna de Pérez Galdós se entregaba al mendigo ciego, viejo y repugnante.

N — ¿Pues, por qué hace el amor a un viejo una ninfa órfica de la humillación 19.ª?

B — Por misericordia. Por compasión. Y lo curioso es que al hacerlo goza plenamente: *Goza haciendo gozar al prójimo.* Así hemos definido la situación o estado de la humillación 19.ª

Pero yo debo darle mi entera confianza a la ninfa, oneida o sílfide que me hace gozar. Si desconfío de ella no la puedo gozar plenamente. Y si luego desconfío de mis vecinos compañeros no se puede consumar la comunión carnal-espiritual de los congregados y la Congregación se disgrega.

Q — Pero, ¿no basta el querer hacer el bien al prójimo tal como nos has explicado al hablar de la primera humillación?

B — No. No basta. Una cosa es querer hacer el bien al prójimo (1.ª humillación). Y más profunda es la humillación 2.ª, que consiste en no querer hacer mal a nadie, ni siquiera a nuestros enemigos. Pero tampoco basta.

Por mucho que yo quiera hacer el bien al prójimo, eso no implica necesariamente que yo quiera que el prójimo me haga el bien a mí (que es la tercera humillación) que significa mi firme voluntad de que el prójimo sea igual a uno mismo, o sea querer al prójimo tanto como a sí mismo.

Tampoco me basta la segunda humillación, pues el no querer hacer mal a nadie, no implica querer que el prójimo tampoco quiera hacer mal a nadie.

Sólo la tercera humillación me prepara para la comunión y ayuntamiento con los congregados: Querer para el prójimo lo mismo que quiero para mí y no querer para el prójimo nada que no quiera para mí. Por eso sólo los que nos hallamos actualmente en la 3.ª humillación o más abajo, podemos comulgar con la congregación de la Orden Militar del Gozar ya sea en una Compañía Órfica de (aproximadamente) 128 socios compañeros, 16 estudiantes katecúmenos y una Pareja Órfica, ya sea en cualquier otra cantidad de congregados desde los hogares de varias parejas de compañeros que se hallan esparcidos por muchas partes hasta las congregaciones máximas como las del pleno Manso Berenguer que reúne casi dos mil personas.

Q — Y en el Manso Berenguer, por ejemplo, ¿todos los congregados son humildes que se han bajado por lo menos a la 3.ª degradación?

B — Sí, incluso los niños pues las humillaciones akrónicas de los adultos corresponden a las edades de los niños de crecimiento carnal-espiritual óptimo. En el Manso Berenguer no hay niños menores de tres años, ni otros niños ni adolescentes cuyo desarrollo se halle detenido o retrasado y hayan separado ya su alma de su cuerpo. Pero la edad genital de los niños es la más apropiada para la convivencia en un Manso Órfico.

92
MANSO OLAGUER (un «Kotolengo»)

Q — Y con los niños cuyo ego ya haya separado el alma de su cuerpo del cuerpo de su alma, ¿qué se hace?

B — Los que ya han perdido la alegría del vivir y el goce inocente de comunión carnal-espiritual se transfieren a un Manso Órfico, como el Olaguer, servido por humildes de la degradación 20.ª que saben aliviar, consolar, curar el dolor. Son pedagogos, médico-psiquiatras que alivian el dolor de los desventurados que no se han rebajado hasta la humillación 3.ª y que, por lo tanto, no son capaces de integrarse en una Congregación Órfica.

N — Ese es el caso de la inmensa mayoría de jóvenes y viejos, varones y mujeres, nacionales y extranjeros incluyendo a muchos hippies y «drogaditos», clérigos y seglares...

B — A medida que se rebajen más siervos akrónicos a la degradación 20.ª (les llamaremos esculapios), se irán aliviando más desgraciados ya sea en Humania misma (pues en todas partes cuecen habas) y en las Universidades, Mansos y Quadras akrónicas esparcidas por el mundo.

Q — Es una morada profundísima la del que dedica su vida entera a aliviar el dolor de su prójimo.

N—Así parece. Las ninfas y faunos akrónicos de la humillación 19.ª, reciben el agradecimiento, apreciación, confianza, admiración, devoción y hasta adoración de sus beneficiados por lo menos, pero los esculapios de la degradación 20.ª tratan con gente desagradecida, hostil, agresiva, suspicaz, desconfiada, execrable. ¡Ya casi no hay servidumbre más profunda que la del esculapio órfico y akrónico ya que si no me engaño, la sociedad llamada cristiana les suele llamar brujos, hetairas... putas!

Q —¡Las Santas Isabel de Ceres y Magdalena nos valgan!

B —Pues todavía hay una servidumbre más profunda en Akronia: la 21.ª de los que saben enseñar a gozar haciendo gozar al prójimo. Son las hadas y los magos que saben transformarnos la pobreza en riqueza, la fealdad en hermosura, la debilidad en fortaleza, la enfermedad en salud, el vicio en virtud, la cobardía en valor. Son los que nos inspiran el bien.

N—Y sin embargo los siervos no son más que funcionarios akrónicos de Eureka.

B —En efecto, la autoridad akrónica la ejercen exclusivamente los esclavos voluntarios. Desde la primera autoridad que es la de los padres sobre los hijos que en las instituciones akrónicas la ejercen los esclavos castos de la degradación 22.ª, hasta la última autoridad que la ejercen los últimos esclavos del Nadir.

Q —Háblanos de los esclavos voluntarios.

93
LA ESCLAVITUD AKRÓNICA

B —Poco puedo yo deciros de la esclavitud akrónica. Sólo por sus frutos los conozco.
Personalmente no soy más que un SSS; «un su seguro servidor» que no ha descendido más abajo de la humillación 3.ª aunque soy visitante o postulante de otras humillaciones más bajas. Lo que voy a deciros es de oídas y puedo estar equivocado sobre todo al tratar de la askesis, katarsis, purgación, cuaresmas o ayunos de cuarenta días y demás que supone el descenso a la esclavitud akrónica o liberación defini-

tiva del egocentrismo en todas sus formas de egoísmo, egolatría, egotismo y perturbaciones, proyecciones, temores, ilusiones, desilusiones, apegos, despegos y demás «ad infinitum».

De lo que estoy seguro es de los frutos: EL JÚBILO que irradia el esclavo akrónico. La Confianza que uno tiene de que no le defraudará y de que nos perdonará a pesar de todas nuestras faltas, excesos y defectos. La paz y la tranquilidad que uno siente a su lado. El esclavo akrónico es como un padre o una madre con el que podemos contar siempre y que sabemos que nunca nos abandonará.

El esclavo akrónico no nos manda ni nos dice lo que tenemos que hacer. Nos ayuda a descubrir lo que realmente queremos hacer y nos ayuda a hacerlo.

Cuando estamos tristes, el esclavo akrónico nos pone alegres.

Cuando estamos llenos de dudas, el esclavo akrónico nos da la fe.

Si nos hallamos desesperados, nos infunde la esperanza.

Si le hemos ofendido nos perdona.

Hace desaparecer la discordia entre nosotros y establece nuestra unión.

Cambia nuestro rencor en misericordia y nuestro odio en amor...

Q — Repites la oración de San Francisco de Asís...

B — Evidentemente un esclavo voluntario. Se hizo voluntariamente esclavo del Hijo del Hombre y así se venció a sí mismo llegando a conocerse...

N — Y «se quedó balbuciendo, toda ciencia trascendiendo»... ... ...

Q — Explica la diferencia entre los siervos y los esclavos.

B — Los siervos akrónicos son los que saben PENSAR, SENTIR, HABLAR, ESTIMAR, MANDAR, GOZAR plenamente enriqueciéndose y poseyendo la plenitud óptima de sus facultades ya en el primer rellano o plano de cada orden. Y en el segundo llegan a la plenitud del ser dando libremente en oblación todo cuanto en el primero han conseguido. Y en el tercer escalón entregan su ser así realizado para trascenderse. Mejor dicho, el practicante de un grado o degradación, la va trascendiendo a medida que la práctica. En cada orden, a medida que se profundiza cavando o practicando la facultad que es enfoque de la orden, se llega a una profundidad mayor. El practicante o cultivador del primer grado o de posesión llega a la plenitud de la posesión al profundizar o humillarse —librarse de su propio egoísmo— hasta el segundo grado y a medida que se cultiva y perfecciona esta facultad se va desprendiendo de ella entregándola y así llega a la plenitud del ser que alcanza al bajar al tercer grado, el más profundo de la orden que representa la plenitud del ser que es capaz de enseñarla, pues para enseñar plenamente, hay que ser, morir y resucitar en los discípulos. Las degradaciones 6.ª, 9.ª, 12.ª, 15.ª, 18.ª, 21.ª son las prácticas actuales o akrónicas de la plenitud del ser a la cual se ha bajado por el enfoque o escalera del pensar, sentir, decir, estimar, mandar, gozar respectivamente; y, esa plenitud del ser que es el enseñar o trascenderse llega un momento, en algunos casos, que se desvanece en la nada. Y esa degradación hasta perder el ser en la nada por amor al prójimo constituye la esclavitud akrónica.

Q — Poseer la plenitud de las facultades... Poseer nuestras posesiones, que decía Rufus Jones citando el Eclesiastés... O enriquecerse, que dice Jordi Llimona... O el «TENER Y SER» de Gabriel Marcel... La plenitud del ser... El YO universal que se refleja en cada yo personal... Y la trascendencia final, el desvanecimiento de todo en la nada... Palabras y más palabras. ¿No tienes algo más concreto y más sencillo para explicarnos lo que quieres decir con esclavitud akrónica?

B — Es la compañía en la soledad. Se halla en estado de esclavitud akrónica el que se siente felizmente acompañado cuando está solo. Se manifiesta por la castidad tranquila, alegre y confiada. Una castidad que se funde en una caridad o ágape tal como la describe San Pablo.

Es el caso típico que muchos cristianos vemos en la Esclava del Señor, la Madre de Dios Nuestro Señor Jesucristo, la Virgen María.

A juzgar por el fruto de su vientre, Ella es la Última Autoridad, la Última Esclava, la más humilde o HU-

MILIOREST. Esto es sólo una interpretación mía personal o de los que comparten mi fe. Las OMA no interfieren con las creencias de cada cual. Hay muchas otras simbologías que las integran.

Q — Así el primer fruto de la esclavitud akrónica o por amor al prójimo son las Órdenes Akrónicas de siervos y servidores. Luego el segundo fruto producido por la conjunción de esclavos-autoridades lealmente obedecidas por siervos-funcionarios es Humania o país pacífico, alegre y confiado que sirve de ensayo o laboratorio al servicio de la humanidad con su Agora para intercambio de casi todas las opiniones del mundo, su Akademia para relacionar casi todos los conocimientos humanos, su Ciudad Universitaria con más de dos millones de alumnos relacionada con la Ciudad Militar del Trabajo o Ciudad Industrial con más de dos millones de soldados-obreros-estudiantes de donde irradian y se propagan las ciudades universitarias, los mansos, las quadras o amfitectonías, las hermandades, los hogares «ayuntamientos» y demás instituciones akrónicas que se van extendiendo por el mundo y que en cuarto fruto producirá Eureka con el desarme universal, que es el Estado de la Humanidad en su conjunto; Estado de Derecho y de Hecho que pondrá fin al caos internacional de las Grandes Potencias incapaces de librarse del engranaje que la carrera de armamentos, los abusos y violencias han encadenado. Los gobiernos, la economía y la vida de las Grandes Potencias están prisioneras de sus armamentos que oprimen, explotan y amenazan con la destrucción a todo el mundo.

N — En otras palabras quieres decir que Akronia no es una organización religiosa sino política. Quieres decir que los santos, yogas, gurús que antaño se retiraban a la ermita, en el desierto o se encerraban en el convento, deben organizarse políticamente para salvar la humanidad con la fuerza espiritual que poseen y que los hombres de buena voluntad como tú y como yo los seguiremos y obedeceremos por encima de las otras autoridades nacionales pues ya estamos fritos de que nuestros gobiernos nos manden matar a otros seres humanos que hoy llaman enemigos y ayer llamaban amigos y de que nuestras escuelas falseen la

Historia para glorificar la nación y entrenen a nuestros hijos en la violencia para llevarlos al matadero de guerras y revoluciones. Debemos organizarnos obedeciendo a los que se han hecho esclavos de la virtud por amor al prójimo y a la humanidad. Y el momento de hacerlo es ahora...

Q — Porque ahora, cuando estamos despiertos o conscientes, somos libres para amar al prójimo y en cuanto nos separamos del AHORA, nuestro pasado (memoria-karma) y nuestro futuro (imaginación-deseos y temores) nos dominan.

B — Ahora somos libres para amar al prójimo o no amarlo.

N — Amarle por eso y por aquello...

Q — Amarle a pesar de eso y de aquello.

B — En términos cristianos, amar al prójimo es la prueba de que se ama al Dios verdadero y no a un Idolo llamado patria, ideal, revolución o dinero, placer, prestigio.

Q — Bien. Hemos logrado, a fuerza de paciencia y simpatía, entender algo de tu torturada nomenclatura. Llamas «ESCLAVOS AKRÓNICOS» a los que VOLUNTARIAMENTE se hacen esclavos de la virtud. O sea que realizan lo que no es más que un querer, propósito e intención sincera: hacer el bien al prójimo, no hacer mal a nadie y servir a la clase de vida llamada humana o HUMANIDAD en su conjunto, transmitiendo el propósito y enseñando a hacer bien al prójimo y no hacer mal a nadie.

B — Eso es. Eso es lo que distingue el esclavo akrónico, católico o universal de los héroes que como Santa Juana de Arco y de Michelet, y la Guardia Civil Española lo han dado todo por una patria ya se llame Francia ya España.

Por el contrario, los esclavos akrónicos no tienen enemigos y se dan enteros a cada persona en particular (prójimo) y a la humanidad en general.

N — Pero para llegar a descender hasta la degradación 22.ª o de esclavo, no basta querer sino también precisa saber.

B — En efecto ya habéis visto que hay seis escaleras de tres escalones cada una y para llegar a humillarse hasta la degradación 22.ª de los esclavos hay que estar en las condiciones de servidumbre pedagógica de las degradaciones 6.ª, 9.ª, 12.ª, 15.ª, 18.ª o 21.ª...

N — O sea que hay que saber enseñar a

no pensar en lo que no se quiere pensar (4.ª degradación);

sentir lo que se quiere sentir (7.ª degradación);

no decir lo que no se quiere decir (10.ª degradación);

estimar a la persona que se desea (13.ª degradación);

no hacer lo que no se quiere hacer (16.ª degradación);

gozar haciendo gozar (19.ª degradación).

Q — Que viene a resultar que el siervo de la 6.ª es maestro del catecúmeno o estudiante de la 4.ª;

el siervo de la 9.ª enseña al catecúmeno de la 7.ª;

el siervo de la 12.ª enseña al estudiante de la 10.ª;

el siervo de la 15.ª enseña al estudiante de la 13.ª;

el siervo de la 18.ª enseña al estudiante de la 16.ª;

y el siervo de la 21.ª enseña al estudiante de la 19.ª

B — Así es, pero los siervos pedagogos son a su vez enseñados y dirigidos por sus esclavos inferiores.

N — Mucho han tenido que sacrificar los siervos akrónicos para ejercer su servidumbre y REALIZAR SU PROPIA PERSONALIDAD librándose de los vicios o hábitos de obral mal que los atenazaban y sojuzgaban: pereza, acedia, distracciones, diversiones todas sacrificadas por los de la Orden del Pensar.

La gula, con todos sus refinamientos, ha sido sacrificada por la Orden del Sentir.

La ira se ha sacrificado en la Orden del Decir.

La lujuria, sacrificada en la Orden del Estimar-Desear.

La envidia y sus congéneres, sacrificadas en la Orden del Gozar-Curar.

Ahora al bajar a la ESCLAVITUD ¿tienen también que sacrificar el mérito, el sentido interno de satisfacción por haber cumplido con su deber y haberse sacrificado abnegadamente por el prójimo y por la humanidad?

B — Sí señor. Lo que hace el esclavo akrónico no lo hace por su propia voluntad, ni se atribuye mérito alguno por lo que ha hecho, ni por lo que hace, ni por lo que hará. Pero ello lo hace con GOZO, ALEGRÍA, DELICIA, FELICIDAD y la Paz que nace del amor al Hijo del Hombre y a los hijos de los hombres. El esclavo akrónico es como una gota de agua que sin dejar de serlo, se siente integrada en el mar infinito. Cada uno de los actos del esclavo akrónico está lleno de sentido porque está hecho por amor a todos los hombres: varones y mujeres, jóvenes y viejos, niños y ancianos, guapas y feas, verdaderos y falsos, buenos y malos porque todos son como hijos de uno y uno se siente hijo de todos.

Parece ser que el esclavo akrónico ha encontrado la felicidad en este mundo porque nada busca para sí y se realiza completamente sirviendo al prójimo y trascendiéndose en el conjunto humano y universal de que forma parte. Su voluntad es la voluntad del verdadero ser, la voluntad universal: *Siente la armonía en su vida.*

Q — Por eso hay tan pocos esclavos akrónicos y no han podido todavía formar el EUREKA.

B — EUREKA es el Estado de Libertad Óptima en las condiciones y situación de 1974 a 1984. O sea la CIENCIA organizada y coordinada en la Akademia Akrónica de Humania puesta al servicio de la CONCIENCIA. Los hombres de ciencia, controlados por los hombres de conciencia, en lugar de hallarse prostituidos por el dinero y engañados por el poder político.

N — Luego la Ciencia Akrónica es como una Magdalena arrepentida.

B — Es cierto. Los científicos modernos se han dejado prostituir por el dinero y los honores en algunos casos. Pero lo peor ha sido la iniquidad y el engaño de los políticos que han utilizado sus descubrimientos, invenciones y sistematizaciones para servir a las soberanías de los Poderosos Estados Nacionales, esos falsos dioses que niegan la humanidad fuera de sus fronteras y la ponen al borde de la catástrofe.

N — ¡Hay que liberar a los científicos y a los eruditos de la inconsciencia que los domina, sometidos a los INCUBOS ESTATALES y a los SUCUBOS COMERCIALES!

Q — Pero, dices que incluso en Humania los hombres de ciencia pueden llegar a la academia, a la cátedra, al decanato y hasta a la rectoría sin necesidad de ser esclavos ni siquiera siervos, ni siquiera servidores.

B — Son dos dimensiones distintas como la longitud y la latitud. En la dimensión intelectual se puede ser un

Einstein sin tener escrúpulos morales de ninguna clase. En la dimensión moral se puede llegar a ser un Hermano Lorenzo, sin siquiera saber leer ni escribir.

N— Una tercera dimensión, la de los políticos, se aprovecha de los intelectuales y de los honrados para incrementar el poder de la Colectividad o Estado Nacional Soberano. Con lo cual la pobre humanidad queda escindida entre endiosados estados nacionales adversos, rivales enemigos cuya vida exige sacrificios de sangre humana de los héroes que mueren matando y matan muriendo para, en resumen de cuentas. defender la injusticia, la explotación, el abuso, la opresión de los unos por los otros.

B— EUREKA rompe el círculo vicioso al proclamar la supremacía de la Humanidad en su conjunto sobre cualquier parte de ella y establecer un Estado Universal de Reconciliación basado en la autoridad de los esclavos voluntarios que controlarán, liberándolos, a los eruditos y científicos que serán los legisladores de Eureka y a los siervos que serán los ejecutivos y administradores.

N— Y para llegar a ser esclavo akrónico hay que hallarse primero en estado de siervo pedagogo.

94
MADRES Y PADRES AKRÓNICOS

B — La primera autoridad akrónica es la de la madre y la del padre: la de los primeros esclavos akrónicos de la humillación 22.ª
La última instancia de la Autoridad Akrónica es la de los Últimos Esclavos sobre cuyo amor está edificado Eureka o el Estado Universal de la Reconciliación.

Q — ¿Por qué tienen que ser esclavos la madre y el padre akrónicos?

B — Para no condicionar el amor que rodea a sus hijos. El amor de la madre y del padre akrónicos son incondicionales. El infante de una familia akrónica, desde que nace o desde que se integra en la familia, sabe que le quieren incondicionalmente, haga lo que haga, diga lo que diga, piense lo que piense y que las aclaraciones, restricciones y correcciones que sus padres le imponen son para su propio bien.

Muchos padres libres esclavizan a sus hijos. Tienden a considerarlos como posesiones o apéndices suyos, continuación de ellos y de su nombre. Otros, inseguros, indulgentes, se lo permiten todo o los protegen excesivamente. Desde el consabido padre que casa a su hija con un rico que prácticamente se la compra por dinero, a la consabida madre que no deja que su hijo se case ni se independice, la familia ha ofrecido algo de amor y algo que no es amor.

Cuanto más amor verdadero acoge a un infante, mayores son las oportunidades para su felicidad, su realización y su contribución a la felicidad de su prójimo.

En todo padre y en toda madre hay amor a sus hijos y afán de dominarlos, de poseerlos, de usarlos y hasta de abusar de sus hijos. Amor y desamor. En unos más y en otros menos. Es una cuestión de relatividad.

Pues bien, los padres akrónicos, debido a su estado de esclavos voluntarios por amor, se hallan en condiciones de ofrecer el máximo de amor y el mínimo de desamor o dominio, posesión, utilización.

Q — El padre común y corriente se envanece de su hijo inteligente, bueno, hermoso, fuerte y se avergüenza de su hijo feo, débil, tonto, malo. Y como ni la vanidad ni la vergüenza son amor, sino desamor, perjudican tanto al uno como al otro.

N — Aquí viene la gran cuestión de porqué Yhavé se placía con los regalos de Abel, el pastor, y no le agradaban los de Caín, el agricultor, ¿por qué? ¿Le gustan a Yhavé más los vagos que los trabajadores?

Q — A Yhavé no le gustan los soberbios. Eso seguro.

B — Pero, sea como sea, Akronia no es una versión religiosa ni una doctrina filosófica. Es simplemente una POLÍTICA bien clara y definida en tres puntos: 1.º Hacer el bien al prójimo. 2.º No hacer daño a nadie. 3.º Confiar en la fuerza del bien y la justicia que existe ya latente o ya manifiesta en cada hombre.

Y la actualidad de esta política ahora y aquí conseguirá el Desarme Universal y el establecimiento de

Eureka. Y entre tanto ayuda a todos a ayudar a los menesterosos, desvalidos y afligidos.

N — Así, las familias akrónicas acaban por ser una especie de hospicios complejísimos, cibernéticos y electrónicos donde los esclavos de la degradación 22.ª se cuidan de los huérfanos y abandonados.

B — Hay familias akrónicas en los conventos de Humania, de las universidades y de los mansos akrónicos esparcidos por el mundo. Parte de los niños son en efecto huérfanos y abandonados. Otros proceden de los hogares órficos eugenésicos y otros de madres que prefieren entregarlos a Akronia.

Imaginad, nada más, tener una madre y un padre que te conocen perfectamente con tus faltas, errores, fracasos, excesos y defectos y a pesar de todo te querrán siempre y puedes confiar en ellos en cualquier momento. Tus abuelos te enseñarán ya el goce pleno de la vida y procurarán evitar el desgraciado divorcio entre el alma y el cuerpo. Luego la «Dida» o el «Didot» te ayudará a santificar el erotismo y a mantener vivos en armonía el matrimonio del alma del cuerpo y el cuerpo del alma. Y por fin vendrán tus padrinos a apadrinarte, a guiarte, a ayudarte, a acompañarte en la vida profesional, social y moral.

N — No hay duda de que muchas jóvenes desearán ser madres naturales para que sus hijos luego gocen de la familia akrónica.

B — Tanto más cuanto que su estancia en la sala eugenésica de obstetricia y tocología en las universidades akrónicas es gratuita y se mantiene la discreción según el deseo de la mujer encinta.

Q — Desde luego que es mil veces mejor la familia akrónica que la absurda institución de la adopción de criaturas inocentes según criterio de las agencias distribuidoras que ignoran totalmente el juego de las afinidades electivas.

N — Pero así y todo habrá las preferencias, las negligencias de los padres a los hijos y de los hijos a los padres. Aunque minimizadas, subsistirán las condiciones creadas por el pecado original que, desde Caín, han causado tantos fratricidios y homicidios.

B — La política de Akronia es la política del perdón y la reconciliación. Tanto sus resultados como su realización son relativos. El caso es preservar en el propósito original.

Q — En la familia akrónica la madre y el padre son esclavos, los abuelos, nodrizos y padrinos de sexo contrario son siervos órficos y los del mismo sexo son siervos de la Orden del Decir. El hecho de pertenecer a una familia akrónica no será un obstáculo para llegar a ser esposos y luego padres tal como los de la Orden del Estimar, ¿verdad?

B — Hay varios tipos de familia que coexisten en Akronia. Hay las familias agrícolas de Humania que cuentan alrededor de unos 64 miembros. Hay las familias múltiples de los Mansos Roger, Ting-Set, Tinc-Son, Ermengol con diversas modalidades pero todas a base del amor, la comprensión, el perdón con que cada uno trata sinceramente de aceptar a los demás tal como son y de ser aceptado tal como es sin fingimientos, orgullos, ni pretensiones.

Q — Con madres y padres adoptivos akrónicos es indudable que las ocasiones para el desarrollo sano y completo de sus hijos adoptivos se multiplican.

B — La madre y el padre akrónicos son los primeros esclavos akrónicos (los de la degradación 22.ª). Viven y se deleitan con sus hijos adoptivos a los que se dan enteramente y no exigen nada. Los celos, rivalidades, envidias y odios fraternales disminuyen considerablemente debido al carácter y personalidad de los padres y al crecido número de hermanos de la misma edad (15 hermanos maternos de la misma edad y 127 paternos). La justicia del padre y la misericordia de la madre son infalibles. Su autoridad respectiva, indiscutible. El padre es también el médico de cabecera, el juez, el jefe. El mayor temor de los hijos, sin embargo, suele ser el de hacer sufrir a la madre con su mala conducta. Son libres y muchos se dan cuenta de que su libertad óptima es el cumplimiento de su deber para con su prójimo por medio del cual se formarán llegando a ser plenamente lo que son. Desde su más tierna infancia ya queda claro cuáles son sus derechos y cuáles sus deberes. Saben que hay que cumplir con la Ley que es la forma del ser en el tiempo.

Q — Y esos conventos o escuelas familiares o familias

akrónicas se amplían por la aparición del abuelo
del sexo opuesto en la edad genital y el del mismo
sexo en la edad latente que son siervos de la Orden
del Gozar y de la Orden del Decir respectivamente,
¿verdad?

B — Sí. Cada individuo, a medida que va creciendo, se
entrega a más órganos familiares: es uno de los 16
hermanos maternos de sus edad —y otros de grupos
ya de 12 años—; uno de los 128 hermanos paternos;
uno de los 32 primos heterosexuales; uno de los 64
primos latentes y al llegar a la pubertad es uno de
los iniciados por una «Dida» o un «Didot», si lo desea, y luego del grupo apadrinado por su tutor o
maestro.

En una familia akrónica el contacto con el padre y
con la madre suele durar toda la vida ya sea en los
mansos y colegios de Humania o en los mansos y colegios esparcidos por el mundo. Con los abuelos, nodrizos y padrinos dura el contacto estrecho durante
los respectivos períodos. Padres, abuelos, nodrizos,
padrinos son los responsables de la educación moral,
básica y elemental de los hijos de Akronia.

95
VALORES SUPREMOS

N — Y me supongo que en lugar de la adoración a la diosa
nacional y al estado soberano que la domina les
enseñan la primacía y prevalencia de la Humanidad en
su conjunto sobre las naciones y estados particulares.

B — Es verdad. Pero lo más importante es el hombre concreto, de carne y hueso cuya vida, dignidad y felicidad prevalecen sobre las ideas abstractas y personas
jurídicas incluyendo la Humanidad. El establecimiento de Eureka no vale la vida de una sola persona. Por
eso no se impondrá el Desarme Universal hasta que
se pueda hacer sin derramamiento de sangre.

Q — ¿Un hombre concreto es más importante que la Humanidad?

B — Es el primer artículo de la fe de los akrónicos: servidores, siervos y esclavos. En los servidores (humil-

des de la 1.ª, 2.ª y 3.ª degradación) es un querer, una aspiración, una intención, un propósito. En los siervos (humildes de la 4.ª a la 21.ª degradación) es, además de un querer, un saber como hacerlo, una técnica eficaz, un poder eficiente basado en el dominio de sí mismo: victorias sobre el egocentrismo en sus diversos grados, dimensiones y profundidades. En los esclavos akrónicos es, además de un propósito firme y una técnica eficaz, una REALIZACIÓN.

Los esclavos akrónicos son los que verdadera y actualmente hacen el bien del prójimo, no hacen mal a nadie y confían en el BIEN que hay en todos los hombres, incluso en los enemigos.

N — Pero esa doctrina de la primacía del hombre o persona real sobre el ideal o persona jurídica, entraña una revolución inaudita, inconcebible. Equivale a decir que un Nixon es más importante que USA, o que la vida de un delincuente es más importante que el imperio de la ley, el orden y la justicia.

B — En efecto, la vida de Richard Milhous Nixon es más importante que la vida de USA porque la primera es una vida real y la segunda vive sólo en el pensamiento de los que creen en ella.

Pero esa regla de la primacía de la persona individual, no impide el gobierno de la ciudad ni del estado puesto que el gobernante actúa como el buen padre de familia que descubre los engaños de su hijo (aunque sea el Presidente o se haga pasar como gobernante por la Gracia de Dios). Le amonesta e invita a enmendarse y, si es necesario, le pone a buen recaudo para impedir que mate o haga matar, engañe, explote, oprima o abuse de sus hermanos. El buen Padre quiere a todos sus hijos por igual: inagotablemente. Cura a los enfermos o peligrosos con baños de verdad, bálsamos de luz, néctar de perdón y ambrosía de amor. El Padre quiere tanto al pigmeo como al hotentote, al «gugk» como al «spick», al musulmán como al hindú, al árabe como al judío, al católico como al protestante, al budista como al taoísta, al ateo como al teísta, al marxista como al anarquista, a San Pedro como a San Pablo, al circunciso como al incircunciso, al que escribió el Apocalipsis llamado de San Juan arrojando volcanes de odio sobre San

Pablo, como a Santiago el Mayor que ya mandaba sus brigadas de misioneros contra los partidarios de San Pablo antes de montar en el caballo blanco para ir a matar moros.

Q — Entiendo que el pacifismo de Akronia o de los esclavos akrónicos es algo sumamente activo, fuerte y valeroso que se opone enérgicamente al homicidio, al engaño, a la operación, a la explotación, a la injusticia, al abuso.

B — Por eso son esclavos akrónicos las autoridades de Eureka. Para el que no se hace voluntariamente esclavo de la Virtud, la autoridad constituye una tentación invencible para usar y luego abusar de los prójimos. Dicen que el que escribió la segunda Epístola de Pedro, no era Pedro; ni el que escribió la Epístola de los Hebreos, era Pablo. Los Padres de la Iglesia reñían como gatos y perros. Los cristianos de la Reforma y los de la Contra-Reforma se mataban unos a otros inhumanamente. ¿Cómo se atrevieron, unos y otros, a llamarse cristianos? Los resabios de tal «cristianismo» todavía se pueden constatar hoy en el Ulster.

En cuanto el hombre tiene autoridad sobre otros QUIERE SIEMPRE TENER RAZÓN Y DA LA CULPA A LOS QUE SE LE OPONEN..., a menos que sea uno esclavo voluntario...

Q — No llegas a precisar este concepto de esclavo voluntario o esclavo akrónico...

B — Cada cultura tiene su propia nomenclatura...

N — Y los que tratan de constituir la Torre de Babel, no se entienden...

B — Hay el lenguaje de las flores, que usa Doña Rosita. El lenguaje de los gestos, de las actitudes, de los abrazos y de los besos, caricias y comuniones que practican los Órficos o de la Orden del Gozar.
Hay el lenguaje de las lágrimas, de los ojos, del corazón, de la compasión, de la misericordia y de la caridad que es el lenguaje de los esclavos akrónicos...

N — Así los esclavos akrónicos son los que lloran por compasión...

B — Y los mansos, los justicieros, los perseguidos, los pacifistas...

Q — Los puros, los misericordiosos, los pobres de espíritu...

B — En otras palabras, los esclavos akrónicos son los que ACTUALMENTE SE NIEGAN A SÍ MISMOS Y CUMPLEN CON SU DEBER ABNEGADAMENTE POR AMOR AL PRÓJIMO, aunque su prójimo sea feo, repugnante, asqueroso, falso, inicuo, engañador, cruel, malicioso, envidioso, vengativo, rencoroso, vanidoso, avaro, orgulloso, arrogante, soberbio...

Q — ¿Existen personas capaces de amar hasta a los feos, a los repugnantes?

B — Las hermanas de la Caridad y las madres a sus hijos desgraciados... Las Gracias y los Héroes; las Musas y los Campeones; las Hadas y los Magos; los Arieles y las Sílfides; las Vestales y los Genios; las Ninfas y los Faunos; las Oneidas y los Tritones de la Orden del Gozar...
Todavía los siervos órficos son capaces de hacerlo. Pero para amar a los malvados, al hombre inicuo y engañador, al ENEMIGO, hay que bajar hasta la profunda esclavitud del ego...

Q — ¿La degradación 22.ª, la de las madres y los padres akrónicos que aman a los hijos que no son suyos aunque sean repugnantes, falsos y malvados?

B — Eso es. Hay Esclavos akrónicos actualmente en todas las instituciones humanas que duran y perduran empezando por la familia y el sacrificio estable y duradero de la madre y/o del padre para los hijos. La del cura de Ars para su parroquia. La de Francisco de Asís para la Humanidad, la de Ignacio de Loyola para la Iglesia y la de tantos y tantos esclavos anónimos gracias a cuyos sacrificios y abnegación en el cumplimiento del deber subsisten las instituciones humanas.

N — Es la Caballería Andante, gracias a la cual la Justicia renace, como el Ave Fénix, de sus propias cenizas.

B — Akronia, simplemente, organiza en un nivel VITAL, subverbal, subdoctrinal, subsensorial, pero existencial, a los esclavos akrónicos dirigiendo a los siervos y servidores akrónicos y conectando y sintetizando la ciencia y demás conocimientos; controlando las técnicas del poder que la ignorancia, la estulticia y la envidia de los sabios inventores y descubridores han ido entregando a los gobiernos de los Estados Nacionales Soberanos condenados por su misma constitución o pecado original a destruirse unos a otros en guerras y revoluciones violentas y en explotaciones y dominaciones inicuas y engañadoras.

N — ¿Quieres decir que los Einstein, Teller, Oppenheimer, Fermi y compañía fueron hetairas y mozas de partido que entregaron sus encantos a una persona jurídica o ficticia: «USA», que en realidad estaba sojuzgada por los rufianes, macarrones o gobernantes de turno, que andando el tiempo llegaron a ser usufructuados por gentes de tan alta calidad moral e intelectual como el Lyndon Johnson y el Triky Nixon... Y otro tanto sucedió con los sabios que entregaron sus encantos, inventos y descubrimientos a la URSS, y demás de la Corte Infernal que adoran al Príncipe del Mundo llamado Lucifer?

Q — Sin embargo dichos sabios que se entregaron a sus «patrias» y a sus «ideales» respectivos son gente leal, abnegada, justa, buena y los funcionarios militares y civiles que sirven a los Poderosos Estados Nacionales del mundo son los mejores de sus ciudadanos y sujetos.

B — Sí. Ellos son gente excelente, noble, justa, valiosa, eficaz, ilustre, eminente... La lástima es que adoran a una diosa particular (llamada patria o ideología) sinecdótica que les enfrenta con otras de su mismo calibre y condición haciendo la guerra finalmente inevitable.

Q — ¿Quieres decir que toman la parte (su patria o su ideal) por el todo, la Humanidad?

N — Y aunque gente muy justa y muy buena en otros aspectos, en cuanto se les toca el patriotismo o el idealismo (marxismo, anarquismo, etc.) se vuelven como locos furiosos y son capaces de matar y hacer matar a los que no piensan como ellos o consideran enemigos que ponen en peligro a su patria.

B — Sí señor. Son los buenos, los justos, los honrados, los nobles los que hacen las guerras y las revoluciones violentas.

N — Ya dice Lanza del Vasto, con mucha razón, que toda guerra es doblemente justa: justa por ambos lados. Ningún gobernante, ni jefe, ni general es capaz de motivar a los soldados diciendo que van a hacer una guerra que no es justa ni es necesaria.

Q — La guerra casi siempre se hace para conseguir la paz..., por medio de la victoria.

N — Por eso los sabios, los héroes, los nobles, los artistas ponen su arte, su nobleza, su heroísmo, su ciencia al servicio de la patria y de la ideología... Y luego la patria llamada F. tiene miedo de la patria llamada A. que a su vez tiene miedo de la primera y, en resumen de cuentas, la ciencia y la técnica, la nobleza y el heroísmo han servido para que más hombres maten a más hombres con mayor eficacia.

B — ¡Qué duda cabe que los Einstein, los nobles, los justos se pondrán al servicio de la Humanidad en su conjunto en cuanto sepan de la existencia de EUREKA, el Estado Universal de Reconciliación, pues es Eureka quien mejor protegerá la paz y el bienestar de la patria de cada cual y de sus instituciones preferidas en cuanto se armonicen con los intereses de todos los hombres en general!

Q — Luego la Akademia Akrónica coordina y sintetiza los conocimientos conseguidos hasta la fecha, abriendo nuevos cauces a la investigación, al análisis y al progreso.

N — Luego, Akronia no cree que el progreso material sea enemigo de la vida espiritual, ¿verdad?

96
LA CIOTAT

B — El progreso técnico es una espada de dos filos. Del repugnante, maloliente y peligroso a las hormonas, la bio-química, la electrónica, la neuro-psiquiatría y la sofrología pasando por la cibernética y la fusión intraatómica pueden servir para aliviar el dolor, curar las enfermedades, auxiliar a los desvalidos, dar de comer a los hambrientos, regenerar a los degenerados, consolar a los afligidos, alargar la vida y hacerla más llena, significativa y fructífera..., o bien por todo lo contrario: para sembrar la iniquidad, el engaño, la hipocresía, la ignorancia, la superstición, el fanatismo, la desolación y la muerte.

Q — Es cierto que el llamado «progreso» ha producido esos monstruos infernales que se llaman las megápolis modernas que antaño fueron «albergue de cortesía» para damas y caballeros, artesanos y clérigos, juglares y comediantes... Y hoy día se han convertido en antros de salvajismo dominados por monstruos putrefactos de cuatro ruedas que atropellan a los transeúntes y con sus amenazas estruendosas y sus pedos nefastos, destierran a los ciudadanos de la ciudad y la convierten en campo de batalla incesante entre artefactos rodados arriba y abajo sin otro objetivo aparente que martirizar a la gente y darle un anticipo de los infiernos adonde parecen condenados todos.

B — Pero gracias al progreso, en una etapa más avanzada, se ha construido la Ciotat de Humania, de un radio de una milla, cuyas plazas, canales, rondas, avenidas, calles y bulevares son paseos llenos de árboles y flores donde la gente se pasea con calma, entre el lujo y la voluptuosidad cortés, gentil, refinada. Sin otro tránsito rodado en la superficie que el de los tapices circulantes y los cochecitos de golf de los impedidos o convalecientes. Gracias al progreso no hay ya ni motores de explosión ni contaminación de la atmósfera. La energía eléctrica, resultado de la transformación y de la fusión atómica; la cibernética y la electrónica han saneado la industria, automatizado las fábricas y las han separado de la residencia de la Ciotat. Subterráneo en el tránsito de carga, los servicios y la hignene de modo que ni los escombros ni la basura afean los paseos. Por el aire hay el tránsito urgente: ambulancias, policía, bomberos, etcétera. Es la Ciotat donde la gente vive alegre y confiada, como en la «belle époque» pero sin miseria ni suciedad y con un porcentaje de delincuencia que es inferior al 1 % del de los USA.

No se ven esos monstruos de metal corriendo desesperadamente de un lado a otro; transportando prisioneros de su velocidad y potencia a los homúnculos prisioneros que los tripulan encadenados a su «automóvil» física y mentalmente.

Q — Es cierto que las ciudades modernas ya no son para la gente sino para los coches y camiones. Muchos pueblos americanos ya se construyeron alrededor de la estación de gasolina. Mientras que en los pueblos europeos, el motor de explosión explota en el interior de la ciudad y ahuyenta a la gente.

Ya no se puede vivir sin el coche, sin el carro, sin la máquina. Se vive por el coche, en el coche, con el coche, para el coche. Y las ciudades se van deshumanizando...

Europa se ha barbarizado. Se va llenando de fealdad, de peligros, de hedores, de tristeza, malhumor, ansiedad, disgusto...

N — Y algo casi tan malo o peor ocurre en Oriente: de la China a la URSS la gente se va robotizando... Paulatina, «paulovianamente» se va deshumanizando...

Ya antes de las explosiones termonucleares y las plagas bioquímicas que tanto dinero cuestan a los USA, URSS y congéneres, las megápolis van tomando la forma de cementerios con sus nichos en los rascacielos... y los gusanos metálicos corroyendo sus entrañas.

B — Sí, la Ciencia y su hija la Técnica se han prostituido entregándose a los gobernantes y a los financieros, han producido el desbarajuste catastrófico y la deshumanización del mundo moderno anunciando la abominación de la desolación. Pero, esa misma ciencia y esa misma técnica casadas, leales y obedientes de los esclavos y siervos akrónicos han sido redimidas y consagradas sirviendo a la Humanidad en su conjunto.

El conjunto de conocimientos humanos coordinados y sintetizados hasta la fecha, o sea la Akademia Akrónica, constituye también el Senado, que ejerce la función legislativa canalizando los deseos y aspiraciones concretos de los ciudadanos manifestados en el Agora de Humania, diariamente de palabra y por escrito y computando electrónicamente los votos emitidos sobre los problemas que tiene planteados Humania y que serán los problemas de la Humanidad entera una vez realizado el Desarme Universal y proclamado Eureka.

Q — ¿Los científicos serán los legisladores de Eureka?

B — Los ciudadanos —todos los hombres— expresarán siempre que quieran sus opiniones y deseos sobre los problemas pendientes: lo que quieran que se haga. La Akademia Akrónica nos dirá lo que se puede hacer de acuerdo con las circunstancias, cuyas conclusiones ultimarán los 16 ultimados esclavos de la degradación 30.ª:

Cuatro desde el punto de vista conservador; cuatro del liberal, cuatro del reaccionario; cuatro del radical. Se entiende por conservador el que quiere conservar lo bueno que hay en el estado; por liberal, el que quiere implantar cosas buenas que no hay o mejorar las que hay; por reaccionario, el que no quiere que se implante nada malo; por radical, el que quiere eliminar o extirpar lo malo que hay en el estado.

Cuatro desde el punto de vista económico, cuatro desde el punto de vista jurídico, cuatro desde el punto de vista administrativo y cuatro desde el punto de vista político.

Los 16 ultimados presentan sus dictámenes al Círculo Legislativo —de los 33— que decide sobre la ley propuesta y su promulgación.

Q — Así Eureka será gobernado por esclavos científicos, ¿no?

B — La función legislativa, que se subdivide en varias otras: informativa, investigativa, deliberativa, verificativa, experimental, etc., no requiere más esclavitud que la de los 16 ultimados. Los demás legisladores pueden ser hombres libres: científicos, filósofos, juristas, políticos, artistas, técnicos y economistas, cuyos institutos, colegios, sínodos y comisiones estudian la situación y las posibilidades actuales.

Q — ¿Así no hay democracia representativa?

B — La democracia representativa tal como se practica en muchos sitios es infantil y en parte falsa. En USA el pueblo votó por L. B. Johnson contra Barry Goldwater y luego resultó que Johnson bombardeó la población del Vietnam como el pueblo no quería. En los problemas importantes como de guerra y paz, el pueblo cuenta muy poco en las democracias representativas. En Eureka habrá democracia directa como la hay hoy en Humania. Los ciudadanos expresan su opinión, tratan de convencer a los demás en el Agora; votan nominal y digitalmente y se computan sus votos electrónicamente de manera que el «político charlatán» no interfiere entre el ciudadano y el sabio akadémico legislador. El estado de la opinión pública es un dato esencial para la ley que se intenta promulgar.

Q — Parece enormemente complicado el proceso académico.

B — No hay ni las duplicaciones ni las rivalidades características de las burocracias tanto socialistas como capitalistas. Cada aspecto del problema se pasa al dictamen de quien está mejor preparado sobre el asunto. Hay 216 Sínodos de distintas disciplinas de los conocimientos humanos. Cada uno de los 216 académicos que los presiden cuenta con la colaboración de dos doctores y seis agregados especialistas. Un decano y dos rectores forman parte también del Sínodo que desde la función legislativa ejerce también funciones investigativas, coordinadoras, sintetizadoras, verificativas y docentes. La legislación está coordinada con la investigación y con la instrucción en Humania. Lo que pasa es que en Humania la Ciencia está subordinada a la Conciencia, o sea los sabios y científicos obedecen a los esclavos akrónicos en lugar de depender de los políticos, los financieros, los militares y los policías como en la URSS y la USA.

N — Ya dijo Ambrosio Parés que la ciencia sin la conciencia no es más que la ruina del alma.

B — Pero la ciencia unida a la conciencia es la salvación del cuerpo físico... y del cuerpo político.

Q — Esa unión de la ciencia y la conciencia es la técnica del yugo que los hindúes llaman yoga y que tanto se ha puesto de moda, ¿verdad?

B — Los conocimientos de oriente y de occidente se coordinan, verifican, analizan y sintetizan en la Akademia Akrónica. Yo no sé casi nada ni de la una ni de la otra. En cuanto al saber oriental, hasta la ortografía es dudosa para nosotros. Vivekenanda, el apóstol de Ramakrsihna, nos hablaba de Karma (la acción desinteresada y expiatoria); Raja (la concentración mental; Jnana (la sabiduría); Bacthi (la estimación, devoción y adoración personal). Me gustaba añadir Hatha (lo físico: respiración, postura, nutrición) y Kama o el erotismo dignificado. También hay Tantra y tantos otros. Lo único que sé es que estas disciplinas o conocimientos orientales se toman muy en serio en la Akademia Akrónica. La bio-química, la neuro-bio-psiquiatría, el electro-magnetismo, el esquizo-análisis, la sofrología y muchas otras disciplinas han progresado hasta proveer a los siervos herméticos y estupefacientes de la PPUPP (Policía Psico-bio-técnica Universal Para la Paz) con los medios necesarios para realizar el DESARME UNIVERSAL DEFINITIVO sin derramamiento de sangre. O sea, la máxima eficacia (desarme universal) con la mínima coacción (respeto de toda vida humana).

Q — Simplemente. Muy sencillo. Los tres últimos esclavos soportan los ocho mínimos que soportan los 64 poligramas del I Xing que simbolizan los 64 arquetipos de Kalr Jung alineados según la secuencia Fu Hsi isomórfica de la aritmética binaria como ya vieron Leibnitz y el Padre Joaquín Bouvet.

N — ¿Qué terrible galimatías es éste? El I Xing o El Cambio es un antiguo libro de adivinanzas y sabiduría que se ha puesto de moda recientemente.

B — Yo tampoco lo entiendo, pero parece que la organización de la autoridad de Eureka o Esclavos Akrónicos se relaciona con los ocho trigramas y los 64 exagramas sobre todo en el plan que realizará el Desarme Universal Definitivo hipnotizando a los más poderosos jefes situados en puntos estratégicos neurálgicos y adormeciendo a los soldados para desarmarlos y ponerlos a buena recaudo. Estos esclavos de la degradación 29.ª soportan y alimentan —como las raíces al árbol— a los siervos herméticos de la degradación 18.ª quienes, a su vez, soportan y nutren a sus amos y jefes y los sugestionan para que dichos PIJA (Poderosísimos Importantísimos Jefazos Armados) hagan lo que realmente quieren hacer: la paz, la libertad y el bienestar de su patria...

N— Sí, ya nos has dicho que si los PIJA o PIP hacen la guerra es para conseguir la paz con la victoria. Debido a haber nacido en un mundo injusto, escindido en luchas fraternales, los hombres honrados, leales, valientes no ven otra solución más que apoyar y defender a los de su bando (familia, amigos, correligionarios, compatriotas) destruyendo a los enemigos.

B — Pero en el fondo lo que realmente quieren los hombres es la felicidad: tener amigos y estar en paz con todo el mundo. Ese es el ideal de todo hombre cuerdo, sensato, decente. Lo que le ocurre es que se encuentra en un mundo dividido, en lucha de los unos contra los otros, consumiendo y utilizando el conocimiento del bien y del mal para favorecer a los suyos y atacar a los otros. Un mundo dividido entre buenos y malos. Con ello pierde el conocimiento de sí mismo y niega la realidad que es la lucha constante entre el bien y el mal en su propia alma y su libertad y consiguiente responsabilidad. Entonces se hace irresponsable y para salvar aquel pueblo de Camboya ordena su destrucción. En realidad el PIJA no quiere hacer lo que hace. Su siervo (médico o íntimo o fámulo) soporta, nutre y fomenta el bien en el PIJA y gracias a las sugestiones hipnóticas y posthipnóticas, da las órdenes y toma las disposiciones conducentes al Desarme Universal Definitivo.

Q — En efecto, los PIJA, tanto del uno como del otro bando, afirman y proclaman hasta la saciedad que lo único que quieren es una paz justa y eso es lo que hacen sugestionados, fascinados, magnetizados por sus siervos, los herméticos akrónicos.

B — También los asistentes, ordenanzas, guardaespaldas de los PIJA son herméticos de la degradación 17.ª y están asimismo soportados y guiados por esclavos de la degradación 16.ª, según creo. Los herméticos de la 16.ª humillación son los ayudantes y suboficiales que se harán cargo de las armas y de los transportes para trasladar a los guerreros ya desarmados y adormecidos a los cuarteles de la MUTT o Ciudades Industriales.

Q — Así, 1) Los PIJA obedecen la resolución de sus fámulos, íntimos o médicos que son siervos de la 18.ª degradación, que a su vez obedecen resueltamente a los esclavos de la degradación 28.ª, que a su vez obedecen resuelta y decididamente a los ocho esclavos mínimos de la degradación 31.ª, que a su vez realizan infaliblemente las resoluciones de los Tres Últimos Esclavos cuyas tres personas no tienen más que una voluntad.

2) A su vez los siervos de la degradación 17.ª del PPUPP obedecen infaliblemente a sus esclavos de la degradación 26.ª, que a su vez obedecen a los esclavos mínimos de la 31.ª

3) Y, los herméticos de servicio en la PPUPP de la degradación 16.ª obedecen infaliblemente a su esclavo de la 23.ª degradación, que a su vez obedece a su mínimo (31.ª) y los esclavos mínimos obedecen estrictamente a los Tres Últimos Esclavos del Nadir.

N — De forma más completa, es el mismo principio de obediencia, lealtal y devoción de las diversas Fuerzas Armadas del Mundo: Un Comandante Supremo a quien todos obedecen.

B — Pero es al revés porque en Eureka, la Última Autoridad es la de los Esclavos más bajos.

Q — No veo claro como se distribuyen estas degradaciones de esclavos. La 31.ª, la 28.ª, la 26.ª y la 24.ª soportan, nutren y guían a los que llamaríamos siervos ejecutivos o de la PPUPP. Y su organización es complejísima, isomorfa con la aritmética binaria y los 64 exagramas del I Xing y los ocho trigramas.

B — Los 16 tetragramas del I Xing son isomorfos de los 16 esclavos ultimados de la degradación 30.ª que son a la vez esclavos y sabios rectores que efectúan la simbiosis de la ciencia con la conciencia.

Los 32 pentagramas, esclavos de la degradación 29.ª tienen sobre todo una función formativa o catequista y soportan a los esclavos de la degradación 25.ª o esclavos pedagogos que enseñan, preparan, forman a los futuros servidores y siervos akrónicos.

En cuanto a los esclavos de la 22.ª ya sabéis que son las madres y padres akrónicos y sus equivalentes.

Los de la degradación 27.ª soportan las universidades, los mansos, los hogares, las quadras, las hermandades akrónicas.

Finalmente, los de la degradación 23.ª, creo soportan la administración de los siervos funcionarios civiles.

En Eureka, de las tres dimensiones del hombre: POLÍTICA, CIENCIA Y CONCIENCIA, la principal, básica y determinante será la CONCIENCIA.

99
FUNCIONES EJECUTIVAS
Y JUDICIALES

De esta manera la CONCIENCIA dominará a la CIENCIA que a su vez dominará a la POLÍTICA.

Por el contrario, en la casi totalidad de los estados nacionalistas-chauvinistas y partidistas, la POLÍTICA domina a la CIENCIA y la usa para dominar a la CONCIENCIA.

Todo empieza por una mística (conciencia en nuestra terminología) y termina por una política, solía decir el malogrado Carlos Péguy.

La POLÍTICA intenta dominarlo todo: CIENCIA, CONCIENCIA, FILOSOFÍA, ARTE, ECONOMÍA...

La POLÍTICA que intenta someter a la CONCIENCIA acaba siendo sometida a la fuerza de las armas, a la violencia, a la coacción.

Entonces la POLÍTICA tiene que someterse a la FUERZA, que es la hija rebelde de la CIENCIA.

En cambio, si la CIENCIA y su hija la FUERZA se someten a la CONCIENCIA, las tres juntas dirigen la POLÍTICA, el DERECHO, la ECONOMÍA y el BIENESTAR, el ORDEN, la CIVILIZACIÓN y la JUSTICIA.

En Eureka, el Último Esclavo representa la CONCIENCIA; el Penúltimo, la FUERZA COACTIVA; el

Antepenúltimo la FUERZA PERSUASIVA o fuerza moral.

N— Me parece que el Penúltimo Esclavo Akrónico es el equivalente de nuestro Comandante supremo de todas las fuerzas armadas. Y el Antepenúltimo es el equivalente del Sumo Sacerdote. Es mucho más real esta clasificación de poderes que la de Montesquieu que han seguido muchas constituciones modernas.

Q — En efecto: el Poder Mítico de la tradición y la costumbre (califa, sultán, rey, zar, negus, faraón, inca, presidente, caudillo, etc.) es el primero y principal. El segundo poder es el de las fuerzas armadas: el poder del generalísimo y comandante supremo de las fuerzas armadas cuando los demás generales, jefes, oficiales y clases de tropa le obedecen.

El tercer poder es el de las fuerzas morales: la religión, la educación moral, las costumbres, la etiqueta, la propaganda, etc.

Los tres poderes principales de un estado son: el mítico (o simbólico), el militar y el religioso. (O sus equivalentes, v.g.: en la URSS y en China el marxismo oficial es el equivalente de la religión.)

Los poderes secundarios, ejecutivo, legislativo y judicial en realidad no dimanan del pueblo ni de la gracia de Dios sino de los tres poderes principales: el mítico, el militar y el religioso.

B — En Eureka (y en Humania) el Poder Ejecutivo y Administrativo está organizado de modo parecido al de los estados nacionalistas, pero depende de las autoridades judiciales o decisivas basadas en los seis Esclavos Infinitesimales de la degradación 32.ª que, a su vez, dependen directamente del Último Esclavo.

Q — ¿Quiénes son los seis Esclavos Infinitesimales?

B — El alguacil, que es el equivalente del justicia mayor del reino o presidente del Tribunal Supremo y a la vez notario y secretario de los logos o reuniones de los treinta y tres últimos esclavos.

El pregonero, que es el portavoz oficial y representante de Eureka ante los gobiernos de los estados nacionales y el público en general. Ejerce las funciones encomendadas generalmente a los ministros de relaciones exteriores y a los de información.

El bedel, que está encargado de la dirección de todas las funciones de enseñanza incluyendo la higiene y la medicina preventiva. De él dependen las universidades, colegios, escuelas, hospitales y centros de beneficencia que no sean de la MUTT.

La miliciana (o miliciano) sobre la cual se apoyan los organismos de la MUTT: cuatro sindicatos, las 16 desarmadas, los 64 ejércitos y las divisiones, brigadas, escuadrones, compañías, pelotones y escuadras correspondientes.

La cajera (o cajero), que tiene a su cargo las finanzas desde los bancos y presupuestos hasta el financiamiento de las obras públicas, agricultra, industria, comercio y asistencia social.

La jarife (o el jedive), que dirige las funciones de gobierno y administración no pertenecientes a la jurisdicción de los mencionados anteriormente.

Los seis esclavos infinitesimales apoyados en los tres Últimos Esclavos del Nadir constituyen la base sobre la cual se construirá Eureka, que es la misma que gobierna hoy Humania... y todos los gobiernos en cuanto son real y verdaderamente humanos...

N — ¡La nunca bastante alabada Orden de la Andante Caballería...!

B — Sea como sea, lo cierto es que el esclavo akrónico no posee nada, ni siquiera un nombre, ni siquiera una familia. No tiene pretensiones de ninguna clase. Obedece a sus inferiores. Sirve a sus superiores y los ama a todos. Está actualmente libre o despegado de los siete vicios o pecados capitales. Come lo indispensable para subsistir. Duerme poco. Es casto. No se divierte ni se distrae, sino que trabaja constantemente. Emplea escasamente una hora para alimentarse, otra hora para higiene, cinco o seis horas para dormir, tres horas para ejercicios espirituales o RE-CREACIÓN individual y colectiva, oración, meditación y contemplación. Y pasa más de doce horas diarias trabajando.

Pero todavía esto no lo califica como esclavo akrónico. Su castidad tiene que ser alegre y emanar gozo. Su trabajo tiene que ser eficaz y emanar concordia, unión. Su obediencia tiene que ser cariñosa, afectuosa, franca.

En una palabra: el esclavo akrónico se conoce por sus frutos, que son: templanza, fortaleza, gentileza, dulzura, mansedumbre, paciencia, paz, alegría, cariño... Cuando ya no da frutos, cesa en su esclavitud y pasa a la RECREACIÓN, si lo desea, o sube a la originaria servidumbre, de donde procede. O si quiere, recupera su superioridad de hombre libre.

N — Luego, en cualquier momento el edificio akrónico puede derrumbarse. Basta que los esclavos akrónicos evolucionen como los monjes de la Edad Media, según nos cuenta Boccaccio. O que entre los Últimos Esclavos ocurran antagonismos y querellas como las que ocurrieron entre Pablo y Santiago el Mayor y entre Pedro y Juan, el del Apocalipsis, que ya desde el principio mancharon de odio la religión del amor.

Q — Pero a pesar de las traiciones, abandonos, envidias, querellas, disputas, odios, distorsiones, falsificaciones, corrupciones, cismas, guerras, persecuciones, martirios y ejecuciones, el mensaje de amor nos ha llegado puro hasta nosotros... y nos RECREA.

B — Actualmente hay grupos de personas que se aman mutua y solidariamente...

N — Pero no dura mucho, empiezan las inquinas: los mismos hijos del Zebedeo quieren ser los primeros. Pablo hace ciego a un mago y Pedro condena a muerte a Ananías y a Safira...

B — Pero ahora, en este instante = en Akronia = vive el amor...

N — Desaparece pronto, se esfuma o es crucificado...

B — Pero vuelve a renacer y con el amor renace la fe y la esperanza...

N — ¿Esperanza en el Desarme Universal sin derramamiento de sangre?

B — Es muy sencillo si se unen la ciencia y la conciencia. Es imposible si la ciencia se prostituye o se deja violar y la conciencia se retira de la política y se clausura.

Akronia es una política consciente; una política de conciencia científica.

Si para impedir que los hombres se destrocen unos a otros hay que imponer la ley o norma coactiva, ordenemos nuestra razón dirigiéndola a conseguir el bien de la comunidad humana universal que sólo el Estado

Universal de Reconciliación puede garantizar su cumplimiento.

Todos los hombres tenemos el derecho natural, inviolable, imprescriptible de NO MATAR a ningún otro hombre. En consecuencia, nadie puede *ser* obligado a matar a otro hombre bajo ningún pretexto, justificación ni excusa.

Nadie tiene derecho a matar a nadie. En consecuencia deben entregarse a Eureka (y mientras tanto a la policía municipal responsable ante Eureka) toda clase de armas mortíferas incluyendo automóviles capaces de alcanzar velocidades peligrosas.

Todo homicidio consumado, frustrado, intentado o preparado por la posesión de armas mortíferas, acarreará «ipso facto» la declaración del estado de peligrosidad y la separación de la comunidad con reclusión en la MUTT mientras dure el estado de peligrosidad.

N— ¿Cómo puede un hombre juzgar a otro? Incluso el Jurado, el juicio de los pares después del proceso con todas las investigaciones consiguientes y la vista de la causa con todas las garantías de la defensa a ultranza y lo contencioso se prestan a abusos del hombre por el hombre. ¿Cómo puede nadie juzgar a nadie?

B— La justicia de Eureka es simple y relativamente menos injusta que la de los nacionalismos, patriotismos, idealismos, materialismos y fideísmos. Es parecida a la diagnosis, prognosis y terapéutica médica. Si uno posee un arma mortífera (o le posee una psicosis homicida) se halla sencillamente en estado de peligrosidad como el que está infectado de cólera o de peste bubónica... Eureka simplemente le aísla para que no mate a nadie..., más, ni engañe, ni traicione, ni abuse, ni explote, ni oprima, ni infecte a nadie más. Le interna en la MUTT como medida de seguridad y protección social a la vez que le aplica la medida profiláctica y terapéutica para curarle, regenerarle y rehabilitarle a fin de reintegrarle a la sociedad en cuanto no constituya peligro para los demás, según el dictamen científico, competente y apropiado.

Q— Evidentemente, el que tiene una enfermedad infecciosa, o una psicosis homicida, o un arma mortífera, o un hábito (calumniar, estafar, robar, agredir, hurtar, engañar) de dañar a sus prójimos y vecinos, no puede dejarse en libertad para continuar perjudicando a los demás.

B — Pero no se trata de castigar a nadie sino de salvaguardar la vida, la libertad y la seguridad de los ciudadanos honrados, trabajadores y decentes a la vez que se proporciona al ex delincuente y al ex alienado el CARIÑO, GOCE, PAZ, PACIENCIA, ENCANTO, FIRMEZA, ENTUSIASMO, PERSEVERANCIA Y MANSEDUMBRE con el CUIDADO y esmero de las mayoretas y mayorales de la MUTT: Ninfas y Faunos, Tritones y Oneidas, Sílfides y Arieles, Vestales y Genios: siervos órficos que respetan, comprenden, perdonan y aman incluso a los ex criminales, pervertidos, perversos, malhechores, corruptos y degenerados.

N — Pero si ya los siervos órficos de la degradación 19.ª, 20.ª y 21.ª son capaces de comprender, amar y querer a dichos parias sociales actuales, ¿qué necesidad hay de que las autoridades akrónicas de Eureka y Humania bajen hasta la esclavitud?

B — Los esclavos akrónicos tienen que intentar llevar a cabo la reconciliación con los actuales escribas y fariseos... y eso ya requiere la LIBERTAD PERSONAL que sólo han realizado los esclavos akrónicos.

Q — ¿Quiénes son los escribas actuales?

B — Los que se sirven de la ley para burlarla. Conocen la letra de la ley al dedillo y abusan de su conocimiento para burlar el espíritu de la ley. Son los leguleyos que se burlan de la justicia y de la verdad. Sirven a la injusticia por medio de la ficción jurídica, la falacia, la mendacidad al contrario de los abogados como Gandhi y M. L. King que han servido a la justicia con la verdad.

Q — ¿Y quiénes son los fariseos actuales?

B — Los que pretenden ser justos y buenos y se separan de los demás despreciándoles.

N — Todos tenemos algo de escribas y de fariseos.

B — Todo es relativo, menos el Absoluto. El caso es que hay gentes, como Juan XXIII, que a pesar de la posición que ocupan no muestran casi nada de fariseos ni de escribas.

Sea como sea hay que ser esclavo akrónico para comprender, perdonar y amar a los escribas y fariseos.

N— ENTONCES LOS ESCLAVOS AKRÓNICOS SON LAS PERSONAS MÁS LIBRES DE LA HUMANIDAD.

Q — Los servidores akrónicos (humillaciones 1.ª, 2.ª y 3.ª) se liberan de la indiferencia hacia el prójimo (1.ª), del deseo deliberado de perjudicar a los enemigos (2.ª) y de la desconfianza de Hobbes que considera al hombre irremediablemente malo (3.ª).

B — En realidad hacen una síntesis (no religiosa sino política) entre J. J. Rousseau, Jordi Llimona, Pablo de Tarso o Simón el Mago y Blaise Pascal con «overtones» de la Rochefoucauld y del Hermano Lawrence. El hombre no es completamente malo ni completamente bueno sino que su alma es el campo de batalla entre el bien y el mal.

N— O sea que el hombre está remisiblemente condenado por el pecado de Eva y Adán, Caín y demás antecesores que han hecho de este mundo un valle de lágrimas y una selva de explotación, apresión y homicidios...

Q — Y, por otra parte, salvado, redimido y regenerado por el diminuto, trivial y efímero Jesús de Nazareth...

N— Tan enorme, monstruosa y mentirosamente evocado por los que le hacen servir de pretexto para perseguir, torturar y matar a los hombres...

B — Repito que Akronia no es una religión ni una interpretación de la religión sino una POLÍTICA AHORA Y AQUÍ.
1. Existe el mal. La gente mata, traiciona, abusa, engaña, estafa, oprime, explota, hiere, calumnia, insulta, ofende, molesta al prójimo.
2. Ergo, es necesario el ejercicio de la AUTORIDAD.
3. La autoridad, el poder, corrompe al que lo ejerce y el poder absoluto corrompe absolutamente (Lord Acton).
4. Los esclavos voluntarios o akrónicos son los que mejor —o menos mal— pueden ejercer la autoridad, puesto que son los menos susceptibles a la corrupción o los más libres ya que los ESCLAVOS AKRÓNICOS ESTÁN RELATIVAMENTE LIBRES DEL EGOCENTRISMO: egoísmo, egolatría, egotismo.

Q — Ya veo que los de la Orden del Querer se libran del

malquerer, los de la Orden del Pensar se libran del malpensar;

los de la Orden del Sentir (percepción-sensorial) se libran del mal en la percepción-sensación;

los de la Orden del Decir se libran del malhablar;

los de la Orden del Mandar se libran del malobrar;

los de la Orden del Gozar se libran de la abulia, de la indiferencia y de la desesperación.

N— Y finalmente, los esclavos akrónicos se libran de hacer mal a nadie incluyendo a los escribas y fariseos y hacen bien al prójimo...

B — Relativamente...

AKRONIA es una política que trata de minimizar o disminuir el mal hasta donde sea posible dadas las circunstancias actuales.

No se trata de suprimir completamente —lo cual no es humanamente posible— sino de reducir al mínimo los males siguientes:

1. Las matanzas u homicidios ya sea por las guerras o por las revoluciones, rebeliones, agitaciones y crímenes sangrientos.

2. La miseria, o sea la degeneración corporal, ya sea por falta de alimentos adecuados o por falta de la higiene o limpieza necesaria para la subsistencia humana.

3. La ignorancia, la superstición y el fanatismo que son los instrumentos «sine que non» del dominio, explotación y opresión del hombre por el hombre.

100
DESARME UNIVERSAL

N— Bueno. Aún suponiendo que se realice el Desarme Universal, o sea el de la USA, la URSS, la China, el U.K., Francia, Alemania, el Japón y congéneres, ¿cómo va Eureka a desarmar a todos los armados del mundo?

B — No se trata de desarmarlos a todos sino a los que se pueda.

El control de las armas termo-nucleares-bioquímicas y de los aviones, submarinos y barcos de guerra de las grandes potencias se hará en 24 horas el Día del Desarme Universal —antes de 1984.

Luego se procederá paulatinamente al desarme de los demás, procediendo por orden de urgencia y necesidad.

De un lado la PPUPP, de acuerdo con la Interpol y Policías municipales y estatales, procederá al desarme de los armados empezando por los países donde más asesinatos, secuestros y atracos se cometen.

Q — ¿La ley (artículo 2.º de los derechos del ciudadano americano) que autoriza la posesión de armas a los ciudadanos americanos quedará derogada?

B — Claro que sí. Inmediatamente. Se cree que los animales por casi todas partes podrán soportar unos años sin que los hombres los maten... Excepto los microbios y portadores de gérmenes y virus mortíferos, naturalmente. Akronia y su estado Eureka es humana y minimalista (no bolchevique) y de momento se ocupa del género humano sin perjudicar ni matar innecesariamente a sus hermanos animales.

N— ¿Así no va a imponer el vegetarianismo a los africanos ni a los asiáticos que se están muriendo de hambre?

B — ¡Qué va! Con la carne que sobra en la Argentina, Canadá y Australia alimentará a los de Biafra, Bangladesh, Abisinia y congéneres.

N— Pero todo eso supone una enorme revolución...

B — Revolución pacífica, en efecto. Revolución sin matar a nadie, sin perseguir a nadie, sin explotar a nadie...

Q — «Si non e vero e ben trobato»... Los armados desarmándose, los hambrientos saciándose... La PPUPP con los primeros; la MUTT con los segundos, ¿verdad? Veo un 1984 inaudito, fantástico, esplendoroso...

B — Relativamente. No olvides que tanto la PPUPP como la MUTT son esencialmente militares y aunque consigan unas obras más humanas que las de las Cruzadas y Órdenes Religiosas, no conseguirán más que disminuir —no suprimir— la coacción y el dominio del hombre sobre el hombre.

Q — ¡Qué me den a mí una mayoreta ebúrnea, magnífica y magnánima para obedecer, en lugar de un sargento sicario, un enfermero bravucón o un cura fideísta de los países nacionalistas, de los partidos materialistasfascistas-idealistas o de las religiones exclusivistas y monopolistas! ¡Vivan las cachondas, lirondas y morondas!

N — Amén.

B — La vida militar o de policía de la MUTT es de sacrificio, devoción, abnegación, lealtad, entusiasmo, valentía. Pero es, relativamente, fácil porque cada siervo hermético se apoya en su inferior esclavo que le suministra las fuerzas —o mejor, las moviliza y motiva para ejecutar sus órdenes.

N — Bien, supongamos que la PPUPP tiene las armas de la USA, la URSS, la China y sus aliados y congéneres, ¿qué hace entonces con las luchas intestinas entre los indochinos (Vietnam - Viet - Ky y Viet-Cong), Pathet (y no pathet) Laos, Camboya (de los unos y de los otros), Thailandia; los palestinos, sirios, árabes, israelitas, egipcios y demás en el lío; irlandeses católicos y protestantes; chilenos, argentinos y demás pueblos en conflicto hirviente o latente?

B — Una vez conseguidas las armas de la USA, la URSS, China y sus aliados, lo demás es cuestión de tiempo. La paz se impondrá paulatinamente. Donde hay guerra efectiva como ahora en Vietnam, el Golán, el Ulster y demás, la PPUPP separará los ejércitos contendientes por un campo electromagnético y procederá por medios químico-magnético-estupefacientes a narcotizar a los armados, desarmarlos y trasladarlos a los cuarteles de la MUTT.

El futuro de estos pueblos divididos y en contienda se resolverá en el Tribunal Internacional de La Haya, oídos las partes contendientes y el fiscal de Eureka informará y abogará de acuerdo con los hechos sustanciados por la Akademia Akrónica.

N — Pero entre capitalistas y marxistas del Vietnam, católicos y protestantes del Ulster, árabes y judíos de Tierra Santa..., la razón de los unos es la sinrazón de los otros... y viceversa. Quiero decir que ambos tienen razón y que no la tiene ninguno.

B — Esos ídolos estériles y absolutos que llamamos estados soberanos fascinan a sus víctimas o sujetos y los obligan por ignorancia, superstición y fanatismo a sacrificar sus vidas matando a sus supuestos enemigos para alimentar a los sacrílegos patriotismos.

399

Q — ¿Crees entonces que el patriotismo es ignorancia, superstición y fanatismo?

B — Sí. Lo es cuando conduce al homicidio. A matar a los que se consideran rivales y enemigos.

La línea divisoria entre el mal y el bien está bien clara y definida. Matar es malo. Vivir es bueno.

Matar o intentar suprimir o eliminar a los enemigos de la patria es malo: es ignorancia, superstición y fanatismo.

Vivir la vida de la tierra, del mar, del aire y del fuego u hogar patrio es bueno. Es bueno amar a los padres —patriotismo—, abuelos, bisabuelos, tatarabuelos (aunque se llamaran Ramón Berenguer y Berenguer Ramón y se mataran el uno al otro; o Pedro el Cruel y Enrique el de Trastamara, etc.). Es bueno cultivar la tierra, la lengua, la cultura, la nacionalidad. Es malo destruir otras gentes, otras tierras, otras lenguas, otras culturas, otras nacionalidades...

Una lengua, una cultura, una nacionalidad no es incompatible con otras como no lo son los instrumentos de música en una orquesta sinfónica. Aparentemente opuestos, en realidad son complementarios.

Un hombre puede ser feliz con varias lenguas, varias culturas, varias nacionalidades como un padre lo puede ser con varias hijas. Las puede querer a todas. No necesita aborrecer a ninguna.

Para el esclavo akrónico, árabes y judíos, católicos y protestantes, marxistas y capitalistas, los del norte y los del sur, los del este y los del oeste... TODOS SON HIJOS QUERIDOS.

Q — Por lo tanto EUREKA es un ESTADO UNIVERSAL DE RECONCILIACIÓN.

N — Pero si es universal debe tener una lengua universal.

B — Ya la tiene bien clara y definida. No es el latín ni el esperanto. Es el lenguaje de los golpes y las caricias, de los mordiscos y los besos, de las lágrimas y las sonrisas...

N — Eso nos lleva a la comunión carnal como la máxima comunicación...

B — La comunión del alma con el cuerpo y del cuerpo con el alma.

El alma del amante consagra el cuerpo de la amada.

El cuerpo de la amada materializa el alma del amante. Y viceversa.

Q — Ya se sabe que el amor es el camino del conocimiento..., de la realidad última...

N — Y el conocimiento de la realidad es el camino del
amor...

B — Amén.

N — Pero mientras tanto aquí, allá y acullá: en Irlanda,
en Vietnam, en Siria se destrozan unos a otros...

B — Eureka, a pesar de ser un estado universal, no es
absolutamente libre, como quería Hegel, sino muy
limitado. El caso es que en Humania, en las universidades, mansos, hogares, cuadras y hermandades
akrónicas hay más gente que vive alegre, tranquila y
confiada que en el resto del mundo. Y una vez realizado el Desarme Universal y proclamado EUREKA,
esa alegría, esa tranquilidad y esa confianza se pro-
pagarán por el resto del mundo.
Con el dinero que las Grandes Potencias dedican a
los armamentos, Eureka dará de comer a los centenares de millones de hambrientos del mundo.

N — ¿Cómo?

B — Con el trabajo en la MUTT. Los niños, los ancianos,
todo el mundo tiene derecho a trabajar de acuerdo
con su capacidad y a recibir el alimento, albergue
y recreación (o instrucción) que necesite para su
sustento, dignidad y libertad.

N — Pero esto supone, evidentemente, la regimentación y
consiguiente abolición de muchos modos de vida...
miserables si se quiere —como el de los mendigos—
pero no menos constituyentes de la humanidad.

B — Hablamos español como Galdós que con su Misericordia nos enseñó a admirar a los mendigos y Papi-
llón nos habla todavía de la nobleza de los criminales aunque no sean tan románticos como los bando-
leros de Schiler.
No. Eureka no podría, aunque quisiera, suprimir esos
modos de vida llamados asociales, pecaminosos y delincuentes.
Simplemente Eureka ofrecerá a medida de sus posibilidades una oportunidad de ingresar voluntariamente en la Milicia Universal del Trabajo, donde, por
40 horas de trabajo a la semana, recibirá albergue,

recreación y alimentación sana, abundante y sabrosa, de acuerdo con los gustos y deseos de cada cual.

Por ejemplo, en la MUTT, de voluntario (grado 1.º) se está mejor que en las fuerzas armadas de la USA; Iglesia; estadio; gimnasio; círculo; casino; cine informativo, selectivo, sicalíptico, educativo; conferencias, clases, bataclán, teatro, iris y, sobre todo, las atenciones mensuales cariñosas, consoladoras, esperanzadoras de la mayoreta o mayoral de su batallón.

El soldado voluntario de la MUTT tiene todavía más seguridad económica que el de la USA (que es el que está mejor del mundo), con las enormes ventajas de que no tiene porqué matar a nadie ni morir en la guerra y, además, no tiene que preocuparse por nada de dinero.

Q — ¿No hay dinero en la MUTT?

B — Un miliciano o soldado voluntario recibe al licenciarse —lo puede hacer al fin de cada mes— una cantidad suficiente para vivir en un hostal de Eureka, un día por cada semana que ha trabajado en la MUTT. Mientras reside en la MUTT no tiene necesidad de dinero para nada.

Q — ¿Entonces Eureka suprimirá el dinero?

B — No. Ni mucho menos. Al contrario, establecerá una Unidad Monetaria Universal equivalente a un día de pensión completa en un hotel «standard» de Eureka. De esta manera todo el mundo tendrá una moneda universal estable y convertible a la de los estados nacionales. El Banco Universal aceptará cuentas corrientes y de ahorro a interés módico, pero garantizado contra la inflación. La intranquilidad, ansiedad, angustia de la gente modesta y ahorradora quedará eliminada si dejan sus ahorros en el Banco Universal, en UMU o unidad monetaria universal.

Eureka cuenta con la financiación de Humania (con sus economías industrial, agrícola, subterránea y submarina) que, por sí sola, iguala a la de la USA, y además cuenta con todo lo que las Grandes potencias dedicaban a su armamento y defensa nacional. Es fabulosa, por lo tanto, la riqueza de Eureka. Capaz de establecer inmensos cultivos submarinos en los barcos e islas del Pacífico; cuarteles industriales de la MUTT en las selvas del Amazonas, Orinoco, Congo y demás tropicales; fertilizar los desiertos y cultivar las estepas. Eureka tiene la organización, la técnica y el capital. Sus autoridades, dirigentes y ejecutivos son esclavos absolutamente pobres y siervos muy humildes. El gran capital de Eureka facilitará el ajuste a la organización universal de la economía sin perjudicar a las empresas productoras; la transformación de las economías de guerra y de preparación para la defensa nacional en economías de paz y de seguridad. Sobre todo será protegido y garantizado el ahorro del artesano, del cultivador, del obrero, del artista.

Claro que el dinero no es necesario para las autoridades de Eureka, puesto que son esclavos y los salarios asignados a sus cargos revierten a la comunidad, así como la de los esclavos. Tampoco circula el dinero dentro de los conventos de las Órdenes Akrónicas y su circulación es muy restringida dentro de la mayor parte de las universidades y mansos akrónicos. En resumen, dentro de las instituciones akrónicas no hay dinero, ni afán de lucro, ni dominio, ni rivalidad, ni competencia, ni contienda. Pero, Eureka permite el desarrollo y encauza la economía de cada país según usos, costumbres y deseos manifiestos.

N — ¿Cómo solucionará Eureka los conflictos intranacionales o intraestatales? En Francia, en Gran Bretaña, en Alemania, en Italia, en USA y en otros estados nacionales hay huelgas y disturbios continuamente. Hay una lucha abierta entre la llamada clase obrera, que se declara en huelga y pide más y más aumentos de salario, y los gerentes, administradores y financieros que intentan aumentar sus beneficios.

Q — Mientras que los consumidores nos encontramos en medio, entre la espada y la pared. Cuánto más ahorramos más tontos parecemos. Sólo los malgastadores que compran a crédito sin saber ni siquiera cuando podrán pagar, parecen adaptados a la modernidad. La agricultura, la artesanía, la pequeña burguesía están en agonía.

N — Evidentemente la inflación está desbordándose. Si en estas circunstancias Eureka establece una moneda estable garantizada, el ahorro se volcará a sus cajas, devaluando todavía más la moneda de cada país abocándonos a la bancarrota.

B — Los técnicos estudiarán la cuestión para minimizar en todo lo posible los perjuicios económicos que el establecimiento de Eureka pueda causar a las economías nacionales.

N — ¿Y qué hará Eureka con países como la URSS o Chile en que el pueblo no puede manifestar sus deseos?

B — La libertad política, la justicia social o igualdad económica, la autodeterminación de los pueblos son «desideratums» que Eureka no puede implantar ni por la fuerza ni por arte de magia.

Q — Para el hombre de derechas que cree que el orden es más importante que la justicia, hay el peligro de que la injusticia establecida acabe produciendo catastróficos desórdenes..., en cuanto se dividan los poderosos.

N — Para el hombre de izquierdas que cree que la justicia es más importante que el orden, hay el peligro de que el desorden cause mayores injusticias que las que trata de evitar.

B — La misión de Eureka en esto es la enseñanza. Enseñar la verdad:

1.º Que el matar es injusto, desordenado, perjudicial, criminal.

Los problemas no se solucionan con matar al enemigo, sino por el proceso de convertir el enemigo en amigo. Cuenta más. Se necesita más valor. Se corren más riesgos. Se precisa más inteligencia, ingenio, inventiva. Hay que ser más fuerte y disciplinado: lo que hay que hacer es obrar bien. No matar enemigos, sino ganar amigos.

N — Ya es muy difícil hacer esto en el plano individual; en el colectivo es imposible porque si no atacas a los enemigos, tus amigos te dicen que los traicionas.

B — 2.º Hay que enseñar que la persona fictícia (nación, patria, religión, partido) no tiene existencia real. Sólo existe en la mente de los que creen en ella. Y, por lo tanto, hay que subordinar la persona fictícia o jurídica a la natural, individual y concreta. V.g.: un simple niño de teta de los miles y miles que las armas americanas han matado en Vietnam VALE MÁS que los USA, la URSS y Andorra juntas.

Q — En los estados nacionales se enseña que la patria no puede morir, y hay que darlo todo por la patria.

B — Claro que no puede morir porque no vive. No vive más que en nuestra creencia. Es un absoluto cretino, un ídolo fabricado por los hombres. La hemos puesto en lugar de Dios.

N — Con frecuencia, la jerarquía eclesiástica pone a su dios al servicio del estado o de la patria. Ya el dios de Josué protegía a Israel contra Egipto.

Q — Ya hace muchos años que la Cristiandad ha regresado al judaísmo arcaico. El dios que adoran es con frecuencia un dios nacional subordinado al estado, a la nación. La nación es la suprema divinidad que todos debemos adorar.

B — Akronia no se mete en cuestiones religiosas sino políticas. Basta aclarar que digan lo que digan los PIJA (poderosos importantísimos jerarcas armados) ni el cristianismo, ni el budismo son nacionalistas ni patrioteros.

N — Pero el caso es que los musulmanes dicen que obedecen a su dios al matar judíos y éstos dicen que obedecen a su dios al matar musulmanes... Y no mencionemos a Santiago Matamoros que también parece solazarse matando rojo-separatista-judeo-masónicos, cambiando su casaca a favor de los moros mercenarios que juntamente con los alemanes nazis y los italianos fascistas se llamaron «los nacionales».

Q — Quiere decirse que el mundo es un fandango y el que no baila es un tonto.

N — Esto es un ejemplo como tantos otros que se pudieran citar de que las guerras y revoluciones sangrientas suelen ser chiquilladas ideológicas aunque produzcan descomunales catástrofes.
Otra gran chiquillada fue la del protestante Foster Dulles. Se fue a buscar un dictador católico recomendado por el obispo de New York, señor Spelman, para que «liberara» el Vietnam. Dulles y Spelman metieron a Ike de padrino de Diem, y luego vino Kennedy que se equivocó mayormente y le sucedieron el lindo Johnson y el triste y feo Nixon con el resultado que dejaron a los vietnamitas y a la ley internacional para el arrastre.

Q — Las guerras son estúpidas, sobre todo las civiles que

es como luchar contra uno mismo. Pero si se enseñara a los jóvenes la verdad sobre las guerras, no se prestarían a hacerlas. No habría ejército, ni armada, ni aviación de guerra. Las tendrían que hacer los oficiales con cuatro psicópatas.

B — Hasta enseñar la verdad para suprimir la mayor parte de las guerras. La inmensa mayoría de los soldados van a la guerra engañados, espantados, estupefactos.

Lo más importante es la vida de los hombres y esto es lo que trata de salvar EUREKA evitando las matanzas, el hambre, las plagas, la ignorancia, la superstición y el fanatismo.

N — A pesar de todo Eureka deja en pie los problemas de la opresión y explotación de los hombres y de los pueblos.

B — De momento Eureka no podría hacer nada directamente para liberar a los pueblos que se sienten sojuzgados. La PPUPP colaborará con la policía (municipal de preferencia) para el mantenimiento del orden público, dondequiera que haga falta.

Pero individualmente, el que se sienta oprimido o injustamente perseguido encontrará asilo y medios de vida en las instituciones de Eureka.

En segundo lugar, el simple hecho de que todos los estados nacionales e imperiales estén sujetos al Derecho de Gentes disminuirá «ipso facto» la opresión donde exista.

En tercer lugar, se establecerá el procedimiento para acudir al Tribunal Internacional de La Haya u organismo correspondiente en defensa de los derechos del hombre y de los pueblos.

N — La libertad de los pueblos es un concepto peligrosísimo para la paz. De Irlanda a Palestina, de Biafra a Bangladesh, del Congo a Chipre, esas nacionalidades sometidas al gobierno del estado vencedor y ocupante constituyen ocasiones de cometer homicidios y aterrorizar a la gente.

En algunas ex naciones y quasi naciones, la potencia vencedora a pesar de los siglos de ocupación y repetidas victorias no ha conseguido erradicar el sentimiento nacional. Los normandos lo consiguieron en Inglaterra y luego en Escocia, pero fracasaron en Irlanda que han dejado partida de tal forma que los mayores enemigos del Estado Irlandés son irlandeses.

Los francos de Hugo Capeto y sus descendientes consiguieron apoderarse paulatinamente de todo el territorio de Las Galias que luego asimilaron casi-totalmente. El orgullo de ser francés ha fundido en una sola nación y en una sola lengua a una multitud de pueblos medievales diversos, pero no lo han podido exportar ni siquiera a Argelia.

Por otro lado, las naciones que han estado oprimidas y dominadas por una Potencia Victoriosa suelen estar muy enfermas. La educación controlada por el Estado Victorioso endoctrina y condiciona desde la niñez con el patriotismo oficial que niega incluso la existencia histórica de la nación oprimida. El resultado suele ser que una parte de los oprimidos se alía con los vencedores. Además, la potencia ocupante manda a sus jefes y oficiales de las fuerzas armadas, de la policía y a los funcionarios, negociantes, políticos, espías, agentes provocadores, mendigos, depauperados, vagos, etc... Muchos se quedan en el país sometido formando con los renegados y sus hijos una fuerza muy poderosa contra la nación oprimida. Es el fenómeno que ocurre en el Ulster, donde los principales enemigos de la nación irlandesa son los irlandeses ricos y protestantes.

Por lo tanto, me parece que EUREKA se encontrará con una serie de conflictos muy parecidos al del Ulster, puesto que al garantizar el Derecho de Gentes habrá nacionalidades que se consideran oprimidas pero que conviven con otros ciudadanos que niegan rotunda y violentamente la nacionalidad oprimida.

B — Es cierto que hay situaciones como la de Chipre y la de Palestina que de momento parecen insolubles. Pero la ventaja de Eureka es que la PPUPP desarmará científica y eficazmente los países donde existen conflictos de nacionalidades y de orden público.

Q — Creo que ya nos has dicho que Eureka respetará y protegerá a todas las naciones; que las liberará de los estados y sus gobiernos incubos que las violan, y que por eso las naciones ideales para la paz y armonía de la Humanidad son las naciones desarmadas y dependientes como Andorra, San Marino, Linchenstein, Costa Rica y las demás que han renunciado a las armas y confían, para su protección, en la fuerza del derecho y de la razón.

B — También las naciones escandinavas como Dinamarca, Suecia y Noruega han llegado a una civilización avanzada después de separarse amistosamente y terminar de una vez con las guerras seculares entre ellas.

Q — Parece que cuanto más poderosos son los gobiernos, más estúpidamente se conducen. La prueba la tenemos en la carrera de los armamentos atómico-químico-biológicos que amenazan acabar con todos, incluyendo a los que los fabrican. Así el hombre más poderoso del mundo engañando y espiando a todos los demás ha acabado espiándose y engañándose a sí mismo. Es difícil de concebir algo más estúpido que la conducta de Nixon.

N — Hablando de estupideces: Las mayores son las de los más inteligentes.

Q — ¿Qué quieres decir?

N — Me refiero a varios casos recientes. Por ejemplo: los judíos suelen ser gente muy inteligente, y, no obstante, su racismo y discriminación contra los palestinos y los árabes es de lo más estúpido que darse pueda.

Otro ejemplo es el de los franceses que también tienen fama de inteligentes y, sin embargo, la estupidez de construir más armas nucleares es de lo más idiota que darse pueda. Fíjate: leo en «Newsweek» del 22 de julio de 1974 que cuando Francia termine su programa nuclear en 1980 poseerá la mitad de lo que tiene hoy un solo submarino «Poseidón» de los USA. (Cada «Poseidón» USA posee 16 «missiles» nucleares).

Q — ¡Qué burrada chica! ¡Francia era, casi, la primogénita de la Civilización Occidental y ahora vende su progenitura civilizadora por un plato de lentejas... atómicas.

N — Kissinger también dice que está espantado al ver la proliferación de las armas nucleares tanto en la URSS como en los USA. La carrera de armamentos es ya como una carrera de caballos desbocados. Ni sus propios gobiernos pueden detenerlos. Se perfilan ya los tres bloques profetizados por George Orwell para 1984...

B — Pero antes de llegar 1984 se habrá realizado el Desarme Universal y EUREKA establecerá en la Tierra el predominio del DERECHO Y LA RAZÓN sobre la FUERZA Y LA LOCURA.

B Q y N juntos — Así sea.

PENOLE HILL, Wallingford, Pa., 1946
MARIPINS, Salou, Ca., 1974

ÍNDICE